황제내경태소 〔一〕

黃帝內經太素 一

황제내경태소 【一】 黃帝內經太素 一

1판 1쇄 인쇄 2024년 1월 19일
1판 1쇄 발행 2024년 2월   1일

원저자 ㅣ 楊上善
역주자 ㅣ 정창현 · 백유상 · 장우창 · 조남호
발행인 ㅣ 이방원
발행처 ㅣ 세창출판사
　　　　주소 ㅣ 서울시 서대문구 경기대로 58 경기빌딩 602호
　　　　신고번호 ㅣ 제300-1990-63호
　　　　전화 ㅣ (02) 723-8660　팩스 ㅣ (02) 720-4579
　　　　http://www.sechangpub.co.kr ㅣ e-mail: edit@sechangpub.co.kr

ISBN 979-11-6684-150-7 94910
　　　　979-11-6684-149-1 (세트)

이 번역서는 2009년 정부(교육부)의 재원으로 한국연구재단의 지원을 받아 수행된 연구임.
(NRF 421-2009-1-E00004).

21卷　卷首

21卷　卷尾

日本　大阪　杏雨書屋　所藏　黃帝內經太素

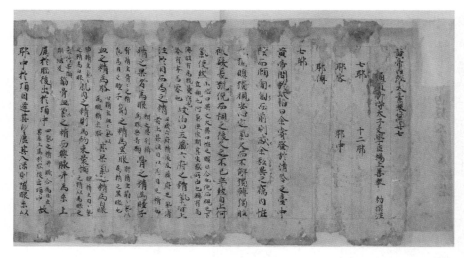

27卷　卷首

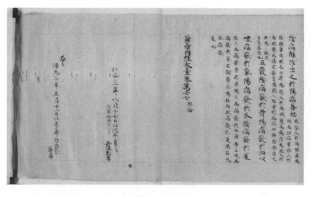

27卷　卷尾

日本　大阪　杏雨書屋　所藏　黃帝內經太素

황제내경태소 [一] 黃帝內經太素

楊上善 원저

정창현 · 백유상 · 장우창 · 조남호 역주

세창출판사

　『黃帝內經』은 한의학의 핵심적인 내용을 담고 있는 가장 오래된 책으로서 지금도 한의학 공부의 중요 텍스트로 읽히고 있다. 인간의 내면을 돌아보면 五臟六腑와 經絡, 筋脈肉皮骨의 구조 속에서 精氣神血과 津液이 끊임없이 생성 변화하며 살아 움직이고 있고, 밖으로는 시간과 공간이 함께 맞물려 돌아가는 드넓은 우주 속에서 인간도 그 운행을 좇아 生長收藏의 일생을 살아 나가고 있다. 이때 만물의 생성과 변화는 陰陽五行의 원리로 설명된다. 그리고 모든 인간은 비록 늙고 병들어 죽을 운명 앞에 놓여 있으나, 마음을 비우고 욕심을 줄여 소박하게 생활한다면 몹쓸 병에 걸리지 않고 건강하게 오래 살면서 서로 행복한 삶을 누릴 수 있다. 이상의 생각들 속에는 인간은 어떠한 존재이며 무엇을 위하여 어떻게 살아야 하는가에 대한 대답과 관점들이 녹아 들어가 있다. 즉, 春秋戰國 시대까지 단편적으로 전수되던 의학 지식들을 집대성한 『黃帝內經』은 눈앞의 병만을 고치기 위해 쓰여진 서적이 아니라, 인간의 삶과 우주와의 관계에 관한 근본적인 탐구를 바탕으로 세워진 하나의 의학 체계라 말할 수 있다.

　唐代 초기에 활동한 楊上善은 太子文學의 관직을 수행하면서 全元起本『素問』과『九卷』의 내용을 주제별로 다시 편집하고 주석을 달아서 7세기 후반에『黃帝內經太素』를 지었다. 현존하는『黃帝內經』가운데『素問』판본은 六朝 시대 全元起가 지은『素問訓解』를 唐代

王冰이 다시 편집하여 주석한 것이며, 『靈樞』판본은 초기에 『九卷』또는 『鍼經』으로 불리며 전해지던 것이 일부 없어지고 나서 北宋 때 高麗로부터 『鍼經』을 가져간 이후 성립된 史崧本이다. 그러므로 全元起本 『素問』과 『九卷』이 전해지지 않는 지금, 『黃帝內經太素』는 현존하는 여러 『黃帝內經』판본들보다 형성 연대가 가장 앞선 것이다. 젊었을 때부터 道家 사상과 수련에 심취하였던 楊上善은 관직에 등용된 이후로 말년에 太子文學의 중책을 맡으면서 평생 공부의 성취를 쏟아서 『黃帝內經太素』의 역작을 완성하게 된다.

중국에서 宋代 이후로 거의 전해지지 않던 『黃帝內經太素』는 일찍이 8세기 중반 이전에 일본으로 전해졌으며 여러 차례 筆寫를 거치면서 근세까지 京都의 仁和寺에 보관되어 왔다. 『黃帝內經太素』仁和寺本은 제27권이 유출되어 模刻本이 1820년에 福井家에서 刊印되면서 세상에 그 존재가 알려지게 된다. 이후 仁和寺本에 대한 본격적인 조사와 연구가 이어졌으며 지금까지 원본 총 30권 가운데 25권이 발굴되어 학계에 보고되었다. 1982년 日本의 東洋醫學硏究會에서 『黃帝內經太素』仁和寺本 전체를 영인하여 간행하기 전까지 袁昶의 通隱堂本(1897년), 蕭延平의 蘭陵堂本(1924년), 여기에 제16권과 제21권을 새로 추가한 盛文堂本(1971년) 등의 교감본이 차례로 간행되었고, 영인본의 출간 이후에는 이를 바탕으로 교감한 錢超塵 등의 『黃帝內經太素新校正』(2006년)과 左合昌美의 『黃帝內經太素新新校正』(2009년) 등이 간행되었다.

그동안 국내에서는 『黃帝內經太素』에 대한 전면적인 교감과 연구가 이루어지지 못하고 단편적인 수준에 그쳤다. 이에 역자들은 2009년부터 한국연구재단의 지원을 받아 仁和寺 영인본의 내용을 다시 확인하고 錢超塵 등의 『黃帝內經太素新校正』을 주로 참고하여 전체

원문에 대한 교감을 시행하였으며, 이를 바탕으로 經文과 楊上善 注釋에 대한 한국어 번역을 진행 완료하였다. 과제 보고서 제출 이후 이체자 및 통용자 등에 대한 정리, 해제 작성을 위한 국외 자료 수집, 일본 내『黃帝內經太素』인용 문헌에 대한 조사 등으로 인하여 본서의 출간이 예정보다 많이 늦어지게 된 점에 대하여 출간에 도움을 주신 관련자분들에게 죄송한 마음을 전한다.

『黃帝內經』은 한의학에서 차지하고 있는 중요도만큼 그 내용을 이해하기 쉽지 않은 난점을 가지고 있다. 이러한 이유 때문에『黃帝內經』에 대하여 전면적인 注解를 가한 醫家는 역대로 많지 않았다. 戰國時代 말기 정치, 사회, 문화가 통합되는 과정에서 陰陽五行論의 세계관을 바탕으로『黃帝內經』이 집대성되었듯이, 오랜 南北朝의 혼란 시기가 끝나고 새로운 통일국가를 만들어 가던 당시에 楊上善은『黃帝內經』을 교정한 후 주제별로 다시 편집하고 이에 자신의 견해를 토대로 주석을 가하였다. 그의 교정과 해석이 얼마나 정확한지 여부를 떠나서 그의 노력은 높이 평가를 받아야 하며, 이러한 성과가 후대에 제대로 전해지지 못했던 점은 매우 애석하다. 역자들은 본서의 간행에 즈음하여, 오늘날과 같이 동서고금의 의학이 융합되고 재편되는 시기에도 역시『黃帝內經』에 대한 연구가 그 중심에 자리 잡고 있음을 다시금 되새겨 보게 된다.

본서는 필사 원본에 대한 확인 및 교감, 방대한 원문에 대한 번역 등의 작업 과정에서 많은 오류를 가지고 있을 것이라 짐작하며, 이에 대한 따가운 질정을 독자 여러분들에게 부탁드린다. 그럼에도 불구하고 한편으론 본서가 국내의『黃帝內經』에 대한 기초 연구와『黃帝內經太素』에 대한 체계적인 연구에 조금이나마 보탬이 될 것이라 위안해 본다.

　본서의 교감에서 참고한『黃帝內經太素新校正』을 저작하고 추천사를 써 주신 北京中醫藥大學의 錢超塵 교수님께서는 안타깝게도 2022년 11월 11일 향년 86세를 일기로 작고하셨습니다. 평소 늘 해맑은 모습으로 대해 주시던 기억이 아직도 선합니다. 본서 출간의 소식을 전해드리지 못한 점 애석하게 생각하며 깊은 감사의 마음으로 고인의 명복을 빕니다. 또한『黃帝內經太素新新校正』을 저작하고 日本 杏雨書屋 소장『黃帝內經太素』의 이미지 제공에 도움을 주신 左合昌美 선생님께도 감사의 마음을 전하며, 이에 본서의 출간을 위해 日本 다케다 재단의 杏雨書屋에서 소장하고 있는『黃帝內經太素』仁和寺本 제21권과 제27권의 卷首, 卷尾 이미지를 제공해 주신 관계자 여러분께 감사를 드립니다. 그리고 그동안 본서의 교정, 번역 및 해제 작업에 함께 참여해 주신 정우진 박사, 부산대학교 한의학전문대학원 류정아 교수와 신상원 교수, 가천대학교 김종현 교수, 우석대학교 안진희 교수, 대전대학교 김상현 교수, 한의학고전연구소 김혜일 박사, 윤은경 박사, 윤기령 박사, 경희송백한의원 박수현 원장 등 여러분들께도 감사의 뜻을 전합니다. 마지막으로 본서의 출간을 위해 오랜 기간 기다리고 준비해 주신 세창출판사 이방원 사장님과 임길남 상무님께도 감사하다는 말씀을 드립니다.

2023년 12월

역자 일동

　『黃帝內經太素』30卷은 楊上善이 지었다. 楊上善은 중국 唐나라 (618~907년) 초기의 저명한 학자이자 의학가이다. 北宋(960~1127년) 중기에 林億은『素問』의 序文에서 "隋나라 楊上善이 엮어서『太素』를 지었다."라고 하여 楊上善을 隋나라(581~618년) 사람이라고 언급하였는데, 이 주장은 잘못이다.『新唐書』에서 楊上善이 일찍이 '太子文學'의 관직을 역임했다고 언급하였으니, 楊上善이 唐나라 사람인 것은 확실히 의심할 바가 없다. 楊上善이『太素』를 지어서 저술한 구체적인 시기는 대략 唐나라 高宗 龍朔 2년(662년)에서 咸亨 원년(670년)까지 즈음으로, 상세한 내용은 내가 쓴『黃帝內經太素研究』(1998년, 人民衛生出版社) 제2장에 나온다.『舊唐書』(941~945년에 완성됨)와『新唐書』(1044~1060년에 완성됨)에 기록된 楊上善의 의학 저작으로는『黃帝內經明堂類成』13卷과『黃帝內經太素』30卷을 합하여 총 43卷이 있으며, 그 외 老子의『道德經』과『莊子』를 연구한 저작으로 총 36卷이 있다. 楊上善은 주로『內經』의 내용별 분류편집[類編]과 교감, 주석 작업에 온 힘을 기울였는데, 현재까지 전해지는 것은 단지『黃帝內經明堂類成』의 잔권 1卷과『黃帝內經太素』25卷뿐이며 나머지 卷帙과 저작들은 모두 없어졌다.

　梁나라(502~557년)때 全元起가 지은『素問訓解』9卷이『內經』의 옛 모습을 간직하고 있었으나, 안타깝게도 北宋 말기에 없어졌다. 唐

나라 중기에 王冰이 全元起本을 저본으로 하여 『素問』을 대폭 정리하고 개편하였는데(王冰의 『重光補注黃帝內經素問』序文에 보임) 『內經』의 옛 모습은 이에 볼 수 없게 되었다. 『太素』도 마찬가지로 全元起本을 저본으로 삼았는데, 처음으로 『內經』을 내용별로 분류하여 편집하는 방식을 채택하였지만 類, 篇, 文段 등을 나눈 것이 비교적 完整하고 『內經』의 옛 모습을 비교적 많이 보존하고 있다. 따라서 『太素』는 『內經』 연구에서 우선적으로 보아야 하는 책이다.

北宋의 校正醫書局은 처음에 『太素』를 교정 계획에 포함시켰으나 교정을 진행하지는 못하였고, 이후 南宋(1127~1279년)에 이르러서는 겨우 3권만 남았으며 이 3권마저 이후 중국에서 실전되었다. 실전된 원인은 戰亂 이외에도 北宋의 校正醫書局에서 교정을 하지 않은 것과 밀접한 관련이 있다.

唐代의 고승인 鑑眞 大和尙(688~763년)은 753년 12월 20일에 日本에 도착하여 日本 律宗의 시조가 되었다. 그는 불가의 法器, 약재, 서적을 많이 가지고 갔는데, 『太素』30卷도 鑑眞 和尙이 日本으로 건너갈 때 가지고 간 것이다. 757년 丁酉年(日本 天平宝字 원년) 11월 9일에 日本 天皇은 다음과 같은 칙령을 반포하였다. "勅令으로 말하건대, 내가 듣자니 근년에 여러 藩國의 박사와 의사들이 합당한 인재가 아닌데도 청탁에 의해 선발되는 경우가 많아서 政事에 해가 될 뿐만이 아니라 민생에도 보탬이 안 된다고 하니, 지금 이후로는 다시 그런 일이 없도록 하라. 經生에게는 三經을, 傳生에게는 三史를, 醫生에게는 『太素』, 『甲乙』, 『脈經』, 『本草』 등을, 鍼生에게는 『素問』, 『鍼經』, 『明堂』, 『脈訣』 등을 강독하라. 국가의 좋은 정치 중에서 이보다 중요한 것이 없으니 마땅히 담당하는 기관에 告하여 조속히 令을 시행토록 하라." 『太素』가 醫生들의 필독서 중 첫 번째 위치를 차지하게 된 것은 鑑眞 和尙이 日本의 조정과 재야로부터 큰 예우를 받았던 것과 서로 맞아떨어진다.

『太素』는 日本 의학가와 학자들이 널리 중시하여 옮겨 쓰면서 전해졌다. 초기에는 蜂田藥師船人의 抄本이 있었고, 그 후에 丹波憲基가 집안에서 전해져 내려오는 抄本을 바탕으로 다시 抄錄本을 만들었으며, 이어서 丹波賴基가 憲基의 本을 바탕으로 抄錄하였다. 賴基의 本은 1166년에 옮겨 쓰기 시작하여 1168년에 마쳤는데, 오늘날 仁和寺에 보존된 23卷의 抄本이 곧 丹波賴基의 古抄本이며, 그 뒤로 다시 다른 의가들이 고이 간직된 『太素』卷21과 卷27의 古抄本을 발견하게 되어, 전체적으로 古抄本 총 25권을 발견하였다. 1981년 10월에 日本 東洋醫學硏究會에서 抄本을 影印하여 발간하였다. 仁和寺抄本은, 『內經』의 옛 모습을 탐구하고, 고전의 의학이론을 연구하며, 王冰의 『素問』판본이 더하거나 뺀 글자들을 개정하고, 王冰이 『素問』을 개편하고 조정한 내용을 고찰하며, 『靈樞』의 틀린 글자를 교정하는 것 등에 있어서 모두 중요한 의미를 가지고 있다. 北宋의 校正醫書局에서는 원래 『靈樞經』을 교정하려고 계획하였으나 『靈樞經』의 문자가 훼손되거나 빠져서 교정하지 못하였다.

1092년에 高麗 사신이 『鍼經』9권(곧 『靈樞經』임)을 北宋의 조정에 보내 헌상하고 『冊府元龜』와 『資治通鑑』을 구매했는데, 이 사실이 『高麗史』卷10과 『宋史』卷18의 「哲宗紀」에 실려 있다. 1093年에 北宋 조정에서는 칙령을 반포하여 高麗가 헌상하여 보낸 『鍼經』9卷을 간단히 교정을 가한 뒤에 간행하도록 하였다. 南宋 史崧의 『靈樞經』이 근거한 저본이 곧 高麗가 헌상한 판본이며, 史崧本은 元나라(1271~1368년)와 明나라(1368~1644년)의 모든 『靈樞經』간행본의 근원이다. 『靈樞經』은 여러 차례 간행되어 전해지는 과정 중에 틀린 글자가 많이 출현했는데,『太素』의 도움을 받아서 교감을 진행하여 오류를 고쳐야 하며, 아울러『太素』의 도움을 받아야『靈樞經』이 전해져 온 궤적을 살필 수 있다. 즉『太素』는『素問』과『靈樞』를 연구하고 학습하는 데에 있어서 떼려야 뗄 수 없는 中醫 고전 문헌이다.

이번에 발간하는『黃帝內經太素』는 큰 문헌적 가치와 임상적 가치를 지닌 매우 중요한 학술저작이다. 이 책은 여러 면에서 눈에 띄는 특징을 가지고 있다. 우선 선택한 底本이 정확하다. 본서인『黃帝內經太素』는 日本의 오리엔트출판사에서 영인한『太素』23卷本과 杏雨書屋에서 영인한 2卷本(卷21과 卷27)을 저본으로 번역을 진행하였는데, 이는 번역본의 과학성과 엄밀성을 위해서 견실한 기초를 다진 것이다. 이 두 종류의 판본은『太素』의 가장 오래되고 가장 권위 있는 판본이다.

다음으로 참고한 서적이 광범위하고 전면적이다. 仁和寺本이 발견된 후 중국과 일본의 학자들이 꾸준히 연구를 진행하여 가치 있는 교감 서적과 고증 서적들을 많이 편찬하였다. 이러한 저작들 대부분을『黃帝內經太素』본서의 번역자들이 꼼꼼하게 열람하고 참고하여, 그 가운데 좋은 의견을 채택하여 따랐다. 1897년에 중국 袁昶이 通隱堂에서 傳抄本에 근거하여『太素』白文本 23卷을 간행하였고, 1924년에는 蕭延平이 傳抄本을 底本으로 하여 정밀하고 세심하게 校注를 달아『太素』23卷의 校勘本을 지어서,『太素』를 연구하는 데 견실한 기초를 다지게 되었다. 2006년에 錢超塵과 李雲은 최초로 日本 오리엔트출판사에서 영인한『太素』23卷本을 저본으로 상세하게 校注를 가하고 고증하여『黃帝內經太素新校正』을 편찬했는데, 그중 卷21과 卷27이 근거한 底本은 오리엔트출판사 영인본에서 수록한 摹寫本이지 日本 杏雨書屋의 古抄本은 아니었으니, 이 점이『黃帝內

12

經太素新校正』의 부족한 부분이다. 日本에는 仁和寺 23卷本 외에도 또한 杏雨書屋의 古抄本(卷21과 卷27), 盛文堂本, 左合昌美의 『黃帝內經太素新新校正』 등이 있는데, 각각 뛰어난 점을 가지고 있다. 상술한 이 저작 모두를 본서의 번역자들이 분석하고 연구하였다는 것은, 『黃帝內經太素』 본서에서 참고한 판본들이 믿을 만하며 내용이 풍부하고 엄밀하다는 것을 보증하는 것이다.

또한 본서 『黃帝內經太素』는 仁和寺 23卷本과 杏雨書屋 2卷本(卷21과 卷27)의 문자상의 의심스런 문제들을 성실하게 해결하였다. 이 두 개의 판본은 抄寫하는 과정 중에 여러 訛字가 나타났으며, 抄本에는 또 중국 고대에서 통용되던 俗體字나 일본에서 유행하던 俗體字가 있고, 通假字, 古今字, 異體字, 衍文, 脫文 등이 있기 때문에, 모든 글자를 일일이 고찰하고 감별하여 판단하고 취사선택해야 하니, 이것은 많은 시간과 노력이 드는 세밀한 작업이다. 나는 김종현, 백유상, 장우창, 정창현 선생이 쓴 "黃帝內經太素杏雨書屋本(卷21, 卷27)和以前版本的比較"(2011년)의 논문을 읽어 보고 나서, 이 번역자분들이 상술한 각종 문자의 풀기 어려운 문제들을 비교적 잘 해결하였음을 알 수 있었고, 번역자들이 문자학 방면의 내공과 아울러 치밀하게 깊이 파고들어 조금의 빈틈도 없는 학술 정신을 갖추고 있어서, 이에 따라 번역문들이 모두 정확하고[信], 쉽게 이해할 수 있으며[達], 우아한[雅] 높은 학문적 수준을 갖추게 되었음을 직접 느낄 수 있었다.

韓國은 『黃帝內經』을 적극적이고 열정적으로 학습하는 좋은 문화적 전통을 지니고 있다. 예를 들어 20세기에 『素問大要』라는 책을 통하여 일찍이 일단의 『內經』 문헌 전문가와 임상 전문가들을 길러 낸 바 있다. 지금 『黃帝內經太素』 본서의 底本과 번역문, 주석, 고증, 의문점을 풀이한 것 등을 여러 방면으로 두루 고찰해 보니, 분명 이 책은『黃帝內經』을 학습하고 연구하는 데에 시급히 필요한 수준 높은 학술 저작이며,『黃帝內經』을 보급하고 발전을 추진하는 데에 매우 중대한 의의를 가지고 있음을 확인하였다. 역사는 장차 이 중요한 저작을 기억할 것이다.

北京中醫藥大學 教授 錢超塵

2021년 6월 30일 당년 85세

黃帝內經太素【一】 —————————————

- 제1권 | 섭생지일攝生之一
- 제2권 | 섭생지이攝生之二
- 제3권 | 음양陰陽
- 제4권 | 무제無題
- 제5권 | 인합人合
- 제6권 | 장부지일藏府之一
- 제7권 | 장부지이藏府之二

黃帝內經太素【二】 —————————————

- 제8권 | 경맥지일經脈之一
- 제9권 | 경맥지이經脈之二
- 제10권 | 경맥지삼經脈之三
- 제11권 | 수혈輸穴
- 제12권 | 영위기營衛氣

黃帝內經太素【三】 —————————————

- 제13권 | 신도身度
- 제14권 | 진후지일診候之一
- 제15권 | 진후지이診候之二
- 제16권 | 진후지삼診候之三

黃帝內經太素【四】

- 제17권 | 증후지일證候之一
- 제18권 | 증후지이證候之二
- 제19권 | 설방設方
- 제20권 | 무제無題
- 제21권 | 구침지일九鍼之一
- 제22권 | 구침지이九鍼之二
- 제23권 | 구침지삼九鍼之三

黃帝內經太素【五】

- 제24권 | 보사補瀉
- 제25권 | 상한傷寒
- 제26권 | 한열寒熱
- 제27권 | 사론邪論

黃帝內經太素【六】

- 제28권 | 풍론風論
- 제29권 | 기론氣論
- 제30권 | 잡병雜病

黃帝內經太素【七】

- 해제
- 부록
- 색인

黃帝內經太素【一】

- 역자 서문 _5
- 추천사 _9
- 범례 _19
- 본서 『黃帝內經太素』의 漢字 표기에 대한 설명 _37
- 글자범례 _39

▌제1권▐ 섭생지일攝生之一 ──────────── 77

▌제2권▐ 섭생지이攝生之二 ──────────── 79
    순양順養   81
    육기六氣   114
    구기九氣   121
    조식調食   127
    수한壽限   155

▌제3권▐ 음양陰陽 ──────────── 171
    음양대론陰陽大論   173
    조음양調陰陽   227

음양잡설陰陽雜說   253

┃ 제4권 ┃ 무제無題 ──────────────── 301

┃ 제5권 ┃ 인합人合 ─────────────── 303
   천지합天地合   305
   음양합陰陽合   309
   사해합四海合   333
   십이수十二水   341

┃ 제6권 ┃ 장부지일藏府之一 ──────────── 365
   오장정신五藏精神   367
   오장명분五藏命分   387
   장부응후藏府應候   414
   장부기액藏府氣液   421

┃ 제7권 ┃ 장부지이藏府之二 ──────────── 449

범례 _____

1. 本書는 7世紀末 唐나라의 醫學家인 楊上善이 지은『黃帝內經太素』를 한글로 번역한 것으로 한국연구재단의 지원(과제번호 NRF 421-2009-1-E0004)을 받아 작성되었다.『黃帝內經太素』의 經文과 楊上善의 注釋에 대한 한글 번역 이외에 내용의 校勘과 說明을 校注로 달았으며, 부록으로 仁和寺 原鈔本에 적힌 漢字 原形과 대표자 처리 원칙, 근세 이전 日本의 기타 서적에서 仁和寺本을 인용한 내용,『黃帝內經太素』관련 자료 등을 수록하였다.

2. 本書에 나오는『黃帝內經太素』의 經文과 楊上善의 注釋은 仁和寺本『黃帝內經太素』(이하 仁和寺本이라 함)의 내용과 동일하다. 여기서 仁和寺本이란 역사적으로 日本 京都 仁和寺에 소장되어 근세까지 傳寫되어 온『黃帝內經太素』原本을 말하며 넓은 의미의 仁和寺 原鈔本에 해당한다. 또한 仁和寺本 가운데 현재 仁和寺에 소장되어 있는 것이 좁은 의미의 仁和寺 原鈔本(이하 原鈔本이라 함)이며, 仁和寺本의 일부가 현재 日本 大阪 杏雨書屋에 소장되어 있는 것을 杏雨書屋本이라 한다. 근세 이전 日本의 기타 서적에서 仁和寺本을 인용한 내용은 本書의 부록에 있다.

3. 本書의 본문 가운데 原鈔本은 1981年 日本 東洋醫學研究會에서 東洋醫學善本叢書의 하나로 影印한『黃帝內經太素』上·中·下 3卷의 내용을 따랐으며, 杏雨書屋本은 2007年에 日本內經醫學會에서 간행한『黃帝內經太素』의 내용을 따랐다.

4. 기타 本書에서 校勘에 사용한『黃帝內經太素』관련 版本은『重廣補注黃帝內經素問』의 新校正 이외에 通隱堂本(또는 袁旭本, 이하 袁刻本이라 함), 大正模寫本, 蘭陵堂本(또는 蕭延平本, 이하 蕭本이라 함), 人民衛生出版社本, 盛文堂本,『黃帝內經太素新校正』(이하 錢氏校本이라 함),『黃帝內經太素新新校正』(이하 左合氏校本이라 함) 등의 版本을 참고하였다.

版本名	著者	著作年代	내용 소개
仁和寺原鈔本	未詳	8C~9C경	역사적으로 日本 京都 仁和寺에 소장되어 근세까지 傳寫되어 온 『黃帝內經太素』의 原本을 말하며 本書에서는 仁和寺本이라 약칭하였다. 총 30卷의 仁和寺本 가운데 특히 현재 仁和寺에 소장되어 있는 것이 좁은 의미의 仁和寺 原鈔本이며 本書에서는 이를 原鈔本이라 약칭하였다.
新校正	林億 등	1056年~1067年	唐代에 王冰이 全元起本을 새로 편집하고 주석을 달아 소위 『次注黃帝素問』을 저술하였는데, 이를 11세기 중순 北宋의 校正醫書局에서 林億 등이 校勘하여 『重廣補注黃帝內經素問』으로 간행하였다. 당시까지 내려오던 여러 종류의 『黃帝內經』 版本과 기타 문헌을 참고하여 校勘하였는데, 이 가운데 『黃帝內經太素』의 일부 내용이 인용되어 있다.
崇蘭官本	福井榕亭, 福井榤亭	1820年	日本 京都의 福井家에서 소장하고 있던 仁和寺本 第27卷을 1820年에 模刻하여 『黃帝內經太素·卷二十七』로 간행한 것이다. 源隨가 影寫하였으며 이를 模刻하여 간행한 사람은 福井家의 福井榕亭 또는 福井榤亭으로 추정된다.
寶素堂本	淺井正翼	1830年	尾張藩의 醫學教授인 淺井正翼이 당시 仁和寺에 소장되어 있던 原鈔本을 직접 가서 模寫한 것을, 幕府의 侍醫인 小島學古가 書手 杉本望雲을 시켜 다시 謄錄하고 寶素堂에 보관한 것으로 총 6卷으로 구성되어 있다.
小島學古本	小島學古	1830年~?	小島學古가 寶素堂本을 만든 이후에 추가로 입수한 기타 卷의 筆寫本과 이미 간행된 崇蘭官本을 합하여 총 23卷으로 묶은 것으로, 이것의 影寫本이 당시 세간에 유통되었다.
通隱堂本 (袁旭本, 漸西村舍本)	袁昶	1897年	淸代의 관료이며 학자였던 袁昶이, 淸代의 版本學者인 楊守敬이 1884年 日本으로부터 가지고 온 총 23卷의 唐人卷子鈔本影寫卷(小島學古本의 影寫本)을 『內

			經類 서적의 原文과 비교하여 출간한 版本이다. 1895년에 校正을 마치고 1897년에 通隱堂에서 『黃帝內經太素』로 출간하였는데, 이를 通隱堂本 또는 袁昶本, 漸西村舍本이라 하며 本書에서는 袁刻本이라 약칭하였다.
大正模寫本	未詳	1918年	大正7年에 京都文科大學의 吉澤義則이 仁和寺本『黃帝內經太素』의 유실된 부분을 연구하기 위하여 福井家에 가서, 이미 소장하고 있던 第27卷과 이때 새로 발견된 第21卷 등을 筆寫한 것이다. 현재는 仁和寺에 소장되어 있는 原鈔本에 附加되어 있다.
蘭陵堂本 (蕭延平本)	蕭延平	1924年	楊守敬과 同鄕人인 蕭延平은 楊守敬이 日本으로부터 가져온 총 23卷의 影寫本을 바탕으로 여러 다양한 醫書들과 비교 校勘하고 補缺, 輯復, 注釋 등을 가하였는데, 약 20年의 작업 끝에 1924年 蘭陵堂에서 『黃帝內經太素』로 출간하였다. 이를 蘭陵堂本 또는 蕭延平本이라 하며 本書에서는 蕭本이라 약칭하였다. 내용이 정밀하여 최근까지도 『黃帝內經太素』 연구의 善本으로 사용되고 있다.
人民衛生出版社本	劉衡如	1965年	文獻學者인 劉衡如가 蕭延平本을 底本으로 하여 당시 北京圖書館 所藏 日抄本과 校勘하고 注釋을 단 것으로, 人民衛生出版社에서 排印本 『黃帝內經太素』로 출판하였다. 本書에서는 人民衛生出版社本이라 약칭하였다.
盛文堂本	賀川浩藏	1971年	蕭延平本을 그대로 影印하고, 여기에 大正模寫本 중 第21卷, 1936年 日本 政府의 文化財保護委員會 사업으로 矢數有道 등이 仁和寺의 소장품을 조사하던 중 추가로 발견된 第16卷, 그리고 第22卷의 일부 등을 추가한 것으로 온전한 25卷의 형태를 가지고 있다. 단, 새로 추가된 3卷의 부분은 校勘과 校釋이 없으며 1980년에 中國中醫研究院鍼灸研究所에서 缺卷復刻卷으로 내부 발간하였다.

東洋醫學善本叢書本	東洋醫學研究會	1981年	仁和寺에 소장되어 있는 原鈔本(大正模寫本 포함)을 최초로 影印한 것으로, 東洋醫學研究會에서 1981年에 『黃帝內經太素』로 출간하였다. 上·中·下 3卷으로 구성되어 있으며 文獻學者인 小曾戶洋이 監修하였다.
黃帝內經太素新校正	錢超塵, 李雲	2006年	1981年에 간행된 東洋醫學善本叢書本을 底本으로 하여 원래의 字形을 그대로 표기하고 經文과 注文에 標點을 달았으며, 醫書뿐만 아니라 다양한 文獻들을 바탕으로 校勘하여 注釋을 달았다. 楊上善의 다른 저작인 『黃帝內經明堂』에도 동일한 작업을 하여 같이 수록하였다. 또한 『黃帝內經太素』에 대한 다방면의 研究 성과들을 정리하여 研究書의 성격을 가지고 있다. 本書에서는 錢氏校本이라 약칭하였다.
杏雨書屋本	未詳	2007年	仁和寺 原鈔本의 第21, 27卷이며, 福井家로 흘러들어가 소장되었다가 다시 1981年 大阪 杏雨書屋으로 옮겨졌다. 2007年에 日本內經醫學會에서 『黃帝內經太素』 影印本으로 출간되었다.
黃帝內經太素新新校正	左合昌美	2009年	『黃帝內經太素新校正』을 참고하여 서로 異論이 없는 부분은 생략하고 필요한 내용 위주로 注釋을 달았다. 杏雨書屋本을 포함하여 校勘을 진행하였다. 本書에서는 左合氏校本이라 약칭하였다.

5. 本書에 나오는 『黃帝內經太素』 仁和寺本의 經文과 『黃帝內經』의 原文 간의 校勘에는, 주로 1981年 韓國 東洋醫學研究院에서 간행한 洪元植 編纂의 『精校黃帝內經素問』과 『精校黃帝內經靈樞』를 기본으로 하고 기타 全元起本, 新校正, 四部備要本, 趙府居敬堂本 등의 版本을 참고하였다.

書名	著者	著作年代	내용 소개
全元起本	全元起	6C初경	지금까지 알려진 『素問』의 가장 오래된 版本으로 현재 남아 있지 않으며 宋代 校正醫書局에서 간행한 『重廣補注黃帝內經素問』 속에 일부 내용이 산재되어 있다.

			全元起本의 편제와 校語를 통하여 魏晉時代 이후 『素問』의 면모를 살펴볼 수 있으며, 후대 楊上善의 『黃帝内經太素』와 王冰의 소위 『次注黃帝素問』의 底本이 되었다.
新校正	林億 등	1056年~ 1067年	唐代에 王冰이 全元起本을 새로 편집하고 주석을 달아 소위 『次注黃帝素問』을 저술하였는데, 이를 11세기 중순 北宋의 校正醫書局에서 林億 등이 校勘하여 『重廣補注黃帝內經素問』으로 간행하였다. 당시까지 내려오던 여러 종류의 『黃帝內經』 版本과 기타 문헌을 참고하였으며 校勘의 내용이 자세하고 치밀하다.
趙府居 敬堂本	未詳	1522年~ 1566年	林億 등이 『素問』을 校注한 그 계통 가운데 하나인 趙府居敬堂本이 明代의 嘉靖年間에 출판되었는데, 元代의 12卷本을 復刊한 것으로 書名은 『補注釋文黃帝內經素問』이다.
四部 備要本	中華書局	1924年	近代에 中華書局에서 편집한 版本으로 1924年에 成書되었는데 子部 醫家類에 속한다. 補注黃帝內經素問은 24卷으로 王冰의 注釋과 宋代에 林億 등이 校正한 것이며 黃帝內經靈樞는 12卷으로 되어 있다.
『精校黃帝內經素問』『精校黃帝內經靈樞』	洪元植	1981年	당시 韓國에서 기존에 출간된 『黃帝內經』이 대부분 影印本이어서 내용상 많은 誤字와 錯簡이 있음에 따라 여러 版本을 참고로 校正하여 活字本으로 간행한 것이다.

6. 本書의 『黃帝內經太素』經文과 楊上善의 注釋에 나오는 文獻 가운데 현재 考證이 가능한 것, 그리고 校注에서 언급한 여러 文獻들은 醫書, 歷史書, 哲學書, 其他書 등으로 분류할 수 있으며, 각각의 목록은 다음과 같다.

1) 醫書類

書名	著者	著作年代	내용 소개
『黃帝內經』	未詳	戰國時代末~前漢代	戰國時代末까지의 醫學을 集大成한 最古의 醫書로 총 18卷으로 구성되어 있으며 『內經』이라 약칭한다. 이 가운데 『素問』은 藏象, 經絡, 病因, 病機, 診

			斷, 治法, 養生 등의 내용을 담고 있으며, 총 9卷 81篇으로 구성되어 있고 運氣를 다룬 7篇과 〈刺法論〉, 〈本病論〉 등이 후대에 補入되었다. 나머지 총 9卷은 『素問』보다 經絡, 兪穴, 鍼灸治法 등에 대한 내용을 많이 담고 있으며, 일정한 이름 없이 『九卷』, 『鍼經』, 『九墟』, 『九靈』, 『靈樞』 등의 傳本이 내려오다가 현재는 『靈樞』만 남아 있다.
『黃帝明堂經』	未詳	漢代	漢代에 『素問』과 『靈樞』를 포함한 여러 醫經과 經方에 포함되어 있던 經絡, 兪穴, 鍼灸 관련 내용들을 모은 것으로 『明堂經』 또는 『明堂』이라고도 하며 현재는 전해지지 않는다. 당시 여러 형태로 전해지다가 3C경 皇甫謐이 『鍼灸甲乙經』을 지을 때에 『明堂孔穴鍼灸治要』를 편집하면서 일부 내용이 포함되었고, 7C末 楊上善이 『黃帝內經明堂類成』을 지을 때에 일부 내용이 포함되었다.
『神農本草經』	未詳	漢代	漢代까지의 藥物 관련 지식을 모아 정리한 最古의 本草學 전문서로 총 3卷으로 구성되어 있으며, 『本草』 또는 『本草經』이라 약칭한다. 총 365種의 藥物을 上品·中品·下品으로 분류하고 각각의 性味, 産地, 主治 등을 설명하였으며, 君臣佐使, 七情和合, 五味四氣 등의 이론을 제시하였다.
『難經』	秦越人	後漢代	『黃帝內經』의 주요 내용을 정리 해석하고 이에 새로운 學說을 추가한 것으로 戰國時代 醫學家인 秦越人 扁鵲이 지었다고 하며 실제는 後漢時代에 저작된 것으로 추정된다. 原名은 『黃帝八十一難經』이며 『八十一難』이라고도 한다. 脈診, 臟腑, 經絡, 病因, 病機, 病證 등에 관한 81개의 질문에 답하는 형식이며, 命門, 三焦 學說 등 道家의 영향을 일부 받은 것이 특징이다.
『扁鵲灸經』	未詳	後漢代	漢代부터 내려온 扁鵲 계열의 鍼灸 전문서로 추정되며 7C末 楊上善이 지은 『黃帝內經太素』에 언급

			되어 있다. 참고로 『漢書・藝文志』에는 『扁鵲兪拊方』 23卷이, 『隋書・經籍志』에는 『扁鵲偃側鍼灸圖』 3卷이 기재되어 있고, 10C末 丹波康賴가 지은 『醫心方』에는 『扁鵲鍼灸經』의 내용이 인용되어 있다.
『金匱要略』	張機	3C初경	後漢 末期의 醫學家인 張機[張仲景]가 편찬한 『傷寒雜病論』이 王叔和의 정리 이후 『金匱玉函要略方』으로 전해져 오다가 宋代 校正醫書局에서 傷寒 부분을 제외하고 다시 編校하여 간행한 것으로, 原名은 『金匱要略方論』이며 총 3卷으로 구성되어 있다. 주로 內傷 雜病을 다루고 있으며 漢代 이전의 풍부한 임상 경험을 총결하고 辨證論治와 方藥配伍의 기본 원칙을 제시하였다.
『名醫別錄』	未詳	後漢末	『神農本草經』에 역대 의학자들이 수집해 온 총 365種의 藥物을 새로 보충한 것으로, 『別錄』 또는 『名醫本草』라고도 하며 총 3卷으로 구성되어 있다. 原書는 전하지 않고 陶弘景의 『本草經集注』에 포함되어 남아 있다.
『鍼灸甲乙經』	皇甫謐	259年경	三國晉代의 醫學家이며 史學家인 皇甫謐이 『素問』, 『鍼經』, 『明堂孔穴鍼灸治要』 등을 분류하여 다시 편집한 鍼灸學 전문서로, 原名은 『黃帝三部鍼灸甲乙經』이고 『甲乙經』으로 약칭하며 총 10卷이었으나 후대에 12卷으로 개편되었다.
『脈經』	王叔和	3C중반	西晉時代 醫學家인 王叔和가 지은 脈學 전문서로 漢代까지의 脈學을 集大成하였으며 총 10卷으로 구성되어 있다. 『內經』, 『難經』, 『傷寒論』, 『金匱要略』 및 扁鵲, 華陀 등의 脈學 관련 論說을 정리하여, 脈學의 原理와 方法, 脈象과 해당 病證, 관련 醫論 등을 설명하였다.
『曹氏灸經』	曹翕	3C경	魏晉時代 政治家이며 醫學家인 曹翕이 지은 灸法 전문서로 『隋書・經籍志』에 총 1卷으로 나와 있으

			며『曹氏灸方』총 7卷도 함께 기재되어 있다. 7C 末 楊上善이 지은『黃帝內經太素』에는『曹子氏灸經』으로 언급되어 있다.
『秦承祖明堂圖』	秦承祖	5C경	南朝 宋代의 醫學家인 秦承祖가 지은 鍼灸學 전문서로『新唐書·藝文志』에 총 3卷으로 나와 있다. 7C末 楊上善이 지은『黃帝內經太素』에는『秦承祖明堂』으로 언급되어 있으며, 참고로『隋書·經籍志』에는 秦承祖『偃側雜鍼灸經』총 3卷,『偃側人經』총 2卷이 기재되어 있다.
『本草經集注』	陶弘景	5C末경	南朝 齊梁時代의 道學家이며 醫學家인 陶弘景이『神農本草經』에 注釋을 달고『名醫別錄』에 수록된 365種의 藥物을 추가하여 輯錄한 것으로 총 7卷으로 구성되어 있다. 藥物을 上中下 三品으로 분류한 뒤 다시 玉石, 草木, 蟲獸, 果, 菜, 米食 및 有名未用의 7종류로 나누었고, 藥物의 産地, 採用, 炮製 및 임상 응용 등에 대해서도 내용을 보충하였다.
『明堂流注』	未詳	6C경	南朝 梁代의 鍼灸學 전문서로 총 6卷이며『隋書·經籍志』에는 당시에 전하지 않는 것으로 나온다. 7C末 楊上善이 지은『黃帝內經太素』에 일부 내용이 언급되어 있다.
『備急千金要方』	孫思邈	652년경	唐代의 醫學家이며 道學家인 孫思邈이 지은 醫學全書로『千金要方』또는『千金方』이라 약칭하며 총 30卷으로 구성되어 있다. 각 卷은 醫學總論, 本草, 製藥, 婦人科, 小兒科, 七竅病, 諸風, 脚氣, 傷寒, 內科雜病, 消渴, 淋閉, 疔腫癰疽, 痔漏, 解毒, 雜治, 鍼灸孔穴主治 등이며,『黃帝內經』이후 唐代 초기까지의 醫學 成果를 체계적으로 정리하였다.
『黃帝內經明堂類成』	楊上善	7C末	唐代의 政治家이며 醫學家인 楊上善이 經脈 理論과 鍼灸 治療의 경험을 바탕으로『黃帝明堂經』에 注釋을 단 것으로『黃帝內經明堂』이라 약칭하며, 총 13卷으로 구성되어 있고 현재는 序文과 第1卷

			만 남아 있다. 『舊唐書』와 『新唐書』에는 모두 楊上善이 지은 『黃帝內經明堂類成』 총13卷 이외에 『黃帝內經明堂』 총13卷이 함께 기재되어 있고 현존하는 版本의 書名은 『黃帝內經明堂』으로 되어 있다.
『醫心方』	丹波康賴	984年	平安時代 醫官인 丹波康賴가 지어 朝廷에 獻上한 日本 最古의 醫學書로 醫師倫理, 醫學總論, 治療法, 保健衛生, 養生法, 醫療技術, 醫學思想, 房中術 등 총 30卷으로 구성되어 있다.
『東醫寶鑑』	許浚	1610年	朝鮮中期 醫官인 許浚 등이 王命에 따라 편찬한 綜合醫書로 총 25卷으로 구성되어 있다. 內景, 外形, 雜病, 湯液, 鍼灸 등 5개 篇으로 분류되어 있으며, 『黃帝內經』을 근간으로 精氣神 三寶의 人體觀을 통하여 金元時代 醫學을 종합하고 여기에 한국의학의 전통을 반영하였다.
『類經』	張介賓	1624年	明代 醫學家인 張介賓이 『黃帝內經』의 내용을 주제별로 모아 재편집하고 注釋을 단 것으로, 총 32卷으로 구성되어 있으며 攝生, 陰陽, 藏象, 脈色, 經絡, 標本, 氣味, 論治, 疾病, 鍼刺, 運氣, 會通 등 12類로 분류되어 있다.
『症因脈治』	秦景明	1641年	明代 醫學家인 秦景明이 지은 內科醫書로 총 4卷으로 구성되어 있다. 총 43種의 病에 대하여 症狀, 病因, 脈象, 治法의 순서로 설명하여 처방을 선정하는 데에 실용적이다.
『靈樞懸解』	黃元御	1756年	淸代 醫學家인 黃元御가 『靈樞』의 내용을 주제별로 모은 뒤 注釋을 단 것으로, 총 9卷으로 구성되어 있으며 刺法, 經絡, 營衛, 神氣, 脈象, 外候, 病論, 賊邪, 疾病 등으로 분류되어 있다.
『素問紹識』	多紀元堅	1846年	日本 江戶時代 末期 醫官이었던 多紀元堅가 지은 『素問』의 注釋書로 총 4卷으로 구성되어 있다. 多紀元簡이 지은 『素問識』를 이어 나간다는 의미로 『素問紹識』라 하였으며, 『素問』의 72篇에 대하여 당

書名	著者	著作年代	내용 소개
			시 새로 발견된 『太素』를 자료로 참고한 것이 특징이다.
『素問攷注』	森立之	1864年	日本 江戶時代 末期 醫學家이며 考證學者인 森立之가 『素問』의 文字, 音韻, 訓詁, 句讀, 校勘 등을 설명한 것으로 총 20卷으로 구성되어 있다. 『素問』뿐만 아니라 『靈樞』, 『甲乙經』, 그리고 당시에 발견된 『黃帝內經太素』의 原文 및 楊上善의 注釋에 대해서도 상세히 校勘을 진행한 것이 특징이다.

2) 歷史書

書名	著者	著作年代	내용 소개
『左氏春秋』	左丘明	BC 5C경	孔子가 편찬한 歷史書인 『春秋』를 春秋時代 末期의 歷史家이며 文學家인 左丘明이 해설한 注釋書로 『春秋左氏傳』, 『左氏傳』, 『左傳』이라고도 한다. 春秋時代의 정치사회적 사건들과 哲學 流派에 대한 내용을 담고 있으며 談話體 서술 방식을 사용한 것이 특징이다.
『戰國策』	劉向	BC 1C경	前漢時代의 經學者이며 文學家인 劉向이 편찬한 國別體 歷史書로 『國策』이라고도 하며 총 33卷 12國의 策으로 구성되어 있다. 戰國時代 여러 나라의 遊說家들이 제시한 政治, 軍事, 外交 등에 대한 理念, 策略, 思想을 輯錄한 자료이다.
『漢書』	班固	105年	後漢時代의 政治家이며 史學家, 文學家인 班固가 司馬遷 『史記』의 後傳으로 지은 前漢의 歷史書이며, 총 100篇으로 구성되어 있고 『後漢書』에 대비하여 『前漢書』라고도 한다. 처음으로 斷代史의 체계를 갖추고 書志體를 확립하여 歷史 硏究의 영역을 넓혔다.
『隋書』	魏徵	629年	唐代의 政治家이며 思想家, 文學家, 史學家인 魏徵이 지은 隋의 歷史書로 총 85卷으로 구성되어 있다. 南北朝 이래의 政治經濟, 文化制度 등을 살펴

書名	著者	著作年代	내용 소개
			볼 수 있으며, 또한 〈經籍志〉에서 漢代부터 隋代까지 많은 文獻들의 현황을 기재하고 있는 것이 특징이다.
『通典』	杜佑	801年	唐代의 政治家이며 歷史家인 杜佑가 中國 古代로부터 唐代에 이르기까지의 역대 制度의 變遷에 대하여 기록한 歷史書이다. 총 200卷이며 食貨, 選擧, 職官, 禮, 樂, 兵, 刑, 州郡, 邊防 등 총 9典으로 구성되어 있다.
『舊唐書』	劉昫 등	945年	後晉의 政治家인 劉昫가 총괄하고 張昭遠, 賈緯, 趙熙 등이 편찬한 歷史書로 唐 高祖의 건국부터 멸망까지 약 290年 동안의 역사를 기록하였다. 원래 이름은 『唐書』였으나 이후 『新唐書』가 다시 편찬되면서 『舊唐書』로 불리게 되었다. 총 200卷이며 本紀 20卷, 志 30卷, 列傳 150卷으로 구성되어 있다.
『新唐書』	歐陽修, 宋祁 등	1060年	北宋의 政治家이며 文學家인 歐陽修와 宋祁 등이 지은 唐의 歷史書로 총 225卷으로 구성되어 있다. 『舊唐書』의 누락된 부분을 보충하고 〈兵志〉, 〈選擧志〉 등을 추가하여 체계를 갖추었으며 간결한 文體로 기술한 것이 특징이다.
『桓檀古記』	桂延壽	1911年	韓國 근세 인물인 桂延壽가 韓國 上古時代의 政治, 宗教 등을 서술한 歷史書로 〈三聖紀〉, 〈檀君世紀〉, 〈北夫餘紀〉, 〈太白逸史〉 등으로 구성되어 있다.

3) 哲學書

書名	著者	著作年代	내용 소개
『周易』	未詳	周代	春秋時代 이전부터 전해져 내려온 占書로 『易經』이라고도 하며 儒學 經典 중 하나이다. 生成, 變化, 死滅하는 萬物의 理致를 담고 있으며, 후대 孔子가 지었다고 알려진 〈十翼〉을 포함하면 『易傳』으로 구성된다.

『詩』	未詳	春秋時代	儒學 經典 중 三經의 하나로 『詩經』, 『詩三百』이라고도 하며 西周 초기부터 春秋時代까지의 詩歌를 모은 中國 最古의 詩集이다. 총 311篇으로 구성되어 있으며 포함된 詩歌들은 내용과 표현 방법에 따라 風, 雅, 頌 및 賦, 比, 興 등으로 분류된다.
『老子』	李耳	春秋時代末	春秋時代 末期 道家의 창시자인 老子[李耳]가 지은 『道德經』으로 道家思想의 핵심을 담고 있다. 〈道經〉과 〈德經〉의 上下篇으로 나누어지며, 仁義 등을 주창한 儒家에 反하여 無爲自然을 기반으로 하는 萬有의 法則인 道에 대해 論하였다.
『論語』	孔丘 및 弟子	BC 5C~3C경	儒學 經典 중 四書의 하나로 春秋時代 哲學家인 孔子[孔丘]와 弟子들의 問答을 모은 것이다. 孔子 死後 弟子들이 편집하였으며 총 20篇으로 구성되어 있다. 孔子의 핵심 思想인 仁을 바탕으로 政治, 道德, 倫理, 敎育 등의 여러 방면의 주제를 다루고 있다.
『中庸』	子思	BC 5C경	儒學 經典 중 四書의 하나로 孔子의 孫子이며 戰國時代 哲學家인 子思가 지은 책으로 『禮記』에 포함되어 있다가 宋代에 와서 四書로 편입되었다. 총 33章으로 구성되어 있으며 宇宙와 인간의 관계에 대하여 天命, 性, 誠, 中和, 中庸 등을 論하였다.
『莊子』	莊周	BC 4C~3C경	戰國時代 莊周가 지은 책으로 『南華經』이라고도 하며 道家思想의 핵심을 담고 있다. 총 33篇으로 구성되어 있으며, 자유로운 표현과 상상력이 동반된 寓言, 寓話 등을 통하여 世俗을 超脫한 自然과 하나가 되는 삶에 대하여 論하였다.
『孟子』	孟軻 및 弟子	BC 3C경	儒學 經典 중 四書의 하나로 戰國時代 哲學家인 孟子[孟軻]와 弟子들의 問答을 모은 것이다. 孟子와 弟子들이 편집하였으며 총 7篇으로 구성되어 있다. 孟子의 핵심 思想인 仁義를 바탕으로 性善說, 四端說, 存心養性, 王道政治 등을 論하였다.

『荀子』	荀況	BC 3C경	戰國時代 哲學家인 荀子[荀況]가 지은 儒學書로 총 32篇으로 구성되어 있다. 孟子의 性善說을 비판하여 性惡說을 주창하였으며 禮와 樂을 바탕으로 인간의 本性을 敎化하여야 한다고 주장하였다.
『禮記』	戴聖	BC 1C경	孔子 死後 孔子가 연구하였던 禮學 관련 내용들이 흩어져 내려오다가 이를 前漢 宣帝 때 戴聖, 戴德 등이 편찬하였는데, 戴聖이 편찬한 『小戴禮記』가 곧 『禮記』이며 총 49편으로 구성되어 있다. 戴德이 편찬한 『大戴禮記』는 85편으로 구성되어 있다. 先秦時代의 制度, 文物과 思想 등을 살펴볼 수 있다.
『太玄』	揚雄	BC 1C~ AD 1C경	前漢의 辭賦家이며 思想家인 揚雄이 지은 術數書로 『太玄經』이라고도 하며 총 10卷으로 구성되어 있다. 우주의 原理를 『周易』의 陰陽 이외에 道家의 玄 개념을 통일체로 상정하여 三元의 구조로 설명하였다. 후대의 象數學, 讖緯說, 道家思想 등에 많은 영향을 주었다.

4) 其他書

書名	著者	著作年代	내용 소개
『山海經』	未詳	戰國 時代末~ 漢代初	戰國時代 末期 또는 漢代 初期에 지어진 地理書로 주로 神話的인 내용을 담고 있으며 총 18卷으로 구성되어 있다. 地理, 歷史, 文學, 神話, 動物, 植物, 醫學, 宗敎, 天文, 農業 등과 人類學, 民族學, 海洋學, 科學技術史 등 다양한 분야의 풍부한 내용을 담고 있다.
『說文解字』	許愼	121年	『說文』이라고도 하며, 中國 最古의 字書로 漢字를 部首에 따라 분류 배열하여 글자 모양, 뜻, 발음을 종합적으로 해설하였다. 총 540개의 部首에 9,353字를 담고 있으며 漢字의 造字法인 六書의 정의를 밝힌 것이 특징이다.

『廣雅』	張揖	227年~ 232年	魏의 張揖이 『三蒼』, 『說文解字』 등을 참고하여 『爾雅』를 增補하여 3卷으로 편찬한 訓詁書로, 총 19篇 1,168항목으로 구성되어 있다.
『均聖論』	沈約	5C~6C경	南朝時代의 佛教文獻으로, 佛教와 儒教 思想의 대립을 調和시키는 것을 목표로 하였다. 周孔과 釋迦의 義가 같다는 내용을 포함하는 것이 특징이다.
『水經注』	酈道元	6C初경	東漢의 桑欽이 지은 河川誌인 『水經』에 注釋을 달고 기타 支流에 대해서도 상세히 설명한 地理書이다. 총 40卷으로 구성되어 있으며, 『水經』에 나오는 137개의 水道뿐만 아니라 총 1,252개 河川에 대하여 그 自然地理, 都邑, 物産, 水利, 人物, 史實, 傳說 등을 상세히 기록하였다.
『昭明文選』	蕭統	526年~ 531年	『文選』이라고도 하며 先秦時代 이후 南朝 梁代까지의 대표적인 詩文을 모은 文集이다. 총 30卷으로 구성되어 있으며 130여 명 700여 篇의 詩文이 수록되어 있다.
『玉篇』	顧野王	543年	南朝 梁陳時代의 文字學者인 顧野王의 字書로 총 30卷이며 『說文解字』의 내용과 체제에 근거하여 16,917의 표제자를 542 部首에 따라 수록하였다. 『說文解字』와 달리 같은 종류의 의미를 가진 部首들로 글자를 배열하였으며, 反切로 音韻을 표시하였다.
『切韻』	陸法言	601年	隋代 音韻學者인 陸法言이 지은 韻書로 총 5卷으로 구성되어 있다. 총 11,500字에 대하여 총 193韻(平聲 54韻, 上聲 51韻, 去聲 56韻, 入聲 32韻)을 기재하고 있다.
『干祿字書』	顔元孫	7C末~ 8C初경	唐代의 政治家인 顔元孫이 당시의 俗字를 수록한 字書로 顔眞卿이 이를 다시 書寫하여 刻石한 후 세상에 널리 유행되었다. 祿을 구하는 자가 마땅히 배우고 익혀야 할 字書라는 의미로 약 800字를 韻의 순서에 따라 배열한 후 俗, 通, 正의 三體로 나누어 설명하였다.
『集韻』	丁度 등	1039年	宋代 仁宗이 丁度 등에게 명하여 편찬한 韻書로 『廣

書名	著者	著作年代	내용 소개
			韻』을 增修한 것이다. 총 10卷으로 구성되어 있으며, 총 53,525字에 대하여 총 206韻을 기재하고 있다.
『靑鶴集』	趙汝籍	17C중반	朝鮮 中期에 趙汝籍이 저술한 仙家書로 靑鶴上人 魏漢祖와 그 제자들의 行蹟 및 談論을 雜記 형식으로 서술하였으며 韓國 고유의 仙家 系譜를 제시하였다.
『正字通』	張自烈, 廖文英	1670年	明末淸初의 學者이며 藏書家인 張自烈이 편찬하고 廖文英이 내용을 추가하여 간행한 字書로 明代의 『字彙』를 보완한 것이다. 총 12卷으로 구성되어 있으며 총 33,671字가 총 214部로 분류되어 있다.
『說文解字注』	段玉裁	1815年	淸代의 文字學者인 段玉裁가 『說文解字』에 注釋을 달아 간행한 것으로 『說文注』라고도 한다. 字形을 비롯한 字音과 字義의 상관성을 상세히 밝혀 文字訓詁와 音韻 연구에 대한 성과가 크며, 『六書音韻表』를 부가하여 古韻을 6類17部로 분류하였다.
『說文通訓定聲』	朱駿聲	1833年	淸代의 文字學者인 朱駿聲이 古代 音韻 硏究를 통하여 『說文解字』를 개편한 것으로 총 18卷으로 구성되어 있다. 『說文解字』에 실린 글자의 총 1137 聲符를 18部로 다시 분류하고 각 문자의 本訓을 설명하였다.
『東洋醫學大事典』	東洋醫學大事典編纂委員會	1999年	韓國 慶熙大學校에서 東洋醫學에 대한 내용을 총망라하여 엮은 專門 百科事典으로 총 12卷으로 구성되어 있다. 基礎理論, 醫史 및 文獻, 鍼灸經穴, 臨床各科, 體質醫學, 本草, 醫療制度 등 각 분야의 광범위한 내용을 포함하고 있다.

7. 仁和寺 原鈔本의 일부 내용이 근세 이전 日本의 여러 서적에 인용되어 있는데 이를 本書의 부록에 수록하였다. 인용한 서적의 목록은 다음과 같다.

書名	著者	著作年代	내용 소개
『倭名類聚抄』	源順	931年~938年	『和名類聚抄』, 『和名抄』라고도 하며 平安時代 중기에 만들어진 辭典으로 漢字의 訓 외에 당시

			의 語彙, 語音과 社會, 風俗, 制度 등의 내용을 담고 있어서 事典의 성격도 가지고 있다. 版本에 따라 총 24部 또는 32部로 구성되어 있다.
『醫心方』	丹波康賴	984年	平安時代 醫官인 丹波康賴가 지어 朝廷에 獻上한 日本 最古의 醫學書로 醫師倫理, 醫學總論, 治療法, 保健衛生, 養生法, 醫療技術, 醫學思想, 房中術 등 총 30卷으로 구성되어 있다.
『弘決外典鈔』	具平親王	991年	平安時代의 佛敎 書籍으로 唐代 妙樂大師가 지은 『止觀輔行佛弘決』에 인용된 漢籍外典에 대한 出典과 注釋을 단 것이다. 총 4卷으로 구성되어 있다.
『醫談抄』	惟宗具俊	1284年	鎌倉時代 醫官인 惟宗具俊이 지은 醫學隨筆集으로 脈法, 鍼灸, 藥療, 雜言 등 上下卷으로 구성되어 있다.
『衛生秘要抄』	丹波行長	1288年	鎌倉時代의 醫師인 丹波行長이 日本과 中國의 여러 文獻에 기재된 養生 관련 내용들을 모은 책으로 총 31개의 항목으로 구성되어 있다. 1822年에 완성된 叢書인 『續群書類從』에 포함되어 있다.
『醫家千字文註』	惟宗時俊	1293年	鎌倉時代 鍼灸書인 『續添要穴集』의 저자인 惟宗時俊이 지은 醫學入門書로 醫學 공부에 필요한 지식을 4言 2句의 要訣 형식으로 표시하고 여러 醫書들의 내용을 인용하여 注釋을 달았다. 서명은 『醫家千字文』으로 되어 있다.
『退年要抄』	丹波嗣長	14C중반	室町時代의 醫師인 丹波嗣長이 여러 醫書에 기재된 養生 관련 주요 내용을 모은 책으로 天象部, 地儀部, 植物部, 動物部, 人倫部 등으로 구성되어 있으며 『續群書類從』에 포함되어 있다.

8. 仁和寺本 『黃帝內經太素』는 원래 총 30卷이며 각 卷은 다시 여러 篇들로 구성되어 있다. 30卷 가운데 散佚된 卷의 머리에는 제목을 補入한 경위를 설명하였다. 각 卷의 앞부분에 校注를 달아 제목과 목차에 대한 설명을 보충하였으며, 각

卷의 뒷부분에도 校注를 달아 제목과 抄寫, 移點, 校合 관련 설명을 보충하였다.
또한 각 篇의 앞부분에 校注를 달아 해당 篇의 經文이 『黃帝內經』의 어느 篇에
나오는지를 제시하였고, 해당 내용을 요약하여 설명하였다.

9. 원래 仁和寺本의 經文과 楊上善의 注釋에는 句讀點이 없으나, 錢氏校本의 標點
을 참고하여 표기하였다.

10. 本書에서는 仁和寺本의 經文과 楊上善의 注釋에 나오는 漢字의 原形을 독자들
이 읽기 쉽도록 가능한 대표자로 바꾸어 표기하였다. 단, 異體字, 通用字, 俗字, 略
字, 本字, 同字 등의 특성에 따라 일부 漢字는 대표자를 복수로 표기하였다. 仁和
寺本에 기록된 漢字의 原形은 『黃帝內經太素』(東洋醫學硏究會, 1981), 『黃帝內經太素
新校正』(錢超塵 外, 學苑出版社, 2006), 『黃帝內經太素新新校正』(左合昌美, 日本內經醫學會, 2016)
등에서 확인할 수 있으며, 本書에서는 부록에 수록하였다.

11. 本書에서 규정한 異體字, 通用字, 俗字, 略字, 本字, 同字, 避諱字, 傳寫 誤謬 등
의 의미와 代表字 표기 방식은 다음과 같으며, 漢字의 辭典的 의미는 『敎學大漢
韓辭典』(敎學社, 2021)을 참고하였다.

漢字 종류	의미와 代表字 표기 방식
異體字	글자의 형체가 비슷하여 사용되나, 독립적인 글자는 아님. 대부분 代表字로 바꾸어 표기하였음.
通用字	독립된 글자로서 서로 비슷한 의미를 일부 내포하고 있으며, 종종 형태가 유사한 경우도 있음. 의미의 유사성에 따라 代表字와 함께 표기하기도 함.
俗字	異體字가 아니면서 世俗에서 통용하는 글자임. 의미가 서로 다르거나 독립적인 글자가 아니기도 함. 대부분 代表字로 바꾸어 표기하였으나, 일부 현실의 사용 빈도에 따라 代表字와 함께 표기하였음.
略字	글자의 일부분을 의도적으로 생략한 것으로 독립된 글자가 아님. 대부분 代表字로 바꾸어 표기하였으나, 일부 현실의 사용 빈도에 따라 代表字와 함께 표기하였음.
本字	역사적으로 본래의 글자를 말함. 사용 빈도에 따라 현재 사용하는 글자를 代表字로 하거나 두 글자 모두 표기하였음.
同字	辭典的으로 같은 글자를 말함. 사용 빈도에 따라 현재 사용하는 글자를 代表字로 하거나 두 글자 모두 표기하였음.

避諱字	王이나 조상 기타 존경할 만한 인물의 이름 또는 國號, 年號 등을 직접적으로 호칭하지 않고 바꾸어 쓴 글자를 말함. 仁和寺 原鈔本의 원래 글자 그대로 표기하였음.
傳寫 誤謬	本書에서는 옮겨 쓸 때의 일회성 실수가 아니라, 편의성 또는 기타 미학적 이유로 본래 글자와 다르게 傳寫하는 경우를 말함. 대부분 代表字로 바꾸어 표기하였음.

12. 本書의 經文과 注文(楊上善의 注釋)에서는 대표자 사용의 원칙에도 불구하고, 避諱字와 反切音의 경우는 仁和寺本의 표기를 그대로 따랐다. 또한 本書의 原文 해석과 注釋 설명에 포함된 漢字는 經文과 注文의 대표자를 사용하되, 현재 다 빈도로 사용되는 漢字가 있는 경우에는 바꾸어 표기하였다.

13. 本書의 본문 배치는 經文을 표기한 후에 그 해석을 아래에 달았고, 해당 經文에 대한 楊上善의 注釋이 있을 경우 그 注文과 해석을 이어서 달았다.

14. 本書의 經文과 注文에 대한 校注를 그 아래에 배치하였다. 校注에서는 經文을 校勘하고, 異體字, 通用字, 俗字, 略字, 本字, 同字, 傳寫 誤謬, 避諱字, 反切音 등에 대하여 표기하였으며, 내용 이해에 필요한 설명을 보충하였다.

15. 本書의 經文과 注文 가운데 글자 확인이 안 된 부분은 '▨' 기호를 사용하여 표시하였고, 해당 부분을 해석할 경우에는 '[ ]' 기호를 사용하여 표시하였다.

16. 本書의 經文과 注文 및 校注의 내용 가운데 생략이 필요할 경우에는 '…' 기호를 사용하여 표시하였다.

17. 本書의 經文과 注文에 대한 해석은 원칙적으로 한글로 표기하였으나, 불가피하게 漢字의 병기가 필요한 경우에 한하여 병기하였다. 또한 병기 시 해석문과 漢字의 발음이 다른 경우 '[ ]' 기호를 사용하여 표시하였다.

18. 本書의 經文과 注文에 대한 해석 및 校注에서 서명은 '『 』' 기호를 사용하여 표시하였고, 그에 포함된 편명은 '·' 기호를 사용하여 구분하였다.

19. 『黃帝內經太素』 각 卷의 卷首와 卷末에 있는 標題, 目次, 題記는 原鈔本의 형식에 맞추어 本書 각 卷의 앞, 뒤에 표기하였다.

본서『黃帝內經太素』의 漢字 표기에 대한 설명 _____

1. 본서에서는 仁和寺本『黃帝內經太素』의 經文과 注文에 나오는 漢字의 原形을 독자들이 읽기 쉽도록 가능한 대표자로 바꾸어 표기하였다. 단, 異體字, 通用字, 俗字, 略字, 本字, 同字 등의 특성에 따라 일부 漢字는 대표자를 복수로 사용하였다. 仁和寺本『黃帝內經太素』에 기록된 漢字의 原形과 위치는『黃帝內經太素』(東洋醫學硏究會, 1982),『黃帝內經太素新校正』(錢超塵 外, 學苑出版社, 2006)과『黃帝內經太素新新校正』(左合昌美, 日本內經醫學會, 2016) 등에서 확인할 수 있다.

2. 본서에서 규정한 異體字, 通用字, 俗字, 略字, 本字, 同字, 傳寫 오류 등의 의미와 대표자 표기 방식은 다음과 같으며, 漢字의 사전적 의미는『敎學大漢韓辭典』(敎學社, 2021)을 참고하였다.

   1) 異體字 : 글자의 형체가 비슷하여 사용되나, 독립적인 글자는 아님. 대부분 대표자로 바꾸어 표기하였음.

   2) 通用字 : 독립된 글자로서 서로 비슷한 의미를 일부 내포하고 있으며, 종종 형태가 유사한 경우도 있음. 의미의 유사성에 따라 대표자와 함께 표기하기도 함.

   3) 俗字 : 異體字가 아니면서 세속에서 通用하는 글자임. 의미가 서로 다르거나 독립적인 글자가 아니기도 함. 대부분 대표자로 바꾸어 표기하였으나, 일부 현실의 사용 빈도에 따라 대표자와 함께 표기하였음.

   4) 略字 : 글자의 일부분을 의도적으로 생략한 것으로 독립된 글자가 아님. 대부분 대표자로 바꾸어 표기하였으나, 일부 현실의 사용 빈도에 따라 대표자와 함께 표기하였음.

   5) 本字 : 역사적으로 본래의 글자를 말함. 사용 빈도에 따라 현재 사용하는 글자를 대표자로 하거나, 두 글자 모두 표기하였음.

   6) 同字 : 사전적으로 같은 글자를 말함. 사용 빈도에 따라 현재 사용하는 글자를 대표자로 하거나, 두 글자 모두 표기하였음.

   7) 傳寫 오류 : 본서에서는 옮겨 쓸 때의 일회성 실수가 아니라, 편의성 또는 기타 미학적 이유로 본래 글자와 다르게 傳寫하는 경우를 말함. 대부분 대표자로 바꾸어 표기하였음.

3. 본 범례에서는 '대표자(한글) 대표자(漢字) / 관련자(漢字) : 설명'의 형식으로 총 485
개의 대표자(한글)에 대하여 가나다순으로 나열하여 설명하였다.

4. 본서의 經文과 注文에서는 대표자 사용의 원칙에도 불구하고, 避諱字와 反切音
의 경우는 仁和寺本『黃帝內經太素』의 표기를 그대로 따랐다. 본서의 원문 해석
과 주석 설명에 포함된 漢字는 經文과 注文의 대표자를 사용하되, 현재 다빈도
로 사용되는 한자가 있는 경우에는 바꾸어 표기하였다.

ㄱ

각 却 / 卻 : 卻은 却의 本字이며 모두 사용 가능하다. 단, 仁和寺本『黃帝內經太素』에는 却만 있다.

각 殼 / 㱿 : 㱿은 殼의 異體字이다. 단, 仁和寺本『黃帝內經太素』에는 㱿만 있으며, 殼을 대표자로 표기하였다.

간 間 / 间 : 间은 間의 略字이다. 仁和寺本『黃帝內經太素』에는 間, 间 등이 모두 있으며, 間을 대표자로 표기하였다.

간 侃 / 偘, 𠈃 : 侃과 偘은 同字이고, 𠈃은 侃의 異體字이다. 단, 仁和寺本『黃帝內經太素』에는 𠈃만 있으며, 侃을 대표자로 표기하였다.

갈 渴 / 渇 : 渇은 渴의 異體字이다. 단, 仁和寺本『黃帝內經太素』에는 渇만 있으며, 渴을 대표자로 표기하였다.

갈 髃 / 髑 : 髑은 髃을 잘못 옮겨 쓴 것이다. 仁和寺本『黃帝內經太素』에는 髑, 髃 등이 모두 있으며, 髃

을 대표자로 표기하였다.

감 感, 咸 : 咸은 '느끼다'의 의미에 한하여 感의 略字이며 모두 사용 가능하다. 仁和寺本『黃帝內經太素』에는 咸, 感 등이 모두 있다.

감 減 / 减, 咸 : 减은 減의 異體字이고, 咸은 '줄어들다'의 의미에 한하여 減의 略字이며 모두 사용 가능하다. 단, 仁和寺本『黃帝內經太素』에는 减, 咸만 있으며, 減을 대표자로 표기하였다.

갑 胛, 甲 : 甲은 胛의 略字이며 모두 사용 가능하다. 단, 仁和寺本『黃帝內經太素』에는 甲만 있다.

갑 匣 / 運 : 運은 匣의 俗字이다. 仁和寺本『黃帝內經太素』에는 匣, 運 등이 모두 있으며, 匣을 대표자로 표기하였다.

강 綱 / 綗 : 綗은 綱의 俗字이다. 단, 仁和寺本『黃帝內經太素』에는 綗만 있으며, 綱을 대표자로 표기하였다.

강 剛 / 㓻, 尉 : 㓻, 尉 등은 모두 剛의 俗字이다. 단, 仁和寺本『黃帝

內經太素』에는 剴, 對 등만 있으며,
剛을 대표자로 표기하였다.

개 開 / 閞 : 閞는 開의 略字이다. 仁
和寺本 『黃帝內經太素』에는 閞,
開 등이 모두 있으며, 開를 대표자
로 표기하였다.

개 蓋 / 盖 : 盖는 蓋의 異體字이다.
仁和寺本『黃帝內經太素』에는 盖,
蓋 등이 모두 있으며, 蓋를 대표자
로 표기하였다.

개 漑 / 溉 : 溉는 漑의 異體字이다.
단, 仁和寺本 『黃帝內經太素』에
는 溉만 있으며, 漑를 대표자로 표
기하였다.

갱 秔, 粳 : 秔과 粳은 同字이며 모두
사용 가능하다. 단, 仁和寺本『黃
帝內經太素』에는 粳만 있다.

거 炬 / 炷 : 炷는 炬의 異體字이다.
단, 仁和寺本 『黃帝內經太素』에
는 炷만 있으며, 炬를 대표자로 표
기하였다.

거 擧 / 舉 : 舉는 擧의 異體字이다.
단, 仁和寺本 『黃帝內經太素』에
는 舉만 있으며, 擧를 대표자로 표
기하였다.

건 愆 / 愇 : 愇은 愆의 俗字이다. 단,
仁和寺本 『黃帝內經太素』에는
愇만 있으며, 愆을 대표자로 표기
하였다.

겁 𨙸, 却 / 刧, 劫 : 刧은 𨙸의 異體
字이고, 劫은 刧과 同字이며, 却
은 자침법의 경우에 한하여 刧의
通用字이다. 단, 仁和寺本『黃帝
內經太素』에는 刧, 却 등만 있으
며, 却을 대표자로 표기하였다.

격 膈 / 膕, 隔, 𩩲, 鬲, 鬵 : 隔은
膈의 通用字이고, 鬲은 膈의 略字
이다. 膕은 膈의 異體字이며, 𩩲
은 隔의 異體字이며, 鬵, 鬵 등은
모두 鬲의 異體字이다. 단, 仁和
寺本『黃帝內經太素』에는 膕, 𩩲,
鬵, 鬵 등만 있으며, 膈, 隔, 鬲 등
을 각각 異體字의 대표자로 표기
하였다.

격 擊 / 撃 : 撃은 擊의 異體字이다.
仁和寺本『黃帝內經太素』에는 擊,
撃 등이 모두 있으며, 擊을 대표자
로 표기하였다.

견 堅 / 坚 : 坚은 堅의 略字이다. 仁
和寺本 『黃帝內經太素』에는 堅,
坚 등이 모두 있으며, 堅을 대표자
로 표기하였다.

결 缺 / 缼 : 缺과 缼은 同字이다. 仁
和寺本 『黃帝內經太素』에는 缼,
缺 등이 모두 있으며, 缺을 대표자
로 표기하였다.

결 決 / 决 : 决은 決의 異體字이다.
단, 仁和寺本 『黃帝內經太素』에

는 決만 있으며, 決을 대표자로 표기하였다.

겸 兼 / 槏 : 槏은 兼의 異體字이다. 단, 仁和寺本 『黃帝內經太素』에는 槏만 있으며, 兼을 대표자로 표기하였다.

경 傾, 頃 : 頃은 傾의 通用字이며 모두 사용 가능하다. 仁和寺本 『黃帝內經太素』에는 傾, 頃 등이 모두 있다.

경 俓 / 侳 : 侳은 俓의 略字이다. 단, 仁和寺本 『黃帝內經太素』에는 侳만 있으며, 俓을 대표자로 표기하였다.

경 徑 / 径 : 径은 徑의 略字이다. 단, 仁和寺本 『黃帝內經太素』에는 径만 있으며, 徑을 대표자로 표기하였다.

경 頸 / 頚 : 頚은 頸의 略字이다. 단, 仁和寺本 『黃帝內經太素』에는 頚만 있으며, 頸을 대표자로 표기하였다.

경 經 / 経 : 経은 經의 略字이다. 仁和寺本 『黃帝內經太素』에는 経, 經 등이 모두 있으며, 經을 대표자로 표기하였다.

경 競 / 竸 : 竸은 競의 略字이다. 仁和寺本 『黃帝內經太素』에는 竸, 競 등이 모두 있으며, 競을 대표자

로 표기하였다.

경 耕 / 耕 : 耕은 耕의 異體字이다. 단, 仁和寺本 『黃帝內經太素』에는 耕만 있으며, 耕을 대표자로 표기하였다.

경 莖 / 茎, 莖 : 茎은 莖의 略字이고, 莖은 莖의 異體字이다. 仁和寺本 『黃帝內經太素』에는 茎, 莖, 莖 등이 모두 있으며, 莖을 대표자로 표기하였다.

경 京 / 亰 : 京과 亰은 同字이다. 仁和寺本 『黃帝內經太素』에는 亰, 京 등이 모두 있으며, 京을 대표자로 표기하였다.

경 脛 / 胫 : 胫은 脛의 略字이다. 단, 仁和寺本 『黃帝內經太素』에는 胫만 있으며, 脛을 대표자로 표기하였다.

경 勁 / 劲, 勁 : 劲은 勁의 略字이고, 勁은 勁의 異體字이다. 仁和寺本 『黃帝內經太素』에는 勁 / 劲, 勁 등이 모두 있으며, 勁을 대표자로 표기하였다.

경 痙 / 痉, 痓 : 痓은 痙의 通用字이며 모두 사용 가능하고, 痉은 痙의 略字이다. 단, 仁和寺本 『黃帝內經太素』에는 痙, 痓만 있으며, 痙은 痙을 대표자로 표기하였다.

계 瘛, 瘈 / 痸 : 瘛와 瘈는 同字이고,

痹는 瘦의 異體字이다. 仁和寺本
『黃帝內經太素』에는 瘶, 瘦, 痹
등이 모두 있으며, 瘶와 瘦는 그대
로 두고 痹는 瘦를 대표자로 표기
하였다.

계 誡 / 諴 : 諴는 誡의 異體字이다.
仁和寺本『黃帝內經太素』에는 誡,
諴 등이 모두 있으며, 誡를 대표자
로 표기하였다.

계 稽 / 暜 : 暜는 稽의 異體字이다.
단, 仁和寺本 『黃帝內經太素』에
는 暜만 있으며, 稽를 대표자로 표
기하였다.

계 繼 / 継 : 継는 繼의 略字이다. 단,
仁和寺本『黃帝內經太素』에는 継
만 있으며, 繼를 대표자로 표기하
였다.

고 睾 / 皋, 皐 : 皋는 睾의 俗字이고,
皐는 皋의 異體字이다. 단, 仁和
寺本『黃帝內經太素』에는 皋, 皐
등만 있으며, 모두 睾를 대표자로
표기하였다.

고 故 / 砎 : 砎는 故를 잘못 옮겨 쓴
것이다. 仁和寺本『黃帝內經太素』
에는 砎, 故 등이 모두 있으며, 故
를 대표자로 표기하였다.

고 顧 / 顧 : 顧는 顧의 略字이다. 仁
和寺本 『黃帝內經太素』에는 顧,
顧 등이 모두 있으며, 顧를 대표자

로 표기하였다.

고 尻 / 屄 : 屄는 尻의 異體字이다.
단, 仁和寺本 『黃帝內經太素』에
는 屄만 있으며, 尻를 대표자로 표
기하였다.

고 考 / 牟 : 牟는 考의 異體字이다.
단, 仁和寺本 『黃帝內經太素』에
는 牟만 있으며, 考를 대표자로 표
기하였다.

고 孤 / 孤 : 孤는 孤의 異體字이다.
단, 仁和寺本 『黃帝內經太素』에
는 孤만 있으며, 孤를 대표자로 표
기하였다.

고 鼓 / 皷 : 皷는 鼓의 異體字이다.
단, 仁和寺本 『黃帝內經太素』에
는 皷만 있으며, 鼓를 대표자로 표
기하였다.

고 扣, 叩 / 抏 : 叩, 抏 등은 모두 扣
의 通用字이다. 仁和寺本 『黃帝
內經太素』에는 扣, 叩, 抏 등이 모
두 있으며, 단 扣와 叩만을 그대로
표기하였다.

곡 穀, 榖 : 榖은 穀의 通用字이며 모
두 사용 가능하다. 仁和寺本『黃
帝內經太素』에는 穀, 榖 등이 모
두 있다.

곡 哭 / 哭 : 哭은 哭의 異體字이다.
단, 仁和寺本 『黃帝內經太素』에
는 哭만 있으며, 哭을 대표자로 표

기하였다.

공 恐 / 忩 : 忩은 恐의 異體字이다. 단, 仁和寺本 『黃帝內經太素』에는 忩만 있으며, 恐을 대표자로 표기하였다.

과 裹/ 果, 褁 : 果는 裹의 通用字이고, 褁는 裹의 異體字이다. 仁和寺本『黃帝內經太素』에는 裹, 果, 褁 등이 모두 있으며, '싸다'의 의미에 한하여 裹를 대표자로 표기하였다.

관 關 / 開, 閞, 開 : 關, 閞 등은 모두 關의 略字이고, 開은 開의 異體字이다. 仁和寺本『黃帝內經太素』에는 關, 開, 閞, 開 등이 모두 있으며, 關을 대표자로 표기하였다.

광 匡 / 迲 : 迲은 匡의 異體字이다. 단, 仁和寺本 『黃帝內經太素』에는 迲만 있으며, 匡을 대표자로 표기하였다.

광 光 / 兇 : 兇은 光의 本字이다. 仁和寺本『黃帝內經太素』에는 光, 兇 등이 모두 있으며, 光을 대표자로 표기하였다.

괘 掛, 挂 : 挂는 掛의 通用字이며 모두 사용 가능하다. 단, 仁和寺本『黃帝內經太素』에는 挂만 있다.

괴 怪 / 恠 : 恠는 怪의 俗字이다. 단, 仁和寺本 『黃帝內經太素』에는 恠만 있으며, 怪를 대표자로 표기하였다.

곽 膕 / 胭 : 胭은 膕의 略字이다. 仁和寺本 『黃帝內經太素』에는 膕, 胭 등이 모두 있으며, 膕을 대표자로 표기하였다.

교 蹻, 喬 / 峮 : 喬는 蹻脈의 경우에 한하여 蹻의 略字이며 모두 사용 가능하고, 峮는 喬의 異體字이다. 단, 仁和寺本 『黃帝內經太素』에는 蹻, 峮 등만 있으며, 峮는 喬를 대표자로 표기하였다.

교 蹻, 矯, 撟 / 筒, 蹻, 撟 : 矯, 撟 등은 모두 按蹻의 의미에 한하여 蹻의 通用字이며 모두 사용 가능하고, 蹻는 蹻의 異體字이며, 筒는 矯의 異體字이고, 撟는 撟의 異體字이다. 단, 仁和寺本 『黃帝內經太素』에는 蹻, 筒, 撟 등만 있으며, 각각 蹻, 矯, 撟 등을 대표자로 표기하였다.

교 橋 / 橋 : 橋는 橋의 異體字이다. 단, 仁和寺本 『黃帝內經太素』에는 橋만 있으며, 橋를 대표자로 표기하였다.

교 熿 / 熿 : 熿는 熿의 異體字이다. 단, 仁和寺本 『黃帝內經太素』에는 熿만 있으며, 熿를 대표자로 표기하였다.

교 膠 / 膠 : 膠는 膠의 異體字이다.
단, 仁和寺本 『黃帝內經太素』에
는 膠만 있으며, 膠를 대표자로 표
기하였다.

교 嬌 / 嬌 : 嬌는 嬌의 異體字이다.
仁和寺本 『黃帝內經太素』에는 嬌,
嬌 등이 모두 있으며, 嬌를 대표자
로 표기하였다.

교 蛟 / 蚑 : 蚑는 蛟를 잘못 옮겨 쓴
것이다. 仁和寺本 『黃帝內經太素』
에는 蚑, 蛟 등이 모두 있으며, 蛟
를 대표자로 표기하였다.

교 敎 / 教 : 教는 敎의 俗字이다. 단,
仁和寺本 『黃帝內經太素』에는 教
만 있으며, 敎를 대표자로 표기하
였다.

구 歐, 嘔/ 歑 : 歐와 嘔는 同字이며
모두 사용 가능하고, 歑는 歐의 異
體字이다. 단, 仁和寺本 『黃帝內
經太素』에는 歐, 歑 등만 있으며,
歐를 대표자로 표기하였다.

구 鉤, 句 / 鈎, 勾 : 句는 鉤의 略字
이고, 鈎는 鉤의 通用字이며, 勾도
句의 通用字이다. 단, 仁和寺本
『黃帝內經太素』에는 鉤, 句, 勾
등만 있으며, 鈎는 鉤를 대표자로,
勾는 句를 대표자로 표기하였다.

구 樞 / 柩 : 柩는 樞를 잘못 옮겨 쓴
것이다. 단, 仁和寺本 『黃帝內經

太素』에는 柩만 있으며, 樞를 대
표자로 표기하였다.

구 狗 / 猗 : 狗와 猗는 同字이다. 단,
仁和寺本 『黃帝內經太素』에는 猗
만 있으며, 狗를 대표자로 표기하
였다.

구 拘 / 抅 : 抅는 拘의 異體字이다.
仁和寺本 『黃帝內經太素』에는 抅,
拘 등이 모두 있으며, 拘를 대표자
로 표기하였다.

구 軀 / 軀 : 軀는 軀의 異體字이다.
仁和寺本 『黃帝內經太素』에는 軀,
軀 등이 모두 있으며, 軀를 대표자
로 표기하였다.

국 國 / 国 : 国은 國의 略字이다. 仁
和寺本 『黃帝內經太素』에는 國,
国 등이 모두 있으며, 國을 대표자
로 표기하였다.

궐 厥 / 癞, 厥, 厥 : 癞은 厥의 俗字
이고, 厥, 厥 등은 모두 厥의 異體
字이다. 仁和寺本 『黃帝內經太素』
에는 厥, 癞, 厥, 厥 등이 모두 있
으며, 厥을 대표자로 표기하였다.

궤 匱 / 遺 : 遺는 匱의 俗字이다. 仁
和寺本 『黃帝內經太素』에는 匱,
遺 등이 모두 있으며, 匱를 대표자
로 표기하였다.

귀 歸 / 歸 : 歸는 歸의 本字이다. 仁
和寺本 『黃帝內經太素』에는 歸,

44

歸 등이 모두 있으며, 歸를 대표자
로 표기하였다.

극 剋, 尅, 刻 : 剋과 尅은 同字이며
모두 사용 가능하고, 刻은 剋과 尅
의 通用字이며 사용 가능하다. 단,
仁和寺本『黃帝內經太素』에는 尅,
刻 등만 있다.

극 棘 / 耕 : 耕은 棘의 異體字이다.
단, 仁和寺本『黃帝內經太素』에
는 耕만 있으며, 棘을 대표자로 표
기하였다.

극 郄 / 郤, 郗 : 郤은 郄의 異體字이
고, 郗는 郄을 잘못 옮겨 쓴 것이
다. 仁和寺本『黃帝內經太素』에
는 郄, 郤, 郗 등이 모두 있으며,
郄을 대표자로 표기하였다.

근 謹 / 謹 : 謹은 謹의 異體字이다.
仁和寺本『黃帝內經太素』에는 謹,
謹 등이 모두 있으며, 謹을 대표자
로 표기하였다.

근 筋 / 觔, 筯 : 觔은 筋을 잘못 옮겨
쓴 것이고, 筯은 筋의 俗字이다.
仁和寺本『黃帝內經太素』에는 筋,
觔, 筯 등이 모두 있으며, 筋을 대
표자로 표기하였다.

급 急 / 忽 : 忽은 急의 異體字이다.
仁和寺本『黃帝內經太素』에는 急,
忽 등이 모두 있으며, 急을 대표자

로 표기하였다.

기 饑, 飢 : 饑와 飢는 同字이며 모두
사용 가능하다. 단, 仁和寺本『黃
帝內經太素』에는 飢만 있다.

기 棄 / 弃 : 弃는 棄의 本字이다. 단,
仁和寺本『黃帝內經太素』에는
弃만 있으며, 棄를 대표자로 표기
하였다.

기 起 / 赳 : 赳는 起의 異體字이다.
仁和寺本『黃帝內經太素』에는 起,
赳 등이 모두 있으며, 起를 대표자
로 표기하였다.

기 器 / 噐 : 噐는 器의 異體字이다.
仁和寺本『黃帝內經太素』에는 器,
噐 등이 모두 있으며, 器를 대표자
로 표기하였다.

기 奇 / 竒 : 竒는 奇의 異體字이다.
단, 仁和寺本『黃帝內經太素』에
는 竒만 있으며, 奇를 대표자로 표
기하였다.

기 旣 / 既 : 既는 旣의 異體字이다.
단, 仁和寺本『黃帝內經太素』에
는 既만 있으며, 旣를 대표자로 표
기하였다.

기 岐 / 歧 : 歧는 岐의 通用字이다.
仁和寺本『黃帝內經太素』에는 岐,
歧 등이 모두 있으며, 岐를 대표자
로 표기하였다.

ㄴ

내 乃, 迺 : 迺는 乃의 通用字이며 모
두 사용 가능하다. 仁和寺本 『黃
帝內經太素』에는 乃, 迺 등이 모
두 있다.

내 耐, 能 : 能는 耐의 通用字이며 모
두 사용 가능하다. 단, 仁和寺本
『黃帝內經太素』에는 '인내하다'의
의미에 한하여 能만 있다.

년 年 / 秊 : 秊은 年의 本字이다. 仁
和寺本 『黃帝內經太素』에는 年,
秊 등이 모두 있으며, 年을 대표자
로 표기하였다.

노 臑 / 臐 : 臐는 臑의 俗字이다. 仁
和寺本 『黃帝內經太素』에는 臑,
臐 등이 모두 있으며, 臑를 대표자
로 표기하였다.

뇌 腦 / 腦 : 腦는 腦의 略字이다. 단,
仁和寺本 『黃帝內經太素』에는 腦
만 있으며, 腦를 대표자로 표기하
였다.

뇨 尿 / 溺, 屄 : 溺는 尿의 俗字이고,
尿와 屄는 同字이다. 仁和寺本 『黃
帝內經太素』에는 尿, 溺, 屄 등이
모두 있으며, 尿를 대표자로 표기
하였다.

뉵 衄 / 衂 : 衂은 衄의 異體字이다.
단, 仁和寺本 『黃帝內經太素』에
는 衂만 있으며, 衄을 대표자로 표
기하였다.

ㄷ

단 搏, 搏 / 搏, 榑 : 搏은 搏의 通用
字이며 모두 사용 가능하고, 搏은
搏의 異體字이며, 榑은 搏을 잘못
옮겨 쓴 것이다. 단, 仁和寺本 『黃
帝內經太素』에는 搏, 榑 등만 있
으며, 搏, 榑 등은 搏을 대표자로
표기하였다.

단 癉 / 癉 : 癉은 癉의 異體字이다.
仁和寺本 『黃帝內經太素』에는 癉,
癉 등이 모두 있으며, 癉을 대표자
로 표기하였다.

담 澹 / 澹 : 澹은 澹의 異體字이다.
仁和寺本 『黃帝內經太素』에는 澹,
澹 등이 모두 있으며, 澹을 대표자
로 표기하였다.

담 膽 / 膽, 瞻 : 膽은 膽의 異體字이
고, 瞻은 膽을 잘못 옮겨 쓴 것이
다. 단, 仁和寺本 『黃帝內經太素』
에는 膽, 膽 등만 있으며, 膽을 대
표자로 표기하였다.

담 憺, 恢 : 恢은 憺의 通用字이며 모
두 사용 가능하다. 단, 仁和寺本
『黃帝內經太素』에는 恢만 있다.

답 答 / 荅 : 荅은 答의 通用字이다.

46

仁和寺本『黃帝內經太素』에는 荅, 荅 등이 모두 있으며, 荅을 대표자로 표기하였다.

대 對 / 對, 對 : 對, 對 등은 모두 對의 異體字이다. 仁和寺本『黃帝內經太素』에는 對, 對, 對 등이 모두 있으며, 對를 대표자로 표기하였다.

대 大 / 太 : 太는 大를 잘못 옮겨 쓴 것이다. 仁和寺本『黃帝內經太素』에는 大, 太 등이 모두 있으며, 大를 대표자로 표기하였다.

도 稻 / 稲 : 稲는 稻의 略字이다. 단, 仁和寺本『黃帝內經太素』에는 稲만 있으며, 稲를 대표자로 표기하였다.

도 搯 / 掐 : 掐는 搯의 通用字이며 모두 사용 가능하다. 단, 仁和寺本『黃帝內經太素』에는 掐만 있으며, 掐를 대표자로 표기하였다.

독 瀆, 殰 : 殰은 瀆의 俗字이며 모두 사용 가능하다. 단, 仁和寺本『黃帝內經太素』에는 殰만 있다.

독 督 / 督, 晢 : 督, 晢 등은 모두 督의 異體字이다. 仁和寺本『黃帝內經太素』에는 督, 督, 晢 등이 모두 있으며, 督을 대표자로 표기하였다.

독 篤 / 篤 : 篤은 篤의 異體字이다.

仁和寺本『黃帝內經太素』에는 篤, 篤 등이 모두 있으며, 篤을 대표자로 표기하였다.

돌 突 / 突 : 突은 突의 異體字이다. 단, 仁和寺本『黃帝內經太素』에는 突만 있으며, 突을 대표자로 표기하였다.

동 凍 / 涷 : 涷은 凍의 通用字이다. 단, 仁和寺本『黃帝內經太素』에는 涷만 있으며, 涷을 대표자로 표기하였다.

두 蠹 / 蠱 : 蠱는 蠹의 略字이다. 仁和寺本『黃帝內經太素』에는 蠹, 蠱 등이 모두 있으며, 蠹를 대표자로 표기하였다.

둔 屯 / 芼 : 芼은 屯의 異體字이다. 仁和寺本『黃帝內經太素』에는 屯, 芼 등이 모두 있으며, 屯을 대표자로 표기하였다.

등 等 / 苐, 苿 : 苐, 苿 등은 모두 等의 異體字이다. 仁和寺本『黃帝內經太素』에는 等, 苐, 苿 등이 모두 있으며, 等을 대표자로 표기하였다.

ㄹ

락 絡 / 胳 : 胳은 絡의 俗字이다. 仁和寺本『黃帝內經太素』에는 胳,

絡 등이 모두 있으며, 絡을 대표자로 표기하였다.

란 亂 / 乱, 乿 : 乱은 亂의 略字이고, 乿은 亂의 異體字이다. 仁和寺本 『黃帝內經太素』에는 亂, 乱, 乿 등이 모두 있으며, 亂을 대표자로 표기하였다.

래 來 / 来 : 来는 來의 異體字이다. 仁和寺本 『黃帝內經太素』에는 來, 来 등이 모두 있으며, 來를 대표자로 표기하였다.

량 兩 / 两 : 两은 兩의 異體字이다. 仁和寺本 『黃帝內經太素』에는 兩, 两 등이 모두 있으며, 兩을 대표자로 표기하였다.

량 涼 / 凉, 淶 : 涼은 凉의 通用字이고, 淶은 凉의 異體字이다. 단, 仁和寺本 『黃帝內經太素』에는 凉, 淶만 있으며, 凉을 대표자로 표기하였다.

려 膂, 呂, 𦜉 / 膂 : 呂, 𦜉 등은 膂의 通用字이며 모두 사용 가능하고, 膂는 膂의 異體字이다. 단, 仁和寺本 『黃帝內經太素』에는 膂, 呂, 𦜉 등만 있으며, 膂는 膂를 대표자로 표기하였다.

려 蠡 / 蠡 : 蠡는 蠡의 略字이다. 仁和寺本 『黃帝內經太素』에는 蠡, 蠡 등이 모두 있으며, 蠡를 대표자로 표기하였다.

로 표기하였다.

력 癧 / 瘑 : 瘑은 癧의 異體字이다. 단, 仁和寺本 『黃帝內經太素』에는 瘑만 있으며, 癧을 대표자로 표기하였다.

력 歷 / 歴 : 歴은 歷의 異體字이다. 仁和寺本 『黃帝內經太素』에는 歷, 歴 등이 모두 있으며, 歷을 대표자로 표기하였다.

렴 廉 / 㢘 : 㢘은 廉의 異體字이다. 단, 仁和寺本 『黃帝內經太素』에는 㢘만 있으며, 廉을 대표자로 표기하였다.

례 禮 / 礼 : 礼는 禮의 本字이다. 仁和寺本 『黃帝內經太素』에는 禮, 礼 등이 모두 있으며, 禮를 대표자로 표기하였다.

록 錄 / 録 : 録은 錄의 異體字이다. 仁和寺本 『黃帝內經太素』에는 錄, 録 등이 모두 있으며, 錄을 대표자로 표기하였다.

뢰 牢 / 牢 : 牢와 牢는 同字이다. 단, 仁和寺本 『黃帝內經太素』에는 牢만 있으며, 牢를 대표자로 표기하였다.

료 膠, 朩 / 朩 : 朩는 膠의 通用字이며 모두 사용 가능하고, 朩는 朩의 俗字이다. 단, 仁和寺本 『黃帝內經太素』에는 膠, 朩 등만 있으며,

각각 髎와 窌를 대표자로 표기하였다.

료 蓼 / 藜 : 藜는 蓼의 異體字이다. 단, 仁和寺本 『黃帝內經太素』에는 藜만 있으며, 蓼를 대표자로 표기하였다.

료 醪 / 醙 : 醙는 醪의 異體字이다. 단, 仁和寺本 『黃帝內經太素』에는 醙만 있으며, 醪를 대표자로 표기하였다.

류 瘤 / 癅 : 癅는 瘤의 異體字이다. 단, 仁和寺本 『黃帝內經太素』에는 癅만 있으며, 瘤를 대표자로 표기하였다.

류 留 / 畱, 峹, 磂 : 磂, 畱 등은 모두 留의 異體字이고, 峹는 留의 略字이다. 단, 仁和寺本 『黃帝內經太素』에는 留, 畱, 磂 등만 있으며, 留를 대표자로 표기하였다.

륭 癃 / 㿗 : 癃과 㿗은 同字이다. 단, 仁和寺本 『黃帝內經太素』에는 㿗만 있으며, 癃을 대표자로 표기하였다.

륵 肋 / 助 : 助은 肋을 잘못 옮겨 쓴 것이다. 仁和寺本 『黃帝內經太素』에는 肋, 助 등이 모두 있으며, 肋을 대표자로 표기하였다.

림 淋 / 痳 : 痳은 淋의 本字이며 모두 사용 가능하다. 仁和寺本 『黃帝內經太素』에는 淋, 痳 등이 모두 있으며, 淋을 대표자로 표기하였다.

ㅁ

마 麼 / 麽, 縻 : 麼와 麽는 同字이고, 縻는 麼의 異體字이다. 단, 仁和寺本 『黃帝內經太素』에는 麽, 縻 등만 있으며, 麼를 대표자로 표기하였다.

만 萬, 万 : 万은 萬의 通用字이며 모두 사용 가능하다. 仁和寺本 『黃帝內經太素』에는 萬, 万 등이 모두 있다.

만 曼 / �…… : 曼과 夓은 同字이다. 단, 仁和寺本 『黃帝內經太素』에는 夓만 있으며, 曼을 대표자로 표기하였다.

만 漫 / 澷 : 漫과 澷은 同字이다. 단, 仁和寺本 『黃帝內經太素』에는 澷만 있으며, 漫을 대표자로 표기하였다.

만 慢 / 憻 : 慢과 憻은 同字이다. 단, 仁和寺本 『黃帝內經太素』에는 憻만 있으며, 慢을 대표자로 표기하였다.

만 悗, 冤 / 悆 : 冤은 悗의 通用字이며 모두 사용 가능하고, 悆은 悗의 俗

字이다. 仁和寺本『黃帝內經太素』에는 悗, 宽, 悬 등이 모두 있으며, 悬은 悗을 대표자로 표기하였다.

망 望 / 朢 : 朢은 望의 異體字이다. 仁和寺本『黃帝內經太素』에는 望, 朢 등이 모두 있으며, 望을 대표자로 표기하였다.

맥 脈 , 脉 : 脉은 脈의 俗字이며 모두 사용 가능하다. 단, 仁和寺本『黃帝內經太素』에는 脉만 있다.

맥 麥 / 麦 : 麦은 麥의 略字이다. 단, 仁和寺本『黃帝內經太素』에는 麦만 있으며, 麥을 대표자로 표기하였다.

맹 虻 / 蝱, 虫 : 虻과 蝱은 同字이며 모두 사용 가능하고, 虫은 蝱의 俗字이다. 단, 仁和寺本『黃帝內經太素』에는 虻, 虫 등만 있고, 虻을 대표자로 표기하였다.

맹 萌 / 萠 : 萠은 萌의 異體字이다. 仁和寺本『黃帝內經太素』에는 萠, 萌 등이 모두 있으며, 萌을 대표자로 표기하였다.

면 沔 / 汅 : 汅은 沔의 異體字이다. 仁和寺本『黃帝內經太素』에는 汅, 沔 등이 모두 있으며, 沔을 대표자로 표기하였다.

면 面 / 靣 : 靣은 面의 異體字이다. 仁和寺本『黃帝內經太素』에는 面,

靣 등이 모두 있으며, 面을 대표자로 표기하였다.

멸 滅 / 威 : 威은 滅의 略字이다. 仁和寺本『黃帝內經太素』에는 滅, 威 등이 모두 있으며, 滅을 대표자로 표기하였다.

명 冥 / 寞, 寘, 寘 : 寞, 寘, 寘 등은 모두 冥의 異體字이다. 단, 仁和寺本『黃帝內經太素』에는 寞, 寘, 寘 등만 있으며, 冥을 대표자로 표기하였다.

명 瞑 / 瞋, 瞋 : 瞋은 瞑의 異體字이고, 瞋은 瞑의 俗字이다. 仁和寺本『黃帝內經太素』에는 瞑, 瞋, 瞋 등이 모두 있으며, 瞑을 대표자로 표기하였다.

모 髦 / 髦 : 髦는 髦의 略字이다. 仁和寺本『黃帝內經太素』에는 髦, 髦 등이 모두 있으며, 髦를 대표자로 표기하였다.

모 貌, 皃 / 皀 : 皃는 貌의 略字이며 모두 사용 가능하고, 皀는 貌의 俗字이다. 단, 仁和寺本『黃帝內經太素』에는 皃, 皀 등만 있으며, 貌를 대표자로 표기하였다.

모 冒 / 胃 : 胃는 冒의 異體字이다. 仁和寺本『黃帝內經太素』에는 冒, 胃 등이 모두 있으며, 冒를 대표자로 표기하였다.

모 耗 / 秏, 秅 : 秏는 耗의 通用字이
고, 秅는 耗의 異體字이다. 仁和
寺本『黃帝內經太素』에는 耗, 秏,
秅 등이 모두 있으며, 耗를 대표자
로 표기하였다.

몽 朦, 曚, 蒙 : 曚, 蒙 등은 모두 朦의
通用字이며 모두 사용 가능하다.
仁和寺本『黃帝內經太素』에는 朦,
曚, 蒙 등이 모두 있다.

묘 妙, 眇 : 眇는 妙의 通用字이며 모
두 사용 가능하다. 仁和寺本『黃
帝內經太素』에는 妙, 眇 등이 모
두 있다.

묘 胒 / 眇 : 眇는 胒를 잘못 옮겨 쓴
것이다. 仁和寺本『黃帝內經太素』
에는 胒, 眇 등이 모두 있으며, 胒
를 대표자로 표기하였다.

무 無, 无 : 無와 无는 同字이며 모두
사용 가능하다. 仁和寺本『黃帝
內經太素』에는 無, 无 등이 모두
있다.

무 母, 無 : 금지의 의미를 가진 경우
에 한하여 無는 母의 通用字이며
모두 사용 가능하다. 仁和寺本『黃
帝內經太素』에는 母, 無 등이 모
두 있다.

무 瞀 / 睸 : 睸는 瞀의 俗字이다. 仁
和寺本『黃帝內經太素』에는 瞀,
睸 등이 모두 있으며, 瞀를 대표자
로 표기하였다.

무 巫 / 坙 : 坙는 巫의 異體字이다.
단, 仁和寺本『黃帝內經太素』에
는 坙만 있으며, 巫를 대표자로 표
기하였다.

무 繆 / 繈 : 繈는 繆의 異體字이다.
단, 仁和寺本『黃帝內經太素』에
는 繈만 있으며, 繆를 대표자로 표
기하였다.

무 戊 / 戈 : 戈는 戊의 異體字이다.
仁和寺本『黃帝內經太素』에는 戊,
戈 등이 모두 있으며, 戊를 대표자
로 표기하였다.

문 蚊 / 䖟 : 蚊과 䖟은 同字이다. 仁
和寺本『黃帝內經太素』에는 蚊,
䖟 등이 모두 있으며, 蚊을 대표자
로 표기하였다.

문 問 / 问 : 问은 問의 略字이다. 仁
和寺本『黃帝內經太素』에는 問,
问 등이 모두 있으며, 問을 대표자
로 표기하였다.

문 聞 / 闻 : 闻은 聞의 略字이다. 仁
和寺本『黃帝內經太素』에는 聞,
闻 등이 모두 있으며, 聞을 대표자
로 표기하였다.

미 靡, 糜 : 糜는 靡의 通用字이며 모
두 사용 가능하다. 단, 仁和寺本『黃
帝內經太素』에는 靡만 있다.

미 微 / 溦 : 溦는 微의 異體字이다.

단, 仁和寺本 『黃帝內經太素』에
는 襛만 있으며, 微를 대표자로 표
기하였다.

미 眉 / 睂 : 睂는 眉의 異體字이다.
仁和寺本 『黃帝內經太素』에는 眉,
睂 등이 모두 있으며, 眉를 대표자
로 표기하였다.

미 美 / 羙 : 羙는 美의 異體字이다.
仁和寺本 『黃帝內經太素』에는 美,
羙 등이 모두 있으며, 美를 대표자
로 표기하였다.

ㅂ

박 搏, 薄 : 薄은 搏의 通用字이며 모
두 사용 가능하다. 仁和寺本 『黃
帝內經太素』에는 搏, 薄 등이 모
두 있다.

박 博 / 愽, 博 : 愽은 博의 異體字이
고, 博은 博의 異體字이다. 단, 仁
和寺本 『黃帝內經太素』에는 愽,
博 등만 있으며, 博을 대표자로 표
기하였다.

발 發 / 發, 𡥀 : 發, 𡥀 등은 모두 發
의 異體字이다. 단, 仁和寺本 『黃
帝內經太素』에는 發, 𡥀 등만 있
으며, 發을 대표자로 표기하였다.

방 龐 / 厖, 龐 : 厖은 龐의 通用字이
며 모두 사용 가능하고, 龐은 龐의

俗字이다. 단, 仁和寺本 『黃帝內
經太素』에는 龐, 龐 등만 있으며,
龐은 龐을 대표자로 표기하였다.

배 杯, 盃 : 盃는 杯의 俗字이며 모두
사용 가능하다. 仁和寺本 『黃帝
內經太素』에는 杯, 盃 등이 모두
있다.

벌 罰, 罸 : 罰과 罸은 同字이며 모두
사용 가능하다. 단, 仁和寺本 『黃
帝內經太素』에는 罸만 있다.

범 凡 / 凢 : 凢은 凡의 異體字이다.
단, 仁和寺本 『黃帝內經太素』에
는 凢만 있으며, 凡을 대표자로 표
기하였다.

벽 澼, 辟 : 辟은 澼의 略字이며 모두
사용 가능하다. 仁和寺本 『黃帝
內經太素』에는 澼, 辟 등이 모두
있다.

벽 躄, 辟 : 辟은 躄의 通用字이며 모
두 사용 가능하다. 仁和寺本 『黃
帝內經太素』에는 躄, 辟 등이 모
두 있다.

벽 襞, 辟, 僻 : 辟, 僻 등은 모두 襞의
通用字이며 모두 사용 가능하다.
단, 仁和寺本 『黃帝內經太素』에
는 襞, 辟 등만 있다.

병 幷, 竝 / 并 : 竝은 '아우르다, 쏠리
다'의 의미에 한하여 幷의 通用字
이며 모두 사용 가능하고, 并은 幷

의 異體字이다. 단, 仁和寺本『黃帝內經太素』에는 竝, 并만 있으며, 并은 幷을 대표자로 표기하였다.

병 竝 / 並 : 並은 竝의 異體字이다. 단, 仁和寺本『黃帝內經太素』에는 並만 있으며, 竝을 대표자로 표기하였다.

병 屛 / 屏 : 屏은 屛의 異體字이다. 단, 仁和寺本『黃帝內經太素』에는 屏만 있으며, 屛을 대표자로 표기하였다.

병 拼, 恭 : 恭은 拼의 通用字이며 모두 사용 가능하다. 仁和寺本『黃帝內經太素』에는 恭, 拼 등이 모두 있다.

복 伏, 處 : 處은 伏의 通用字이다. 단, 仁和寺本『黃帝內經太素』에는 伏만 있다.

봉 鋒 / 鏠 : 鏠은 鋒의 異體字이다. 단, 仁和寺本『黃帝內經太素』에는 鏠만 있으며, 鋒을 대표자로 표기하였다.

봉 逢 / 逢 : 逢은 逢의 通用字이다. 仁和寺本『黃帝內經太素』에는 逢, 逢 등이 모두 있으며, 逢을 대표자로 표기하였다.

부 副 / 嗣 : 嗣는 副의 俗字이다. 仁和寺本『黃帝內經太素』에는 副, 嗣 등이 모두 있으며, 副를 대표자

로 표기하였다.

부 富 / 冨 : 冨는 富의 異體字이다. 단, 仁和寺本『黃帝內經太素』에는 冨만 있으며, 富를 대표자로 표기하였다.

부 扶 / 扶 : 扶는 扶의 異體字이다. 仁和寺本『黃帝內經太素』에는 扶, 扶 등이 모두 있으며, 扶를 대표자로 표기하였다.

불 不, 弗 : 弗은 不의 通用字이며 모두 사용 가능하다. 仁和寺本『黃帝內經太素』에는 不, 弗 등이 모두 있다.

불 髴 / 髴 : 髴은 髴의 俗字이다. 仁和寺本『黃帝內經太素』에는 髴, 髴 등이 모두 있으며, 髴을 대표자로 표기하였다.

비 肥 / 肥 : 肥는 肥의 異體字이다. 단, 仁和寺本『黃帝內經太素』에는 肥만 있으며, 肥를 대표자로 표기하였다.

비 譬 / 辟 : 辟는 譬의 異體字이다. 仁和寺本『黃帝內經太素』에는 譬, 辟 등이 모두 있으며, 譬를 대표자로 표기하였다.

비 鼻 / 臭, 鼻 : 臭, 鼻 등은 모두 鼻의 異體字이다. 仁和寺本『黃帝內經太素』에는 鼻, 臭, 鼻 등이 모두 있으며, 鼻를 대표자로 표기하

였다.

비 丕 / 秠 : 丕와 秠는 同字이다. 단,
仁和寺本『黃帝內經太素』에는 秠
만 있으며, 丕를 대표자로 표기하
였다.

비 備 / 俻 : 俻는 備의 略字이다. 仁
和寺本『黃帝內經太素』에는 備,
俻 등이 모두 있으며, 備를 대표자
로 표기하였다.

빈 膹 / 臏 : 臏은 膹의 異體字이다.
仁和寺本『黃帝內經太素』에는 膹,
臏 등이 모두 있으며, 膹을 대표자
로 표기하였다.

빙 憑 / 馮 : 馮은 憑의 略字이다. 仁
和寺本『黃帝內經太素』에는 憑,
馮 등이 모두 있으며, 憑을 대표자
로 표기하였다.

빙 冰 / 氷 : 氷은 冰의 異體字이다.
仁和寺本『黃帝內經太素』에는 冰,
氷 등이 모두 있으며, 冰을 대표자
로 표기하였다.

人

사 私 / 私 : 私는 私의 異體字이다.
단, 仁和寺本『黃帝內經太素』에
는 私만 있으며, 私를 대표자로 표
기하였다.

사 舍 / 舎 : 舍와 舎는 同字이다. 仁

和寺本『黃帝內經太素』에는 舍,
舎 등이 모두 있으며, 舍를 대표자
로 표기하였다.

사 瀉 / 寫 : 寫는 瀉의 略字이며 모
두 사용 가능하다. 仁和寺本『黃
帝內經太素』에는 瀉, 寫 등이 모
두 있으며, 瀉를 대표자로 표기하
였다.

사 辭 / 辞 : 辞는 辭의 略字이다. 仁
和寺本『黃帝內經太素』에는 辭,
辞 등이 모두 있으며, 辭를 대표자
로 표기하였다.

사 邪 / 耶, 邪 : 耶는 邪의 通用字이
고, 邪는 邪의 異體字이다. 仁和
寺本『黃帝內經太素』에는 邪, 耶,
邪 등이 모두 있으며, 邪를 대표자
로 표기하였다.

사십 四十 / 卌 : 卌은 四十의 略字이
다. 仁和寺本 『黃帝內經太素』에
는 四十, 卌 등이 모두 있으며, 四
十을 대표자로 표기하였다.

삭 爍 / 鑠 : 鑠은 爍의 通用字이며 모
두 사용 가능하다. 仁和寺本『黃
帝內經太素』에는 爍, 鑠 등이 모
두 있다.

삭 朔 / 朔 : 朔은 朔의 異體字이다.
仁和寺本『黃帝內經太素』에는 朔,
朔 등이 모두 있으며, 朔을 대표자
로 표기하였다.

산 筭, 算 : 算은 筭의 通用字이며 모두 사용 가능하다. 단, 仁和寺本 『黃帝內經太素』에는 筭만 있다.

산 痠, 酸 : 酸은 '시리다'의 의미에 한하여 痠의 通用字이며 모두 사용 가능하다. 단, 仁和寺本 『黃帝內經太素』에는 痠만 있다.

살 殺, 煞 / 敎, 敏 : 煞은 殺의 通用字이며 모두 사용 가능하고, 敎은 殺의 異體字이며, 敏은 煞의 異體字이다. 仁和寺本 『黃帝內經太素』에는 殺, 煞, 敎, 敏 등이 모두 있으며, 敎은 殺을, 敏은 煞을 대표자로 표기하였다.

삼 三, 參 / 叅, 曑, 叄, 叁 : 參은 三의 通用字이며 모두 사용 가능하고, 叅은 參의 異體字이며, 曑은 叅의 異體字이고, 叄은 叅의 略字이며, 叁은 參의 俗字이다. 단, 仁和寺本 『黃帝內經太素』에는 三, 叅, 曑, 叄, 叁 등만 있으며, 叅, 曑, 叄, 叁 등은 參을 대표자로 표기하였다.

삼 滲 / 渗, 㴐, 㵎 : 渗은 滲의 異體字이고, 㴐은 滲의 略字이며, 㵎은 渗의 異體字이다. 仁和寺本 『黃帝內經太素』에는 滲, 渗, 㴐, 㵎 등이 모두 있으며, 滲을 대표자로 표기하였다.

삼십 三十 / 卅 : 卅은 三十의 略字이다. 仁和寺本 『黃帝內經太素』에는 三十, 卅 등이 모두 있으며, 三十을 대표자로 표기하였다.

삽 澁, 澀 / 㴇, 涩 涩 : 澀은 澁의 本字이며 모두 사용 가능하고, 㴇, 涩, 涩 등은 澀의 略字이다. 仁和寺本 『黃帝內經太素』에는 澁, 澀, 㴇, 涩, 涩 등이 모두 있으며, 㴇, 涩, 涩 등은 澀을 대표자로 표기하였다.

상 喪 / 㐮, 㛬 : 㐮, 㛬 등은 모두 喪의 異體字이다. 仁和寺本 『黃帝內經太素』에는 喪, 㐮, 㛬 등이 모두 있으며, 喪을 대표자로 표기하였다.

상 甞 / 嘗 : 甞과 嘗은 同字이다. 단, 仁和寺本 『黃帝內經太素』에는 嘗만 있으며, 甞을 대표자로 표기하였다.

상 纇 / 類 : 類은 纇의 略字이다. 단, 仁和寺本 『黃帝內經太素』에는 類만 있으며, 纇을 대표자로 표기하였다.

상 桑 / 桒 : 桒은 桑의 略字이다. 仁和寺本 『黃帝內經太素』에는 桑, 桒 등이 모두 있으며, 桑을 대표자로 표기하였다.

상 箱 / 㽱 : 㽱은 箱의 俗字이다. 단,

仁和寺本『黃帝內經太素』에는 箱
만 있으며, 箱을 대표자로 표기하
였다.

색 色 / 色 : 色은 色의 異體字이다.
仁和寺本 『黃帝內經太素』에는
色, 色 등이 모두 있으며, 色을 대
표자로 표기하였다.

서 黍 / 乘 : 黍와 乘는 同字이다. 단,
仁和寺本『黃帝內經太素』에는 乘
만 있으며, 黍를 대표자로 표기하
였다.

서 噬 / 噬 : 噬는 噬의 異體字이다.
단, 仁和寺本 『黃帝內經太素』에
는 噬만 있으며, 噬를 대표자로 표
기하였다.

석 席, 廗 : 廗은 席의 通用字이며 모
두 사용 가능하다. 仁和寺本『黃
帝內經太素』에는 席, 廗 등이 모
두 있다.

선 善, 喜 : 喜는 '잘하다, 자주하다'의
의미에 한하여 善의 俗字이며 모
두 사용 가능하다. 仁和寺本『黃
帝內經太素』에는 善, 喜 등이 모
두 있다.

섬 譫 / 譫 : 譫은 譫의 異體字이다.
仁和寺本『黃帝內經太素』에는 譫,
譫 등이 모두 있으며, 譫을 대표자
로 표기하였다.

섭 攝, 懾 / 搆 : 懾은 攝의 通用字이

며 모두 사용 가능하고, 搆은 攝의
異體字이다. 단, 仁和寺本『黃帝
內經太素』에는 搆만 있으며, 搆은
攝을 대표자로 표기하였다.

섭 懾, 攝 / 愶 : 攝은 懾의 通用字이
며 모두 사용 가능하고, 愶은 懾의
異體字이다. 단, 仁和寺本『黃帝
內經太素』에는 愶만 있으며, 愶은
懾을 대표자로 표기하였다.

소 笑, 唉 / 咲, 笶, 嗖 : 唉는 笑의 本
字이고, 咲는 笑의 俗字이며 모두
사용 가능하고, 笶는 笑의 異體字
이며, 嗖는 唉의 異體字이다. 단,
仁和寺本『黃帝內經太素』에는 笑,
唉, 笶, 嗖 등만 있으며, 笑를 대표
자로 표기하였다.

소 疏, 疎 / 疏, 踈 : 疏와 疎는 同
字이며 모두 사용 가능하고, 疏는
踈의 異體字이며, 踈는 疎의 異體
字이고, 疏는 踈를 잘못 옮겨 쓴
것이다. 단, 仁和寺本『黃帝內經
太素』에는 疏, 踈 등만 있으며,
각각 疎와 疏를 대표자로 표기하
였다.

소 泝 / 沂 : 泝와 沂는 同字이다. 仁
和寺本 『黃帝內經太素』에는 泝,
沂 등이 모두 있으며, 泝를 대표자
로 표기하였다.

소 昭 / 眧 : 眧는 昭의 異體字이다.

仁和寺本『黃帝內經太素』에는 昭,
胎 등이 모두 있으며, 昭를 대표자
로 표기하였다.

소 所 / 𠩄 : 𠩄는 所의 異體字이다.
仁和寺本『黃帝內經太素』에는 所,
𠩄 등이 모두 있으며, 所를 대표자
로 표기하였다.

속 屬 / 属 : 属은 屬의 略字이다. 단,
仁和寺本『黃帝內經太素』에는 属
만 있으며, 屬을 대표자로 표기하
였다.

손 損 / 揁 : 揁은 損의 異體字이다.
단, 仁和寺本 『黃帝內經太素』에
는 揁만 있으며, 損을 대표자로 표
기하였다.

손 殄 / 飱, 飡, 食 : 飱은 殄의 異
體字이고, 飡, 飡 등은 殄의 俗字
이며, 食은 飡, 飡 등을 잘못 옮겨
쓴 것이다. 단, 仁和寺本『黃帝內
經太素』에는 飡, 飡, 食 등만 있으
며, 殄를 대표자로 표기하였다.

쇄 洒 / 洇 : 洇는 洒의 異體字이다.
仁和寺本『黃帝內經太素』에는 洒,
洇 등이 모두 있으며, 洒를 대표자
로 표기하였다.

쇠 衰 / 襄 : 襄는 衰의 異體字이다.
仁和寺本『黃帝內經太素』에는 衰,
襄 등이 모두 있으며, 衰를 대표자
로 표기하였다.

수 嗽, 欶 / 顤 : 欶는 嗽의 略字이며
모두 사용 가능하고, 顤는 嗽의 異
體字이다. 仁和寺本『黃帝內經太
素』에는 嗽, 欶, 顤 등이 모두 있으
며, 顤는 嗽를 대표자로 표기하였
다.

수 需, 㓹 / 需 : 㓹는 需의 通用字이
며 모두 사용 가능하고, 需는 需의
俗字이다. 단, 仁和寺本『黃帝內
經太素』에는 㓹, 需 등만 있으며,
需는 需를 대표자로 표기하였다.

수 鬚 / 髭 : 髭는 鬚의 略字이다. 단,
仁和寺本『黃帝內經太素』에는 髭
만 있으며, 鬚를 대표자로 표기하
였다.

수 雖 / 䨥 : 䨥는 雖의 異體字이다.
仁和寺本『黃帝內經太素』에는 雖,
䨥 등이 모두 있으며, 雖를 대표자
로 표기하였다.

수 隨 / 随 : 随는 隨의 略字이다. 仁
和寺本 『黃帝內經太素』에는 隨,
随 등이 모두 있으며, 隨를 대표자
로 표기하였다.

수 髓 / 䯝 : 䯝는 髓의 略字이다. 단,
仁和寺本『黃帝內經太素』에는 䯝
만 있으며, 髓를 대표자로 표기하
였다.

수 須 / 湏 : 湏는 須의 通用字이다.
단, 仁和寺本 『黃帝內經太素』에

는 須만 있으며, 須를 대표자로 표
기하였다.

숙 孰, 熟 : 熟은 '누구, 어느, 무엇'의
의미에 한하여 孰의 通用字이며 모
두 사용 가능하다. 仁和寺本『黃
帝內經太素』에는 孰, 熟 등이 모
두 있다.

숙 叔 / 卅 : 叔과 卅은 同字이다. 단,
仁和寺本『黃帝內經太素』에는
卅만 있으며, 叔을 대표자로 표기
하였다.

숙 菽 / 卉 : 菽과 卉은 同字이다. 단,
仁和寺本『黃帝內經太素』에는
卉만 있으며, 菽을 대표자로 표기
하였다.

숙 熟 / 熱 : 熱은 熟의 異體字이다.
仁和寺本『黃帝內經太素』에는 熟,
熱 등이 모두 있으며, 熟을 대표자
로 표기하였다.

순 瞬, 眴, 瞚 / 眴 : 眴, 瞚 등은 '눈을
깜짝이다'의 의미에 한하여 모두
瞬의 通用字이며 모두 사용 가능
하고, 眴은 眴의 俗字이다. 단, 仁
和寺本『黃帝內經太素』에는 眴,
眴 등만 있으며, 眴을 대표자로 표
기하였다.

순 脣, 唇 : 唇은 脣의 通用字이며 모
두 사용 가능하다. 단, 仁和寺本
『黃帝內經太素』에는 脣만 있다.

순 淳 / 湻 : 湻은 淳의 異體字이다.
仁和寺本『黃帝內經太素』에는 淳,
湻 등이 모두 있으며, 淳을 대표자
로 표기하였다.

순 循 / 侑, 循, 徧 : 侑, 循, 徧 등은
모두 循의 異體字이다. 仁和寺本
『黃帝內經太素』에는 循, 侑, 循,
徧 등이 모두 있으며, 循을 대표자
로 표기하였다.

쉬 焠, 卒 : 卒은 焠의 略字이며 모두
사용 가능하다. 仁和寺本『黃帝內
經太素』에는 焠, 卒 등이 모두 있다.

슬 膝 / 厀, 胅, 膝 : 膝과 厀은 同字
이고, 胅, 膝 등은 膝의 異體字이
다. 仁和寺本『黃帝內經太素』에
는 膝, 胅, 厀, 膝 등이 모두 있으
며, 膝을 대표자로 표기하였다.

승 承 / 㐬 : 㐬은 承의 異體字이다.
단, 仁和寺本『黃帝內經太素』에
는 㐬만 있으며, 承을 대표자로 표
기하였다.

승 乘 / 乗 : 乗은 乘의 異體字이다.
단, 仁和寺本『黃帝內經太素』에
는 乗만 있으며, 乘을 대표자로 표
기하였다.

승 繩 / 縄, 绳 : 縄, 绳 등은 모두 繩
의 異體字이다. 단, 仁和寺本『黃
帝內經太素』에는 縄, 绳 등만 있
으며, 繩을 대표자로 표기하였다.

시 施 / 㢮 : 㢮는 '시행하다'의 의미에 한하여 施의 通用字이다. 仁和寺本 『黃帝內經太素』에는 施, 㢮 등이 모두 있으며, 施를 대표자로 표기하였다.

식 蝕 / 饎 : 饎은 蝕의 異體字이다. 仁和寺本 『黃帝內經太素』에는 蝕, 饎 등이 모두 있으며, 蝕을 대표자로 표기하였다.

신 薪, 新 : 新은 薪의 略字이며 모두 사용 가능하다. 仁和寺本 『黃帝內經太素』에는 薪, 新 등이 모두 있다.

신 迅, 卂 : 卂은 迅의 通用字이며 모두 사용 가능하다. 仁和寺本 『黃帝內經太素』에는 迅, 卂 등이 모두 있다.

신 辛 / 辛 : 辛은 辛의 異體字이다. 단, 仁和寺本 『黃帝內經太素』에는 辛만 있으며, 辛을 대표자로 표기하였다.

신 凶 / 凶 : 凶은 凶의 異體字이다. 단, 仁和寺本 『黃帝內經太素』에는 凶만 있으며, 凶을 대표자로 표기하였다.

실 悉 / 志, 悉 : 志은 悉의 俗字이고, 悉은 悉의 異體字이다. 仁和寺本 『黃帝內經太素』에는 悉, 志, 悉 등이 모두 있으며, 悉을 대표자로 표기하였다.

쌍 雙 / 双 : 双은 雙의 略字이다. 仁和寺本 『黃帝內經太素』에는 雙, 双 등이 모두 있으며, 雙을 대표자로 표기하였다.

아 芽, 牙 / 牙, 牙 : 牙는 芽의 略字이며 모두 사용 가능하고, 牙, 牙 등은 모두 牙의 異體字이다. 仁和寺本 『黃帝內經太素』에는 芽, 牙, 牙, 牙 등이 모두 있으며, 牙, 牙 등은 牙를 대표자로 표기하였다.

악 堊 / 墼 : 墼은 堊의 俗字이다. 仁和寺本 『黃帝內經太素』에는 堊, 墼 등이 모두 있으며, 堊을 대표자로 표기하였다.

악 惡 / 惡 : 惡은 惡의 異體字이다. 단, 仁和寺本 『黃帝內經太素』에는 惡만 있으며, 惡을 대표자로 표기하였다.

앙 怏 / 怏 : 怏은 怏의 異體字이다. 仁和寺本 『黃帝內經太素』에는 怏, 怏 등이 모두 있으며, 怏을 대표자로 표기하였다.

액 腋, 掖 : 掖은 腋의 通用字이며 모두 사용 가능하다. 仁和寺本 『黃帝內經太素』에는 腋, 掖 등이 모두 있다.

약 弱 / 弻 : 弻은 弱의 俗字이다. 仁
和寺本 『黃帝內經太素』에는 弱,
弻 등이 모두 있으며, 弱을 대표자
로 표기하였다.

양 揚 / 楊 : 楊은 揚을 잘못 옮겨 쓴
것이다. 仁和寺本 『黃帝內經太素』
에는 揚, 楊 등이 모두 있으며, '드
날리다'의 의미로 쓰인 경우에 한
하여 揚을 대표자로 표기하였다.

어 於, 于 / 扵 : 于는 於의 通用字이
며 모두 사용 가능하고, 扵는 於의
異體字이다. 단, 仁和寺本 『黃帝
內經太素』에는 于, 扵 등만 있으며,
扵는 於를 대표자로 표기하였다.

어 魚 / 奐 : 奐는 魚의 異體字이다.
仁和寺本 『黃帝內經太素』에는 魚,
奐 등이 모두 있으며, 魚를 대표자
로 표기하였다.

언 偃 / 偒 : 偒은 偃의 異體字이다.
仁和寺本 『黃帝內經太素』에는 偃,
偒 등이 모두 있으며, 偃을 대표자
로 표기하였다.

여 欺 / 㰌 : 㰌는 欺의 略字이다. 단,
仁和寺本 『黃帝內經太素』에는 欺
만 있으며, 欺를 대표자로 표기하
였다.

여 與 / 与 : 与는 與의 略字이다. 仁
和寺本 『黃帝內經太素』에는 與,
与 등이 모두 있으며, 與를 대표자
로 표기하였다.

역 亦 / 亇 : 亇은 亦의 俗字이다. 仁
和寺本 『黃帝內經太素』에는 亦,
亇 등이 모두 있으며, 亦을 대표자
로 표기하였다.

역 逆 / 迚 : 迚은 逆의 通用字이다.
仁和寺本 『黃帝內經太素』에는 逆,
迚 등이 모두 있으며, 逆을 대표자
로 표기하였다.

역 役 / 伇 : 伇은 役의 本字이다. 仁
和寺本 『黃帝內經太素』에는 役,
伇 등이 모두 있으며, 役을 대표자
로 표기하였다.

연 耎, 軟 : 耎과 軟은 同字이며 모두
사용 가능하다. 仁和寺本 『黃帝
內經太素』에는 耎, 軟 등이 모두
있다.

연 煙, 烟 / 烜 : 煙과 烟은 同字이며
모두 사용 가능하고, 烜은 烟의 異
體字이다. 仁和寺本 『黃帝內經太
素』에는 煙, 烟, 烜 등이 모두 있으
며, 烜은 烟을 대표자로 표기하
였다.

연 悁 / 悄 : 悄은 悁의 異體字이다.
단, 仁和寺本 『黃帝內經太素』에
는 悄만 있으며, 悁을 대표자로 표
기하였다.

연 淵 / 渊, 渆, 㳉 : 渊은 淵의 俗字
이고, 渆, 㳉 등은 淵의 異體字이

다. 단, 仁和寺本『黃帝內經太素』
에는 渊, 渮, 㳱 등만 있으며, 淵을
대표자로 표기하였다.

열 熱 / 爇 : 爇은 熱의 異體字이다.
仁和寺本『黃帝內經太素』에는 熱,
爇 등이 모두 있으며, 熱을 대표자
로 표기하였다.

염 燄, 焰 : 燄은 焰의 本字이며 모두
사용 가능하다. 단, 仁和寺本『黃
帝內經太素』에는 燄만 있다.

염 鹽 / 監 : 監은 鹽의 略字이다. 仁
和寺本『黃帝內經太素』에는 鹽,
監 등이 모두 있으며, 鹽을 대표자
로 표기하였다.

염 厭 / 猒, 瘱 : 猒, 瘱 등은 모두 厭
의 異體字이다. 仁和寺本『黃帝
內經太素』에는 厭, 猒, 瘱 등이 모
두 있으며, 厭을 대표자로 표기하
였다.

염 閤 / 閻 : 閻은 閤의 略字이다. 仁
和寺本『黃帝內經太素』에는 閤,
閻 등이 모두 있으며, 閤을 대표자
로 표기하였다.

엽 葉 / 枼 : 葉과 枼은 同字이다. 仁
和寺本『黃帝內經太素』에는 葉,
枼 등이 모두 있으며, 葉을 대표자
로 표기하였다.

영 英 / 萸 : 萸은 英의 異體字이다.
仁和寺本『黃帝內經太素』에는 英,

萸 등이 모두 있으며, 英을 대표자
로 표기하였다.

예 銳, 兌 / 𣁽 : 兌는 '날카롭다'의 의
미에 한하여 銳의 略字이며 모두
사용 가능하고, 𣁽는 兌의 異體字
이다. 단, 仁和寺本『黃帝內經太
素』에는 銳, 𣁽 등만 있으며, 𣁽는
兌를 대표자로 표기하였다.

오 汙, 汚 / 污 : 汙와 汚는 同字이며
모두 사용 가능하고, 污는 汚의 本
字이다. 단, 仁和寺本『黃帝內經
太素』에는 汙, 汚 등만 있다.

오 惡, 誩 / 恶 : 誩는 惡의 通用字이
며 모두 사용 가능하고, 恶는 惡의
異體字이다. 仁和寺本『黃帝內經
太素』에는 惡, 誩, 恶 등이 모두
있으며, 恶는 惡를 대표자로 표기
하였다.

오 烏 / 焉 : 焉는 烏의 異體字이다.
단, 仁和寺本『黃帝內經太素』에
는 焉만 있으며, 烏를 대표자로 표
기하였다.

옥 沃 / 沃 : 沃은 沃의 異體字이다.
단, 仁和寺本『黃帝內經太素』에
는 沃만 있으며, 沃을 대표자로 표
기하였다.

옹 癰 / 痈 : 痈은 癰의 略字이다. 단,
仁和寺本『黃帝內經太素』에는 癰
만 있으며, 病名으로 사용된 경우

에 한하여 癃을 대표자로 표기하
였다.

옹 甕 / 罋, 瓮, 罋 : 罋은 甕의 通用
字이고, 瓮은 甕의 俗字이며, 罋
은 甕, 罋 등의 異體字이다. 단,
仁和寺本『黃帝內經太素』에는
罋, 瓮, 罋 등만 있으며, 모두 甕을
대표자로 표기하였다.

완 宛 / 宛 : 宛은 宛의 異體字이다.
단, 仁和寺本『黃帝內經太素』에
는 宛만 있으며, 宛을 대표자로 표
기하였다.

완 腕, 捥 : 捥은 腕의 通用字이며 모
두 사용 가능하다. 단, 仁和寺本
『黃帝內經太素』에는 捥만 있다.

요 腰, 要 : 要는 허리의 의미에 한하
여 腰의 略字이며 모두 사용 가능
하다. 仁和寺本『黃帝內經太素』
에는 腰, 要 등이 모두 있다.

요 搖, 繇 / 摇, 摇 : 繇는 搖의 通用
字이며 모두 사용 가능하고, 摇는
搖의 略字이며, 摇는 搖의 異體字
이다. 단, 仁和寺本『黃帝內經太
素』에는 繇, 摇 등만 있으며, 摇는
搖를 대표자로 표기하였다.

요 夭 / 夭 : 夭는 夭의 異體字이다.
단, 仁和寺本『黃帝內經太素』에
는 夭만 있으며, 夭를 대표자로 표
기하였다.

요 撓 / 橈 : 橈는 撓의 通用字이다.
단, 仁和寺本『黃帝內經太素』에
는 橈만 있으며, 撓를 대표자로 표
기하였다.

용 涌, 湧 : 涌과 湧은 同字이며 모두
사용 가능하다. 仁和寺本『黃帝
內經太素』에는 涌, 湧 등이 모두
있다.

울 鬱, 宛, 菀 : 宛, 菀 등은 모두 鬱의
通用字이며 모두 사용 가능하다.
仁和寺本『黃帝內經太素』에는 鬱,
宛, 菀 등이 모두 있다.

원 菀 : 울(鬱, 宛, 菀) 항목을 참조.

원 冤, 悗 / 宛 : 悗은 冤의 通用字이
며 모두 사용 가능하고, 宛은 冤의
異體字이다. 단, 仁和寺本『黃帝內
經太素』에는 悗, 宛 등만 있으며,
宛은 冤을 대표자로 표기하였다.

원 員 / 貟 : 貟은 員의 異體字이다.
단, 仁和寺本『黃帝內經太素』에
는 貟만 있으며, 員을 대표자로 표
기하였다.

원 怨 / 惌, 寃 : 怨과 惌은 同字이고,
寃은 怨의 通用字이며 모두 사용
가능하다. 仁和寺本『黃帝內經太
素』에는 怨, 惌, 寃 등이 모두 있
으며, 惌은 怨을 대표자로 표기하
였다.

위 爲 / 為 : 為는 爲의 略字이다. 단,

仁和寺本『黃帝內經太素』에는 爲만 있으며, 爲를 대표자로 표기하였다.

유 濡, 奭 / 瓃 : 奭은 濡의 通用字이며 모두 사용 가능하고, 瓃는 濡의 通用字이다. 단, 仁和寺本『黃帝內經太素』에는 奭, 瓃 등만 있으며, 瓃는 濡를 대표자로 표기하였다.

유 擩 / 擩 : 擩는 擩의 異體字이다. 단, 仁和寺本『黃帝內經太素』에는 擩만 있으며, 擩를 대표자로 표기하였다.

유 柔 / 楘 : 楘는 柔의 異體字이다. 仁和寺本『黃帝內經太素』에는 柔, 楘 등이 모두 있으며, 柔를 대표자로 표기하였다.

윤 潤 / 润 : 润은 潤의 略字이다. 仁和寺本『黃帝內經太素』에는 潤, 润 등이 모두 있으며, 潤을 대표자로 표기하였다.

은 斷 / 斳 : 斳은 斷의 異體字이다. 단, 仁和寺本『黃帝內經太素』에는 斳만 있으며, 斷을 대표자로 표기하였다.

음 飲 / 歠, 歃 : 歠은 飲의 本字이고, 歃은 飲의 俗字이며 모두 사용 가능하다. 단, 仁和寺本『黃帝內經太素』에는 飲, 歃 등만 있다.

음 陰 / 隂 : 隂은 陰의 略字이다. 단,

仁和寺本『黃帝內經太素』에는 陰만 있으며, 陰을 대표자로 표기하였다.

음 淫 / 滛 : 滛은 淫의 異體字이다. 仁和寺本『黃帝內經太素』에는 淫, 滛 등이 모두 있으며, 淫을 대표자로 표기하였다.

응 凝, 冹 / 凝 : 冹는 凝의 俗字이며 모두 사용 가능하고, 凝은 凝의 異體字이다. 仁和寺本『黃帝內經太素』에는 凝, 冹, 凝 등이 모두 있으며, 凝은 凝을 대표자로 표기하였다.

의 倚 / 倍 : 倍는 倚의 異體字이다. 단, 仁和寺本『黃帝內經太素』에는 倍만 있으며, 倚를 대표자로 표기하였다.

의 宜 / 冝 : 冝는 宜의 異體字이다. 仁和寺本『黃帝內經太素』에는 宜, 冝 등이 모두 있으며, 宜를 대표자로 표기하였다.

의 醫 / 毉, 鑿 : 毉, 鑿 등은 모두 醫의 異體字이다. 仁和寺本『黃帝內經太素』에는 醫, 毉, 鑿 등이 모두 있으며, 醫를 대표자로 표기하였다.

이 爾, 尒, 尔 : 尒, 尔 등은 모두 爾의 通用字이며 모두 사용 가능하다. 단, 仁和寺本『黃帝內經太素』에는 尒만 있다.

이 夷 / 柔 : 柔는 夷의 異體字이다. 단, 仁和寺本 『黃帝內經太素』에는 柔만 있으며, 夷를 대표자로 표기하였다.

이 頤 / 頥 : 頥는 頤의 異體字이다. 仁和寺本 『黃帝內經太素』에는 頤, 頥 등이 모두 있으며, 頤를 대표자로 표기하였다.

이 弛, 施 / 弛 : 施는 弛의 通用字이며 모두 사용 가능하고, 弛와 弛는 同字이다. 단, 仁和寺本 『黃帝內經太素』에는 弛, 施 등만 있으며, 弛는 弛를 대표자로 표기하였다.

이십 二十 / 廿 : 廿은 二十의 略字이다. 단, 仁和寺本 『黃帝內經太素』에는 廿만 있으며, 二十을 대표자로 표기하였다.

익 嗌 / 嗌 : 嗌은 嗌의 異體字이다. 단, 仁和寺本 『黃帝內經太素』에는 嗌만 있으며, 嗌을 대표자로 표기하였다.

익 益 / 益 : 益은 益의 異體字이다. 仁和寺本 『黃帝內經太素』에는 益, 益 등이 모두 있으며, 益을 대표자로 표기하였다.

인 咽 / 咽 : 咽은 咽의 異體字이다. 仁和寺本 『黃帝內經太素』에는 咽, 咽 등이 모두 있으며, 咽을 대표자로 표기하였다.

인 寅 / 寅 : 寅은 寅의 異體字이다. 仁和寺本 『黃帝內經太素』에는 寅, 寅 등이 모두 있으며, 寅을 대표자로 표기하였다.

인 因 / 囙 : 囙은 因의 異體字이다. 仁和寺本 『黃帝內經太素』에는 因, 囙 등이 모두 있으며, 因을 대표자로 표기하였다.

일 一, 壹 : 壹은 一의 通用字이며 모두 사용 가능하다. 仁和寺本 『黃帝內經太素』에는 一, 壹 등이 모두 있다.

일 溢, 泆 / 溢 : 泆은 溢의 通用字이며 모두 사용 가능하고, 溢은 溢의 異體字이다. 단, 仁和寺本 『黃帝內經太素』에는 泆, 溢 등만 있으며, 溢은 溢을 대표자로 표기하였다.

ㅈ

자 滋 / 滋 : 滋는 滋의 俗字이다. 仁和寺本 『黃帝內經太素』에는 滋, 滋 등이 모두 있으며, 滋를 대표자로 표기하였다.

자 刺 / 刾 : 刾는 刺의 異體字이다. 단, 仁和寺本 『黃帝內經太素』에는 刾만 있으며, 刺를 대표자로 표기하였다.

잠 暫, 蹔 : 蹔은 暫의 通用字이며 모

두 사용 가능하다. 단, 仁和寺本
『黃帝內經太素』에는 蟦만 있다.

잡 帀, 迊 : 帀과 迊은 同字이며 모두
사용 가능하다. 단, 仁和寺本『黃
帝內經太素』에는 迊만 있다.

장 莊 / 庄 : 庄은 莊의 俗字이다. 단,
仁和寺本『黃帝內經太素』에는 庄
만 있으며, 莊을 대표자로 표기하
였다.

장 藏 / 蔵 : 蔵은 藏의 異體字이다.
단, 仁和寺本『黃帝內經太素』에
는 蔵만 있으며, 藏을 대표자로 표
기하였다.

장 腸 / 膓 : 膓은 腸의 異體字이다.
仁和寺本『黃帝內經太素』에는 腸,
膓 등이 모두 있으며, 腸을 대표자
로 표기하였다.

장 壯 / 壮, 壯 : 壮은 壯의 略字이고,
壯은 壯의 異體字이다. 단, 仁和
寺本『黃帝內經太素』에는 壮, 壯
등만 있으며, 壯을 대표자로 표기
하였다.

재 再 / 冄 : 冄는 再의 異體字이다.
仁和寺本『黃帝內經太素』에는 再,
冄 등이 모두 있으며, 再를 대표자
로 표기하였다.

재 災, 灾 : 災와 灾는 同字이며 모두
사용 가능하다. 仁和寺本『黃帝
內經太素』에는 災, 灾 등이 모두

있다.

재 哉 / 烖 : 烖는 哉의 異體字이다.
仁和寺本『黃帝內經太素』에는 哉,
烖 등이 모두 있으며, 哉를 대표자
로 표기하였다.

재 齋 / 齊, 斉 : 齊는 齋戒의 의미에
한하여 齋의 通用字이고, 斉는 齊
의 異體字이다. 단, 仁和寺本『黃
帝內經太素』에는 齊, 斉 등만 있
으며, 齋를 대표자로 표기하였다.

쟁 爭 / 争 : 争은 爭의 略字이다. 仁
和寺本『黃帝內經太素』에는 争,
爭 등이 모두 있으며, 爭을 대표자
로 표기하였다.

저 怚, 姐 : 姐는 '교만하다'의 의미에
한하여 怚의 通用字이며 모두 사
용 가능하다. 단, 仁和寺本『黃帝
內經太素』에는 姐만 있다.

저 豬, 腯, 猪 : 腯, 猪 등은 모두 豬의
通用字이며 모두 사용 가능하다.
단, 仁和寺本『黃帝內經太素』에
는 腯만 있다.

저 箸, 櫡 / 擡 : 櫡는 箸의 通用字이
며 모두 사용 가능하고, 擡는 櫡를
잘못 옮겨 쓴 것이다. 단, 仁和寺
本『黃帝內經太素』에는 擡만 있
으며, 櫡를 대표자로 표기하였다.

저 牴, 胝 / 骶 : 胝는 牴의 通用字이
고, 骶는 牴, 胝 등의 異體字이다.

仁和寺本『黃帝內經太素』에는 骶,
胝, 骴 등이 모두 있으며, 骴는 骶
를 대표자로 표기하였다.

저 沮 / 涅 : 涅는 沮의 異體字이다.
단, 仁和寺本『黃帝內經太素』에
는 涅만 있으며, 沮를 대표자로 표
기하였다.

저 貯 / 貯 : 貯는 貯의 異體字이다.
仁和寺本『黃帝內經太素』에는 貯,
貯 등이 모두 있으며, 貯를 대표자
로 표기하였다.

저 低 / 伍, 仾 : 伍, 仾 등은 모두 低
의 異體字이다. 단, 仁和寺本『黃
帝內經太素』에는 伍, 仾 등만 있
으며, 低를 대표자로 표기하였다.

저 抵 / 扺, 扺, 𢬉 : 抵와 扺는 同字이
고, 扺는 抵의 異體字이며, 𢬉는
抵의 俗字이다. 仁和寺本『黃帝
內經太素』에는 抵, 扺, 扺, 𢬉 등
이 모두 있으며, 抵를 대표자로 표
기하였다.

적 滴 / 渧 : 渧은 滴의 通用字이다.
단, 仁和寺本『黃帝內經太素』에
는 渧만 있으며, 滴을 대표자로 표
기하였다.

전 癲, 顚 / 巓, 癎, 䪄 : 巓, 顚 등은
모두 病名의 경우에 한하여 癲의
通用字이고, 癎은 癲의 異體字이
며, 䪄은 顚의 異體字이다. 단, 仁

和寺本『黃帝內經太素』에는 癲,
癎, 䪄 등만 있으며, 癎은 癲을 대
표자로 표기하였고, 䪄은 顚을 대
표자로 표기하였다.

전 巓, 顚 / 䪄 : 巓은 顚의 通用字이
고, 䪄은 顚의 異體字이다. 단, 仁
和寺本『黃帝內經太素』에는 䪄
만 있으며, 顚을 대표자로 표기하
였다.

전 轉 / 轉 : 轉은 轉의 異體字이다.
단, 仁和寺本『黃帝內經太素』에
는 轉만 있으며, 轉을 대표자로 표
기하였다.

전 傳 / 傳, 传 : 傳은 傳의 異體字이
고, 传은 傳의 略字이다. 단, 仁和
寺本『黃帝內經太素』에는 傳, 傳
등만 있으며, 傳은 傳을 대표자로
표기하였다.

절 節 / 莭 : 莭은 節의 通用字이다.
仁和寺本『黃帝內經太素』에는 節,
莭 등이 모두 있으며, 節을 대표자
로 표기하였다.

절 絶 / 絕, 縜 : 絕, 縜 등은 絶의 俗
字이다. 仁和寺本『黃帝內經太素』
에는 絶, 絕, 縜 등이 모두 있으며,
絶을 대표자로 표기하였다.

정 庭 / 遈 : 庭과 遈은 同字이다. 단,
仁和寺本『黃帝內經太素』에는
遈만 있으며, 庭을 대표자로 표기

66

하였다.

정 貞 / 頁 : 頁은 貞의 異體字이다. 仁和寺本『黃帝內經太素』에는 貞, 頁 등이 모두 있으며, 貞을 대표자로 표기하였다.

정 靜 / 静, 静 : 静은 靜의 略字이고, 静은 靜의 異體字이다. 단, 仁和寺本『黃帝內經太素』에는 静, 静 등만 있으며, 靜을 대표자로 표기하였다.

제 臍, 齊 / 齊 : 齊는 배꼽의 의미에 한하여 臍의 略字이며 모두 사용 가능하고, 齊는 齊의 異體字이다. 단, 仁和寺本『黃帝內經太素』에는 齊만 있으며, 齊를 대표자로 표기하였다.

제 濟 / 潛 : 潛는 濟의 異體字이다. 仁和寺本『黃帝內經太素』에는 濟, 潛 등이 모두 있으며, 濟를 대표자로 표기하였다.

제 齊 / 齊, 斉 : 齊는 齊의 異體字이고, 斉는 齊의 略字이다. 단, 仁和寺本『黃帝內經太素』에는 齊만 있으며, 齊를 대표자로 표기하였다.

제 劑, 齊 / 劑, 齊 : 齊는 劑의 略字이며 모두 사용 가능하고, 劑는 劑의 異體字이며, 齊는 齊의 異體字이다. 단, 仁和寺本『黃帝內經太素』에는 劑, 齊 등만 있으며, 각각

劑, 齊 등을 대표자로 표기하였다.

제 第 / 苐 : 苐는 第의 通用字이다. 仁和寺本『黃帝內經太素』에는 第, 苐 등이 모두 있으며, 第를 대표자로 표기하였다.

조 早, 蚤 : 早와 蚤는 同字이며 모두 사용 가능하다. 仁和寺本『黃帝內經太素』에는 早, 蚤 등이 모두 있다.

조 棗 / 朿 : 朿는 棗의 略字이다. 仁和寺本『黃帝內經太素』에는 棗, 朿 등이 모두 있으며, 棗를 대표자로 표기하였다.

조 遭 / 遭 : 遭는 遭의 異體字이다. 단, 仁和寺本『黃帝內經太素』에는 遭만 있으며, 遭를 대표자로 표기하였다.

조 糟 / 糟 : 糟는 糟의 異體字이다. 仁和寺本『黃帝內經太素』에는 糟, 糟 등이 모두 있으며, 糟를 대표자로 표기하였다.

조 條 / 條 : 條는 條의 異體字이다. 仁和寺本『黃帝內經太素』에는 條, 條 등이 모두 있으며, 條를 대표자로 표기하였다.

조 燥 / 燥, 燥 : 燥, 燥 등은 모두 燥의 異體字이다. 仁和寺本『黃帝內經太素』에는 燥, 燥, 燥 등이 모두 있으며, 燥를 대표자로 표기하

였다.

조 曹 / 曺 : 曺는 曹의 異體字이다.
단, 仁和寺本『黃帝內經太素』에
는 曺만 있으며, 曹를 대표자로 표
기하였다.

족 足 / 疋 : 疋은 足의 異體字이다.
仁和寺本『黃帝內經太素』에는 足,
疋 등이 모두 있으며, 足을 대표자
로 표기하였다.

좌 坐 / 㘴 : 坐와 㘴는 同字이다. 仁
和寺本『黃帝內經太素』에는 坐,
㘴 등이 모두 있으며, 坐를 대표자
로 표기하였다.

주 州 / 州 : 州는 州의 異體字이다.
仁和寺本『黃帝內經太素』에는 州,
州 등이 모두 있으며, 州를 대표자
로 표기하였다.

준 準, 准 : 准은 準의 通用字이며 모
두 사용 가능하다. 단, 仁和寺本
『黃帝內經太素』에는 准만 있다.

준 逡 / 逡 : 逡은 逡의 異體字이다.
단, 仁和寺本『黃帝內經太素』에
는 逡만 있으며, 逡을 대표자로 표
기하였다.

즉 則, 卽 / 即 : 即은 則의 通用字이
며 모두 사용 가능하고, 即은 卽의
異體字이다. 단, 仁和寺本『黃帝
內經太素』에는 則, 即 등만 있으며,
即은 卽을 대표자로 표기하였다.

지 肢, 支 : 支는 肢의 略字이며 모두
사용 가능하다. 단, 仁和寺本『黃
帝內經太素』에는 支만 있다.

지 支, 揹 / 搭, 撘 : 揹는 '지탱하다'
의 의미에 한하여 支의 通用字이며
모두 사용 가능하고, 搭는 揹의 異
體字이며, 撘는 揹의 俗字이다. 仁
和寺本『黃帝內經太素』에는 支,
揹, 搭, 撘 등이 모두 있으며, 搭, 撘
등은 揹를 대표자로 표기하였다.

지 脂 / 脂 : 脂는 脂의 異體字이다.
仁和寺本『黃帝內經太素』에는 脂,
脂 등이 모두 있으며, 脂를 대표자
로 표기하였다.

지 指 / 拍 : 拍는 指의 異體字이다.
단, 仁和寺本『黃帝內經太素』에
는 拍만 있으며, 指를 대표자로 표
기하였다.

직 膱 / 膱 : 膱은 膱의 異體字이다.
단, 仁和寺本『黃帝內經太素』에
는 膱만 있으며, 膱을 대표자로 표
기하였다.

진 疹, 痋 / 軫, 痎, 軮 : 痋은 疹의 通
用字이며 모두 사용 가능하고, 軫
은 病名의 의미에 한하여 疹의 俗
字이며, 痎과 痎은 同字이고, 軮
은 軫의 異體字이다. 단, 仁和寺
本『黃帝內經太素』에는 痎, 軮 등
만 있으며, 痎은 痋을 대표자로,

軫은 疹을 대표자로 표기하였다.

진 胗 / 胅 : 胅은 胗의 異體字이다. 단, 仁和寺本 『黃帝內經太素』에는 胅만 있으며, 胗을 대표자로 표기하였다.

진 診 / 訫 : 訫은 診의 異體字이다. 단, 仁和寺本 『黃帝內經太素』에는 訫만 있으며, 診을 대표자로 표기하였다.

진 膜 / 瞋, 䐜, 瞋 : 瞋은 '성하다'의 의미에 한하여 膜의 通用字이며 모두 사용 가능하고, 䐜은 膜의 異體字이며, 瞋은 瞋의 異體字이다. 단, 仁和寺本 『黃帝內經太素』에는 䐜, 瞋 등만 있으며, 膜을 대표자로 표기하였다.

大

착 斲 / 劅 : 斲과 劅은 同字이다. 단, 仁和寺本 『黃帝內經太素』에는 劅만 있으며, 斲을 대표자로 표기하였다.

착 笮 / 𥱼 : 𥱼은 笮의 異體字이다. 단, 仁和寺本 『黃帝內經太素』에는 𥱼만 있으며, 笮을 대표자로 표기하였다.

찬 篹 / 𥯔, 纂 : 𥯔는 篹을 잘못 옮겨 쓴 것이고, 纂은 篹의 通用字이

다. 단, 仁和寺本 『黃帝內經太素』에는 𥯔만 있으며, 篹을 대표자로 표기하였다.

참 參 / 叄, 叅, 㕘, 㮇, 㐘 : 叄은 參의 俗字이고, 㕘은 參의 異體字이며, 㮇은 㕘의 異體字이고, 㐘은 㕘의 略字이며, 叅은 叄의 略字이다. 단, 仁和寺本 『黃帝內經太素』에는 參, 㕘, 㮇, 㐘, 叅 등만 있으며, 參을 대표자로 표기하였다.

창 彰, 章 : 章은 彰의 通用字이며 모두 사용 가능하다. 仁和寺本 『黃帝內經太素』에는 彰, 章 등이 모두 있다.

창 蒼, 倉 : 倉은 蒼의 通用字이며 모두 사용 가능하다. 仁和寺本 『黃帝內經太素』에는 蒼, 倉 등이 모두 있다.

창 窗, 窓 / 窻 : 窗은 窓의 本字이며 모두 사용 가능하고, 窻은 窗의 俗字이다. 단, 仁和寺本 『黃帝內經太素』에는 窓만 있다.

책 笮 / 筰 : 筰은 笮의 異體字이다. 단, 仁和寺本 『黃帝內經太素』에는 筰만 있으며, 笮을 대표자로 표기하였다.

처 處 / 𢊕 : 𢊕는 處의 異體字이다. 단, 仁和寺本 『黃帝內經太素』에는 𢊕만 있으며, 處를 대표자로 표

기하였다.

천 淺 / 浅 : 浅은 淺의 略字이다. 仁和寺本 『黃帝內經太素』에는 淺, 浅 등이 모두 있으며, 淺을 대표자로 표기하였다.

철 鐵 / 銕 : 銕은 鐵의 本字이다. 단, 仁和寺本 『黃帝內經太素』에는 鐵만 있으며, 鐵을 대표자로 표기하였다.

첩 捷, 接 : 接은 捷의 通用字이며 모두 사용 가능하다. 단, 仁和寺本 『黃帝內經太素』에는 接만 있다.

첩 牒 / 䐑 : 牒과 䐑은 同字이다. 단, 仁和寺本 『黃帝內經太素』에는 䐑만 있으며, 牒을 대표자로 표기하였다.

첩 輒 / 輙 : 輙은 輒의 異體字이다. 仁和寺本 『黃帝內經太素』에는 輒, 輙 등이 모두 있으며, 輒을 대표자로 표기하였다.

청 淸, 清 / 清, 清 : 淸은 清의 通用字이며 모두 사용 가능하고, 清은 淸의 異體字이며, 清은 清의 異體字이다. 단, 仁和寺本 『黃帝內經太素』에는 清, 清 등만 있으며, 각각 淸과 清을 대표자로 표기하였다.

체 鬄 / 剔 : 剔는 鬄의 略字이다. 단, 仁和寺本 『黃帝內經太素』에는 剔만 있으며, 鬄를 대표자로 표기하였다.

였다.

체 嚏 / 㑊 : 㑊는 嚏의 異體字이다. 단, 仁和寺本 『黃帝內經太素』에는 㑊만 있으며, 嚏를 대표자로 표기하였다.

체 體 / 躰 : 躰는 體의 俗字이다. 仁和寺本 『黃帝內經太素』에는 體, 躰 등이 모두 있으며, 體를 대표자로 표기하였다.

초 椒 / 枃 : 椒와 枃는 同字이다. 단, 仁和寺本 『黃帝內經太素』에는 枃만 있으며, 椒를 대표자로 표기하였다.

초 軺 / 軒 : 軒는 軺의 異體字이다. 단, 仁和寺本 『黃帝內經太素』에는 軒만 있으며, 軺를 대표자로 표기하였다.

초 焦 / 膲, 瞧 : 膲는 신체 부위나 臟腑의 의미에 한하여 焦의 通用字이고, 瞧는 膲를 잘못 옮겨 쓴 것이다. 단, 仁和寺本 『黃帝內經太素』에는 瞧만 있으며, 焦를 대표자로 표기하였다.

총 叢, 藂 : 叢과 藂은 通用字이며 모두 사용 가능하다. 단, 仁和寺本 『黃帝內經太素』에는 藂만 있으며, 叢을 대표자로 표기하였다.

총 總, 摠, 惣 / 揔, 惚 : 摠은 總의 通用字이며 揔은 摠의 本字이고, 惚

은 摠의 俗字이며, 惚은 摠의 異
體字이다. 단, 仁和寺本 『黃帝內
經太素』에는 摠, 捴, 惚 등만 있으
며, 總을 대표자로 표기하였다.

총 葱 / 蔥, 蒠 : 蔥은 葱의 本字이며
모두 사용 가능하고, 蒠은 葱과 蔥
의 俗字이다. 단, 仁和寺本 『黃帝
內經太素』에는 蒠만 있으며, 葱을
대표자로 표기하였다.

총 聰 / 聡 : 聡은 聰의 俗字이다. 仁
和寺本 『黃帝內經太素』에는 聰,
聡 등이 모두 있으며, 聰을 대표자
로 표기하였다.

최 最 / 冣, 㝡 : 冣와 㝡는 最의 俗字
이다. 仁和寺本 『黃帝內經太素』
에는 最, 冣, 㝡 등이 모두 있으며,
最를 대표자로 표기하였다.

추 趨, 趍 : 趍는 趨의 通用字이며 모
두 사용 가능하다. 仁和寺本 『黃
帝內經太素』에는 趨, 趍 등이 모
두 있다.

추 瘳 / 瘳 : 瘳는 瘳의 異體字이다.
단, 仁和寺本 『黃帝內經太素』에
는 瘳만 있으며, 瘳를 대표자로 표
기하였다.

추 椎 / 推 : 推는 椎를 잘못 옮겨 쓴
것이다. 단, 仁和寺本 『黃帝內經
太素』에는 推만 있으며, 椎를 대
표자로 표기하였다.

추 樞 / 摳, 𢭁 : 摳는 樞를 잘못 옮겨
쓴 것이고, 𢭁는 摳의 異體字이
다. 단, 仁和寺本 『黃帝內經太素』
에는 摳, 𢭁 등만 있으며, 樞를 대
표자로 표기하였다.

추 麤 / 麁, 麄, 麄 : 麁, 麄, 麄 등은
모두 麤의 俗字이다. 단, 仁和寺
本 『黃帝內經太素』에는 麄, 麄 등
만 있으며, 麤를 대표자로 표기하
였다.

축 蓄, 畜, 慉 : 蓄, 畜, 慉 등은 모두
通用字이며 모두 사용 가능하다.
단, 仁和寺本 『黃帝內經太素』에
는 蓄, 畜 등만 있다.

충 蟲, 虫 / 䖝 : 虫은 蟲의 通用字이
며 모두 사용 가능하고, 䖝은 虫의
異體字이다. 仁和寺本 『黃帝內經
太素』에는 蟲, 虫, 䖝 등이 모두
있다.

충 充 / 㐬 : 㐬은 充의 異體字이다.
단, 仁和寺本 『黃帝內經太素』에
는 㐬만 있으며, 充을 대표자로 표
기하였다.

충 沖 / 冲 : 冲은 沖의 異體字이다.
仁和寺本 『黃帝內經太素』에는 沖,
冲 등이 모두 있다.

취 臭 / 㚊, 臰 : 㚊는 臭의 俗字이고,
臰는 臭의 異體字이다. 단, 仁和
寺本 『黃帝內經太素』에는 臰만 있

으며, 臭를 대표자로 표기하였다.

침 鍼, 針 : 鍼과 針은 通用字이며 모두 사용 가능하다. 仁和寺本『黃帝內經太素』에는 鍼, 針 등이 모두 있다.

침 侵 / 㑲 : 㑲은 侵의 異體字이다. 仁和寺本『黃帝內經太素』에는 侵, 㑲 등이 모두 있으며, 侵을 대표자로 표기하였다.

ㅌ

타 陀, 陁 : 陀와 陁는 通用字이며 모두 사용 가능하다. 단, 仁和寺本『黃帝內經太素』에는 陁만 있다.

타 唾 / 㖞 : 㖞는 唾의 異體字이다. 단, 仁和寺本『黃帝內經太素』에는 㖞만 있으며, 唾를 대표자로 표기하였다.

타 惰 / 憜, 憻 : 憜, 憻 등은 모두 惰의 異體字이다. 仁和寺本『黃帝內經太素』에는 惰, 憜, 憻 등이 모두 있으며, 惰를 대표자로 표기하였다.

타 墮 / 憻, 惰, 堕 : 墮와 憻는 同字이며 모두 사용 가능하고, 墮와 惰는 通用字이며 모두 사용 가능하고, 堕는 墮의 略字이다. 仁和寺本『黃帝內經太素』에는 墮, 憻, 惰, 堕 등이 모두 있으며, 墮의 대

표자는 墮로 표기하였다.

탈 奪 / 夺, 奪 : 夺, 奪은 奪의 異體字이다. 仁和寺本『黃帝內經太素』에는 奪, 夺, 奪 등이 모두 있으며, 奪을 대표자로 표기하였다.

탈 脫, 兌 / 兊 : 兌는 '벗다'의 의미에 한하여 脫의 略字이며 모두 사용 가능하고, 兊는 모두 兌의 異體字이다. 단, 仁和寺本『黃帝內經太素』에는 脫, 兊 등만 있으며, 兊는 兌를 대표자로 표기하였다.

태 兌 / 兊 : 兊는 兌의 異體字이다. 단, 仁和寺本『黃帝內經太素』에는 兊만 있으며, 兌를 대표자로 표기하였다.

태 太 / 大 : 大는 太를 잘못 옮겨 쓴 것이다. 仁和寺本『黃帝內經太素』에는 太, 大 등이 모두 있으며, 太를 대표자로 표기하였다.

토 菟, 兎 : 菟는 兎의 通用字이다. 단, 仁和寺本『黃帝內經太素』에는 菟만 있으며, 토끼를 분명하게 의미하는 경우에만 兎를 대표자로 표기하였다.

토 土 / 圡 : 圡는 土의 異體字이다. 단, 仁和寺本『黃帝內經太素』에는 圡만 있으며, 土를 대표자로 표기하였다.

퇴 頹 / 穨 : 頹와 穨는 同字이며 모

두 사용 가능하다. 단, 仁和寺本 『黃帝內經太素』에는 頯만 있으며, 頯를 대표자로 표기하였다.

ㅍ

편 遍, 徧, 偏 : 遍, 徧, 偏 등은 모두 '두루 미치다'의 의미에 한하여 모두 通用字이며 모두 사용 가능하다. 仁和寺本 『黃帝內經太素』에는 遍, 徧, 偏 등이 모두 있다.

폄 砭 / 砋, 碜 : 砭과 砋은 同字이고, 碜은 砭의 異體字이다. 仁和寺本 『黃帝內經太素』에는 砭, 砋, 碜 등이 모두 있으며, 砭을 대표자로 표기하였다.

폐 蔽, 弊 / 弊 : 弊는 蔽의 通用字이며 모두 사용 가능하고, 蔽와 弊는 同字이다. 仁和寺本 『黃帝內經太素』에는 蔽, 弊, 弊 등이 모두 있으며, 弊의 대표자를 蔽로 표기하였다.

폐 弊 / 獘 : 獘는 弊의 異體字이다. 仁和寺本 『黃帝內經太素』에는 弊, 獘 등이 모두 있으며, 弊를 대표자로 표기하였다.

폐 廢 / 廢, 癈, 癈 : 廢, 癈, 癈 등은 모두 廢의 異體字이다. 仁和寺本 『黃帝內經太素』에는 廢, 廢, 癈, 癈 등이 모두 있으며, 廢를 대표자

로 표기하였다.

폐 閉 / 閇, 闭, 閈 : 閇는 閉의 俗字이고, 闭와 閈는 각각 閉와 閇의 略字이다. 仁和寺本 『黃帝內經太素』에는 閉, 閇, 闭, 閈 등이 모두 있으며, 閉를 대표자로 표기하였다.

풍 豐, 豊 : 豊은 豐의 通用字이며 모두 사용 가능하다. 仁和寺本 『黃帝內經太素』에는 豐만 있다.

피 鈹, 鈚 : 鈚는 鈹의 通用字이며, 모두 사용 가능하다. 仁和寺本 『黃帝內經太素』에는 鈹, 鈚 등이 모두 있다.

ㅎ

하 夏 / 复 : 复는 夏의 異體字이다. 仁和寺本 『黃帝內經太素』에는 夏, 复 등이 모두 있으며, 夏를 대표자로 표기하였다.

학 學 / 斈 : 斈은 學의 異體字이다. 仁和寺本 『黃帝內經太素』에는 學, 斈 등이 모두 있으며, 學을 대표자로 표기하였다.

학 瘧 / 㾺, 痵 : 㾺, 痵 등은 모두 瘧의 異體字이다. 仁和寺本 『黃帝內經太素』에는 瘧, 㾺, 痵 등이 모두 있으며, 瘧을 대표자로 표기하였다.

함 頷, 顑 / 頜 : 顑, 頜 등은 모두 頷의 通用字이며 頜과 顑은 모두 사용 가능하다. 仁和寺本 『黃帝內經太素』에는 頷, 顑, 頜 등이 모두 있으며, 頜의 경우는 頜을 대표자로 표기하였다.

함 陷 / 陥 : 陥은 陷의 略字이다. 단, 仁和寺本 『黃帝內經太素』에는 陥만 있으며, 陷을 대표자로 표기하였다.

함 鹹 / 醎 : 醎은 鹹의 俗字이다. 仁和寺本 『黃帝內經太素』에는 鹹, 醎 등이 모두 있으며, 鹹을 대표자로 표기하였다.

해 痎, 瘡 : 痎와 瘡는 同字이며 모두 사용 가능하다. 仁和寺本 『黃帝內經太素』에는 痎, 瘡 등이 모두 있다.

해 咳, 欬 : 咳와 欬는 同字이며 모두 사용 가능하다. 仁和寺本 『黃帝內經太素』에는 咳, 欬 등이 모두 있다.

해 害 / 害 : 害와 害는 同字이다. 仁和寺本 『黃帝內經太素』에는 害, 害 등이 모두 있으며, 害를 대표자로 표기하였다.

해 解 / 觧, 觧 : 觧, 觧 등은 解의 異體字이다. 仁和寺本 『黃帝內經太素』에는 解, 觧, 觧 등이 모두 있으며, 解를 대표자로 표기하였다.

핵 核, 覈 : 核은 覈의 通用字이며 모두 사용 가능하다. 仁和寺本 『黃帝內經太素』에는 核, 覈 등이 모두 있다.

향 鄕 / 郷 : 郷은 鄕의 異體字이다. 단, 仁和寺本 『黃帝內經太素』에는 郷만 있으며, 鄕을 대표자로 표기하였다.

혁 洫 / 淢 : 淢은 洫의 異體字이다. 仁和寺本 『黃帝內經太素』에는 洫, 淢 등이 모두 있으며, 洫을 대표자로 표기하였다.

현 眴 / 胸 : 胸은 '어지럽다'의 의미에 한하여 眴을 잘못 옮겨 쓴 것이다. 仁和寺本 『黃帝內經太素』에는 眴, 胸 등이 모두 있으며, 眴을 대표자로 표기하였다.

혈 血 / 衁 : 衁은 血의 異體字이다. 仁和寺本 『黃帝內經太素』에는 血, 衁 등이 모두 있으며, 血을 대표자로 표기하였다.

협 脇, 脅 : 脇과 脅은 同字이며 모두 사용 가능하다. 仁和寺本 『黃帝內經太素』에는 脇, 脅 등이 모두 있으며, 脇을 대표자로 표기하였다.

협 俠, 挾 / 侠 : 挾은 俠의 通用字이며 모두 사용 가능하고, 侠은 俠의 異體字이다. 단, 仁和寺本 『黃帝

內經太素』에는 挾, 俠 등만 있으며,
俠은 俠을 대표자로 표기하였다.

협 浹 / 浹 : 浹은 浹의 異體字이다.
단, 仁和寺本 『黃帝內經太素』에
는 浹만 있으며, 浹을 대표자로 표
기하였다.

협 莢 / 莢 : 莢은 莢의 異體字이다.
단, 仁和寺本 『黃帝內經太素』에
는 莢만 있으며, 莢을 대표자로 표
기하였다.

협 頰 / 頰 : 頰은 頰의 異體字이다.
단, 仁和寺本 『黃帝內經太素』에
는 頰만 있으며, 頰을 대표자로 표
기하였다.

형 迥 / 逈 : 逈은 迥의 異體字이다.
단, 仁和寺本 『黃帝內經太素』에
는 逈만 있으며, 迥을 대표자로 표
기하였다.

호 虎 / 厗 : 厗는 虎의 異體字이다.
단, 仁和寺本 『黃帝內經太素』에
는 厗만 있으며, 虎를 대표자로 표
기하였다.

호 狐 /狐, 孤, 孤 : 狐는 狐의 異體字
이며 孤는 孤의 異體字이고, 孤는
의도적으로 사용한 경우에 한하여
狐의 通用字이고, 기타의 경우는
狐를 孤로 잘못 옮겨 쓴 것이다.

호 壺 / 壺 : 壺는 壺의 略字이다. 仁
和寺本 『黃帝內經太素』에는 壺,

壺 등이 모두 있으며, 壺를 대표자
로 표기하였다.

호 號 / 号 : 号는 號의 略字이다. 단,
仁和寺本 『黃帝內經太素』에는 号
만 있으며, 號를 대표자로 표기하
였다.

호 庨 / 雽 : 雽는 庨의 俗字이다. 단,
仁和寺本 『黃帝內經太素』에는 雽
만 있으며, 庨를 대표자로 표기하
였다.

호 毫 / 豪 : 豪는 毫의 通用字이다.
단, 仁和寺本 『黃帝內經太素』에
는 豪만 있으며, 毫를 대표자로 표
기하였다.

호 互 / 𠃓, 牙, 才 : 𠃓는 互의 俗字
이고, 牙는 𠃓를 잘못 옮겨 쓴 것
이며, 才는 牙의 異體字이다. 仁
和寺本 『黃帝內經太素』에는 互,
𠃓, 牙, 才 등이 모두 있으며, 互를
대표자로 표기하였다.

홍 洪, 鴻 : 鴻은 '크다'의 의미에 한하
여 洪의 通用字이며 모두 사용 가능
하다. 仁和寺本 『黃帝內經太素』
에는 洪, 鴻 등이 모두 있다.

환 宦 / 宧, 雈 : 宧, 雈 등은 모두 宦
의 異體字이다. 단, 仁和寺本 『黃
帝內經太素』에는 宧, 雈만 있으며,
宦을 대표자로 표기하였다.

환 環 / 璅 : 璅은 環의 異體字이다.

仁和寺本『黃帝內經太素』에는 環,
瓔 등이 모두 있으며, 環을 대표자
로 표기하였다.

황 睅 / 晘 : 晘은 睅의 俗字이다. 단,
仁和寺本『黃帝內經太素』에는 晘
만 있으며, 睅을 대표자로 표기하
였다.

효 爻 / 𡙳 : 𡙳는 爻의 本字이다. 단,
仁和寺本『黃帝內經太素』에는
𡙳만 있으며, 爻를 대표자로 표기
하였다.

효 效 / 効 : 効는 效의 俗字이다. 仁
和寺本『黃帝內經太素』에는 效,
効 등이 모두 있으며, 效를 대표자
로 표기하였다.

후 候 / 𠋫 : 𠋫는 候의 異體字이다.
단, 仁和寺本『黃帝內經太素』에
는 𠋫만 있으며, 候를 대표자로 표
기하였다.

후 朽 / 朽 : 朽는 朽를 잘못 옮겨 쓴
것이다. 단, 仁和寺本『黃帝內經
太素』에는 朽만 있으며, 朽를 대
표자로 표기하였다.

훼 毁 / 毀, 毁 : 毁는 毀의 略字이고,
毁는 毀의 異體字이다. 仁和寺本
『黃帝內經太素』에는 毀, 毁, 毁
등이 모두 있으며, 毀를 대표자로
표기하였다.

휴 休 / 伓 : 伓는 休의 異體字이다.
仁和寺本『黃帝內經太素』에는 休
와 伓가 모두 있으며, 休를 대표자
로 표기하였다.

흉 胸, 胷, 匈 : 胸과 胷은 同字이며
모두 사용 가능하고, 匈은 胸, 胷
등의 略字이다. 단, 仁和寺本『黃
帝內經太素』에는 胷, 匈 등만 있
으며, 胸을 대표자로 표기하였다.

제1권

———

섭생지일 攝生之一

———

卷 전체가 散佚되었다. 제2권의 제목이 '攝生之二'이므로 제1권의 제목을 '攝生之一'로 補入하였다.

제2권

섭생지이攝生之二

黃帝內經太素卷第二 攝生之二

通直郞守太子文學臣楊上善奉 勅撰注

順養
六氣
九氣
調食
壽限

· 通直郞守太子文學臣楊上善奉勅撰注: 通直郞은 本位官이며 太子文學은 職事官으로 太子文學은 왕실 안에서 典籍 등을 敎育하는 일을 담당하였다. '守'는 637년에 시행된 貞觀令에 의하여 本品이 職事品보다 낮을 때 稱하도록 한 것인데, 《舊唐書·職官志》에 의하면 通直郞은 從六品이고 太子文學은 正六品이다. '勅'은 原鈔本에는 '勑'으로 되어 있는데 通用字이다. 以下의 例도 모두 同一하다.

· 九氣: 原鈔本에는 두 글자가 손상되어 있는데, 本文 標題에 근거하여 補入하였다.

순양
順養

처음부터 '不至邪僻'까지는 《靈樞·師傳》에 보인다. '久視傷血'에서 '久所病也'까지
는 《靈樞·九鍼論》에도 보이고, 《素問·宣明五氣》에도 보인다. '春三月'에서 끝까
지는 《素問·四時調神大論》에 보인다. 이 篇에서는 환자를 편안하게 해주는 방법을
설명하였다. 그리고 五勞所傷에 대하여 각각 서술하였고, 그 다음으로 사계절의 기후
에 따른 양생법과 이를 거스를 때 나타나는 대표적인 병변을 설명하였고, 天氣와 地氣
의 교합으로 인한 자연계의 변화와 인체의 병변을 서술하였고, 끝으로 聖人의 治未病
의 치료법을 설명하였다.

黃帝曰余聞先師, 有所心藏, 弗①著於方. 余願聞而藏之, 則而
行之,

황제가 말하기를, 내가 들자니 선사先師께서 마음에 간직해 두고 방책
方策에는 기록하지 않은 내용이 있다고 합니다. 나는 원컨대 그것을
들어 마음에 간직해 두고 그에 따라 행하여,

先師心藏, 比斷輪之巧,② 不可▨▨,③ 遂不著於方也. 又上古未有文著▨
▨▨暮代也.④ 非文不傳, 故請方傳之, 藏而則之.
선사께서 마음에 간직해 두었다는 말은 비유하자면 윤편輪扁이 수레바퀴를 깎는 교
묘한 솜씨이니, (말로 전할 수) 없기 때문에 끝내 방책에 기록하지 못한 것이다. 또한
上古에는 아직 문자가 없었으므로 (방책에) 기록하여 황제의 시대에 (전하지) 못하였
다. 그러나 문자가 아니면 전할 수 없으므로, 방책으로 전하여 마음에 간직하고 본받
기를 청한 것이다.

① 弗: '不'의 通用字이며 原鈔本에서는 두 글자를 혼용하고 있다.

② 斲輪之巧:《莊子·天道》에 '輪扁斲輪'의 고사가 보인다. 학술을 전함에 말로 다 전하지 못하는 것이 있음을 비유한 우화이다. 그러므로 "옛 사람들이 전할 수 없으면 가지고 죽었다.(古之人, 與其不可傳也, 死矣.)"라고 하였다.

③ 不可▨▨: 뒤의 두 글자가 原鈔本에는 손상이 심하여 보이지 않는데, 문맥으로 볼 때 '言傳'으로 추정된다.

④ 又上古未有文著▨▨▨▨暮代也: 原鈔本에는 '暮代也' 앞의 세 글자가 식별이 어렵다. 잔획으로 볼 때 첫 자는 '方'字로 추정된다. 이를 바탕으로 문맥을 고려하면 '方策傳'으로 추정해 볼 수 있다. '暮代'는 즉 황제의 시대를 말한다. 楊上善의 주석에서 "黃帝之時, 卽以爲暮代也."라고 하였다.

上以治民, 下以治身,

위로는 백성을 다스리고 아래로는 내 몸을 다스리며,

> 先人後己, 大聖之情也.
> 남을 먼저 하고 자기를 뒤로 하였으니 큰 성인의 마음이다.

使百姓无^①病, 上下和親, 德澤下流,

백성이 병고가 없어지고 상하가 화친하며 덕택德澤이 아래로 흘러,

> 理國之意.
> 나라를 다스리는 뜻이다.

① 无: '無'와 같은 글자이다. 《靈樞·師傳》에는 '無'로 되어 있다. 原鈔本에는 두 가지 형태가 다 나타난다.

子孫無憂,

자손이 근심이 없게 하여

> 理家之意.
> 집안을 다스리는 뜻이다.

傳於後世, 無有終時, 可得聞乎.

후세에 전하여 끝날 때가 없게 하고자 하니 들을 수 있겠습니까?

言其益遠.

더욱 멀리 미치어 감을 말하였다.

岐^①伯曰遠乎哉問.^② 夫治民與自治,^③ 治彼與治此, 治小與治大, 治國與治家, 未有逆而能治者也.^④ 夫唯順而已矣.^⑤

기백이 말하기를, 원대하십니다. 질문이시여. 무릇 백성 다스리기와 내 몸 다스리기, 저것 다스리기와 이것 다스리기, 작은 것 다스리기와 큰 것 다스리기, 나라 다스리기와 집안 다스리기 가운데 어느 것에서도 도를 거스르고서 잘 다스린 사람이 있지 아니합니다. 대저 오직 도를 따를[順] 뿐입니다.

人之與己, 彼此, 小大, 家國八者, 守之取全, 循之取美, 須^⑥順道德陰陽物理, 故順之者吉, 逆之者凶, 斯乃天之道.

남과 나, 저것과 이것, 큰 것과 작은 것, 나라와 집안 여덟 가지는 지킬 때에는 온전함을 취하고, 따라갈 때에는 아름다움을 취하여, 모름지기 도덕道德과 음양물리陰陽物理를 따라야 한다. 그러므로 따르면 길하고 거스르면 흉하니, 이것이 바로 하늘의 도道이다.

順者, 非獨陰陽脈論氣之逆順也. 百姓人民, 皆欲順其志也.

'따른다[順]'는 것은 음양과 맥기脈氣의 역순逆順만을 두고 하는 말이 아닙니다. 백성과 인민의 뜻에 따르고자 함입니다.

> 非獨陰陽之道, 十二經脈營衛之氣有逆有順, 百姓之情皆不可逆, 是以順之有吉也. 故曰聖人無常心, 以百姓爲心也.① 志, 願也.
>
> 음양의 변화[道]와 12경맥 영위의 기에 대한 역순뿐 아니라 백성의 마음에까지 모두 거스르면 안 되고, 이 때문에 따라야 길하다. 그러므로 성인에게는 일정한 마음이 없으니 백성의 마음을 마음으로 삼는다고 한다. '志'는 바라는 것이다.

교주 ① 聖人無常心, 以百姓爲心也:《老子》제49장을 인용한 것이다.

黃帝曰順之奈何. 岐伯曰入國問俗, 入家問諱, 上堂問禮,① 臨病人問所便.

황제가 말하기를, 백성과 인민의 뜻에 따르려면 어떻게 해야 합니까? 기백이 말하기를, 남의 나라에 들어가서는 풍속을 물어보고 남의 집에 들어가서는 꺼리는 것을 물어보고 마루에 올라가서는 예를 물어보며, 병자를 진찰할 때에는 편하게 느끼는 것을 묻습니다.

> 夫爲國, 爲家, 爲身之道, 各有其理, 不循其理, 而欲正之身者, 未之有也. 所以並須問者, 欲各知其理而順之也. 俗, 諱, 禮, 便, 人之理也, 陰陽, 四時, 天地之理也. 存生之道, 闕一不可, 故常問之也. 便, 宜也. 謂問病人寒熱等病, 量其所宜, 隨順調之, 故問所便者也.
>
> 나라와 집안 그리고 몸을 다스리는 도에 각각 나름의 이치가 있으니 그 이치를 따르지 않고 몸을 바르게 한 사람은 없다. 여러 가지 것들을 아울러 물어보아야 하는 까닭은 각각의 경우에 알맞은 이치를 알아서 그에 따르기를 바라기 때문이다. 풍속, 꺼리는 것, 예절, 편하게 느끼는 것은 인간의 이치이고 음양, 사시는 천지의 이치이다. 성

명을 보전하는 도에는 하나의 이치도 빠져서는 안 되기 때문에 항상 물어보아야 한다. '便'은 적당하게 여긴다는 뜻이다. 말하자면 병자에게 추운지 더운지 등의 고통을 물어서 적당하게 여기는 정도를 헤아려 그에 따라가면서 조절해야 하기 때문에 편하게 느끼는 정도를 묻는 것이다.

교주 ① 入國問俗, 入家問諱, 上堂問禮:《禮記·曲禮上》에 "入竟而問禁, 入國而問俗, 入門而問諱."라는 표현이 보인다.

黃帝曰便病人奈何.
황제가 말하기를, 병자를 편하게 해 주려면 어떻게 해야 합니까?

言何方而知其所便也.
어떤 방법으로 병자가 편하게 느끼는 것을 아는가를 말한 것이다.

岐伯曰夫人中熱①消癉, 則便寒. 寒中之屬, 則便熱.
기백이 말하기를, 사람이 속이 뜨거워 소단消癉을 앓으면 찬 것을 편하게 느낍니다. 속이 차가운 병들은 뜨거운 것을 편하게 느낍니다.

中, 腸胃中也. 腸胃中熱, 多消飲食, 卽消癉病也. 癉, 熱也, 音丹. 熱中宜以寒調, 寒中宜以熱調, 解其便也.
'中'은 장과 위의 속이다. 장과 위의 속이 뜨거우면 음식을 많이 먹고 잘 소화되는데 이것이 소단병消癉病이다. '癉'은 열의 뜻으로, 음이 '丹'이다. 속이 뜨거우면 마땅히 찬 것으로 조절하고, 속이 차면 마땅히 뜨거운 것으로 조절하여 병자가 편해지도록 고통을 풀어 주어야 한다.

교주 ① 夫人中熱:《靈樞·師傳》에는 '人'字가 없다.

胃中熱則消穀, 令人懸心善飢,① 齊②以上皮熱.
위장 속이 뜨거우면 소화가 너무 잘 되어서 배가 금방 꺼지는데, 병자가 굶은 것처럼 잘 허기지고 배꼽 위로 뱃가죽이 뜨겁습니다.

自此以下, 廣言熱中, 寒中之狀. 胃中熱以消穀, 虛以喜③飢, 胃在齊上, 胃中食氣上薰, 故皮熱也.

이 구절 이하로는 속이 뜨거운 경우와 속이 찬 경우의 상황을 두루 말하였다. 위장 속이 뜨거우면 소화가 너무 잘 되서 배가 금방 꺼져 배 속이 비므로 잘 허기진다. 위장은 배꼽 상부에 위치하는데, 위장 속의 식기가 위로 쩌 오르므로 뱃가죽이 뜨겁다.

① 飢: '饑'와 같은 글자이다.

② 齊: 여기서는 배꼽의 의미인 '臍'의 略字로 쓰였다. 이하 모두 동일하다. 原鈔本에는 '臍'가 모두 '齊'로 되어 있는데 '齊'는 '齊'의 異體字이다. 《靈樞·師傳》에도 '臍'로 되어 있다.

③ 喜: '자주', '쉽게', '잘한다' 등의 의미로 經文에 보이는 '善肌'의 '善'과 通用한다. 原鈔本에서는 두 글자가 혼용되고 있다.

腸中熱, 則出黃如糜, 齊以下皮寒.

장 속이 뜨거우면 죽과 같은 모양의 누런 설사가 나오는 병을 앓게 되는데, 배꼽 아래로 뱃가죽이 차갑습니다.

陽上陰下, 胃熱腸冷, 自是常理. 今胃中雖熱, 不可過熱, 過熱乖常. 腸中雖冷, 不可不和,① 不和則多熱出黃. 腸冷多熱不通, 故齊下皮寒也.

양기는 상승하고 음기는 하강하므로 위장은 뜨겁고 장은 찬 것이 본래의 정상적인 생리이다. 지금 위장 속이 뜨겁더라도 지나치게 뜨거우면 안 되니 지나치게 뜨거운 것은 정상을 벗어난 것이다. 장 속은 차더라도 위와 조화를 잃을 정도가 되어서는 안 되니, 조화를 잃으면 장 속에 열이 많아져 누런 설사가 나온다. 장의 냉기가 과다한 열에 의해 소통되지 못하므로 배꼽 아래로 뱃가죽이 차다.

① 不可不和: 原鈔本에는 마지막 한 글자가 식별하기 어렵다. 이어지는 구에서 '不和'라 한 것을 보면 '和'字가 분명하므로 補入하였다.

胃中寒, 則膜脹,① 腸中寒, 則腸鳴飱②洩.

위장 속이 차면 배가 팽팽하게 부르고, 장 속이 차면 장에서 소리가 나며 먹은 것을 그대로 설사합니다.

腹吒隣反, 張起也. 喰②音孫, 謂食不消, 下洩如水和飯也. 冷氣不下, 故多脹, 腸中冷而氣轉, 故腸鳴也.

'腹'의 음은 '吒'과 '隣'의 반절로, 배가 팽팽하게 올라오는 증상이다. '喰'은 음이 '孫'으로, 밥이 삭지 않고 물에 만 밥처럼 아래로 새어 나오는 증상이다. 냉기가 내려가지 못하기 때문에 창만脹滿이 심하고, 장 속이 차서 기가 돌기 때문에 장에서 소리가 난다.

① 腹脹:《靈樞·師傳》에는 '腹脹'으로 되어 있다.

② 喰:《靈樞·師傳》에는 '飧'으로 되어 있다. 原鈔本에서는 '喰'과 '飡'을 혼용하고 있는데, 둘 다 '飧', '飧'과 통한다.

③ 喰: '飡'과 혼용하며 '飧', '飧'과 통한다.

胃中寒, 腸中熱, 則脹且洩.①

위장 속은 차고 장 속은 뜨거우면 배가 부르고 설사를 합니다.

以上腸胃俱熱俱寒, 此乃胃寒腸熱俱下時也. 脹是胃寒, 洩是腸熱, 腸中不可熱, 今②熱則腸中不和, 故脹且洩也.

앞은 위와 장이 모두 뜨겁거나 모두 차지만, 여기는 위는 차고 장은 뜨거워 위의 기와 장의 기가 다 하강하는 경우이다. 배가 부른 것脹은 위장 속이 차기 때문이고 설사는 장 속이 뜨겁기 때문이다. 장 속은 뜨거우면 안 되는데, 지금 뜨거우므로 장 속이 조화를 잃었다. 때문에 창脹과 설사가 함께 나타난다.

① 脹且洩:《靈樞·師傳》에는 '且'의 앞에 '而'字가 더 있다. '洩'은 唐나라 太宗의 이름이 '世民'임으로 인해 泄字를 휘하여《太素》에서 '泄'을 모두 '洩'로 썼다.

② 今: 蕭本에는 '令'으로 되어 있으나 原鈔本에는 '今'으로 되어 있다.

胃中熱, 腸中寒, 則疾飢, 少腹痛.①

위장 속은 뜨겁고 장 속은 차면 금방 허기가 지고 아랫배가 아픕니다.

此胃熱腸寒俱時. 胃熱故疾飢, 腸寒故腹痛也.

이것은 위장이 뜨거운 동시에 장이 찬 경우이다. 위장이 뜨겁기 때문에 금방 허기가 지고, 장이 차기 때문에 배가 아프다.

① 少腸痛: 《靈樞·師傳》에는 '痛'이 '脹'으로 되어 있다.

黃帝曰胃欲寒飮, 腸欲熱飮, 兩者相逆, 便之奈何. 且夫王公 大人, 血食之君, 驕恣從欲輕人, 而無能禁之. 禁之則逆其志, 順之則加其病, 便之奈何, 治之何先.

황제가 말하기를, 위장은 찬 것을 마시려 하고 장은 뜨거운 것을 마시려 하여 둘이 서로 거스르는 경우에 병자를 편하게 해 주려면 어떻게 합니까? 또한 왕공대인은 육식을 주로 하는 이들로서 교만 방자하여 제멋대로이고 남을 업신여기므로 하려는 것을 못하게 하기 어렵습니다. 못하게 하려면 그들의 뜻을 거역해야 하고 그대로 따르면 병을 보탤 것인데 편하게 해 주려면 어떻게 해야 하며 치료할 때는 무엇을 먼저 해야 합니까?

胃中常熱, 故欲滄滄而飮,[①] 腸中恒冷, 故欲灼灼而食, 寒熱乖和, 則損於 性命. 若從欲則加病, 逆志則生怒, 二者不兼, 故以先爲問也.
위장 속은 항상 뜨겁기 때문에 시원하게 마시려 하고 장 속은 항상 차기 때문에 뜨겁게 먹으려 하니, 한열의 조화가 무너지면 생명을 상한다. 만일 환자가 하고자 하는 바대로 두면 병이 더해질 것이고 뜻을 거역하면 분노를 발생시키게 되어 두 가지를 동시에 할 수 없으므로 무엇을 먼저 해야 하는지 물었다.

① 故欲滄滄而飮: 原鈔本에는 '而飮' 앞의 두 글자가 식별하기 어렵다. 뒤의 원문에서 "熱毋灼灼, 寒毋滄滄"이라고 한 것을 보면 궐자는 '滄滄'임이 확실하므로 補入하였다.

岐伯曰人之情, 莫不惡死而樂生. 告之以其敗,[①] 語之以其道,[②] 示之以其所便,[③] 開之以其所苦, 雖有無道之人, 惡有不聽令

者乎.④

기백이 말하기를, 사람의 감정이란 누구나 죽기를 싫어하고 살기를
좋아합니다. 그에게 마땅히 취할 것을 일러 주고, 그 이치를 설명하
며, 그것을 따랐을 때 어떻게 편해지는지를 보여주고, 따르지 않았을
때 어떻게 힘들어지는지를 보여주면 아무리 제멋대로 행동하는 사람
이라도 어찌 의사의 지시를 따르지 않겠습니까?

> 正可逆志以取其所樂, 不可順欲而致其所苦. 故以道語之, 無理不聽也.
> 참으로 뜻을 거슬러서 병자를 안락하게 할 방도를 취해야지 욕구에 순종하여 고통을
> 초래해서는 안 된다. 그러므로 이치를 잘 설명해주면 듣지 않을 리가 없다.

교주 ① 告之以其敗:《靈樞·師傳》에는 '敗'가 '敗'로 되어 있다.

② 語之以其道:《靈樞·師傳》에는 '道'가 '善'으로 되어 있다.

③ 示之以其所便:《靈樞·師傳》에는 '示'가 '導'로 되어 있다. 그리고 原鈔本에는
'之'字가 빠져 있는 것을 補入하였다.

④ 惡有不聽令者乎:《靈樞·師傳》에는 '令'字가 없다.

黃帝曰治之奈何. 岐伯曰春夏先治其標, 後治其本, 秋冬先治 其本, 後治其標.

황제가 말하기를, 치료는 어떻게 합니까? 기백이 말하기를, 봄이나 여
름이라면 먼저 말단을 치료하고 뒤에 근본을 치료하며, 가을이나 겨
울이라면 먼저 근본을 치료하고 뒤에 말단을 치료합니다.

> 本謂根與本也. 標, 末也, 方昭反, 謂枝與葉①也. 春夏之時, 万②物之氣上
> 昇, 在標, 秋冬之時, 萬物之氣下流, 在本. 候病所在, 以行療法, 故春夏取
> 標, 秋冬取本也
> '本'은 나무의 밑동과 뿌리를 말한다. '標'는 끄트머리이니 음은 '方'과 '昭'의 반절이고,
> 가지와 잎을 말한다. 봄이나 여름에는 만물의 기가 위로 올라와 가지와 잎에 있고, 가
> 을이나 겨울에는 만물의 기가 아래로 내려와 뿌리에 있다. 병이 있는 부위를 찾아서
> 치료 방법을 시행하는 것이므로, 봄이나 여름에는 말단을 취하고 가을이나 겨울에는

근본을 취한다.

黃帝曰便其相逆者奈何.

황제가 말하기를, 서로 거역하는 경우에 편하게 해 주려면 어떻게 합니까?

謂適於口則害於身,① 違其心而利於體者, 奈何.

입에 맞추면 몸에 해롭고, 마음을 거스르지만 몸에 이로운 경우에는 어떻게 해야 하느냐는 말이다.

岐伯曰便此者, 食飮衣服, 亦欲適寒溫,① 寒無淒淒,② 暑無出汗. 食飮者, 熱毋③灼灼, 寒毋③滄滄.

기백이 말하기를, 이런 사람을 편하게 해 주려면 먹고 마시고 옷을 입는 데 있어서도 편하게 느낄 수 있도록 온도[寒溫]를 맞추어 주어야 합니다. 추울 때에 너무 차게 입으면 안 되고 더울 때에는 땀이 흐를 정도로 입으면 안 됩니다. 먹고 마시는 데 있어서도, 뜨거운 음식이라도 델 정도로 뜨거우면 안 되고 찬 음식이라도 시릴 정도로 차면 안 됩니다.

滄滄, 寒也, 音倉.④ 寒無淒等, 謂調衣服也, 熱無⑤灼等, 謂調食飮也. 皆逆其所便也.

'滄滄'은 차다는 뜻으로 음은 '倉'이다. '寒無淒淒' 등은 의복을 조절하는 것을 말하고, '熱毋灼灼' 등은 음식을 조절하는 것을 말한다. 모두 병자가 편하게 여기는 것을 거역한 것이다.

교주 ① 衣服, 亦欲適寒溫: 《醫心方 · 卷第二十七 · 服用第九》에는 '衣服且欲適寒溫'으로 되어 있으며, 《衛生秘要抄 · 服用第七》에는 '衣服亦欲適寒溫'으로 되어 있다.

② 寒無淒淒: 《靈樞 · 師傳》에는 '淒淒'가 '淒愴'으로 되어 있으며, 《醫心方 · 卷第二十七 · 服用第九》와 《衛生秘要抄 · 服用第七》에는 '淒淒'로 되어 있다. '無'는 뒤에 나오는 "熱毋灼灼, 寒毋滄滄."의 경우로 볼 때 '毋'와 같은 의미이며 서로 通用한다.

③ 毋: 《靈樞 · 師傳》에는 '毋'가 '無'로 되어 있다. 原鈔本에서는 '無'를 '毋'와 통용하고 있다.

④ 滄滄, 寒也, 音倉: 原鈔本에는 '倉'이 '食'으로 誤寫되어 있는 것을 바로잡았다.

⑤ 無: 위의 經文에 나오는 '毋'와 같은 의미로 서로 通用한다.

寒溫中適, 故氣將持, 乃不致邪①僻.②

한온寒溫이 중도에 알맞으면 기가 유지하므로 편벽한 사기가 침입하지 못합니다.

> 五藏之中和適, 則其眞氣內守, 外邪不入, 病無由生.
> 오장의 중中이 조화롭고 알맞으면 진기眞氣가 안에서 지키어 외사外邪가 침입하지 못하므로 병이 생길 까닭이 없다.

교주 ① 邪: 原鈔本에는 '耶'로 되어 있는데 '邪'의 通用字이다. 본서에서는 모두 대표자인 '邪'로 바꾸었다.

② 不致邪僻: 《靈樞 · 師傳》에는 뒤에 '也'字가 더 있다.

久視傷血,①

오래 보면 혈이 상하고,

> 夫爲勞者, 必內有所損, 然後血等有傷. 役心注目於色, 久則傷心, 心主於血, 故久視傷血.
> 허로병虛勞病은 반드시 내장에 손상이 있고 나서 혈 등에 손상이 있다. 마음을 써서 대상을 집중하여 오래도록 보면 심이 상한다. 심은 혈을 주관하므로 오래 보면 혈이 상한다.

교주 ① 久視傷血: 《素問·宣明五氣》에는 '久' 앞에 '五勞所傷'의 4글자가 더 있고, 《靈樞·九鍼論》에는 '久' 앞에 '五勞'의 2글자가 더 있다. 楊上善의 注釋에서 '勞'라는 말이 보이는 것을 볼 때, 구의 앞에 '五勞'가 누락되었을 가능성이 있다.

久臥傷氣,

오래 누워 있으면 기가 상하고,

> 人臥則肺氣出難, 故久臥傷肺, 肺傷則氣傷也.
> 누워 있으면 폐의 기가 잘 배출되지 못하기 때문에 오래 누워 있으면 폐가 상하고, 폐가 상하면 기가 상한다.

久坐①傷肉,

오래 앉아 있으면 육肉이 상하고,

> 人久靜坐, 脾則不動, 不動不使, 故久坐傷脾. 脾傷則肉傷也.
> 오래 가만히 앉아 있으면 비脾가 움직이지 않게 되고, 움직이지 않으면 쓰지 못하므로 오래 앉아 있으면 비가 상한다. 비가 상하면 육이 상한다.

교주 ① 坐: 原鈔本에는 '坐'로 되어 있는데 같은 글자이다. 原鈔本에서는 두 글자를 혼용하고 있는데 모두 대표적으로 쓰이는 '坐'로 바꾸었다.

久立傷骨,

오래 서 있으면 뼈가 상하고,

> 人之久立, 則腰腎勞損, 腎以主骨, 故骨髓傷也.
> 오래 서 있으면 허리와 신腎이 피로하여 상하고, 신은 뼈를 주관하므로 골수骨髓가 상한다.

久行傷筋, 此久所病也.①

오래 걸으면 근이 상합니다. 이상은 오래 썼을 때 병드는 부위입니다.

人之久行, 則肝膽勞損, 肝傷則筋傷也.
오래 걸으면 간肝과 담膽이 피로하여 상하고, 간이 상하면 근이 상한다.

교주 ① 此久所病也:《素問・宣明五氣》에는 '是謂五勞所傷'으로 되어 있다.《靈樞・
九鍼論》에는 '此五久勞所病也'로 되어 있다.

春三月, 此謂發陳,

봄 석 달은 이를 발진發陳이라 하니,

陳, 舊也. 言春三月, 草木舊根舊子, 皆發生也.
'陳'은 묵었다는 의미이다. 말하자면, 봄 석 달에는 초목의 묵은 뿌리와 씨앗에서 다
잎이 나고 싹이 난다는 뜻이다.

天地俱生, 萬物以榮,

하늘과 땅이 다 생하려 하므로 만물이 그에 따라 영화롭습니다.

天之父也, 降之以德, 地之母也, 資之以氣. 德之與氣, 俱能生也, 物因德
氣, 英華開發也.
하늘은 아비로서 덕을 내려주고 땅은 어미로서 기를 대준다. 덕과 기는 모두 살리기
를 잘 하기 때문에 만물이 덕과 기에 의지하여 갖가지 꽃들이 활짝 피어난다.

夜臥蚤①起,

깜깜해지면 눕고 일찍 일어나,

春之三月主膽, 肝之府足少陽用事, 陰消陽息, 故養陽者至夜卽臥, 順陰
消也. 蚤字古早字. 旦而起, 順陽息也.
봄 석 달은 담膽이 주관하는 때로서 간의 부府인 족소양足少陽이 용사하여 음이 줄고
양이 늘기 때문에 양을 기르려면 해가 저물면 바로 잠에 들어 음의 줄어듦을 따른다.
'蚤'자는 '早'의 옛글자이다. 해가 뜨면 자리에서 일어나 양이 늘어남을 따른다.

교주 ① 蚤:《素問・四氣調神大論》에는 '早'로 되어 있다. 原鈔本에서는 '早'와 '蚤'가

혼용되고 있는데 서로 같은 글자이다.

廣步於庭,[①] 被髮緩形, 以使志生.

뜰에서 넓게 거닐며 머리를 풀고 몸을 이완시켜 의지가 생기게 합니다.

> 廣步於庭, 勞以使志也, 被髮緩形, 逸以使志也. 勞逸處中, 和而生也. 故
> 其和者, 是以內攝生者也.
>
> 뜰에서 넓게 거니는 것은 수고롭게 하여 의지를 부리기 위함이며 머리를 풀고 몸을
> 이완시키는 것은 편안하게 하여 의지를 부리기 위함이다. 수고로움과 편안함을 중도
> 에 맞게 하면 몸[形]과 의지가 조화되어 기가 발생한다. 그러므로 몸과 의지를 조화롭
> 게 하는 것은 내면적인 섭생이다.

교주 ① 庭: 原鈔本에는 '逬'으로 되어 있는데 '庭'과 같은 글자이다. 原鈔本에서는 '庭'
이 모두 '逬'으로 되어 있는데 대표적으로 쓰이는 '庭'으로 모두 바꾸었다.

生而勿煞,[①] 予而勿奪, 賞而勿罰也.[②] 此春氣之應也,[③] 養生之道也.

낳게 하되 죽이지 말며 주되 빼앗지 않으며 상을 주되 처벌하지 않습
니다. 이것이 봄의 기운에 순응하는 것이니, 양생의 방도입니다.

> 生, 予, 賞者, 順少陽也, 煞,[④] 奪, 罰[⑤]者, 逆少陽也. 故順成和, 則外攝生
> 也. 內外和順, 春之應也. 斯之順者, 爲身爲國養生道也.
>
> 낳게 하고 주고 상 주는 것은 소양少陽에 순응하고, 죽이고 빼앗고 벌주는 것은 소양
> 에 거스르는 것이다. 그러므로 춘기에 순응하여 조화를 이루는 것은 외면적인 섭생
> 이다. 내면과 외면이 조화롭고 따르는 것이 봄에 순응함이다. 이러한 도리에 순응하
> 여 몸을 다스리고 나라를 다스리는 것이 양생養生의 도이다.

교주 ① 生而勿煞: '煞'은 '殺'과 通用하는 글자이다. 《素問·四氣調神大論》에도 '殺'로
되어 있다. 原鈔本에서는 '殺'과 '煞'을 혼용하고 있다.
② 罰: 《素問·四氣調神大論》에는 '罰'로 되어 있다. 原鈔本에서는 모두 '罰'로
되어 있는데 둘은 같은 글자이다.

③ 此春氣之應也: 《素問·四氣調神大論》에는 '也'字가 없다.

④ 煞: '殺'의 通用字이다. 原鈔本에서는 두 글자를 혼용하고 있다.

⑤ 罰: 錢氏校本에는 '罰'로 되어 있으나, 原鈔本에는 '罰'로 되어 있다. 둘은 같은 글자이다.

逆則傷於肝,① 夏爲寒爲變,② 奉生長者少.③

거스르면 간을 상하여 여름에 한寒의 병변이 발생하고, 여름에 낳고 기르는 도를 받들기 어렵게 됩니다.

肝氣在春, 故晩臥形晩起, 逸體急形, 煞,④ 奪, 罰⑤者, 皆逆少陽也. 故其爲身者, 逆卽傷肝, 夏爲傷寒熱病變也, 其爲國也, 霜雹風寒災⑥害變也. 春時內外傷者, 奉夏生長之道不足也.

간기肝氣가 봄에 용사하므로 늦게 눕거나 늦게 일어나는 것, 몸을 게을리하거나 긴장되게 하는 것, 죽이고 빼앗고 벌하는 것, 이들이 다 소양少陽을 거스르는 행위이다. 그러므로 몸을 다스림에 있어 거스르면 간이 상하여 여름에 상한열병傷寒熱病의 변고가 발생하고, 나라를 다스림에 있어 거스르면 서리, 우박, 바람, 추위와 같은 재해의 변고가 발생한다. 봄에 내외가 상하면 여름에 낳고 기르는 도를 받들기에 부족해진다.

① 逆則傷於肝: 《素問·四氣調神大論》에는 '逆之則傷肝'으로 되어 있다.

② 夏爲寒爲變: 《素問·四氣調神大論》에는 '爲變'의 '爲'字가 없다.

③ 奉生長者少: 《素問·四氣調神大論》에는 '生'字가 없다.

④ 煞: '殺'의 通用字이다. 原鈔本에서는 두 글자를 혼용하고 있다.

⑤ 罰: '罰'과 같은 글자이다.

⑥ 災: '災'와 같은 글자이다.

夏三月, 此謂蕃秀,

여름 석 달은 이를 번수蕃秀라 하니,

蕃伐元反, 茂也. 夏三月時, 萬物蕃滋茂秀, 增長者也.

蕃의 음은 '伐'과 '元'의 반절이니 무성하다는 뜻이다. 여름 석 달은 만물이 번식하고 무성해져 더욱 자라나는[長] 때이다.

天地氣交, 萬物英實.①

하늘과 땅이 기를 교류하여 만물이 화려하고 풍성해집니다.

陰陽氣和, 故物英華而盛實也.
음기와 양기가 조화되므로 사물의 모습이 화려하고 풍성하다.

① 萬物英實:《素問・四氣調神大論》에는 '英'이 '華'로 되어 있다. 서로 뜻이 통한다.

晚①**臥蚤**②**起,**

밤 늦게 잠자리에 들고 일찍 일어나,

夏之三月, 主小腸心之府, 手太陽用事, 陰虛陽盈. 故養陽者, 多起少臥也. 晚臥以順陰虛, 早③起以順陽盈實也.
여름 석 달은 심의 부인 소장이 주관하는 때로서 수태양手太陽이 용사한다. 음이 허하고 양이 성하므로 양을 기르려면 많이 활동하고 조금 자야 한다. 늦게 잠자리에 들어서 음의 허함에 순응하고 일찍 일어나서 양의 가득하여 실함에 순응해야 한다.

① 晚:《素問・四氣調神大論》에는 '夜'로 되어 있다.
② 蚤:《素問・四氣調神大論》에는 '무'로 되어 있는데 서로 같은 글자이다.
③ 무: 原鈔本에서는 '무'와 '蚤'가 혼용되고 있는데 서로 같은 글자이다.

無厭於日, 使志無怒,

햇볕을 싫어하지 말며, 뜻이 성내지 않게 하여,

日者爲陽, 故不可厭之. 怒者爲陰, 故使志無怒之.
해는 양이므로 싫어하면 안 된다. 성내는 것은 음이므로 뜻이 성내지 않게 해야 한다.

使英成秀,① **使氣得洩,**

꽃을 피우고 봉오리를 맺도록 하며, 기가 밖으로 새 나가게 하여,

使物華皆得秀長, 使身開②腠氣得通洩也.
생물이 모두 꽃을 피워 봉오리를 맺고 한껏 자라도록 하며 몸의 주리를 열어 기가 통하여 새 나갈 수 있게 한다.

교주
① 使英成秀: 《素問‧四氣調神大論》에는 '英'의 앞에 '華'字가 더 있다.
② 開: 原鈔本에는 '門' 아래 획이 분명하지 않다. 錢超塵은 '闕'이라 보고 '闕'이 '關'의 俗字라고 하였는데, 의미가 통하지 않는다. 蕭本이나 左合氏校本에는 모두 '開'로 되어 있다. 의미상 '開'가 타당하다.

若所愛在外. 此夏氣之應也,① 養生之道也.②

아끼는 대상이 밖에 있는 것처럼 합니다. 이것이 여름의 기운에 순응하는 것이니, 양생의 방도입니다.

內者爲陰, 外者爲陽, 諸有所愛, 皆欲在陽. 此之行者, 應太陽之氣, 養生之道也.
안은 음이고 밖은 양이므로 여러 아끼는 대상을 모두 밖에 두고자 해야 한다. 이렇게 하는 것이 태양太陽의 기에 순응하여 양생하는 방도이다.

교주
① 此夏氣之應也: 《素問‧四氣調神大論》에는 '也'字가 없다.
② 養生之道也: 《素問‧四氣調神大論》에는 '生'이 '長'으로 되어 있다.

逆之則傷心, 秋爲痎①瘧, 則奉收者少.② 冬至重病.

거역하면 심을 상하여 가을에 학질을 앓게 되어, 가을에 수렴하는 도를 받들기 어렵게 됩니다. 겨울에 이르면 병세가 무겁습니다.

早臥晚起, 厭日生怒, 傷英不秀, 壅氣在內, 皆逆太陽氣也. 故夏爲逆者, 則傷乎心, 秋爲痎瘧, 奉秋收之道不足. 得冬之氣, 成熱中病重也.
일찍 자고 늦게 일어나는 것, 햇볕을 싫어하고 성내는 마음을 짓는 것, 꽃피는 것을 해쳐서 한껏 봉오리를 맺지 못하게 하며, 기가 안에서 뭉치는 것 이 모두가 태양의 기를 거스르는 것이다. 그러므로 여름에 거스르면 심을 상하여 가을에 학질을 앓게 되어, 가을에 수렴하는 도를 받들기에 부족해진다. 만약 겨울의 기를 만나서 열중熱中이 되면 병이 중해진다.

① 瘧:《素問‧四氣調神大論》에는 '痎'로 되어 있다. 둘은 같은 글자이다.
② 則奉收者少:《素問‧四氣調神大論》에는 '則'字가 없다.

秋三月, 此謂容平,

가을 석 달은 이를 용평容平이라 하니,

夏氣盛長, 至秋也不盛不長, 以結其實. 故曰容平也.
여름에 기가 가득 차고 자라다가, 가을에 이르면 가득 차거나 자라지 않고 열매를 맺는다. 그러므로 용평容平이라 하였다.

天氣以急, 地氣以明.

하늘의 기는 급하고 땅의 기는 맑습니다.

天氣急者, 風淸氣凉①也, 地氣明者, 山川景淨也.
하늘의 기가 급하다는 것은 바람이 맑고 날씨가 서늘해짐을 말하고, 땅의 기가 밝다는 것은 강산의 풍경이 맑아짐을 말한다.

① 凉: 原鈔本에는 '涼'으로 되어 있는데 通用하는 글자이다. 대표적으로 쓰이는 '凉'으로 바꾸었다.

蚤①臥蚤①起, 與雞俱興,

일찍 눕고 일찍 일어나되 닭과 함께 모두 일어나며,

秋之三月, 主肺藏, 手太陰用事, 陽消陰息. 故養陰者與雞俱臥, 順陰息也, 與雞俱起, 順陽消也.
가을 석 달은 폐장이 주관하고 수태음手太陰이 용사하는 때로서 양이 줄어들고 음이 자라난다. 그러므로 음을 기르려면 닭과 함께 자서 음이 자라는 것을 따르며, 닭과 함께 일어나서 양의 줄어듦을 따른다.

使志安寧, 以緩秋形.①

뜻을 편안하게 하여 가을의 형체를 완화시킵니다.

> 春之緩者, 緩於堅急, 秋之緩者, 緩於滋盛. 故寧志以緩形.
> 봄의 이완이 단단하게 긴장된 것을 누그러뜨리는 것이라면, 가을의 이완은 과성한 것을 누그러뜨리는 것이다. 그러므로 뜻을 편안하게 함으로써 형체를 이완시킨다.

① 以緩秋形:《素問·四氣調神大論》에는 '形'이 '刑'으로 되어 있다.

收斂神氣, 使秋氣平,

신기神氣를 수렴하여 가을의 수렴하는 기를 화평하게 하며,

> 夏日之時, 神氣洪散, 故收斂順秋之氣, 使之和平也.
> 여름철에는 신기가 성하여 흩어지므로 수렴하는 가을의 기에 순응하여 화평하게 한다.

無外其志, 使肺氣精.① 此秋氣之應也,② 養收之道也.

뜻을 밖에 두지 말아 폐기가 정순해지게 합니다. 이것이 가을의 기에 응하는 것이니 수렴하는 기를 기르는 방도입니다.

> 攝志存陰, 使肺氣之無雜. 此應秋氣, 養陰之道也.
> 뜻을 다잡고 음을 보존하여 폐기肺氣가 잡스럽지 않게 한다. 이것이 가을의 기에 응하여 음을 기르는 방도이다.

① 精:《素問·四氣調神大論》에는 '淸'으로 되어 있다.
② 此夏氣之應也:《素問·四氣調神大論》에는 '也'字가 없다.

逆之則傷肺, 冬爲飱①洩, 則②奉養者少.③

거스르면 폐를 상하여 겨울에 손설殮泄이 되니 겨울에 기르는 도를 받
들기 어렵게 됩니다.

> 晚臥晚起, 志不寧者, 秋時以逆太陰氣, 秋卽傷肺, 至冬湌洩, 奉冬養之道
> 少也.④
> 늦게 자고 늦게 일어나 뜻이 편안하지 않으면 가을에 태음의 기를 거스르게 되고, 가을에
> 폐를 상하면 겨울에 이르러 손설이 되므로 겨울에 기르는 도를 받들기에 부족해진다.

① 湌:《素問 · 四氣調神大論》에는 '殮'으로 되어 있다. '湌'은 '飧', '殮'의 通用字
이다.
② 則:《素問 · 四氣調神大論》에는 이 글자가 없다.
③ 奉養者少:《素問 · 四氣調神大論》에는 '養'이 '藏'으로 되어 있다.
④ 也: 錢氏校本에는 이 뒤에 '之'字가 있는데, 錢超塵은 이를 衍文이라고 하였다.
즉, 甲骨文, 金文, 小篆, 行書 등의 書體의 '乙'字와 비슷하여 책을 읽을 때 한 단락
을 표시하는 것으로 사용되었던 것이 옮기는 과정에서 '之'字로 잘못 보고 들어
온 衍文이라는 것이다. 左合氏校本에는 이 '之'字를 괄호 안에 넣어 '(之)'로 표시
하였으며, 蕭本에는 이 글자가 없다. 原鈔本에는 '之'와 비슷하지만 자세히 보면
모양이 약간 다르다. 原鈔本의 다른 부분에도 문장의 맨 끝에 의미와 전혀 상관
없이 이와 비슷한 형태의 부호가 많이 있는데, 錢超塵의 추정과 같이 누군가가
책을 읽으면서 문장을 구분하기 위해 편의상 표시해 놓은 부호가 옮겨 쓰는 과정
에서 글자로 오인되어 잘못 삽입된 것으로 보인다. 따라서 이 책에서는 별도의
표시 없이 일괄적으로 삭제하였다.

冬三月, 此謂氣①閉藏,
겨울 석 달은 이를 폐장閉藏이라 하니,

> 陰氣外閉, 陽氣內藏.
> 음기를 밖으로 막고 양기를 안으로 감춘다.

① 氣:《素問 · 四氣調神大論》에는 '氣'字가 없다. 앞의 세 계절의 예로 볼 때 衍
文으로 보인다.

水氷地坼,

물이 얼고 땅이 갈라지므로

> 粅白反, 分也.
> 坼은 음이 '粅'와 '白'의 반절이니 갈라진다는 뜻이다.

毋①擾於陽.

양기를 동요하지 말아야 합니다.

> 言居陰分, 故毋擾陽.
> 음의 영역에 거처하므로 양기를 동요하지 말라는 말이다.

교주 ① 毋:《素問·四氣調神大論》에는 '無'로 되어 있다.

蚤①臥晚起,

일찍 눕고 늦게 일어나되

> 冬之三月, 主腎藏, 足少陰用事. 陽虛陰盈, 故養陰者多臥少起. 早臥順陽虛, 晚起順陰盈也.
> 겨울 석 달은 신장이 주관하고 족소음경足少陰經이 용사한다. 양이 허하고 음이 성한 때이므로 음을 기르려면 많이 자고 적게 활동해야 한다. 일찍 누워 자는 것은 양의 허함을 따르는 것이고 늦게 일어나는 것은 음의 성함을 따르는 것이다.

교주 ① 蚤:《素問·四氣調神大論》에는 '早'로 되어 있는데 서로 같은 글자이다.

必待日光, 使志若伏匿,①

반드시 햇볕이 보이기를 기다리며, 뜻을 감춘 듯이 하며,

> 伏匿, 靜也. 臥盡陰分, 使志靜也.
> '伏匿'은 고요함을 말한다. 잠을 자는데 음분의 시간을 다 마쳐서 뜻을 고요하게 한다.

若有私意, 若已有德,[1] **去寒就溫,**

사사로운 마음이 있는 듯이 하고 이미 얻은 것이 있는 듯이 하며 찬 데를 피하고 따뜻한 데로 나아가며,

言十一月, 陰去陽來. 故養陰者凡有私意, 諸有所得, 與陰俱去, 順陽而來, 無相擾也.

음력 11월은 음이 가고 양이 오는 때이다. 그러므로 음을 기르려면 모든 일에 사사로운 마음을 두고 모두 얻은 것이 있는 듯이 하며, 음과 함께 떠나가고 양을 따라와서 음과 양이 서로 다투지 않게 한다.

毋[1]**洩皮膚, 使氣不極,**[2] **此冬氣之應也,**[3] **養藏之道也.**

피부로 기가 새지 않게 하여 기가 다하지 못하게 합니다. 이것이 겨울 기에 응하는 것이니 저장하는 기를 기르는 방도입니다.

閉諸腠理, 使氣不洩極也. 斯之行者, 應冬腎氣, 養陰之道也.

주리腠理를 막아 기가 새서 다하지 못하게 한다. 이렇게 하는 것이 겨울의 신기腎氣에 응하여 음을 기르는 방도이다.

逆之則傷腎, 春爲痿厥, 則奉生少也.[1]

거스르면 신腎을 상하여 봄에 위궐痿厥이 되어 봄에 낳는 도를 받들기 어렵게 됩니다.

早起晚臥, 不待日光, 志氣外洩, 冬爲逆者, 傷腎痿厥, 奉春養生之道少
也. 痿厥, 不能行也. 一曰偏枯也. 於危反.

일찍 일어나고 늦게 자며 햇볕을 기다리지 않고 활동하며 뜻과 氣가 밖으로 새나가
서 겨울에 거스르게 되면 신을 상하여 위궐이 되니, 봄에 기르고 낳는 도를 받들기에
부족해진다. 위궐은 잘 걷지 못하는 병이다. 일명 편고라고 한다. '痿'는 음이 '於'와
'危'의 반절이다.

교
주
① 奉生少也:《素問·四氣調神大論》에는 '奉生者少'로 되어 있다.

天氣清靜,[①] 光明者也.

하늘의 기는 맑고 고요하며 환하고 밝습니다.

天道之氣, 淸虛不可見, 安靜不可爲. 故得三光七耀光明者也. 玄元皇帝[②]
曰虛靜者, 天之明也.

천도天道의 기는 맑고 허하여 볼 수 없으며 편안하고 고요하여 작위하지 않는다. 그러
므로 삼광칠요三光七燿를 얻어 환하고 밝은 것이다. 노자는 "맑고 고요한 것이 하늘의
밝음이다."라고 하였다.

교
주
① 淸靜:《素問·四氣調神大論》에는 '淸靜'이 '淸淨'으로 되어 있다.
② 玄元皇帝:《舊唐書·高宗紀下》에 기재되어 있는데, 乾封元年(서기 666년) 二
月 二十八日에 조서를 내렸으며, 老子를 추존하여 '太上玄元皇帝'라 하였다.

藏德不上故不下.[①]

덕德을 감추어 만물의 위에 서지 않으므로 떨어지지 않습니다.

天設日月, 列星辰, 張四時, 調陰陽, 日以曝之, 夜以息之, 風以乾之, 雨露
濡[②]之. 其生物也, 莫見其所養而物長, 其所煞[③]也, 莫見其所喪而物亡. 此
謂天道藏德不上, 故不下者也. 聖人象之, 其起福也, 不見其所以而福起.
其除禍也, 不見其所由而禍除. 則聖人藏德不上, 故不下也. 玄元皇帝曰
上德不德, 是以有德, 卽其事也.

하늘은 해와 달을 세우고 행성과 항성을 벌이며 사철을 펼치고 음양을 조절하여 태양

으로 쪼이고 밤으로 쉬게 하며 바람으로 말리고 비와 이슬로 적신다. 이렇게 만물을 낳음에 있어, 길러주는 무엇을 볼 수 없으나 만물이 자라나고, 만물을 죽임에 있어, 죽이는 무엇을 볼 수 없으나 만물이 죽는다. 이를 일러 하늘의 도가 덕을 감추어 만물의 위에 서지 않으므로 떨어지지 않는다고 한다. 성인은 천도天道를 본받으니, 천하에 복을 일으킴에 까닭을 알 수 없으나 복이 일어나고, 재앙을 없앰에 연유를 알지 못하나 재앙이 사라진다. 그러므로 성인은 덕을 감추어 만물의 위에 서지 않으므로 떨어지지 않는다. 노자가 "덕이 높은 자는 애써 덕을 지으려 하지 않으니 이로써 덕이 있게 된다."라고 한 말이 바로 그것에 해당한다.

① 藏德不上故不下:《素問·四氣調神大論》에는 '不上'이 '不止'로 되어 있다. 또한 이 뒤에 '也'字가 더 있다.

② 濡: 原鈔本에는 '濡'로 되어 있는데 '濡'는 '濡'와 通用한다.

③ 煞: '殺'의 通用字이다. 原鈔本에서는 두 글자를 혼용하고 있다.

上下則日月不明,①
상上이 내려오면 해와 달이 밝지 않으니,

君上情在於己, 有私脩德, 遂不爲德. 玄元皇帝曰下德不失德, 是以無德. 君之無德, 則令日月薄蝕, 三光不明也.
군상君上의 뜻이 자기 한 몸에 머물러 사사로운 마음으로 덕을 닦으면 결국 덕이 되지 않는다. 노자가 말하기를, "덕이 낮은 자는 덕을 잃지 않으려 하니 이로써 덕이 없어진다."라고 하였다. 임금이 덕이 없으면 일식과 월식이 일어나게 하여 삼광이 빛을 내지 못한다.

① 上下則日月不明:《素問·四氣調神大論》에는 '天明則日月不明'으로 되어 있다.

邪害空竅.
사기가 공규空竅로 들어와 해를 끼칩니다.

空竅, 謂三百六十五穴也. 君不脩德和陽氣者, 則疵癘賊風入人空竅, 傷害人也.

공규는 365개의 경혈經穴을 말한다. 군주가 덕을 닦아 양기를 조화롭게 하지 않으면
사나운 적풍賊風이 인체의 공규로 들어와 사람을 해치게 된다.

陽氣閉塞, 地氣冒明,①

양기는 닫혀 갇히고 지기가 밝은 빛을 가리므로,

陽氣失和, 故令陰氣冒覆三光.

양기가 조화를 잃기 때문에 음기로 하여금 삼광을 가리게 한다.

교주 ① 陽氣閉塞, 地氣冒明:《素問・四氣調神大論》에는 "陽氣者閉塞, 地氣者冒明."
으로 되어 있다.

雲露不精,① 則上應甘露不下交通,②

구름과 이슬이 맑지 않아서 위로 응하여도 감로甘露가 내려와 교통交通
하지 못하여,

陰氣失和, 致令雲露無潤澤之精, 無德應天. 遂使甘露不降, 陰陽不和也.
言曰露者,③ 恐後代字誤也.

음기가 조화를 잃었기 때문에 구름과 이슬이 윤택하고 맑지 않아 하늘에 감응할 덕이
없게 되고, 마침내 감로가 내리지 못하게 되므로 음과 양이 화합하지 못한다. '甘露'를
'白露'라 말한 것은 아마 후대의 글자의 잘못인 것 같다.

교주 ① 雲露不精:《素問・四氣調神大論》에는 '露'가 '霧'로 되어 있다.
② 甘露不下交通:《素問・四氣調神大論》에는 '白露不下交通'으로 되어 있다.
③ 言曰露者: 蕭本에는 '曰'이 '白'으로 되어 있고, 錢超塵도 '曰'이 '白'을 잘못 옮
겨 쓴 것이라고 보았다.

不表萬物命, 故不施.

만물의 명命을 드러내지 못하므로 덕이 펴지지 못합니다.

陰陽不得交通, 則一中分命, 無由布表生於萬物, 德澤不露. 故曰不施也.
음과 양이 사귀어 소통하지 못하면 하나에서 갈라진 명이 널리 퍼져서 만물을 낳을 수 없게 되므로 덕택이 드러나지 않는다. 그러므로 퍼지지 못한다고 하였다.

不施, 則名木多死, 惡氣發,① 風雨不節. 甘露不下,② 則菀槁不榮, 賊風數至, 暴雨數起, 天地四時不相保. 乃道相失,③ 則未央絕④滅.

덕이 퍼지지 못하면 이름난 나무가 많이 죽고 악기惡氣가 발생하여 비바람이 절기에 맞지 않게 됩니다. 감로甘露가 내리지 못하므로 초목이 시들고 말라 영화롭지 못하며 적풍賊風이 자주 이르고 폭우가 자주 일어나 천지와 사시가 서로 보호하지 못합니다. 마침내는 도에서 벗어나게 되어 오래도록 절멸하게 됩니다.

盜夸之君,⑤ 德不施布, 禍及昆虫,⑥ 灾延草木, 其有八種. 一者名木多死, 謂名好草木不黃而落. 二者惡氣發, 謂毒氣疵癘流行於國. 三者風雨不節, 謂風不時而起, 雲不族而雨.⑦ 四者甘露不下, 謂和液無施. 菀槁當爲宛槁. 宛, 瘀死. 槁, 枯也. 於阮反. 陳根舊枝, 死不榮茂.⑧ 五者, 賊風數至, 謂風從衝上來, 破屋折木, 先有虛者被刻而死.⑨ 六者, 暴雨數起, 謂驟疾之雨, 傷諸苗稼. 七者天地四時不相保, 謂陰陽乖繆, 寒暑無節. 八者, 失道, 未央絕滅. 未央者, 久也.⑩ 言盜夸之君, 絕滅方久⑪也.

도적질하고 사치하는 무도한 군주가 덕을 펴지 아니함에 화禍가 곤충에까지 미치고 재앙이 초목에까지 끼치니 그 종류가 8가지 있다. 첫째 '名木多死'니 이름난 초목이 잎이 누렇게 변하기 전에 떨어짐을 말한다. 둘째 '惡氣發'이니 독기가 나라에 사납게 유행함을 말한다. 셋째 '風雨不節'이니 바람이 때에 맞게 일지 아니하여 구름이 모여 비를 뿌리지 못함을 말한다. 넷째 '甘露不下'니 음양이 조화로운 진액이 내리지 않아 묵은 뿌리와 오랜 가지가 죽어가고 영화롭지 못함을 말한다. '菀槁'는 '宛槁'로 보아야 옳다. '宛'은 시들어 죽는 것으로서, 음이 '於'와 '阮'의 반절이다. '槁'는 나무가 마르는 것이다. 다섯째 '賊風數至'니 바람이 충衝의 방향에서 불어 지붕을 날리고 나무를 부러뜨림을 말하니, 이전부터 허함이 있던 사람은 충풍衝風의 극벌을 받으면 죽는다. 여섯째 '暴雨數起'이니, 비가 세차게 몰아쳐 전답에 피해를 줌을 말한다. 일곱째

'天地四時不相保'니 음양이 괴리되어 더위와 추위가 절기에 맞지 않음을 말한다. 여 덟째 '失道未央絶滅'이다. '未央'은 오래도록이라는 뜻이다. 말하자면 도적질하고 사 치하는 군주가 만물을 절멸함이 꽤 오래간다는 뜻이다.

교주

① 惡氣發: 《素問・四氣調神大論》에는 '惡氣不發'로 되어 있다.

② 甘露不下: 《素問・四氣調神大論》에는 '甘露'가 '白露'로 되어 있다.

③ 乃道相失: 《素問・四氣調神大論》에는 '與道相失'로 되어 있다.

④ 絶: 原鈔本에는 '絕'로 되어 있는데 '絶'의 俗字이다. 原鈔本에서는 혼용되고 있 는데 모두 대표자인 '絶'로 바꾸었다.

⑤ 盜夸之君: 原鈔本에서 '之君' 두 글자가 뒤집혀 '盜夸君之'로 誤寫되어 있는 것 을 바로잡았다. 盜夸之君은 《老子》에서 "朝甚除, 田甚蕪, 倉甚虛, 服文綵, 帶利 劍, 厭飮食, 財貨有餘, 是謂盜夸, 非道也哉."라고 하였다.

⑥ 虫: 原鈔本에는 '虫'으로 되어 있는데 '虫'은 '虫'의 異體字이다. 대표자인 '虫'으 로 바꾸었으며 '虫'은 '蟲'과 通用한다. 原鈔本에서는 '虫'과 '蟲'을 혼용하고 있다.

⑦ 雲不族而雨: 《莊子・在宥》에서 "雲氣不待族而雨, 草木不待黃而落."라고 하 였으니, '雲氣不待族而雨'의 뜻으로 봄이 타당하다.

⑧ 陳根舊枝, 死不榮茂: "菀槁, 當爲宛槁. 宛, 痿死. 槁, 枯也, 於阮反."의 앞으로 가야 '謂和液無施'와 문맥이 접속된다. 또한 "菀槁, 當爲宛槁. 宛, 痿死. 槁, 枯也, 於阮反."에서 '於阮反'은 '宛'의 발음이므로 그 뒤로 가는 것이 옳다.

⑨ 先有虛者被刻而死: '刻'은 蕭本에는 '剋'으로 되어 있다.

⑩ 未央者, 久也: 錢超塵은 《說文》에서 "央, 久也."라고 한 것을 예로 들어 原鈔本 의 '未'字가 연자인 것으로 보았다. 그러나 자전에 보면 '央'에 또한 '다하다'는 뜻 이 있으므로 "未央者, 久也."도 틀렸다고 할 수는 없다. 楊上善은 본 단락을 盜夸 之君이 세상에 미치는 해악 8가지를 나열한 것으로 전제하였기 때문에 여기서도 동일한 맥락을 고수하여 이렇게 푼 것으로 보인다.

⑪ 絶滅方久: 錢超塵은 "央, 久也."와 같은 맥락에서 '方'을 '未'의 誤字로 보았으 나 楊上善은 '未央者久也'의 뜻 그대로 '方久'로 보고 있다.

唯聖人順之,^① 故身無奇疾,^② 萬物不失, 生氣不竭.

오직 성인이어야 도를 따르므로 몸에 기이한 질병이 없고 만물이 법

도를 잃지 않으며 생기生氣가 다함이 없습니다.

唯聖人順天, 藏德不上, 故有三德. 一者, 身無奇疾, 奇異邪氣不及於身也. 二者, 萬物不失, 澤及蜫虫, 恩霑草木, 各得生長也. 三者, 生氣不竭. 生氣, 和氣也. 和氣不竭, 致令雲露精潤, 甘露時降也.

오직 성인은 하늘을 따라 덕을 감추어 위에 서지 않으므로 세 가지 덕이 있다. 첫째 몸에 기이한 질병이 없으니, 기이한 사기가 몸에 미치지 못한다. 둘째 만물이 법도를 잃지 않으니, 덕택이 곤충에 미치고 은혜가 초목을 적셔 만물이 제각기 나고 자랄 수 있다. 셋째 생기가 다함이 없다. 생기는 음양이 조화된 기[和氣]로서 화기和氣가 다하지 않으므로 구름과 이슬이 맑고 윤택하여 감로가 때마다 내린다.

교주 ① 唯聖人順之: '順'은 《素問·四氣調神大論》에는 '從'으로 되어 있다. 《素問》에서는 '順'字는 모두 '從'으로 되어 있다. 梁나라 武帝 蕭道成의 아버지 이름인 '順之'를 휘하였기 때문이다. 《太素》에서는 피휘하지 않았는데, 이에 대해 전초진은 양상선이 양무제 이전의 판본을 보았기 때문이라고 추정하였다.

② 身無奇疾: 《素問·四氣調神大論》에는 '疾'이 '病'으로 되어 있다.

逆春氣則少陽不生, 而肝氣內變.①

봄의 기를 거스르면 소양少陽이 기를 생하지 못하여 간의 기가 안에서 변합니다.

少陽, 足少陽膽府脈, 爲外也, 肝藏爲陰, 在內也. 故府氣不生, 藏氣變也.

소양은, 족소양足少陽의 담부膽府와 경락이 밖이 되며 간장肝藏이 음으로서 안에 있다. 따라서 부의 기가 생하지 못하므로 장의 기가 변한다.

교주 ① 少陽不生, 而肝氣內變: 《素問·四氣調神大論》에는 '而'字가 없다.

逆夏氣則太①陽不長, 心氣內洞.

여름의 기를 거스르면 태양太陽이 기를 기르지 못하여 심의 기가 속에서 비게 됩니다.

太陽, 手太陽小腸府脈, 在外也, 心藏爲陰, 居內也. 故府氣不生, 藏氣內洞. 洞, 疾流洩也.

태양은, 수태양手太陽의 소장부小腸府와 경락이 밖이 되며, 심장心藏이 음으로서 안에 있다. 따라서 부의 기가 생하지 못하므로 장의 기가 속에서 쏟아져 내린다. '洞'은 급하게 설사하는 병이다.

교주 ① 太: 原鈔本에는 '大'로 되어 있으나 《素問·四氣調神大論》에는 '太'로 되어 있고, 이치상으로도 '太'가 합당하므로 '太'字를 썼다. 이처럼 原鈔本에서는 '太'와 '大'를 혼동하여 서로 바꾸어 쓴 경우가 상당히 보이는데, 이는 옮겨 쓰는 과정의 실수이거나 또는 글자가 손상되었을 가능성이 많다. 따라서 이 책에서는 별도의 언급없이 《黃帝內經》의 經文을 따라 수정하였다.

逆秋氣則太陰不收, 肺氣燋漏.①

가을의 기를 거스르면 태음太陰이 기를 거두지 못하므로 폐의 기가 타서 샙니다.

太陰, 手太陰肺之脈也. 腠理毫②毛受邪, 入於經絡,③ 則脈不收聚, 深入至藏, 故肺氣燋漏. 燋, 熱也, 漏, 洩也.

태음은 수태음폐手太陰肺의 경맥이다. 주리腠理나 호모毫毛로 사기를 받아 사기가 수태음의 경맥으로 들어오면 수태음의 경맥이 기를 거두어 모으지 못하므로 사기가 깊이 들어가 폐장에까지 영향을 미친다. 그러므로 폐의 기가 타고 샌다. '燋'는 탄다는 뜻이고 '漏'는 샌다는 뜻이다.

교주 ① 肺氣燋漏: '燋漏'의 '燋'는 '焦'와 뜻이 통한다. '燋漏'는 《素問·四氣調神大論》에는 '焦滿'으로 되어 있다.

② 毫: 原鈔本에는 '豪'로 되어 있는데 '毫'의 通用字이다. 原鈔本에서는 '毫'를 모두 '豪'로 썼다. 본서에서는 대표적으로 쓰이는 '毫'로 모두 바꾸었다.

③ 絡: 原鈔本에서는 모두 '胳'으로 되어 있는데 '胳'은 다른 의미의 글자이나, '絡'의 俗字로 쓰였다. 이하 모두 '絡'으로 바꾸었다.

逆冬氣則少陰不藏, 腎氣濁沈.①

겨울의 기를 거스르면 소음少陰이 기를 감추지 못하므로 신腎의 기가 탁해져 가라앉습니다.

少陰, 足少陰腎之脈也. 少陰受邪, 不藏能靜, 深入至藏. 故腎氣濁沈, 不能營也.

소음은 족소음신足少陰腎의 경맥이다. 소음이 사기를 받으면 기를 감추어 고요하게 하지 못하므로 사기가 깊이 들어가 신장에까지 영향을 미친다. 그러므로 신의 기가 탁해져 가라앉아 영양할 수 없게 된다.

교주 ① 少陰不藏, 腎氣濁沈: '濁沈'이 《素問‧四氣調神大論》에는 '獨沈'으로 되어 있다.

失四時陰陽者,① **失萬物之根也.**②

사시음양의 도를 잃으면 만물이 뿌리를 잃습니다.

陰陽四時, 萬物之本也. 人君違其本, 故萬物失其根.

음양사시는 만물의 근본인데 임금이 그 근본을 위반하기 때문에 만물이 자신의 뿌리를 잃는다.

교주 ① 失四時陰陽者: '失'은 《素問‧四氣調神大論》에는 '夫'로 되어 있다.
② 失萬物之根也: 《素問‧四氣調神大論》에는 '萬物之根本也'로 되어 있다.

是以,① **聖人春夏養陽, 秋冬養陰, 以順**②**其根.**③ **故與萬物沈浮於生長之門.**

그래서 성인은 봄여름에 양기를 기르고 가을겨울에 음기를 기름으로써 그 근본을 따릅니다. 그러므로 만물과 함께 생장수장生長收藏의 문을 출입합니다.

聖人與萬物俱浮, 卽春夏養陽也, 與萬物俱沈, 卽秋冬養陰也. 與萬物沈浮以爲養者, 志在生長之門也.

성인이 만물과 함께 나오는 것이 곧 봄여름에 양기를 기르는 것이고, 만물과 함께 들어가는 것이 곧 가을겨울에 음기를 기르는 것이다. 만물과 함께 출입함으로써 생명을 기르는 사람은 뜻이 생장수장의 문호에 있다.

교주 ① 是以: 《素問·四氣調神大論》에는 '所以'로 되어 있다.
② 順: 《素問·四氣調神大論》에는 '從'으로 되어 있다.
③ 以順其根: 《遐年要抄·天象部·四時所行第一》에는 '以補其根本'으로 되어 있고 이 뒤에 '肝心爲陽, 脾肺腎爲陰' 9글자가 더 있다.

逆其根則伐其本, 壞其眞.①

사시의 법칙을 거스르면 음양의 근본을 치게 되어 참된 도를 무너지게 합니다.

逆四時之根者, 則伐陰陽之本也, 壞至眞之道也.
사시의 뿌리를 거스르면 음양의 근본을 치게 되어 지극히 참된 도를 무너지게 합니다.

교주 ① 壞其眞: 《素問·四氣調神大論》에는 이 뒤에 '矣'字가 있다.

故陰陽四時者, 萬物之終始也, 死生之本也, 逆之則灾①害生, 順②之則奇疾不起.③ 是謂得道.

그러므로 음양사시는 만물의 끝이자 시작이라 죽고 사는 근본이니 이것을 거스르면 재난과 질병이 생기고 이것을 따르면 기이한 질병이 생기지 않습니다. 이를 도를 얻었다고 합니다.

陰爲萬物終死之本④也, 陽爲萬物始生之源也, 逆之則灾害生, 入於死地也, 順之則奇疾除, 得長生之道也.
음은 만물이 끝나고 죽는 것의 근본이고 양은 만물이 시작하고 생겨나는 것의 근원이므로 이를 거스르면 재난과 질병이 생겨 사지로 들어가고 이를 따르면 기이한 질병이 사라져 장생의 도를 얻는다.

道者, 聖人行之, 愚者佩之.

도道는 성인은 이를 행하고 어리석은 사람은 이를 차고 다닙니다.

> 聖人得道之言, 行之於身, 寶之於心府也. 愚者得道之章, 佩之於衣裳, 寶之於名利也.
>
> 성인은 도의 말씀을 터득하여 몸에 행하고 본심에 보배로 간직한다. 어리석은 사람은 도의 형식을 터득하여 옷에 차고 다니고 명예와 이익을 탐하는 마음에 보배로 간직한다.

順①陰陽則生, 逆之則死, 順之則治, 逆之則亂.

음양의 도를 따르면 살고 음양의 도를 거스르면 죽으며, 이를 따르면 질서가 잡히고 이를 거스르면 난리가 납니다.

> 生死在身, 理亂在國.
>
> 죽고 사는 것은 내 몸에 달려 있고 질서가 잡히고 난리가 나는 것은 나라에 달려 있다.

反順爲逆, 是謂內格.

도를 따르는 길을 위반하여 거슬러 행하는 것을 내격內格이라 합니다.

> 不順四時之養身, 內有關格①之病也.
>
> 사시에 맞게 몸을 기르는 도를 따르지 않으면 안으로 관격關格의 병이 있게 된다.

是故, 聖人不治已病治未病, 不治已亂治未亂, 此之謂也.① 夫病已成形②而後藥之, 亂成③而後治之, 譬猶渴而穿井, 鬪而鑄兵, 亦不④晚乎.

따라서 성인은 병이 이미 났을 때 다스리지 않고 병이 들지 않았을 때 다스리며, 이미 난리가 났을 때 다스리지 않고 난리가 나지 않았을 때 다스린다 하니 이를 말함입니다. 병이 이미 형체를 이룬 다음에 약을 쓰고 난리가 이미 이루어진 뒤에 다스리려 하니, 비유하자면 목마른 후에 우물을 파고 전쟁이 나고서야 병기를 주조함과 같으니 또한 너무 늦지 않습니까!

身病國亂, 未有毫⑤微而行道者, 古之聖人也. 病亂已微而散之者, 賢人之道也. 病亂已成而後理之者, 衆人之失也, 理之無益, 故以穿井鑄兵無救之失以譬之也.

몸의 병과 나라의 난리가 아주 미미한 것조차도 없을 때 도를 행하는 사람은 옛 성인이다. 병과 난리가 이미 기미가 보일 때 흩어버리는 것은 현인의 도이다. 병과 난리가 이미 이루어진 뒤에 조치하는 것은 보통 사람의 잘못으로서 조치해 보아야 무익하다. 그러므로 우물을 파고 병기를 주조하고도 구하지 못하는 잘못으로써 비유하였다.

육기
六氣

黃帝曰余聞人有精氣津液血脈, 余意以爲一氣耳, 今乃辨爲六名, 余不知其所以,^① 願聞何謂精.

황제가 말하기를, 내가 듣기에 사람에게 정精, 기氣, 진津, 액液, 혈血, 맥脈이 있다 하니, 내가 생각하기에 하나의 기氣로 여길 따름인데, 지금은 이에 변별하여 여섯 가지 명칭을 두니 내가 그 이유를 알지 못하겠습니다. 무엇을 정精이라 하는지 듣고자 합니다.

> 一氣者, 眞氣也. 眞氣在人, 分一以爲六別, 故惑其義也.
> 하나의 기氣라는 것은 진기眞氣이다. 진기眞氣가 사람에 있는데 하나가 나뉘어 여섯 가지로 구별되니, 그러므로 그 뜻에 의혹을 둔 것이다.

[교주] ① 所以: 《靈樞・決氣》에는 '所以然'이라 되어 있고, 뒤에 '願聞何謂精'의 5글자가 없다.

岐伯曰兩神相薄,^① 合而成形, 常先身生, 是謂精.

기백이 말하기를, 두 신神이 서로 맞붙어서 합하여 형形을 이루는데 항상 몸보다 앞서 생기니, 이를 정精이라고 합니다.

但精及津液與氣, 異名同類, 故皆稱氣耳. 雄雌二靈之別, 故曰兩神. 陰陽
二神相得, 故謂之薄. 和爲一質, 故曰成形. 此先於身生, 謂之爲精也.
단지 정精과 진津, 액液, 그리고 기가 이름은 다르지만 같은 무리이므로 모두 기라고
칭하였을 따름이다. 자웅雌雄의 두 영靈이 다르므로 두 신神이라 하였다. 음양의 두 신
神이 서로 만났으므로 맞붙었다고 하였다. 화합하여 하나의 질質이 되므로 형形을 이
루었다고 하였다. 이것이 몸보다 먼저 생기니 정精이 된다고 하였다.

교주 ① 薄: 여기서는 '맞붙는다'는 뜻으로 '搏'과 通用한다.

何謂氣.

무엇을 기라고 합니까?

下焦①如瀆, 謂之津液. 中焦如漚, 謂之爲營血. 上焦如霧, 爲衛稱氣, 未知
所由.
하초下焦는 도랑과 같다는 말은 진액을 말한 것이고, 중초中焦는 거품과 같다는 말은
전신을 영양하는 혈을 말한 것이다. 상초上焦는 안개와 같다는 말은 신체를 호위하는
기를 말한 것인데, 아직 그 연유를 모르겠다.

교주 ① 焦: 原鈔本에서는 '焦'가 신체의 부위나 臟腑의 의미로 쓰일 때는 모두 '膲'로
되어 있다. 錢超塵은 '膲'는 '膲'의 俗訛字로, 중국의 六朝 시대에는 '目'방과 '月'방
을 혼용한 것으로 보았다. 錢氏校本에는 '膲'로, 左合氏校本에는 '膲'로 되어 있는
데, 모두 '焦'로 바꾸었다.

岐伯曰上焦開發, 宣五穀味, 熏膚薰肉,① 充身澤毛, 若霧露之溉, 是謂氣.

기백이 말하기를, 상초上焦가 열고 펼쳐서 오곡의 정미를 퍼뜨리면,
피부와 기육을 훈증하고 몸을 채우며 모발을 윤택하게 하는 것이 마
치 안개와 이슬이 적시는 것과 같으니, 이를 기라고 합니다.

上焦開發, 宣揚五穀之味, 薰於膚肉, 充身澤毛, 若霧露之溉萬物, 故謂之
氣, 卽衛氣也.

상초上焦가 열고 펼쳐서 오곡의 미味를 펴서 퍼뜨리면 피부와 기육을 훈증하고 몸을 채우며 모발을 윤택하게 하는 것이 마치 안개와 이슬이 만물을 적시는 것과 같으니, 그러므로 기라고 하였으니 즉 위기衛氣이다.

교주 ① 薰肉:《靈樞 · 決氣》에는 두 글자가 없다.

何謂津. 岐伯曰腠理發洩,[①] **汗出腠理,**[②] **是謂津.**

무엇을 진津이라 합니까? 기백이 말하기를, 주리腠理가 열려서 새면 땀이 주리腠理에서 나오니 이를 진津이라 합니다.

> 腠理所泄之汗, 稱之爲津.
> 주리에서 새는 땀을 칭하여 진津이라 한다.

교주 ① 洩: '泄'의 避諱字이다.
② 腠理:《靈樞 · 決氣》에는 '湊湊'으로 되어 있다. 錢超塵은 '湊湊'이라 하면 '津' 字와 운율과 뜻이 맞는다고 하였다.

何謂液. 岐伯曰穀氣滿,[①] **淖澤注於骨, 骨屬屈伸, 光澤**[②]**補益 腦髓, 皮膚潤澤, 是謂液.**

무엇을 액液이라 합니까? 기백이 말하기를, 곡기가 가득하면 촉촉하고 윤택한 진액은 뼈로 주입되는데, 뼈마디가 굴신하면 번지르르한 진액이 뇌수를 보익하고 피부를 윤택하게 하니, 이것을 액이라 합니다.

> 淖, 丈卓反, 濡潤也. 通而言之, 小便汗等, 皆稱津液, 今別骨節中汁爲液, 故餘名津也. 靑[③]穀之精膏, 注於諸骨節中, 其汁淖澤,[④] 因屈伸之動, 流汁[⑤] 上補於腦, 下補諸髓,[⑥] 傍益皮膚, 令其潤澤, 稱之爲液.
> 淖은 음이 '丈'과 '卓'의 반절로, 적신다는 뜻이다. 통틀어 말하면 소변, 땀 등을 모두 진액이라 칭하는데, 지금 별도로 뼈마디 속의 즙을 액液이라 하였으므로 나머지는 진津이라 이름하였다. 오곡의 정미로운 고膏가 모든 뼈 관절 속으로 들어가는데, 그 촉촉하고 윤택한 즙이 굴신운동에 의해 흘러서 위로는 뇌腦를 보하고 아래로는 모든 골

수를 보하며, 옆으로는 피부를 도와 윤택하게 하니, 이것을 액液이라 칭한다.

교주 ① 穀氣滿:《靈樞・決氣》에는 '穀入氣滿'으로 되어 있다. 錢超塵은 原鈔本에서 '入'字가 빠진 것 같다고 하였다.

② 光澤:《靈樞・決氣》에는 '泄澤'으로 되어 있다.

③ 靑: 아래 楊上善의 注釋에서 '五穀精汁在於中焦'라 한 것으로 미루어 볼 때, 이 는 '五'의 誤記로 보인다. 蕭本에도 '五'로 되어 있으며, 이에 따라 해석하였다. 《弘決外典鈔・卷第四・第九》에는 이 글자가 없다.

④ 注於諸骨節中, 其汁淖澤:《弘決外典鈔・卷第四・第九》에는 이 10글자가 없다.

⑤ 流汁:《弘決外典鈔・卷第四・第九》에는 두 글자가 없다.

⑥ 下補諸髓:《弘決外典鈔・卷第四・第九》에는 '下補於髓也'로 되어 있다.

何謂血. 岐伯曰中焦受血①於②汁, 變化而赤,③ 是謂血.④
무엇을 혈이라 합니까? 기백이 말하기를, 중초는 즙汁에서 혈을 받고 변화하여 붉어지니, 이를 혈이라고 합니다.

五穀精汁在於中焦, 注手太陰脈中, 變赤, 循脈而行, 以奉生身, 謂之爲血也.
오곡五穀의 정미로운 즙汁이 중초에 있다가 수태음맥手太陰脈 속으로 흘러들어가 붉 게 변하고, 맥을 따라 운행하여 이로써 몸을 받들어 생하니 이를 혈이라 한다.

교주 ① 血:《靈樞・決氣》와 《弘決外典鈔・卷第四・第九》에는 '氣'로 되어 있으며, 《醫家千字文註》에는 동일하게 '血'로 되어 있다.

② 於:《靈樞・決氣》와 《弘決外典鈔・卷第四・第九》에는 '取'로 되어 있으며, 《醫家千字文註》에는 동일하게 '於'로 되어 있다.

③ 變化而赤:《醫家千字文註》에는 '變化赤'으로 되어 있다.

④ 是謂血:《弘決外典鈔・卷第四・第九》에는 이 다음에 '也'字가 더 있다.

何謂脈. 岐伯曰壅遏營氣, 令毋①所避, 是謂脈.
무엇을 맥이라 합니까? 기백이 말하기를, 영기營氣를 가로막아서 벗어 나지 못하게 하니 이것을 맥이라 합니다.

盛甕營血之氣, 日夜營身五十周, 不令避散, 故謂之脈也.
영혈營血의 기를 담아 가둬서 하루에 몸을 50번 돌면서 벗어나 흩어지지 않도록 하므로 이를 맥이라 한다.

① 毋:《靈樞·決氣》와《弘決外典鈔·卷第四·第九》에는 '無'로 되어 있는데 통용한다.

黃帝曰六氣者, 有餘不足, 氣之多少, 腦髓之虛實, 血脈之清濁, 何以知之.

황제가 말하기를, 여섯 가지 기의 남음과 부족함, 기의 다소, 뇌수腦髓의 허실, 혈맥의 청탁을 어떻게 구별할 수 있습니까?

六氣之中, 有餘不足, 總問也. 腦髓等別問, 求①其所知也.
육기六氣 중에 남음과 부족함을 모두 물은 것이다. 뇌수腦髓 등을 별도로 물은 것은 그 구별하는 바를 구한 것이다.

① 求:《靈樞·決氣》와《弘決外典鈔·卷第四·第九》에는 '無'로 되어 있는데 통용한다.

岐伯曰精脫者, 耳聾,

기백이 말하기를, 정精이 탈脫한 자는 귀가 들리지 않고,

腎以主耳, 故精脫則耳聾.
신腎이 귀를 주관하므로 정精이 탈脫하면 귀가 들리지 않는다.

氣脫者, 目不明,

기가 탈한 자는 시력이 밝지 않고,

五藏精氣爲目, 故氣脫則目闇.
오장의 정기精氣가 시력을 이루므로 기가 탈脫하면 곧 눈이 어둡다.

津脫者, 腠理開, 汗大洩.

진津이 탈脫한 자는 주리腠理가 열려 땀이 많이 새어 나옵니다.

前之二脫, 言脫所由, 故有脫也. 以下三脫, 直著其脫狀, 故津脫, 腠理開, 汗洩爲狀.

앞의 두 탈脫한 증상은 탈脫함의 원인을 말한 것이므로 탈脫한 결과가 나타난 것이다. 이하의 세 탈脫한 증상은 바로 그 탈脫한 양상을 기술한 것이므로 진津이 탈脫하여 주리腠理가 열리고 땀이 새어 나오는 것이 그 양상에 해당한다.

液脫者, 骨屬屈伸不利, 色夭, 腦髓消, 胻^①痠, 耳數鳴.

액液이 탈脫한 자는 뼈 관절의 굴신屈伸이 부드럽지 않고 얼굴색이 생기가 없으며 뇌수가 모자라고 정강이가 시큰거리고 귀가 자주 울립니다.

骨節相屬之處無液, 故屈伸不利. 無液潤澤皮毛, 故色夭. 腦髓無補, 故腦髓消, 胻痠, 耳鳴. 胻, 衡孟反.

뼈 관절이 서로 이어진 곳에 액液이 없으므로 굴신屈伸이 부드럽지 않다. 피모皮毛를 윤택하게 하는 액液이 없으므로 색에 생기가 없다. 뇌수腦髓를 보하지 못하므로 뇌수腦髓가 마르고 정강이가 시리고 귀가 울린다. '胻'은 음이 '衡'과 '孟'의 반절이다.

교주 ① 胻:《靈樞·決氣》에는 '脛'으로 되어 있다.

血脫者, 色白, 夭然不澤, 其脈空虛. 此其候也.

혈血이 탈脫한 자는 얼굴색이 희고 생기가 없어 윤택하지 않고 그 맥이 텅 비어 있습니다. 이상이 그 징후입니다.

以無血, 故色白. 無血潤膚, 故不澤. 脈中無血, 故空虛. 以爲不足, 虛之狀也.

혈이 없기 때문에 색이 희다. 피부를 윤택하게 하는 혈이 없으므로 윤택하지 않다. 맥 속에 혈이 없으므로 텅 비어 있다. 부족하기 때문이니 허한 양상이다.

黃帝曰六氣者, 貴賤何如. 岐伯曰六氣者, 各有部主也, 其貴
賤善惡可爲常主. 然五穀與爲大海.[①]

황제가 말하기를, 여섯 가지 기의 귀천貴賤은 어떠합니까? 기백이 말
하기를, 여섯 가지 기는 각각 활동 부위와 주관하는 일이 있으니 그 귀
천과 선악에도 불구하고 항상 주관하는 것이 있습니다. 그래서 모두
오곡五穀이 큰 근원이 됩니다.

> 六氣有部有主, 有貴有賤, 有善有惡, 人之所受, 各有其常, 皆以五穀爲生
> 成大海者也.
> 여섯 가지 기는 부위가 있고 주관하는 일이 있어서 귀한 것이 있고 천한 것이 있으며
> 선한 것이 있고 악한 것이 있으나, 사람이 받는 것은 각기 그 항상된 것이 있으니 모두
> 오곡五穀을 생성의 근원으로 삼는다.

교주 ① 與爲大海:《靈樞・決氣》에는 '與胃爲大海也'로 되어 있다.

구기
九氣

교주 이 篇의 내용은 《素問·擧痛論》에 보인다. 이 篇에서는 九氣(怒, 喜, 悲, 恐, 熱, 寒, 憂, 勞, 思)로 인해 병이 될 때의 기전 및 症狀에 대하여 설명하였다.

黃帝曰^①余聞^②百病生於氣也, 怒則氣上, 喜則氣緩, 悲則氣消, 恐則氣下, 寒則氣收聚,^③ 炅則腠理開氣洩,^④ 憂^⑤則氣亂, 勞則氣耗, 思則氣結, 九氣不同, 何病之生.

황제가 말하기를, 내가 듣건대 모든 병이 기에서 생긴다고 하니, 성나면 기가 치솟고 기쁘면 기가 느슨해지고 슬프면 기가 사그라들고 두려우면 기가 가라앉고 추우면 기가 움츠러들고 더우면 주리腠理가 열려 기가 새어 나가고 근심하면 기가 어지러워지고 수고하면 기가 소모되고 생각하면 기가 맺혀서 구기九氣가 같지 않으니 어떤 병을 생합니까?

炅, 音桂, 熱也. 人之生病, 莫不內因怒喜思憂恐等五志, 外因陰陽寒暑, 以發於氣而生百病. 所以善攝生者, 內除喜怒, 外避寒暑, 故無道夭, 遂得長生久視者也. 若縱志放情, 怒以氣上傷魂, 魂傷肝傷也. 若喜氣緩傷神, 神傷心傷也. 若憂悲氣消, 亦傷於魂, 魂傷肝傷也. 恐以氣下則傷志, 志傷腎傷也. 若多寒則氣收聚, 內傷於肺也. 若多熱腠理開洩, 內傷於心也. 憂則氣亂傷魄, 魄傷則肺傷也. 若多勞氣耗, 則傷於腎. 思以氣結傷意, 意傷則脾傷也. 五藏旣傷, 各至不勝時則致死也, 皆由九邪生於九氣所生之病也.

'炅'은 음이 '桂'이니 뜨겁다는 것이다. 사람의 병이 생기는 것이 안으로는 노怒, 희喜, 사思, 우憂, 공恐 등의 오지五志로 인하지 않은 것이 없고 밖으로는 음양, 한서寒暑로 인하지 않은 것이 없으니, 기에서 발하여 모든 병을 생하기 때문이다. 그래서 섭생攝生을 잘하는 자는 안에서는 희로喜怒를 제거하고 밖으로는 한서寒暑를 피하므로 일찍 죽는 이치가 없고 마침내 오래 사는 이치를 얻은 자이다. 만약 뜻과 정情을 방종하게 하여 성내서 기가 치솟으면 혼魂을 상하니 혼魂이 상하면 간이 상한다. 만약 기뻐서 기가 느슨해지면 신神을 상하니 신神이 상하면 심이 상한다. 만약 근심하고 슬퍼하여 기가 사그라들면 또한 혼魂을 상하니 혼魂이 상하면 간이 상한다. 두려워하여 기가 가라앉으면 지志를 상하니 지志가 상하면 신腎이 상한다. 만약 매우 추우면 기가 움츠러드니 안으로 폐를 상한다. 만약 매우 더우면 주리腠理가 열려서 새어 나오니 안으로 심을 상한다. 근심하면 기가 어지러워져 백魄이 상하니 백魄이 상하면 폐가 상한다. 만약 일을 많이 하면 기가 소모되어 신腎을 상한다. 생각이 많아서 기가 맺히면 의意를 상하니 의意가 상하면 비脾가 상한다. 오장이 이미 상하여 각각 이기지 못하는 때에 이르면 곧 죽음에 이르니, 모두 구기九氣에서 생기는 구사九邪로 말미암아 생기는 병이다.

교주 ① 黃帝曰:《素問·擧痛論》에는 '帝曰善'으로 되어 있다.
② 聞:《素問·擧痛論》에는 '知'로 되어 있다.
③ 聚:《素問·擧痛論》에는 이 글자가 없다.
④ 炅則腠理開氣洩:《素問·擧痛論》에는 '炅則氣泄'로 되어 있다.
⑤ 憂:《素問·擧痛論》에는 '驚'으로 되어 있다.

岐伯曰怒則氣逆, 甚則歐^①血, 及食而逆氣逆上也.^②
기백이 말하기를, 노하면 기가 거스르니, 심하면 피를 토하거나 먹은 음식의 기가 거슬러 위로 오르게 됩니다.

因引氣血上, 故氣逆. 怒甚氣逆, 則致嘔血及食氣逆上也.
기혈을 이끌어 위로 올리므로 기가 거스른다. 노하기를 심하게 하여 기가 거스르면 피를 토하거나 식기食氣가 거슬러 오르는 병을 초래한다.

교주 ① 歐: 原鈔本에서는 '嘔'가 모두 '歐'로 되어 있는데 같은 글자이다.

喜則氣和志達, 營衛行①通利, 故氣緩焉. ②

기쁘면 기가 온화溫和하고 신지神志가 통달通達하여 영위營衛의 운행이 빠르므로 기가 느슨해집니다.

> 喜則氣和志達, 營衛行利, 故氣緩爲病也.
>
> 기쁘면 기가 온화溫和하고 신지神志가 통달通達하여 영위營衛의 운행이 빠르므로 기가 느슨해져서 병이 된다.

悲則心系急, 肺布葉擧, 兩焦①不通, 營②衛不散, 熱氣在中, 故氣消. ③

슬프면 심계心系가 오그라들며 폐가 퍼지고 폐엽肺葉이 들려서 중상초가 통하지 않아 영위營衛가 흩어지지 않고 열기熱氣가 속에 있게 되므로 기가 사그라듭니다.

> 肝脈上入頏顙, 連目系. 支者, 從肝別貫膈, 上注肺. 肺以主悲, 中上兩焦在於心肺. 悲氣聚於肺, 葉擧心系急, 營衛之氣在心肺, 聚而不散, 神歸④不移. 所以熱而氣消虛也.
>
> 간맥肝脈은 위로 항상頏顙으로 들어가서 목계目系에 이어진다. 분지는 간으로부터 별도로 횡격막을 뚫고 폐로 올라간다. 폐는 슬픔을 주관하고 중초와 상초는 심폐에 있다. 슬퍼하면 기가 폐에 몰려 폐엽肺葉이 들리고 심계心系가 오그라드니, 영위營衛의 기가 심폐心肺에 몰려 흩어지지 않고 신神이 몰려 움직이지 않는다. 그래서 열이 나면서 기가 줄어 허해진다.

② 營: 《素問・舉痛論》에는 '榮'으로 되어 있다.

③ 故氣消: 《素問・舉痛論》에는 이 뒤에 '矣'字가 있다.

④ 歸: 原鈔本에는 '歸'로 되어 있는데 '歸'는 '歸'의 古字이다. 原鈔本에서는 두 글자가 혼용되고 있는데 '歸'를 현재 通用되는 '歸'로 모두 바꾸었다.

恐則精却, 却則上焦閉, 閉則氣還, 還則下焦脹, 故氣不行.[①]

두려우면 정精이 물러가고, 물러가면 상초上焦가 닫히고, 닫히면 기가 되돌아오고, 되돌아오면 하초下焦가 불룩해지니, 그러므로 기가 운행하지 않습니다.

> 雖命門藏精, 通名爲腎. 脈起腎, 上貫肝膈, 入肺中. 支者, 從肺絡心, 注胸中, 故人驚恐, 其精却縮. 上焦起胃口上, 上焦旣閉不通, 則氣不得上, 還於下焦, 下焦脹滿, 氣不得行也.
>
> 비록 명문命門이 정精을 저장하지만 통틀어 신腎이라 이름하였다. 맥은 신腎에서 일어나서 간과 횡격막을 꿰뚫고 올라가 폐 속으로 들어간다. 분지는 폐로부터 심에 이어지고 흉중胸中으로 가니, 그러므로 사람이 놀라고 두려워하면 그 정精이 물러가고 움츠러든다. 상초上焦는 위胃의 입구 위에서 일어나는데 상초上焦가 이미 닫혀서 통하지 않으면 기가 올라갈 수 없고 하초下焦로 돌아가서 하초下焦가 부풀고 그득해지니 기가 운행할 수 없다.

교주 ① 故氣不行: 《素問・舉痛論》에는 '行' 다음에 '矣'字가 있다.

熱則腠理開, 營衛通, 故汗大洩.[①]

더우면 주리腠理가 열리고 영위營衛가 통하므로 땀이 많이 새어 나옵니다.

> 氣不得行, 或因熱而腠理開, 營衛外通, 汗大洩也.
>
> 기가 운행할 수 없는데 혹 열로 인하여 주리가 열려서 영위營衛가 밖으로 통하면 땀이 많이 새어 나온다.

① 熱則腠理開, 營衛通, 故汗大洩: 《素問·擧痛論》에는 이 문장이 다음 문장인 "寒則腠理閉, 氣不行, 故氣收聚."의 뒤에 있어 순서가 바뀌어 있다.

寒則腠理閉, 氣不行, 故氣收聚.[①]

추우면 주리腠理가 닫히고 기가 운행하지 않으므로 기가 거두어져 모이게 됩니다.

因營衛不通, 遇寒則腠理閉塞, 則氣聚爲病也.

영위營衛가 통하지 않음으로 인하여 한寒을 만나면 주리가 닫혀서 막히니, 곧 기가 모여서 병이 된다.

① 聚: 《素問·擧痛論》에는 '矣'로 되어 있다.

憂[①]則心無所寄,[②] 神無所歸, 慮無所定, 故氣亂.[③]

근심하면 마음이 붙을 곳이 없고 신神이 돌아갈 곳이 없어 사려思慮가 정할 바가 없으므로 기가 어지러워집니다.

心, 神之用. 人之憂也, 忘於衆事, 雖有心情, 無所任物, 故曰無所寄. 氣營之處, 神必歸之, 今旣憂繁, 氣聚不行, 故神無歸也. 慮, 亦神用也, 所以憂也, 不能逆慮於事, 以氣無主守, 故氣亂也.

마음은 신神의 용用이다. 사람이 근심하여 뭇 일들을 잊게 되면 비록 심정心情이 있더라도 대상에 맡기는 바가 없으므로 붙을 곳이 없다고 하였다. 기가 운영되는 곳에 신神이 반드시 돌아오는데 지금 이미 근심이 많아서 기가 한곳으로 몰려 운행하지 않으니, 그러므로 신神이 돌아가지 못한다. 여慮도 또한 신神의 용用이니 근심하면 일을 미리 생각할 수 없어서 기가 주主가 되어 지키지 못하니, 그러므로 기가 어지러워진다.

① 憂: 《素問·擧痛論》에는 '驚'으로 되어 있다.
② 寄: 《素問·擧痛論》에는 '倚'로 되어 있다.
③ 故氣亂: 《素問·擧痛論》에는 뒤에 '矣'字가 더 있다.

勞則喘喝^①汗出, 內外^②皆越, 故氣耗.^③

수고하면 숨이 가쁘고 목이 쉬며 땀이 나서 안과 밖으로 모두 넘쳐나니, 그러므로 기가 닳습니다.

> 人之用力, 勞之^④則氣并喘喝, 皮膚及內藏府皆汗. 以汗卽是氣, 故汗出內外氣衰耗也.
>
> 사람이 힘을 쓰는 데 수고하면 기가 몰려서 숨이 가쁘고 목이 쉬며 피부의 주리腠理와 안의 장부藏府에 모두 땀이 난다. 땀이 나는 것은 곧 기니, 그러므로 땀이 나서 안과 밖으로 기가 쇠하여 닳게 된다.

교주
① 喝: 《素問·擧痛論》에는 '息'으로 되어 있다.
② 內外: 《素問·擧痛論》에는 '外內'로 되어 있다.
③ 耗: 原鈔本에는 '秏'로 되어 있는데 '秏'는 '耗'의 通用字이다. 여기서는 대표자인 '耗'로 바꾸었다. 《素問·擧痛論》에는 이 뒤에 '矣'字가 있다.
④ 之: 蕭本에는 '乏'으로 되어 있다.

思則身^①心有所存, 神有所止,^② 氣^③留而不行, 故氣結矣.

생각하면 몸과 마음이 두는 바가 있으며 신神이 그칠 바가 있어서 기가 머물러 운행하지 않으니, 그러므로 기가 맺힙니다.

> 專思一事, 則心氣駐一物. 所以神務一物之中, 心神引氣而聚, 故結而爲病也.
>
> 오로지 한 가지 일만 생각하면 심기心氣가 한 가지 대상에 머무른다. 그래서 신神이 한 가지 대상 속에 힘쓰고 심신心神이 기를 당겨 모으므로 맺혀서 병이 된다.

교주
① 身: 《素問·擧痛論》에는 이 글자가 없다.
② 止: 《素問·擧痛論》에는 '歸'로 되어 있다.
③ 氣: 《素問·擧痛論》에는 '正氣'로 되어 있다.

조
식
調食

처음부터 "腎色黑, 宜食辛, 黃黍, 雞肉, 桃, 皆辛."까지는 《靈樞·五味》에 보이고, '辛酸'부터 '四時五藏病五味所宜'까지는 《素問·藏氣法時論》에 보인다. '黃帝問小兪曰' 부터 '故曰甘走肉矣'까지는 《靈樞·五味論》에 보인다. '五味所入'부터 '是謂五味'까지는 《素問·宣明五氣》에 보이고, '五走'부터 끝까지는 《靈樞·九鍼論》에 보인다. 이 篇에서는 穀氣의 五味가 五臟으로 들어가 분별되는 것을 설명하였는데, 구체적으로 胃에서 精微로운 것이 나와 五臟을 灌漑할 때 五味(酸, 苦, 甘, 辛, 鹹)가 각각 肝, 心, 脾, 肺, 腎으로 주행함을 설명하였다. 그리고 五臟病에 대한 五穀, 五果, 五畜, 五菜의 宜食과 禁食에 대하여 기술하였다. 또한 五味로 인해 병이 되었을 때의 증상과 그 기전을 설명하였다.

黃帝曰願聞穀氣有五味, 其入五藏, 分別奈何.

황제가 말하기를, 원컨대 듣고자 하노니, 곡기에는 오미五味가 있으니 그 오장에 들어가는 데에 분별은 어떻게 하는가?

穀氣津液, 味有五種, 各入其五藏, 別之奈何.

곡기의 진액에 맛이 다섯 가지가 있으니 각각 그 오장으로 들어가는 데에 구별을 어떻게 하는가?

伯高曰胃者, 五藏六府之海也, 水穀皆入於胃, 五藏六府皆稟於胃.①

백고가 말하기를, 위胃는 오장육부五藏六府의 바다이니 수곡이 모두 위胃로 들어가고 오장육부五藏六府가 모두 위胃에서 받아 저장합니다.

胃受水穀, 變化以滋五藏六府, 五藏六府皆受其氣, 故曰皆稟也.

위胃가 수곡을 받아 변화시켜 오장육부五藏六府를 자양하고, 오장육부五藏六府가 모두 그 기를 받으니, 그러므로 모두 받아서 저장한다고 하였다.

교주 ① 皆稟於胃:《靈樞・五味》에는 '稟' 뒤에 '氣'字가 더 있다.

五味各走其所喜, 穀味酸, 先走肝, 穀味苦, 先走心, 穀味甘, 先走脾, 穀味辛, 先走肺, 穀味鹹, 先走腎.

오미五味는 각기 좋아하는 곳으로 가니, 곡식의 맛이 신 것은 먼저 간으로 가고, 곡식의 맛이 쓴 것은 먼저 심으로 가고, 곡식의 맛이 단 것은 먼저 비脾로 가고, 곡식의 맛이 매운 것은 먼저 폐로 가고, 곡식의 맛이 짠 것은 먼저 신腎으로 갑니다.

五味所喜, 謂液津變爲五味, 則五性有殊, 性有五行, 故各喜走同性之藏.

오미五味가 좋아하는 곳이란, 말하자면 액液과 진津이 변하여 오미五味가 되면 다섯 가지 성질의 다름이 있고 성질마다 오행이 있으므로 각기 같은 성질의 장藏으로 가기를 좋아한다는 것이다.

穀氣津液已行, 營衛大通, 乃化糟粕, 以次傳下.

곡기의 진액이 이미 행하고 영위營衛의 기가 크게 통해야 이에 조박糟粕으로 변해서 다음으로 전해져 내려갑니다.

水穀化爲津液, 淸氣猶如霧露, 名營衛, 行脈內外, 無所滯礙, 故曰大通. 其澄濁者, 名爲糟粕, 泌別汁入於膀胱, 故曰以次傳下也. 粕, 頗洛反.

수곡이 변화하여 진액이 되는데 맑은 기운은 안개나 이슬과 같으니 영위營衛라 하였고, 맥 안과 밖으로 운행하여 막히는 바가 없으므로 크게 통한다고 하였다. 그 가운데 맑고 탁함이 섞인 것을 이름하여 조박糟粕이라 하는데, 걸러진 즙汁이 다시 방광으로 들어가므로 다음으로 전해져 내려간다고 하였다. '粕'은 음이 '頗'와 '洛'의 반절이다.

黃帝曰營衛之行奈何.

황제가 말하기를, 영위營衛의 운행은 어떠한가?

因前營衛大通之言, 故問營衛所行.

앞의 영위營衛가 크게 통한다는 말로 인하여 영위營衛가 운행하는 바를 물었다.

伯高曰穀始入於胃, 其精微者, 先出於胃之兩焦, 以漑五藏, 別出兩行於①營衛之道.

백고가 말하기를, 수곡이 처음 위胃로 들어가면 그 정미精微한 것이 먼저 위胃의 양초兩焦에서 나와 오장을 관개灌漑하고 별도로 나와 영위營衛의 두 가지 길로 운행합니다.

精微, 津液也. 津液資五藏已, 衛氣出胃上口, 營氣出於中焦之後, 故曰兩行道也.

정미精微는 진액이다. 진액이 오장을 자양하고 나서 위기衛氣는 위胃의 상구上口로 나가고 영기營氣는 중초中焦의 뒤로 나가니, 그러므로 두 가지 길로 운행한다고 하였다.

교주 ① 於:《靈樞·五味》에는 이 글자가 없다.

其大氣之摶①而不行者, 積於胸中, 命曰氣海. 出於肺, 循喉嚨,② 故呼則出, 吸則入.

그 대기大氣가 몰려 운행하지 않는 것이 흉중胸中에 쌓이니 명하여 기해氣海라 합니다. 폐에서 나와 후롱喉嚨을 따라가므로 내쉬면 나오고 들이마시면 들어옵니다.

摶, 誘各反, 聚也. 穀化爲氣, 計有四道. 精微營衛, 以爲二道, 化爲糟粕及濁氣并尿, 其與精下傳, 復爲一道, 摶而不行, 積於胸中, 名氣海, 以爲呼吸, 復爲一道, 合爲四道也.

'摶'은 음이 '誘'과 '各'의 반절이니, 몰린다는 뜻이다. 수곡이 변화하여 기가 되는 데에 통틀어 네 가지 길이 있다. 정미精微와 영위營衛가 두 가지 길이 되고, 변화하여 조박糟

粕과 탁기濁氣가 소변과 합한 것이 되어서 그것이 정精과 함께 아래로 전하니 다시 한 가지 길이 되고, 뭉쳐서 운행하지 않고 흉중胸中에 쌓여 기해氣海라 하고 이로써 호흡하게 되어 다시 한 가지 길이 되니, 합하여 네 가지 길이 된다.

교주 ① 榑: 《靈樞·五味》에는 '搏'으로 되어 있다.
    ② 喉嚨: 《靈樞·五味》에는 '喉咽'으로 되어 있다.

天①之精氣, 其大數常出三入一, 故穀不入, 半日則氣衰, 一日則氣少矣.

하늘의 정기精氣는 그 대체적인 규칙이 항상 나가는 것은 3이고 들어오는 것은 1이므로 수곡을 먹지 않으면 반나절 만에 기가 쇠약해지고 하루가 지나면 기가 적어집니다.

天之精氣, 則氣海中氣也. 氣海之中, 穀之精氣隨呼吸出入也. 人之呼也, 穀之精氣三分出已, 及其吸也, 一分還入, 卽須資食, 充其腸胃之虛, 以接不還之氣. 若半日不食, 則腸胃漸虛, 穀氣衰也. 一日不食, 腸胃大虛, 穀氣少也. 七日不食, 腸胃虛竭, 穀氣皆盡, 遂命終也.

하늘의 정기精氣는 기해氣海 중의 기이다. 기해氣海 속에서 수곡의 정기精氣가 호흡을 따라 출입한다. 사람이 숨을 내쉴 때에 수곡의 정기精氣가 3만큼 나가고 들이마실 때에는 1만큼 들어오니 곧 음식으로 도와 그 장위腸胃가 빈 것을 채워서 돌아오지 않는 기를 대준다. 만약 반나절동안 먹지 않으면 장위腸胃가 점차 허해져서 곡기가 쇠약해진다. 하루 동안 먹지 않으면 장위腸胃가 많이 허해져서 곡기가 적어진다. 7일 동안 먹지 않으면 장위腸胃가 허해지고 고갈되어 곡기가 모두 소진되니 마침내 명命이 끊어진다.

교주 ① 天: 《靈樞·五味》에는 이 뒤에 '地'字가 있다.

黃帝曰穀之五味, 可得聞乎. 伯高曰請盡言之.

황제가 말하기를, 수곡의 오미五味에 대하여 들을 수 있겠는가? 백고가 말하기를, 청컨대 다 말씀드리겠습니다.

充虛接氣, 內穀爲寶, 故因其問, 請盡言之.

허한 것을 채워 기를 잇는 것에는 수곡을 먹는 것을 보배로 삼으니, 그러므로 그 질문으로 인하여 청컨대 다 말씀드리겠다고 하였다.

五穀,

오곡五穀은,

五穀, 五畜, 五菓, 五菜, 用之充飢, 則謂之食, 以其療病, 則謂之藥. 是以脾病宜食粳米, 卽其藥也, 用充飢虛, 卽爲食也. 故但是入口資身之物, 例皆若是. 此穀畜菓菜等二十物, 乃是五行五性之味, 藏府血氣之本也, 充虛接氣, 莫大於玆, 奉性養生, 不可斯須離也. 黃帝幷依五行相配, 相尅,① 相生, 各入藏府, 以爲和性之道也. 案神農及名醫②本草,③ 左右不同, 各依其本, 具錄注之, 冀其學者量而取用也.

오곡五穀, 오축五畜, 오과五果, 오채五菜는 허기를 채우는 데 쓰면 음식이라 하고 병을 치료하는 데 쓰면 약이라 한다. 이로써 비병脾病에 멥쌀을 먹으면 그것은 약이고, 허기를 채우는 데 쓰면 음식이 된다. 그러므로 단지 입으로 들어가서 몸을 자양하는 물物이지만 예가 모두 이와 같다. 이 곡穀, 축畜, 과果, 채菜 등의 20가지 물物은 오행과 다섯 가지 성질의 미味이니 장부 혈기의 근본이오, 허한 것을 채우고 기를 잇는 데에 이보다 큰 것이 없으니 성性을 기르고 생生을 기르는 데에 잠깐이라도 떨어질 수 없다. 황제가 오행의 상배相配, 상극相克, 상생相生에 의거하여 각각 장부藏府로 들어가게 하여 성性을 조화롭게 하는 도道로 삼았다. 《신농본초경神農本草經》과 《명의별록名醫別錄》을 살펴서 서로 같지 않은 것은 각기 그 책에 의거하여 다 수록하여 주注를 달아 놓으니 배우는 자들이 헤아려서 취하여 쓰기를 바란다.

교주 ① 尅: '剋'과 같은 글자이다. 原鈔本에서는 '剋' 대신 '尅'으로 썼다.
② 醫: 原鈔本에는 '毉'로 되어 있는데, '醫'의 異體字이다. 原鈔本은 '毉'와 '醫'를 혼용하고 있는데 모두 대표자인 '醫'로 고쳤다.
③ 神農及名醫本草: 각각 《神農本草經》과 陶弘景의 《名醫別錄》을 가리킨다.

粳米飯①甘,

멥쌀밥은 감미甘味이고,

味苦平, 無毒. 稻米味甘溫生.②
맛은 쓰고 평平하며 독이 없다. 볍쌀은 맛이 달고 성질이 온溫하며 평平하다.

교주 ① 粳米飯: 이 단락은 '五穀'에 대해 말하고 있으므로 '飯'字는 어색하다. 《靈樞·
五味》에는 '秔米'로 되어 있고 '飯'은 없다.
② 生: 原鈔本에 '生'으로 되어 있으나 '平'의 잘못으로 보인다.

麻酸,
참깨는 산미酸味이고,

胡麻味甘平, 麻子味甘平.
호마胡麻는 맛이 달고 평平하며, 마자麻子는 맛이 달고 평平하다.

大豆鹹,
대두大豆는 함미鹹味이고

大豆黃卷, 味甘平, 無毒. 生大豆味甘平.
대두황권大豆黃卷은 맛이 달고 평平하며 독이 없다. 생대두生大豆는 맛이 달고 평平하다.

麥苦,
보리는 고미苦味이고,

大麥味鹹溫微寒,① 無毒, 似穬麥無皮.② 穬麥味甘微寒, 無毒. 小麥味甘微
寒, 無毒.
보리는 맛이 짜고 온溫하거나 조금 한寒하며 독이 없는데, 귀리와 비슷하나 껍질이 없다. 귀리는 맛이 달고 약간 한寒하며 독이 없다. 밀은 맛이 달고 약간 한寒하며 독이 없다.

① 溫微寒:《名醫別錄》에는 '味鹹微寒'으로 되어 있다.《東醫寶鑑》에서《神農本草經》을 인용하여 '性溫(一云微寒)味鹹無毒'이라 한 것을 보면 大麥의 성질에 대해 두 가지 설이 있었던 것 같다.

② 似穬麥無皮: 陶弘景의《陶隱居本草》에서는 "大麥…似穬麥, 唯無皮耳."라고 하였다.

黃黍^①辛.

기장은 신미辛味입니다.

> 丹黍米味苦微溫, 無毒. 黍米味甘溫, 無毒.
> 붉은 기장쌀은 맛이 쓰고 약간 온溫하며 독이 없다. 기장쌀은 맛이 달고 온溫하며 독이 없다.

① 黍: 原鈔本에서는 '黍'가 모두 '秦'로 되어 있는데 같은 글자이다. 대표적으로 쓰이는 '黍'로 모두 바꾸었다.

五菓,^① 棗甘,

오과五果는, 대추는 감미甘味이고,

> 大棗味甘平, 煞^②烏頭毒. 生棗味辛.
> 대추는 맛이 달고 평平하며 오두烏頭의 독을 없앤다. 생대추는 맛이 맵다.

① 菓:《靈樞·五味》에는 '果'로 되어 있다.
② 煞: '殺'의 通用字이다. 原鈔本에서는 두 글자를 혼용하고 있다.

李酸,

오얏은 산미酸味이고,

> 人,^① 味苦甘平, 無毒. 實, 味苦.
> 씨는 맛이 쓰고 달며 평平하고 독이 없다. 열매는 맛이 쓰다.

① 人: 지금은 '仁'으로 쓴다.

栗鹹,

밤은 함미鹹味이고,

味鹹溫, 無毒.
맛이 짜고 온溫하며 독이 없다.

杏苦,

살구는 고미苦味이고,

核, 味甘苦溫. 花, 味苦, 無毒. 實, 味一酸.[①]
씨는 맛이 달고 쓰며 온溫하다. 꽃은 맛이 쓰고 독이 없다. 열매는 맛이 시다.

① 味一酸: '一'字는 뜻을 알 수 없다. 蕭本에는 '一'字가 빠지고 한 칸이 비어 있다.

桃辛.

복숭아는 신미辛味입니다.

核, 味苦甘平, 無毒. 實, 味酸.
씨는 맛이 쓰고 달며 평平하고 독이 없다. 열매는 맛이 시다.

五畜, 牛甘,

오축五畜은, 소는 감미甘味이고,

肉味甘平, 無毒.
고기는 맛이 달고 평平하며 독이 없다.

犬酸,

개는 산미酸味이고,

牝狗①肉味鹹酸, 無毒.
암캐의 고기는 맛이 짜고 시며 독이 없다.

① 狗: 原鈔本에는 '狥'로 되어 있는데 같은 글자이다.

豬①鹹,
돼지는 함미鹹味이고,

肉味苦.
고기는 맛이 쓰다.

① 豬: '猪'와 通用하며, '豬'와도 통한다. 《靈樞·五味》에는 '豬'로 되어 있다.

羊苦,
양은 고미苦味이고,

味甘大熱, 無毒.
맛이 달고 매우 열熱하며 독이 없다.

雞辛.
닭은 신미辛味입니다.

丹雄雞, 味甘, 微溫, 微寒, 無毒. 白雄雞, 肉微溫. 烏雄雞, 肉溫也.
붉은 수탉은 맛이 달고 성질이 약간 온溫하고 약간 한寒하며 독이 없다. 흰 수탉은 고기가 약간 온溫하다. 검은 수탉은 고기가 온溫하다.

五菜, 葵甘,
오채五菜는, 아욱은 감미甘味이고,

冬葵子, 味甘寒, 無毒, 黃芩爲之使. 葵根, 味甘寒, 無毒. 葉, 爲百菜主.
心, 傷人.

아욱 씨는 맛이 달고 한寒하며 독이 없고 황금黃芩을 사약使藥으로 삼는다.
아욱 뿌리는 맛이 달고 한寒하며 독이 없다. 잎은 모든 채菜의 주인이 된다.
아욱의 심은 사람을 상한다.

韭^①酸,

부추는 산미酸味이고,

味辛酸溫, 無毒.
맛은 맵고 시고 온溫하며 독이 없다.

교주 ① 韭: 《靈樞·五味》에는 '韭'로 되어 있다.

藿鹹,

콩잎은 함미鹹味이고,

案別錄, 小豆葉爲藿.
《명의별록名醫別錄》을 살펴보면 소두小豆의 잎이 '藿'이다.

薤苦,

염교는 고미苦味이고,

味^①辛苦溫, 無毒.
맛이 맵고 쓰고 온溫하며 독이 없다.

교주 ① 味: 原鈔本에는 '未'로 되어 있으나 문맥에 따라 바꾸었다.

葱^①辛.

파는 신미辛味입니다.

葱①實, 味辛溫, 無毒. 根, 主傷寒頭痛. 汁平.②
파의 종자는 맛이 맵고 온溫하고 독이 없다. 뿌리는 상한傷寒 두통頭痛을 주
치한다. 즙은 평平하다.

교주 ① 葱: 原鈔本에는 '葱'으로 되어 있는데 '葱'의 俗字이다.
② 汁平: 原鈔本에는 이 뒤에 ' " '가 붙어 있는데 여기서는 삭제하였다. 蕭本에는
' " '가 없다.

五色, 黃色宜甘, 靑色宜酸, 黑色宜鹹, 赤色宜苦, 白色宜辛.
오색五色은, 황색黃色은 감미甘味가 마땅하고, 청색靑色은 산미酸味가 마
땅하고, 흑색黑色은 함미鹹味가 마땅하고, 적색赤色은 고미苦味가 마땅
하고, 백색白色은 신미辛味가 마땅합니다.

養生療病, 各候五味之外色, 以其味益之也.
양생養生과 병을 치료하는 데 각기 오미五味의 드러난 색을 살펴서 그 맛을 더하였다.

凡此五者, 各有所宜. 所言五宜者,① 脾病者, 宜食粳②米飯, 牛
肉, 棗, 葵,
무릇 이 다섯 가지는 각기 마땅한 바를 둡니다. 다섯 가지 마땅하다고
말하는 것은, 비병脾病에는 마땅히 멥쌀밥, 쇠고기, 대추, 아욱을 먹어
야 하고,

脾病食甘, 素問甘味補, 苦味爲瀉.③
비병脾病에 감미甘味를 먹으니, 《소문素問》에서 감미甘味는 보하고 고미苦味는 사한
다고 하였다.

교주 ① 所言五宜者: 《靈樞·五味》에는 "五宜, 所言五色者."로 되어 있다. 오색에 대
한 내용이 포함되어 있으므로 《靈樞》의 문장이 더욱 정확하다.
② 粳: 《靈樞·五味》에는 '秔'으로 되어 있다. '粳'과 '秔'은 같은 글자이다.
③ 素問甘味補, 苦味爲瀉: 《素問·藏氣法時論》에서 "脾欲緩, 急食甘以緩之, 用

苦瀉之, 甘補之."라고 말한 것을 가리킨다.

心病者, 宜食麥, 羊肉, 杏, 薤,
심병心病에는 마땅히 보리, 양고기, 살구, 염교를 먹어야 하고,

心病食苦, 素問鹹味補, 甘味爲瀉.①
심병心病에 고미苦味를 먹으니, 《소문素問》에서 함미鹹味는 보하고 감미甘味는 사한
다고 하였다.

교주 ① 素問鹹味補, 甘味爲瀉: 《素問·藏氣法時論》에서 "心欲耎, 急食鹹而耎之, 用
鹹補之, 甘瀉之."라고 말한 것을 가리킨다.

腎病者, 宜食大豆黃卷, 膳①肉, 栗, 藿,
신병腎病에는 마땅히 대두황권大豆黃卷, 돼지고기, 밤, 콩잎을 먹어야
하고,

腎病食鹹, 素問鹹味瀉, 苦味爲補也.② 黃卷, 以大豆爲之.
신병腎病에 함미鹹味를 먹으니, 《소문素問》에서 함미鹹味는 사하고 고미苦味는 보한
다고 하였다. 황권黃卷은 대두大豆로 만든다.

교주 ① 膳: 《靈樞·五味》에는 '猪'로 되어 있다. '膳'는 '猪'와 통한다.
② 素問鹹味瀉, 苦味爲補也: 《素問·藏氣法時論》에서 "腎欲堅, 急食苦以堅之,
用苦補之, 鹹瀉之."라고 말한 것을 가리킨다.

肝病者, 宜食麻, 犬肉, 李, 韭,
간병肝病에는 마땅히 참깨, 개고기, 오얏, 부추를 먹어야 하고,

肝病食酸, 素問酸味補, 辛味爲瀉.①
간병肝病에 산미酸味를 먹으니, 《소문素問》에서 산미酸味는 보하고 신미辛味는 사한
다고 하였다.

肺病者, 宜食黃黍, 雞肉, 桃, 葱.

폐병肺病에는 마땅히 기장, 닭고기, 복숭아, 파를 먹어야 합니다.

肺病食辛, 素問辛味瀉, 酸味爲補.①

폐병肺病에 신미辛味를 먹으니, 《소문素問》에서 신미辛味는 사하고 산미酸味는 보한
다고 하였다.

五禁, 肝病禁辛, 心病禁鹹, 脾病禁酸, 腎病禁甘, 肺病禁苦.

다섯 가지 금해야 할 것은, 간병肝病에는 신미辛味를 금하고, 심병心病
에는 함미鹹味를 금하고, 비병脾病에는 산미酸味를 금하고, 신병腎病에
는 감미甘味를 금하고, 폐병肺病에는 고미苦味를 금해야 합니다.

五味所刻①之藏有病, 宜禁其能尅②之味.

오미五味가 해치는 장藏에 병이 생기니 마땅히 그 극克할 수 있는 미味를 금해야 한다.

肝色青, 宜食甘, 粳①米飯,② 牛肉, 棗,③ 皆甘,

간은 청색青色이니 마땅히 감미甘味를 먹어야 하니, 멥쌀밥, 쇠고기, 대
추는 모두 감미甘味이고,

肝者, 木也. 甘者, 土也. 宜食甘者, 木尅於土, 以所尅資肝也.

간은 목이다. 감미ᵗᵗ는 토이다. 마땅히 감미ᵗᵗ를 먹어야 한다는 것은 목은 토에게 이기니, 이기는 것으로써 간을 돕는 것이다.

교주 ① 粳: 《靈樞・五味》에는 '秔'으로 되어 있다. '粳'과 '秔'은 같은 글자이다.
② 飯: 《素問・藏氣法時論》에는 이 글자가 없다.
③ 棗: 《靈樞・五味》, 《素問・藏氣法時論》에는 모두 '棗, 葵'의 두 글자로 되어 있다.

心色赤, 宜食酸,① 犬肉, 李,② 皆酸,

심은 적색赤色이니 마땅히 산미酸味를 먹어야 하니, 개고기, 오얏은 모두 산미酸味이고,

心者, 火也. 酸者, 木也. 木生心也, 以母資子也.
심은 화이다. 산미酸味는 목이다. 목은 심을 생하니 모母로써 자子를 돕는 것이다.

교주 ① 宜食酸: 살피건대, 五臟에서 모두 畜類의 앞에 다 穀類를 제시하였으나 여기에만 없으니 누락된 것이 확실하다. 《素問・藏氣法時論》에는 '酸' 뒤에 '小豆'가 더 있다. 《靈樞・五味》에는 '麻'字가 '犬肉' 뒤에 있다.
② 李: 《靈樞・五味》, 《素問・藏氣法時論》에는 '李' 뒤에 모두 '韭'字가 더 있다.

脾色黃, 宜食鹹, 大豆, 豕肉, 栗,① 皆鹹 ②

비脾는 황색黃色이니 마땅히 함미鹹味를 먹어야 하니, 대두大豆, 돼지고기, 밤은 모두 함미鹹味이고,

脾者, 土也. 鹹者, 水也. 土尅於水, 水味鹹也, 故食鹹以資於脾也.
비脾는 토이다. 함미鹹味는 수이다. 토는 수에게 이기고 수의 미味는 함미鹹味이므로 함미鹹味를 먹어서 비脾에 도움을 주는 것이다.

교주 ① 栗: 《靈樞・五味》, 《素問・藏氣法時論》에는 '栗' 뒤에 모두 '藿'字가 더 있다.
② 脾色黃, 宜食鹹, 大豆, 豕肉, 栗, 皆鹹: 《素問・藏氣法時論》에는 이 단락이 '肺色白'의 단락 뒤에 있다.

肺色白, 宜食苦, 麥, 羊肉, 杏,① **皆苦,**

폐는 백색白色이니 마땅히 고미苦味를 먹어야 하니, 보리, 양고기, 살구
는 모두 고미苦味이고,

> 肺者, 金也. 苦者, 火也. 火尅於金也, 以能尅爲資也.
>
> 폐는 금이다. 고미苦味는 화이다. 화는 금에게 이기니 능히 이기는 것으로써 도와주
> 도록 하였다.

교주 ① 杏:《靈樞·五味》,《素問·藏氣法時論》에는 '杏' 뒤에 모두 '薤'字가 있다.

腎色黑, 宜食辛, 黃黍, 雞肉, 桃,① **皆辛.**

신腎은 흑색黑色이니 마땅히 신미辛味를 먹어야 하니, 기장, 닭고기, 복
숭아는 모두 신미辛味입니다.

> 腎者, 水也. 辛者, 金也. 金生於水, 以母資子.
>
> 신腎은 수이다. 신미辛味는 금이다. 금은 수를 생하니 모母로써 자子를 돕는 것이다.

교주 ① 桃:《靈樞·五味》,《素問·藏氣法時論》에는 '桃' 아래에 모두 '葱'字가 있다.

辛散,

신미辛味는 발산發散하고,

> 肝酸性收, 欲得散者, 食辛以散.①
>
> 간의 산미酸味는 성질이 수렴하므로 발산하고자 하는 자는 신미辛味를 먹어서 발산한다.

교주 ① 散: 蕭本에는 이 뒤에 '之'字가 더 있다. 아래 구절의 楊上善의 注釋들을 볼 때 여기에는 '之'字가 빠진 것으로 보인다.

酸收,

산미酸味는 수렴하고,

> 肺辛性散, 欲得收者, 食酸以收之.
> 폐의 신미辛味는 성질이 발산하므로 수렴하고자 하는 자는 산미酸味를 먹어서 수렴한다.

甘緩,

감미甘味는 완화緩和시키고,

> 脾甘性緩, 欲得緩者, 食甘以緩之.
> 비脾의 감미甘味는 성질이 완화緩和시키므로 완화緩和하고자 하는 자는 감미甘味를 먹어서 완화緩和시킨다.

苦堅,

고미苦味는 견고하게 하고,

> 心苦性堅, 欲得濡者, 食鹹以濡也.[1]
> 심의 고미苦味는 성질이 견고하게 하니 적셔주고자 하는 자는 함미鹹味를 먹어서 적셔준다.

교주 ① 欲得濡者, 食鹹以濡也: 蕭本에는 "欲得堅者, 食苦以堅之."로 되어 있다.

鹹濡.[1]

함미鹹味는 적셔줍니다.

> 腎鹹性濡, 欲得堅者, 食苦以堅之.[2]
> 신腎의 함미鹹味는 성질이 적셔주니 견고하게 하고자 하는 자는 고미苦味를 먹어서 견고하게 해준다.

교주 ① 濡: '軟', '耎'과 의미가 통하며, 《素問 · 藏氣法時論》에는 '軟'으로 되어 있다.
② 欲得堅者, 食苦以堅之: 蕭本에는 "欲得濡者, 食鹹以濡也."로 되어 있다.

毒藥攻邪,

독약毒藥은 사기를 치고,

> 前總言五味有攝養之功, 今說毒藥攻邪之要. 邪, 謂風寒暑濕外邪者也.
> 毒藥具①有五味, 故次言之.
> 앞에서는 오미五味에 섭양攝養하는 효과가 있음을 모두 말하였고 지금은 독약毒藥이
> 사기를 치는 요점을 말하였다. 사邪는 풍風, 한寒, 서暑, 습濕의 외사外邪를 말한다. 독
> 약毒藥은 오미五味를 갖추고 있으므로 이어서 말하였다.

교주 ① 具: 蕭本에는 '俱'로 되어 있다. '具'는 '俱'와 통한다.

五穀爲養,

오곡五穀은 기르고,

> 五穀五味,① 爲養生之主也.
> 오곡五穀의 오미五味는 양생養生의 주主가 된다.

교주 ① 五穀五味:《醫心方·卷第三十·五穀部第一》에는 '五穀'으로 되어 있다.

五菓①爲助,

오과五果는 도우며,

> 五菓五味,② 助穀之資.
> 오과五果의 오미五味는 오곡五穀의 자양함을 돕는다.

교주 ① 菓:《靈樞·五味》에는 '果'로 되어 있다.
② 五菓五味:《醫心方·卷第三十·五穀部第一》에는 '五菓'로 되어 있다.

五畜爲益,

오축五畜은 더해주고,

> 五畜五味,① 益穀之資.

오축五畜의 오미五味는 오곡五穀의 자양함을 더해준다.

① 五畜五味: 《醫心方·卷第三十·五穀部第一》에는 '五畜'으로 되어 있다.

五菜爲埤,^①
오채五菜는 받쳐주니,

五菜五味,^② 埤穀之資^③.
오채五菜의 오미五味는 오곡五穀의 자양함을 받쳐준다.

① 埤: 《素問·藏氣法時論》에는 '充'으로 되어 있다.
② 五菜五味: 《醫心方·卷第三十·五穀部第一》에는 '五菜'로 되어 있다.
③ 埤穀之資: 《醫心方·卷第三十·五穀部第一》에는 이 다음에 '也'字가 더 있다.

氣味合而服之, 以養^①精益氣.
기미氣味를 합하여 복용해서 정精을 기르고 기를 더해줍니다.

穀之氣味入身, 養人五精, 益人五氣也.
오곡五穀의 기미氣味가 몸에 들어가서 사람의 다섯 가지 정精을 기르고 사람의 다섯 가지 기를 더해준다.

① 養: 《素問·藏氣法時論》에는 '補'로 되어 있다.

此五味^①者, 有辛酸甘苦鹹, 各有所利, 或散或收或緩^②或堅或濡,^③
이 오미五味에는 신미辛味, 산미酸味, 감미甘味, 고미苦味, 함미鹹味가 있는데 각기 이롭게 하는 바가 있어서, 혹은 발산하고 혹은 수렴하고 혹은 완화緩和시키고 혹은 견고하게 하고 혹은 적셔주니

五味各有所利, 利五藏也. 散收緩堅濡等, 調五藏也.
오미五味는 각각 이롭게 하는 바가 있어서 오장을 이롭게 한다. 발산하고 수렴하고 완

화緩和하고 건고하게 하고 적셔주는 등 오장을 조절한다.

교주 ① 味:《素問・藏氣法時論》에는 이 글자가 없다.

② 或緩:《素問・藏氣法時論》에는 이 뒤에 '或急'이 더 있다.

③ 濡:《素問・藏氣法時論》에는 '軟'으로 되어 있다.

四時五藏病, 五味所宜.①
사시 오장병五藏病에 오미五味의 마땅한 바가 있습니다.

於四時中, 五藏有所宜, 五味②所宜.
사시 중에 오장에 마땅한 바가 있으니 오미五味에도 마땅한 바가 있다.

교주 ① 五味所宜:《素問・藏氣法時論》에는 '隨五味所宜也'로 되어 있다. 문맥상 '隨' 字가 있는 것이 좋다.

② 五味: 문맥상 '五味' 뒤에 '有'字가 빠진 것 같다. 蕭本에는 이 뒤에 '有'字가 더 있다.

黄帝問①少俞曰五味之②入於口也, 各有所走, 各有所病. 酸走筋, 多食之, 令人癃,③
황제가 소유에게 물어 말하기를, 오미五味가 입으로 들어가면 각각 가는 곳이 있고 병드는 바가 있다. 산미酸味는 근으로 가고 많이 먹으면 융癃병을 앓게 하고,

力中反, 淋也, 篆字癃也.
'癃[癃]'은 음이 '力'과 '中'의 반절이니 소변이 잘 나오지 않는 것이고, 전자篆字로는 '癃'이다.

교주 ① 問:《靈樞・五味論》에는 '問於'로 되어 있다.

② 之:《靈樞・五味論》에는 이 글자가 없다. '之'字가 있는 것이 더욱 좋다.

③ 癃: 原鈔本에서는 모두 '癃'으로 되어 있는데 '癃'과 같은 글자이다. 대표자인

'癃'으로 모두 고쳤다.

鹹走血, 多食之令人渴, 辛走氣, 多食之令人洞心,

함미鹹味는 혈로 가고 많이 먹으면 갈증이 나게 하고, 신미辛味는 기로 가고 많이 먹으면 가슴이 공허하게 되고,

大貢反, 心氣流洩疾.
'洞'의 음은 '大'와 '貢'의 반절이니 심기心氣가 새어 나가는 질병이다.

苦走骨, 多食之令人變歐,[1] 甘走肉, 多食之令人心悗.[2] 余知其然也, 不知其何由, 願聞其故.

고미苦味는 골骨로 가고 많이 먹으면 갑자기 구토하게 하고, 감미甘味는 육肉으로 가고 많이 먹으면 가슴이 답답해진다. 내가 그러한 것은 알겠는데 그것이 어떤 이유인지 알지 못하겠으니 그 까닭을 듣고자 한다.

五味各走五藏所主, 益其筋血氣骨肉等, 不足皆有所少, 有餘幷招於病, 其理是要, 故請聞之.
오미五味는 각각 오장이 주관하는 곳으로 가서 그 근, 혈, 기, 골, 육 등을 더해주니, 섭취가 부족하면 줄어드는 바가 있는데 과다해도 또한 병을 부르니 그 이치가 중요하므로 청하여 물은 것이다.

교주 [1] 歐:《靈樞·五味論》에는 '嘔'로 되어 있는데 같은 글자이다.
[2] 心悗: '悗'은 原鈔本에는 '怎'으로 되어 있는데 '悗'의 俗字이다.《靈樞·五味論》에는 '悗心'으로 되어 있다.

少俞對[1]曰酸入胃,[2] 其氣濇[3]以收, 上之兩焦, 弗能出入也,

소유가 대답하여 말하기를, 산미酸味는 위胃로 들어가면 그 기가 껄끄럽고 수렴하므로 양초兩焦로 올라가서 출입하지 못하고,

澮, 所勑反, 不滑也. 酸味性爲澮收, 故上行兩焦, 不能與營俱出而行, 復
不能自反還入於胃也.
'澮'의 음은 '所'와 '勑'의 반절이니 매끄럽지 않다는 것이다. 산미酸味의 성질은 껄끄럽
고 오므라드는 것이니, 그러므로 양초兩焦로 올라가더라도 영營과 함께 나가서 운행
할 수 없고 다시 스스로 위胃로 되돌아올 수도 없다.

교주 ① 對:《靈樞·五味論》에는 '荅'으로 되어 있다.
② 酸入胃:《靈樞·五味論》에는 '酸入於胃'로 되어 있다.
③ 澮:《靈樞·五味論》에는 '澀'으로 되어 있다.

不出則留於胃中, 胃中和溫, 卽①下注膀胱, 膀胱之胞薄以濡,②
得酸卽③縮卷④約而不通, 水道不通,⑤ 故癃.
나가지 못하면 위胃 속에 머무르는데 위胃 속이 따뜻하면 방광으로 내
려가고, 방광의 포胞는 얇고 부드러우니 산미酸味를 먹으면 수축하고
오그라들어 통하지 않아서 수도水道가 통하지 않게 되니 융癃이 생깁
니다.

旣不能出胃, 因胃氣熱, 下滲膀胱之中, 膀胱皮薄而又㼁, 故得酸則縮約
不通, 所以成病爲癃. 癃, 淋也. 胞, 苞⑥盛尿也.
이미 위胃에서 나갈 수 없고 위기胃氣의 열로 인하여 방광 속으로 내려가는데 방광의
껍질이 얇고 또한 연하므로 산미酸味를 먹으면 수축하고 오그라들어서 통하지 않으
니 병을 일으켜 융癃이 된다. 융癃은 소변이 잘 나오지 않는 것이다. 포胞는 오줌을 감
싸서 채우는 것이다.

교주 ① 卽:《靈樞·五味論》에는 '則'으로 되어 있다.
② 濡:《靈樞·五味論》에는 '懦'로 되어 있다.
③ 卽:《靈樞·五味論》에는 '則'으로 되어 있다.
④ 卷:《靈樞·五味論》에는 '綣'으로 되어 있다.
⑤ 不通:《靈樞·五味論》에는 '不行'으로 되어 있다.
⑥ 苞: '包'와 통하니, 감싼다는 뜻이다.

陰者, 積筋之所終也, 故酸入走筋.[①]

음기陰器는 여러 근이 끝나는 곳이므로 산미酸味가 들어가면 근으로 갑니다.

> 人陰器, 一身諸筋終聚之處, 故酸入走於此陰器.
> 사람의 음기陰器는 몸의 여러 근이 마침내 모이는 곳이므로 산미酸味가 들어가면 이 음기陰器로 간다.

교주 ① 故酸入走筋: 《靈樞・五味論》에는 '故酸入而走筋矣'로 되어 있다.

黃帝曰鹹走血, 多食之令人渴, 何也. 少俞曰鹹入於胃, 其氣上走中焦, 注於脈, 則血氣走之, 血與鹹相得則血凝,[①] 血凝[①]則胃汁[②]注之, 注之則胃中竭, 竭則咽路燋,[③] 故舌乾善渴.[④]

황제가 말하기를, 함미鹹味는 혈로 가는데 많이 먹으면 갈증이 나는 것은 어째서인가? 소유가 말하기를, 함미鹹味가 위胃로 들어가면 그 기가 중초中焦로 올라가서 맥으로 가는데 맥 속에는 혈기가 운행하므로 혈이 함미鹹味와 서로 만나면 혈이 응체되고, 혈이 응체되면 위즙胃汁이 몰리고, 몰리면 위 속의 즙이 고갈되고, 고갈되면 목구멍이 타니 그러므로 혀가 마르고 갈증이 잘 납니다.

> 腎主於骨, 鹹味走骨, 言走血者, 以血爲水也. 鹹味之氣, 走於中焦血脈之中, 以鹹與血相得, 卽澀而不中, 胃汁注之, 因卽胃中枯竭, 咽燋舌乾, 所以渴也. 咽爲下食, 又通於涎, 故爲路也. 凒,[⑤] 音俟, 水厓冰, 義當凝也.
> 신腎은 골骨을 주관하고 함미鹹味가 골骨로 가는데 혈로 간다고 말한 것은 혈을 수水로 봤기 때문이다. 함미鹹味의 기는 중초中焦의 혈맥 속으로 가고, 함미鹹味와 혈이 서로 만나면 껄끄러워 조화되지 않고 위즙胃汁이 몰리고 이로 인하여 위胃 속이 고갈되고 목구멍이 타고 혀가 말라서 갈증이 난다. 목구멍은 음식이 내려가고 또한 침이 통하므로 길이라고 하였다. '凒'의 음은 '俟'이며 물가의 얼음이니, 의미상 '凝'이 마땅하다.

① 血泆:《靈樞·五味論》에는 '血'이 없고, '泆'이 '凝'으로 되어 있다. '泆'은 원래 다른 의미의 글자인데 原鈔本에서는 '凝'의 俗字로 쓰였다. 原鈔本에서는 두 글자를 혼용하고 있다.

② 胃汁:《靈樞·五味論》에는 '胃中汁'으로 되어 있다.

③ 燋:《靈樞·五味論》에는 '焦'로 되어 있다.

④ 舌乾善渴:《靈樞·五味論》에는 '舌本乾而善渴'로 되어 있다.

⑤ 泆: '凝'의 俗字이다.

血脈者, 中焦之道也, 故鹹入而走血矣.

혈맥은 중초中焦의 길이므로 함미鹹味가 들어가면 혈로 갑니다.

> 血脈從中焦而起, 以通血氣, 故胃①之鹹味, 走於血也.
> 혈맥은 중초中焦로부터 일어나서 혈기를 통하게 하므로 위胃의 함미鹹味는 혈로 간다.

① 胃: 蕭本에는 '味'로 잘못 쓰여 있다.

黄帝曰辛走氣, 多食之, 令人洞心, 何也. 少俞曰辛入於胃, 其氣走於上焦, 上焦者, 受氣而營諸陽者也,

황제가 말하기를, 매운맛은 기로 가는데, 많이 먹으면 사람의 가슴을 공허하게 하니 왜 그런가? 소유가 말하기를, 매운맛이 위로 들어가면 그 기가 상초上焦로 가니, 상초는 기를 받아 모든 양을 영양합니다.

> 洞, 通洩也. 辛氣慄悍, 走於上焦. 上焦衛氣行於脈外, 營腠理諸陽.
> '洞'은 새어 나간다는 뜻이다. 매운 기운은 급하고 사나워 상초로 간다. 상초의 위기衛氣는 맥의 외부로 운행하여 주리의 모든 양을 영양한다.

薑韭之氣薰之, 營衛之氣不時受之, 久留心下, 故洞心.

생강이나 부추의 기가 훈증하면 영위營衛의 기가 불시로 훈증을 받아 심하心下에 오랫동안 정체되기 때문에 가슴이 공허해집니다.

辛者,[①] **與氣俱行, 故辛入而與汗俱出矣.**[②]

매운맛은 기와 함께 행하기 때문에 매운맛이 들어가면 땀과 함께 나옵니다.

① 者: 《靈樞 · 五味論》에는 이 글자가 없다.
② 矣: 《靈樞 · 五味論》에는 이 글자가 없다.

黃帝曰苦走骨, 多食之令人變歐,[①] **何也. 少俞曰苦入於胃, 五穀之氣皆不能勝苦, 苦入下管,**[②] **三焦之道皆閉而不通, 故變歐.**[③]

황제가 말하기를, 쓴맛은 골骨로 가는데, 많이 먹으면 사람에게 구토를 일으키니 어찌하여 그러한 것인가? 소유가 말하기를, 쓴맛이 위胃로 들어가면 오곡의 기가 모두 쓴맛을 이기지 못하니, 쓴맛이 하관下管으로 들어가면 삼초의 길이 모두 닫혀 통하지 못하므로 구토가 일어납니다.

齒者, 骨之所終也, 故苦入而走骨,

이는 골이 마치는 부분이므로 쓴맛은 들어가면 뼈로 갑니다.

> 齒爲骨餘, 以楊枝^①苦物資齒, 則齒鮮好.^② 故知苦走骨.
>
> 이는 골의 나머지로, 버드나무 가지 같은 쓴 물건으로 이를 도와주면 이가 건강해진다. 그러므로 쓴맛이 뼈로 감을 안다.

故入而復出, 知其走骨.^①

그러므로 음식물이 들어갔다 다시 나오는 것으로 쓴맛이 골_骨로 간다는 것을 알 수 있습니다.

> 人食苦物, 入咽還出, 故知走骨而出歐也.
>
> 사람이 쓴 것을 먹으면 그것이 목구멍으로 들어갔다가 다시 나오므로 뼈로 가고 구역질을 일으킨다는 것을 안다.

黃帝曰甘走肉, 多食之令人心悗,^① 何也. 少兪曰甘入於胃, 其氣弱^②少,^③ 不能上^④於上焦, 而與穀留於胃中. 甘者令人柔潤者也,^⑤ 胃柔則緩, 緩則虫動, 蟲動則令人心悗.

황제가 말하기를, 단맛은 기육_{肌肉}으로 가는데, 많이 먹으면 가슴이 답답해지니 어찌하여 그러한가? 소유가 말하기를, 단맛은 위胃로 들어가는데 그 기가 약하고 적어서 상초까지 올라가지 못하고, 수곡과 함께 위중에 남아 있게 됩니다. 단맛은 사람을 부드럽고 촉촉하게 하니, 위가 부드러워지면 늘어지고, 늘어지면 회충이 동하며, 회충이 동하면 가슴이 답답해집니다.

> 甘味氣弱, 不能上於上焦, 又令柔潤, 胃氣緩而虫動. 蟲動者, 穀蟲動也.
> 穀蟲動以撓心, 故令心悗. 悗, 音悶.
> 단맛은 기가 약하여 상초로 올라가지 못하고, 또 부드럽고 촉촉하게 하므로 위기가 늘어지고 회충이 동하게 된다. 회충이 동하는 것은 곡충穀虫이 동하는 것이다. 곡충이 동함으로써 가슴이 요동치니, 그러므로 가슴이 답답해진다. '悗'은 음이 '悶'이다.

교주 ① 心悗: 《靈樞·五味論》에는 '悗心'으로 되어 있다. 뒤의 경우도 마찬가지이다.
② 弱: 原鈔本에는 '弜'으로 되어 있는데 '弱'의 俗字이다. 原鈔本에서는 두 글자를 혼용하였는데, 모두 '弱'으로 바꾸었다.
③ 少: 《靈樞·五味論》에는 '小'로 되어 있다.
④ 不能上: 《靈樞·五味論》에는 '不能上至'로 되어 있다.
⑤ 與穀留於胃中, 甘者令人柔潤者也: 《靈樞·五味論》에는 "與穀留於胃中者, 令人柔潤者也."로 되어 있다.

其氣外通於肉, 故曰甘入①走肉矣.②
그 기가 밖으로 기육에 통하므로 단맛이 들어가면 육肉으로 갑니다.

> 脾以主肉, 甘通於肉, 故甘走肉也.
> 비脾는 육을 주하고 단맛은 육으로 통하니, 그러므로 단맛이 육으로 간다고 한 것이다.

교주 ① 入: 錢超塵은 楊上善의 注釋에 '入'字가 없는 것을 근거로 베끼는 과정에서 생긴 오류로 보았다.
② 故曰甘入走肉矣: 《靈樞·五味論》에는 '故甘走肉'으로 되어 있다.

五味所入, 酸入肝, 辛入肺, 苦入心, 甘入脾,① 鹹②入腎, 淡入胃,③ 是謂五味.④

오미五味가 들어가는 곳은, 신맛은 간으로 들어가고 매운맛은 폐로 들어가고 쓴맛은 심으로 들어가고 단맛은 비脾로 들어가고 짠맛은 신腎으로 들어가며 담담한 맛은 위胃로 들어가니 이것이 다섯 가지 맛입니다.

五味各入其藏. 甘味二種, 甘與淡也. 穀入於胃, 變爲甘味. 未成曰淡, 屬其在於胃, 已成爲甘, 走入於脾也.

오미는 각기 그 장에 들어간다. 단맛에는 두 가지가 있는데, 감미와 담미가 그것이다. 음식이 위로 들어가면 변해서 감미가 된다. 아직 성숙되지 않은 것은 담미로서 계속하여 위胃 속에 머무르고, 이미 성숙된 것은 감미로서 비脾로 들어간다.

① 甘入脾:《素問·宣明五氣》에는 이 구절이 '鹹入腎' 뒤에 나온다.

② 鹹: 原鈔本에서는 '鹹'과 俗字인 '醎'을 혼용하고 있으나, 이 책에서는 모두 本字인 '鹹'으로 바꾸었다.

③ 淡入胃:《素問·宣明五氣》에는 세 글자가 없다.

④ 味:《素問·宣明五氣》에는 '入'으로 되어 있다.

五走, 酸走筋, 辛走氣, 苦走血, 鹹走骨, 甘走肉, 是謂五走.①

오미가 가는 곳은, 신맛은 근으로 가고 매운맛은 기로 가고 쓴맛은 혈로 가고 짠맛은 골骨로 가고, 단맛은 육肉으로 가니, 이것이 다섯 가지가 가는 곳입니다.

九卷②一文及素問, 皆苦走骨鹹走血, 九卷此文言苦走血鹹走骨, 皆左右異. 具釋於前也.

《구권九卷》의 다른 곳의 문장과 《소문素問》에는 모두 쓴맛은 골骨로 가고 짠맛은 혈로 간다고 되어 있는데, 《구권九卷》의 이 문장에는 쓴맛은 혈로 가고, 짠맛은 골로 간다고 하여 서로 다르다. 모두 앞에서 해석하였다.

① 五走: 《靈樞·九鍼論》에는 '走'字 뒤에 '也'字가 있다.
② 九卷: 《鍼經》이라고도 하며 지금은 전하지 않는다. 대략 《靈樞》와 같은 계통
의 책으로 본다.

五裁, 病在筋, 毋①食酸. 病在氣, 無食辛. 病在骨, 無食鹹. 病
在血, 無食苦. 病在肉, 無食甘. 口嗜而欲食之, 不可多也, 必
自裁也, 命曰五裁.

다섯 가지 금기는, 병이 근에 있으면 신맛을 먹지 말고, 병이 기에 있
으면 매운맛을 먹지 말고, 병이 골骨에 있으면 짠맛을 먹지 말고, 병이
혈에 있으면 쓴맛을 먹지 말고, 병이 육肉에 있으면 단맛을 먹지 말아
야 합니다. 입으로 즐기어 먹고자 하여도 많이 먹게 하면 안 되며, 반
드시 스스로 금해야 하니, 이를 명하여 오재五裁라 합니다.

裁, 禁也. 筋, 氣, 骨, 肉, 血等, 乃是五味所資, 以理食之, 有益於身. 從心
多食, 致招諸病, 故須裁之.
'裁'는 금지한다는 뜻이다. 근, 기, 골, 육, 혈 등은 모두 다섯 가지 맛이 도와주는 바가
되니, 이치에 맞게 먹으면 몸에 유익하다. 그러나 내 마음대로 많이 먹으면 뭇 병들을
초래하므로 모름지기 금지해야 한다.

① 毋: 《靈樞·九鍼論》에는 '無'로 되어 있다.

수한
壽限

교주 처음부터 '形骸獨居而終矣'까지는 《靈樞·天年》에 보인다. '黃帝問於岐伯曰人年老
而無子者'에서 끝까지는 《素問·上古天眞論》에 보인다. 이 篇에서는 사람의 수명을
논하며 장수와 요절하는 요건, 命을 다하는 경우 태어나서 100세에 이르기까지 생리
적 변화, 외형적 특징, 五臟의 변화 등을 설명하였다. 그리고 남녀가 태어나서 죽을 때
까지의 생리적인 변화를 서술하고, 남녀가 늙으면 자식을 낳을 수 없는 까닭을 설명하
였다.

黃帝曰人之夭壽[①]各不同, 或夭, 或壽,[②] 或卒死, 或病久, 願聞
其道.

황제가 말하기를, 사람이 요절하고 장수하는 것이 저마다 달라서 어
떤 이는 일찍 죽고 어떤 이는 오래 살며, 어떤 이는 갑자기 죽고 어떤
이는 병을 오래도록 앓으니, 그 이치를 듣고 싶습니다.

> 問有四意, 夭, 壽, 卒死, 病久.
> 요절하는 것, 장수하는 것, 갑자기 죽는 것, 그리고 병을 오래도록 앓는 것 4가지에 대
> 하여 질문을 한 것이다.

교주 ① 夭壽: 《靈樞·天年》에는 '壽夭'로 되어 있다.
② 或夭, 或壽: 《靈樞·天年》에는 '或夭壽'로 되어 있다.

岐伯曰,

기백이 말하기를,

答中答其得壽, 餘三略之. 得壽有九.
답의 내용 중에 장수하는 요건에 대한 이야기는 있으나 나머지 세 가지는 생략되었다. 장수하는 요건에는 아홉 가지가 있다.

五藏堅固,

오장이 견고하고,

謂五藏形堅而不虛, 固而不變, 得壽一也.
오장의 형태가 견고하고 허하지 않아서 굳세고 변하지 않는 것을 말한 것이니 장수하는 첫째 요건이다.

血脈和調,

혈맥이 조화롭고 고르며,

謂血常和, 脈常調, 得壽二也.
혈이 항상 조화롭고 맥이 항상 고른 것을 말하니 장수하는 둘째 요건이다.

肌肉解利,

기육肌肉이 풀려 부드럽고,

謂外肌內肉, 各有分利, 得壽三.
외부의 기肌와 내부의 육肉이 각자 기肌는 기肌대로, 육肉은 육肉대로 순조로운 것이니 장수하는 셋째 요건이다.

皮膚緻①密,

피부가 치밀하며,

緻, 大利反. 謂皮膜閉密, 肌膚緻實, 得壽四.
'緻'는 음이 '大'와 '利'의 반절이다. 살갗이 닫혀 은밀하고, 기부肌膚가 치밀하여 실한 것을 말한 것이니 장수하는 넷째 요건이다.

① 緻:《靈樞·天年》에는 '致'로 되어 있다.

營衛之行, 不失其常,

영위營衛의 운행이 정상을 잃지 않고,

> 謂營衛氣一日一夜各循其道, 行五十周, 營衛其身而無錯失, 得壽五.
> 영위의 기가 하루 밤과 낮 동안 그 길을 따라서 50회 운행하면서 몸을 영양하고 보호하는 것에 어긋남이 없는 것이니 장수하는 다섯째 요건이다.

呼吸微徐,

호흡이 고요하고 느리며,

> 謂吐納氣, 微微不麤, 徐徐不疾, 得壽六.
> 숨을 내뱉고 들이쉬는 것이 고요하여 거칠지 않고, 느긋하여 빠르지 않은 것을 이르니 장수하는 여섯째 요건이다.

氣以度行,

기가 도수에 따라 운행하고,

> 呼吸定息, 氣行六寸, 以循度數, 日夜百刻, 得壽七.
> 한 번 내쉬고 한 번 들이쉬어 1식을 마치면 기는 6촌을 가는데, 이런 식으로 도수에 따라 운행하여 도수가 하루 동안 100각刻이 되니 장수하는 일곱째 요건이다.

六府化穀,

육부가 수곡을 소화하며,

> 胃受五穀, 小腸受盛, 大腸傳導, 膽爲中精決, 三焦司決瀆, 膀胱主津液, 共化五穀. 以奉生身, 得壽八.
> 위胃가 곡식을 받으면 소장은 그것을 받아서 흡수하고, 대장은 전해주며, 담膽은 중정

中精이 되어 결단을 하고, 삼초三焦는 물길을 터주며, 방광은 진액을 다스리니, 함께 오곡을 소화시킨다. 이로써 몸을 받들고 생하니 장수하는 여덟째 요건이 된다.

津液布揚,
진액이 두루 퍼져,

所謂泣, 汗, 涎, 唾等, 布揚諸竅, 得壽九也.
눈물, 땀, 군침, 침 등이 모든 배출구로 두루 퍼지는 것을 일컬으니 장수하는 아홉째 요건이 된다.

各如其常, 故能久長.[1]
각기 그 정상을 따르기 때문에 오래도록 살 수 있습니다.

上之九種, 營身之事, 各各無失, 守常不已, 故得壽命長生久視之[2]也.
위의 아홉 가지 사항들은 몸을 기르는 요건들이니 각각을 잘 지켜서 잃지 않고 정상적인 상태에서 벗어나지 않으면 수명이 길어져서 오래도록 살 수 있을 것이다.

교주 ① 久長:《靈樞·天年》에는 '長久'로 되어 있다.
② 之: 錢超塵은 衍文으로 보았다. 蕭本에는 이 글자가 없다.

黃帝曰人之壽百歲而死者,[1] 何以致之.
황제가 말하기를, 사람 가운데 백세의 수를 다하고 죽는 이는 어떻게 이룬 것입니까?

問其得壽所由.
장수할 수 있는 요건에 대하여 물은 것이다.

교주 ① 者:《靈樞·天年》에는 이 글자가 없다.

岐伯曰使道隧[1]以長,

기백이 말하기를, 사도가 곧으면서 길고,

謂有四事得壽命長. 使道, 謂是鼻空,② 使氣之道. 墜以長, 出氣不壅, 爲壽
一也.
긴 수명을 얻는 네 가지 경우에 대하여 말한 것이다. 사도使道는 콧구멍을 가리키는
것으로, 기가 다니는 길이다. 그 길이 곧고 길면 기를 내보낼 때 뭉치지 않으니 장수
하는 첫째 요건이 된다.

① 墜: 《靈樞 · 天年》과 《醫家千字文註》에는 모두 '隧'로 되어 있는데, 잘못 옮긴
것으로 추정된다. '隧'의 의미에 따라 해석하였다. 楊上善 注釋의 '墜'도 마찬가지
이다.
② 空: 原鈔本에는 이 글자가 훼손되어 알아볼 수 없다. 錢超塵은 楊上善의 注釋
을 근거로 '空'으로 봤는데, 마땅하므로 이를 따랐다.

基牆①高以方,
기반과 담장이 높으면서 반듯하며,

鼻之明堂, 牆①基高大方正, 爲壽二也.
명당明堂인 코의 담장과 기반이 높고 크며 네모지고 반듯한 것이 장수하는 둘째 요건
이 된다.

① 牆: 《醫家千字文註》에서는 모두 '墻'으로 되어 있는데 같은 글자이다.

通調營衛, 三部三里,
영위營衛가 삼부와 삼리에 통하여 조화롭고,

三部, 謂三焦部也. 三里, 謂是膝下三里, 胃脈者也. 三焦三里, 皆得通調,
爲壽三.
삼부는 삼초부위를 일컫는다. 삼리는 무릎 아래의 삼리혈三里穴로, 위맥胃脈을 일컫
는다. 삼초와 삼리가 모두 잘 통하고 잘 조절되는 것이 장수하는 셋째 요건이 된다.

起骨高肉滿, 百歲乃得終也.[①]

기골이 높고 육肉이 풍성하면, 백세까지 살고 죽습니다.

> 起骨, 謂是明堂之骨. 明堂之骨, 高大肉滿, 則骨肉堅實, 爲壽四也. 由是四事, 遂得百藏終也.
>
> 기골起骨은 명당의 뼈를 가리킨다. 명당의 뼈가 높고 크며 살집이 풍성하면 뼈와 살집이 단단하고 실하다는 것이니 장수하는 넷째 요건이 된다. 이 네 가지를 따르면 백세까지 살 수 있다.

교주 ① 也:《靈樞·天年》에는 이 글자가 없다.

黃帝曰[①]**其不能終壽而死者, 何如.**

황제가 말하기를, 제 수명을 다 살지 못하고 죽는 이는 왜 그러합니까?

> 問其夭死.
>
> 요절하는 경우에 대하여 물었다.

교주 ① 黃帝曰: '黃帝曰'에서 '故中年而壽盡矣'까지가 《靈樞·天年》에는 '形骸獨居而終矣' 구절 뒤에 놓여 있다.

岐伯曰其五藏皆不堅,[①]

기백이 말하기를, 오장이 모두 견고하지 못하며,

> 夭者亦[②]四, 五藏皆虛, 易受邪傷, 爲夭一也.
>
> 요절하는 데에도 4가지가 있는데, 오장이 모두 허해서 사기에 쉽게 상하는 것이 요절하는 첫째 이유가 된다.

교주 ① 其五藏皆不堅:《醫家千字文註》에는 이 6글자가 없다.
② 亦: 原鈔本에는 이 글자가 훼손되어 알아보기 어렵다. 錢超塵은 남은 모양을 근거로 '亦'으로 보았는데, 이를 따랐다.

使道不長, 空外以張, 喘息暴疾,

사도使道가 길지 않고 콧구멍이 밖으로 들려 숨을 급하게 헐떡이며,

使道短促,② 鼻空又大, 洩氣復多, 爲夭二也.
사도使道가 짧고 협소한데 콧구멍은 오히려 커서 새어 나가는 기가 또한 많으니 요절하는 둘째 이유이다.

교주 ① 促: 原鈔本에는 이 글자가 알아보기 어렵다. 錢超塵은 남은 모양을 근거로 '促'으로 보았는데 이를 따랐다.

又卑基牆,①

또 기반과 담장이 낮으며,

鼻之明堂, 基牆①卑下, 爲夭三也.
명당明堂인 코의 기반과 담장이 낮아 아래에 있으니 요절하는 셋째 이유가 된다.

교주 ① 牆:《醫家千字文註》에서는 모두 '墻'으로 되어 있는데 같은 글자이다.

薄脈少血, 其肉不實,① 數中風寒, 血氣不通,② 眞邪相攻, 亂而相引.

맥이 약하며 혈이 적고 그 기육이 실하지 않아 자주 풍한에 맞아서 혈기가 통하지 않고, 진기와 사기가 서로 공격하여 어지럽게 서로 견인합니다.

脈小血少, 皮肉皆虛, 多中外邪, 血氣壅塞, 眞邪相攻, 引亂眞氣, 爲夭四.
맥이 작고 혈이 적으므로 피부와 기육이 모두 허한데 여러 번 바깥의 사기를 맞으면 혈기가 뭉쳐서 막히고, 진기와 사기가 서로 공격하여 진기를 어지럽게 만드니 이것이 요절하는 넷째 이유이다.

교주 ① 實: '實'은《靈樞·天年》에는 '石'으로 되어 있다.
② 血氣不通:《靈樞·天年》에는 "血氣虛, 脈不通."으로 되어 있다.

故中年而壽盡矣.① 黃帝曰善.②

그러므로 자기 수명의 반밖에 살지 못하고 죽습니다. 황제가 말하기를, 좋습니다.

> 黃帝聞壽夭之所由, 故讚述之也.
> 황제가 요절하는 이유에 대해서 들었기 때문에 찬탄하여 말한 것이다.

① 故中年而壽盡矣:《靈樞·天年》에는 '故中壽而盡也'로 되어 있다.
② 黃帝曰善:《靈樞·天年》에는 4글자가 없다.

黃帝曰其氣之盛衰, 以至其死, 可得聞乎.

황제가 말하기를, 그 기가 성했다가 쇠해지면서 죽음에 이르는 과정을 들을 수 있겠습니까?

> 消息盈虛, 物化之常, 故人氣衰, 時時改變, 以至於死地, 各不同形, 故請陳之也.
> 줄어듦과 늘어남, 가득참과 빔은 사물의 변화에 있어서 당연한 것이다. 따라서 사람의 기가 쇠퇴하는 것이 시시각각 변하면서 죽음에 이르는데, 그 모습이 그때마다 다르게 나타나므로 진술해 주기를 청한 것이다.

岐伯曰人生十歲, 五藏始定, 血氣已通, 其氣在下, 故好走. 二十歲, 血氣始盛, 肌肉方長, 故好趨. 三十歲, 五藏大定, 肌肉堅固, 血脈盛滿, 故好步. 四十歲, 五藏六府十二經脈, 皆大盛以丕①定, 腠理始疎,② 榮華頹③落, 髮鬢④頒⑤白, 丕⑥盛不搖故好坐.

기백이 말하기를, 사람이 태어나 10세가 되면 오장이 비로소 안정되어 혈기가 크게 통하므로 기가 아래로 향하여 달리기를 좋아합니다. 20세가 되면 혈기가 비로소 성대하고 기육이 바야흐로 자라므로 빨리 걷기를 좋아합니다. 30세가 되면 오장이 크게 안정되어 기육이 견고해지고 혈맥이 성대히 가득 차므로 걷기를 좋아합니다. 40세가 되면 오장육부와 12경맥이 모두 크게 왕성하고 크게 안정되지만 주리腠理가 비로소 성글어지므로 얼굴의 영화가 퇴락하고 머리카락이 희끗희끗해지며 크게 왕성해도 동요하지 않으므로 앉기를 좋아합니다.

> 血, 營血⑦也. 氣, 衛氣也. 大盛, 內盛也. 始疎, 外衰.
> 혈은 영혈이다. 기는 위기이다. 크게 성하다는 것은 안으로 성하다는 것이다. 성글어지기 시작하면 밖은 쇠퇴한다.

① 丕: 原鈔本에는 '㔻'로 되어 있는데 같은 글자이다. 여기서는 대표적으로 쓰이는 '丕'로 바꾸었다. 《靈樞·天年》에는 '平'으로 되어 있다. 뒤에 나오는 "丕盛不搖"의 '丕'도 이와 같다. 원초본을 보면 뒤에 나오는 '㔻'자 아래쪽에 칸을 벗어나서 아주 작은 글씨로 "丕, 彼悲反, 大也."라고 적혀 있다. 錢超塵은 이를 근거로 '㔻'를 '丕'의 俗字로 보았다.

② 疎: 原鈔本에서는 '疎'를 모두 '踈'로 쓰고 있는데 '踈'는 '疎'의 異體字이다. 原鈔本에서는 일부 몇 군데에서 '疏'라 한 것을 제외하고는 거의 대부분 '踈'字를 쓰고 있다. 原鈔本에 나오는 '踈'를 모두 대표자인 '疎'로 바꾸었다. 또한 '疎'는 '疏'와 같은 글자이다. 《靈樞·天年》에는 '疏'로 되어 있고, 蕭本에도 '疏'로 되어 있다.

③ 頽: 原鈔本에는 '穨'로 되어 있는데 같은 글자이다. 대표적으로 쓰이는 '頽'로 바꾸었다.

④ 鬢: 《靈樞·天年》에는 '頒'로 되어 있다.

⑤ 頒: 《靈樞·天年》에는 '斑'으로 되어 있다.

⑥ 丕: 原鈔本에는 '㔻'로 되어 있고, 《靈樞·天年》에는 '平'으로 되어 있다. 이에 대해서는 주①에서 자세히 설명하였다.

⑦ 血: 原鈔本에는 이 글자가 알아보기 어렵다. 錢超塵은 남은 모양을 근거로 '血'로 보았는데 이를 따랐다.

五十歲, 肝氣始衰, 肝葉始薄, 膽汁始減,① 目始不明. 六十歲, 心氣始衰, 喜②憂悲, 血氣懈惰, 故好臥. 七十歲, 脾氣虛, 皮膚枯. 八十歲, 肺氣衰, 魄離, 魄離③故言喜④誤. 九十歲, 腎氣焦,⑤藏枯,⑥ 經脈空虛. 百歲, 五藏皆虛, 神氣皆去, 形骸獨居而終矣.

50세가 되면 간기肝氣가 비로소 쇠퇴하고 간엽이 비로소 얇아져 담즙이 감소하므로 눈이 어두워지기 시작합니다. 60세가 되면 비로소 심기心氣가 쇠퇴하여 잘 우울해지고 슬퍼지며 혈기가 늘어지므로 눕기를 좋아합니다. 70세가 되면 비기脾氣가 허해지므로 피부가 시듭니다. 80세가 되면 폐기肺氣가 쇠퇴하여 백魄이 흩어지고, 백魄이 흩어지므로 말이 잘 틀립니다. 90세가 되면 신기腎氣가 타서 오장이 시들고 경맥이 공허해집니다. 100세가 되면 오장이 모두 허해져서 신기神氣가 다 떠나고 형체만 홀로 남아 끝을 맞습니다.

> 肝爲木, 心爲火, 脾爲土, 肺爲金, 腎爲水. 此爲五行相生次第, 故先肝衰, 次第至腎也. 至於百歲, 五藏虛壞, 五神皆去, 枯骸獨居, 稱爲死也.
> 간은 목이고 심은 화이며 비는 토이고 폐는 금이며 신은 수이다. 이것은 오행이 서로 생하는 순서가 되므로 간이 먼저 쇠퇴하고 순차적으로 신에까지 이른다. 100세에 이르면 오장이 허해지고 무너져 오신五神이 모두 떠나 마른 신체만 홀로 남으니 죽었다고 일컫는다.

교주
① 減:《靈樞·天年》에는 '滅'로 되어 있다.
② 喜:《靈樞·天年》에는 '苦'로 되어 있다.
③ 魄離:《靈樞·天年》에는 두 글자가 없다.
④ 喜:《靈樞·天年》에는 '善'으로 되어 있다.
⑤ 燋:《靈樞·天年》에는 '焦'로 되어 있다.
⑥ 藏枯:《靈樞·天年》에는 '四藏'으로 되어 있다.

黃帝問於岐伯曰①人年老而無子者, 材力盡邪, 將天數然.②
황제가 기백에게 물어 말하기를, 사람이 늙어서 자식을 가질 수 없는 것은 재력이 다해서입니까, 아니면 천수天數가 그래서입니까?

> 材力, 攝養之力也. 天數, 天命之數也.
> 재력은 섭생하여서 기르는 힘이다. 천수는 하늘이 명한 수이다.

岐伯曰女子七歲, 腎氣盛, 更齒①髮長.

기백이 말하기를, 여자가 7세가 되면 신기腎氣가 왕성해지므로 이를 갈고 머리카락이 길게 자랍니다.

> 腎主骨, 髮, 故腎氣盛, 更齒髮長.
>
> 신腎은 뼈와 머리카락을 주관하므로 신기가 성해지면 이를 갈고 머리카락이 자란다.

二七而天癸至, 任脈通, 伏衝脈①盛, 月事以時下. 故有子.

14세가 되면 천계天癸가 이르러 임맥이 통하고 복충맥이 성해지므로 월경이 정해진 때에 내립니다. 그러므로 자식을 가질 수 있습니다.

> 天癸, 精氣也. 任衝脈起於胞中下極者也, 今天癸至, 故任脈通也. 伏衝之脈起於氣街, 又天癸至, 故衝脈盛也. 二脈竝營子胞, 故月事來以有子也.
>
> 천계는 정기精氣이다. 임맥과 충맥은 포중胞中의 하극下極에서 일어나는데 지금 천계가 이르렀으므로 임맥이 통하였다. 복충맥은 기가氣街에서 일어나는데 또한 천계가 이르렀으니 충맥이 성해진다. 두 맥이 함께 여자포를 기르므로 월경이 일어나 자식을 가질 수 있는 것이다.

三七, 腎氣平均, 故眞牙生而長極.

21세가 되면 신기腎氣가 고르고 균일해지므로 사랑니가 나고 키가 다 자랍니다.

> 眞牙, 後牙也. 長極, 身長也.
> '眞牙'는 뒤에 나는 치아이다. '長極'은 키가 자란다는 뜻이다.

四七, 筋骨堅, 髮長極, 身體盛壯.

28세가 되면 근골이 단단해지고 머리카락이 가장 길게 자라며 신체가
풍성하고 굳세집니다.

> 身之筋, 骨, 體, 髮, 無不盛極.
> 몸의 근육, 뼈, 몸집, 머리카락 등 최대로 크지 않는 것이 없다.

五七, 陽明脈衰, 面始燋,[①] 髮始惰.[②]

35세가 되면 양명맥이 쇠퇴하므로 얼굴이 타기 시작하고 머리카락이
빠지기 시작합니다.

> 陽明脈起於面, 行於頭, 故陽明衰, 面與髮始燋落.
> 양명맥은 얼굴에서 일어나 머리로 행하므로 양명이 쇠퇴하면 얼굴과 머리카락이 타
> 고 빠지기 시작하는 것이다.

교주 ① 燋:《素問·上古天眞論》에는 '焦'로 되어 있다.
　　② 惰:《素問·上古天眞論》에는 '墮'로 되어 있다. '惰'는 '墮'와 通用한다.

六七, 三陽脈衰於上, 面皆燋,[①] 髮白.[②]

42세가 되면 삼양맥이 위에서 쇠퇴하므로 얼굴이 전부 타고 머리카락
이 희어집니다.

> 三陽, 少陽太陽陽明也. 三陽脈俱在頭, 故三陽衰, 面燋髮白.
> 삼양은 소양, 태양, 양명이다. 삼양맥은 함께 머리에 있으므로 삼양이 쇠퇴하면 얼굴
> 이 타고 머리카락이 희어진다.

교주 ① 燋:《素問·上古天眞論》에는 '焦'로 되어 있다.
　　② 髮白:《素問·上古天眞論》에는 '髮始白'으로 되어 있다.

七七, 任脈虛, 伏衝①衰少, 天癸竭, 地道不通, 故形壞而無子.②
49세가 되면 임맥이 허해지고 복충맥이 감소하여 천계天癸가 다하고
지도地道가 통하지 않게 되므로 형체가 무너져 자식을 가질 수 없게 됩
니다.

任, 衝二脈, 氣血俱少, 精氣盡, 子門閉, 子宮壞, 故無子.
임맥과 충맥 두 맥의 기혈이 모두 감소하여 정기精氣가 다해서 자문子門이 닫히고 자
궁이 무너지므로 자식을 가질 수 없다.

교주 ① 伏衝: 《素問·上古天眞論》에는 '太衝脈'으로 되어 있다.
② 無子: 《素問·上古天眞論》에는 뒤에 '也'字가 있다.

丈夫年①八歲, 腎氣實, 髮長齒更. 二八腎氣盛, 天癸至, 精氣
溢瀉, 陰陽和, 故能有子. 三八腎氣平均, 筋骨勁强, 故眞牙生
而長極. 四八筋骨隆盛, 肌肉滿.② 五八腎氣衰, 髮惰③齒槁.
六八陽氣衰於上,④ 面燋,⑤ 鬢髮⑥頒白. 七八肝氣衰, 筋不能
動, 天癸竭, 精少, 腎藏衰,⑦ 形體皆極. 八八則齒髮去.
남자가 8세가 되면 신기腎氣가 실해지므로 머리카락이 자라고 영구치
가 납니다. 16세가 되면 신기腎氣가 성해져 천계天癸가 이르며 정기가
넘치고 음양이 조화로우므로 자식을 낳을 수 있습니다. 24세가 되면
신기腎氣가 균일하고 고르게 되어 근골이 굳세고 강해지므로 사랑니
가 나고 키가 최대치에 이릅니다. 32세가 되면 근골이 높고 성대하고
기육이 풍만해집니다. 40세가 되면 신기腎氣가 쇠퇴하므로 머리카락
이 빠지고 이가 마릅니다. 48세가 되면 양기가 위에서 쇠퇴하므로 얼
굴이 타고 머리카락이 희끗희끗해집니다. 56세가 되면 간기肝氣가 쇠
퇴하므로 근을 마음대로 움직이지 못하고 천계天癸가 다하므로, 정이
적어지고 신장腎藏이 쇠약해져 형체가 모두 다합니다. 64세가 되면 이
와 머리카락이 빠져버립니다.

齒槁者, 骨先衰, 肉不附, 故令齒枯也.

치아가 마른다는 것은 뼈가 먼저 쇠퇴해져 잇몸이 붙을 수가 없으므로 치아를 마르게 한다는 것이다.

① 年:《素問·上古天眞論》에는 이 글자가 없다.

② 滿:《素問·上古天眞論》에는 '滿壯'으로 되어 있다.

③ 惰:《素問·上古天眞論》에는 '墮'로 되어 있다.《醫家千字文註》에도 '墮'로 되어 있다. '惰'는 '墮'와 通用한다.

④ 衰於上:《素問·上古天眞論》에는 '衰竭於上'으로 되어 있다.《醫家千字文註》에는 '衰於上'으로 되어 있다.

⑤ 燋:《素問·上古天眞論》에는 '焦'로 되어 있다.《醫家千字文註》에는 '燋'로 되어 있다.

⑥ 鬢髮:《素問·上古天眞論》에는 '髮鬢'으로 되어 있다.《醫家千字文註》에는 '鬢髮'로 되어 있다.

⑦ 腎藏衰:《醫家千字文註》에는 '腎氣衰'로 되어 있다.

腎者生水,① 受五藏六府之精而藏之, 故五藏盛乃瀉,② 今五藏皆衰…③

신腎은 수를 낳아, 오장육부의 정을 받아 갈무리하기 때문에 오장이 성해야 내보낼 수 있습니다. 지금 오장이 모두 쇠약하므로….

① 生水:《素問·上古天眞論》에는 '主水'로 되어 있다.

② 乃瀉:《素問·上古天眞論》에는 '乃能瀉'로 되어 있다.《醫家千字文註》에는 '乃寫'로 되어 있다.

③ 今五藏皆衰: 原鈔本에 '今五藏皆衰' 이하 글자들이 보이지 않는다.《素問·上古天眞論》에는 "筋骨解墮, 天癸盡矣, 故髮鬢白, 身體重, 行步不正, 而無子耳."가 이어진다.《醫家千字文註》에는 이 뒤에 "筋骨懈惰, 天癸盡矣."가 더 있다.

黃帝內經太素卷第二 攝生之二

黃帝內經太素卷第二攝生之二: 原鈔本에는 빠져 있으나 卷首 標題에 근거하여 補入하였다.

제3권

———

음양陰陽

———

黃帝內經太素卷第三陰陽

通直郎守太子文學臣楊上善奉 勅撰注

陰陽大論
調陰陽
陰陽雜說

教주 調陰陽: 原鈔本에는 '陰'의 우측이 손상되어 있는데, 本文 標題에 근거하여 補入
하였다.

陰陽大論

이 篇의 내용은 《素問·陰陽應象大論》에 보인다. 이 篇에서는 天地의 陰氣, 陽氣와 인체의 陰氣, 陽氣의 관련성을 서술하여, 陰陽의 偏勝으로 인체가 병드는 병리기전을 설명하였다. 그리고 질병이 나이와 방위에 따라 달라짐을 서술하고, 陰陽을 활용하여 병을 진단하고 치료하는 방법을 설명하였다.

黃帝問於岐伯曰^①陰陽者, 天地之道,^②

황제가 기백에게 물어 말하기를, 음양은 하늘과 땅의 도리이고,

> 道者, 理也. 天地, 有形之大也, 陰陽者, 氣之大. 陰陽之氣, 天地之形, 皆得其理以生萬物, 故謂之道也.
>
> 도道는 이치이다. 천지는 형체 있는 것 가운데 큰 것이고, 음양은 기의 큰 것이다. 음양의 기와 천지의 형체가 모두 그 이치를 얻음으로써 만물을 낳으므로 도道라고 이른 것이다.

① 黃帝問於岐伯曰: 《素問·陰陽應象大論》에는 '黃帝曰'로 되어 있다.
② 天地之道: 《素問·陰陽應象大論》에는 뒤에 '也'字가 있다.

萬物^①之綱^②紀也,^③

만물의 벼리이며,

> 形氣之本, 造化之源, 由乎陰陽, 故爲其綱^②紀.

형기形氣의 근본과 조화의 근원이 음양으로부터 말미암으므로 벼리가 된다.

① 物: 原鈔本에는 이 글자가 알아보기 어렵다. 錢超塵은 남은 모양을 근거로 '物'로 보았는데 이를 따랐다.

② 綱: 原鈔本에서는 모두 '綱'으로 쓰였는데 '綱'의 俗字이다. 모두 대표자인 '綱'으로 고쳤다.

③ 也: 《素問・陰陽應象大論》에는 이 글자가 없다.

變化之父母也,①

변화의 부모이고,

萬物之②生, 忽然而有, 故謂之化③也. 化成不④已, 故異百端, 謂之變也. 莫不皆以陰陽雄雌合成變化, 故曰父母也.⑤

만물이 생할 때에 홀연히 나타나므로 화化라고 이른 것이다. 화하여 성함이 그치지 아니하므로 백 가지로 달라지는데 이를 변變이라고 이른다. 모두 음과 양, 수컷과 암컷이 합하여 변화를 이루지 아니함이 없으므로 부모라고 한 것이다.

① 也: 《素問・陰陽應象大論》에는 이 글자가 없다.

② 之: 原鈔本에는 이 글자가 알아보기 어렵다. 錢超塵은 남은 모양을 근거로 '之'로 보았는데 이를 따랐다.

③ 化: 原鈔本에는 이 글자가 알아보기 어렵다. 錢超塵은 남은 모양을 근거로 '化'로 보았는데 이를 따랐다.

④ 不: 原鈔本에는 이 글자가 알아보기 어렵다. 錢超塵은 남은 모양을 근거로 '不'로 보았는데 이를 따랐다.

⑤ 母也: 原鈔本에는 두 글자가 지워져 알아볼 수 없다. 錢超塵은 經文을 근거로 '母也'로 보았는데 이를 따랐다.

生煞①之本始也,②

낳고 죽이는 근본과 시작이며,

陰爲煞①本, 陽爲生始.

음은 죽임의 근본이 되고 양은 낳음의 시작이 된다.

① 煞: 原鈔本에는 '𢼀'로 되어 있는데, '𢼀'은 '煞'의 異體字로, '殺'과 通用한다.
② 也: 《素問·陰陽應象大論》에는 이 글자가 없다.

神明之府也

신명神明의 곳집이니,

兩儀之靈,① 謂爲② 神明. 玄元皇帝③曰④天不能轉, 日月不能行, 風不能燥, 雨不能潤, 誰使之尔,⑤ 謂之神明. 斯則陰陽之所不測, 化陰陽以爲神, 通窈冥以忘知, 鏡七曜而爲測, 一也. 人法天地, 具有五藏六府, 四支百體, 中有鑒物之靈, 爲神明, 二也. 亦以陰陽和氣, 故得神而無伢, 故爲府也.

음양 양의兩儀에 깃들어 있는 영靈을 신명이라 한다. 현원황제玄元皇帝가 말하기를, "하늘은 스스로 운행하지 못하고 해와 달은 자체로 운행하지 못하며 바람은 스스로 말리지 못하고 비는 스스로 적시지 못하는데 그것을 시키는 자는 누구인가. 이를 신명神明이라 이른다."라고 하였다. 이것은 음양으로 헤아릴 수 없는 것인데 음양의 변화를 일으키므로 신이라 하는 것이니 그윽하고 깊은 이치에 통하여서 분별함을 잊고 칠요七曜를 거울로 삼아 예측을 하니, 그 첫 번째이다. 사람은 하늘과 땅을 본받아 오장육부와 사지백체四肢百體를 갖추고 속에는 사물을 살피는 영靈이 있어서 신명神明이 되니, 두 번째이다. 또한 음양의 조화로운 기 때문에 신神을 얻어 깊이를 잴 수가 없으므로 곳집이라 하였다.

① 靈: 原鈔本에는 이 글자가 알아보기 어렵다. 錢超塵은 아래의 "鑒物之靈, 爲神明."을 근거로 '靈'으로 보았는데 이를 따랐다.
② 爲: 原鈔本에는 이 글자가 알아보기 어렵다. 錢超塵은 남은 모양을 근거로 '爲'로 보았는데 이를 따랐다.
③ 玄元皇帝: 老子를 말한다.
④ 帝曰: 原鈔本에는 두 글자가 알아보기 어렵다. 錢超塵은 남은 모양을 근거로 '帝曰'로 보았는데 이를 따랐다.
⑤ 尔: '爾'와 通用하며 原鈔本에서는 모두 '尔'로 되어 있다.

治病者,① **必求之**②**於本,**

병을 치료함에 반드시 근본에서 구해야 합니다.

> 本, 謂陰陽.
>
> '本'은 음양을 말한다.

① 者: 原鈔本에는 이 글자가 알아보기 어렵다. 錢超塵은 남은 모양을 근거로 '者'로 보았는데 이를 따랐다. 《素問·陰陽應象大論》에는 이 글자가 없다.

② 之: 《素問·陰陽應象大論》에는 이 글자가 없다.

故積陽爲天, 積陰爲地.

그러므로 양이 쌓이면 하늘이 되고, 음이 쌓이면 땅이 되니,

> 夫大①極以②生兩儀, 卽有兩, 陰陽二氣. 二氣之起, 必有兩儀之形, 是卽託形生氣, 積氣成形. 故③積淸陽以爲天形, 積濁陰似④爲地形.
>
> 무릇 태극太極이 양의를 낳은 즉 둘이 되니 음양이기陰陽二氣이다. 이기二氣가 일어나면 반드시 양의兩儀의 형형이 있게 되니, 이런 즉 형형에 의탁하여 기가 생기고 기가 쌓여 형체를 이룬다. 그러므로 맑은 양기가 쌓여 하늘의 형체가 되고, 탁한 음기가 쌓여 땅의 형체가 된다.

① 大: 太를 잘못 표기한 것으로 보인다. 原鈔本에서는 '太'와 '大'를 혼동하여 서로 바꾸어 쓴 경우가 많이 나타난다.

② 以: 原鈔本에는 이 글자가 알아보기 어렵다. 錢超塵은 남은 모양을 근거로 '以'로 보았는데 이를 따랐다.

③ 故: 原鈔本에는 이 글자가 알아보기 어렵다. 錢超塵은 남은 모양을 근거로 '故'로 보았는데 이를 따랐다.

④ 似: 錢超塵은 앞 구절을 근거로 '以'의 오류로 보았다. 마땅하므로 이에 따라 해석하였다.

陰靜陽躁,

음기는 고요하고 양기는 조동하여,

> 陰氣主靜, 陽氣主躁.
>
> 음기는 고요함을 주로 하고, 양기는 조동함을 주로 한다.

陽生陰長,

양은 낳고 음은 기르며,

> 少陽, 春也, 生起萬物, 少陰, 秋也, 長熟萬物.
>
> 소양少陽은 봄이니 만물을 생하고 일으키며, 소음少陰은 가을이니 만물을 기르고 성숙시킨다.

陰煞陽藏.①

음은 죽이고 양은 갈무리합니다.

> 五月是陽, 起一陰爻,② 煞③氣者也. 十一月是冬藏, 起一陽爻, 生氣者也. 有本云陰生陽煞也之.④
>
> 오월은 양이니, 하나의 음효陰爻가 일어나서 기를 죽이는 것이다. 11월은 겨울로 갈무리하니 하나의 양효陽爻가 일어나서 기를 생하는 것이다. 어떤 판본에는 '음은 생하고 양은 죽인다'로 되어 있다.

교주 ① 陰煞陽藏: '煞'는 '殺'의 通用字이다. 《素問·陰陽應象大論》에는 '陽殺陰藏'으로 되어 있고, 《素問·天元紀大論》에도 "天以陽生陰長, 地以陽殺陰藏."이라 되어 있다. 의미상 《素問》의 내용이 마땅하다.
② 爻: 原鈔本에는 '爻'가 모두 '爻'로 되어 있다. '爻'가 '爻'의 本字이나 현재 '爻'가 많이 쓰이므로 모두 '爻'로 바꾸었다.
③ 煞: '殺'의 通用字이다. 原鈔本에서는 두 글자를 혼용하고 있다.
④ 之: 衍文으로 보인다.

陽化氣, 陰成形.

양은 기를 화생하고 음은 형형形을 이룹니다.

> 陰陽化起物氣, 以陽爲父, 故言陽也. 陰陽共成於形, 以陰爲母, 故言陰也.

음양이 화하여 만물의 기를 일으키는데 양으로써 아비를 삼으므로 양이라 말하였다.
음양이 함께 형체를 이루는데 음으로써 어미를 삼으므로 음이라 말하였다.

寒極生熱, 熱極生寒,

한寒이 지극하면 열이 생하고, 열이 지극하면 한이 생하며,

物極而變, 亦自然之所然耳也.
사물이 극에 달하면 변화가 일어나니, 또한 자연의 이치가 그러할 뿐이다.

寒氣生濁, 熱氣生清.

한기寒氣는 탁기濁氣를 생하고 열기熱氣는 청기淸氣를 생합니다.

陰濁[1]爲地, 寒氣所以起, 陽淸爲天, 熱氣所以生也之.[2]
음탁陰濁이 땅을 이루니 한기寒氣가 일으킨 것이고, 양청陽淸이 하늘을 이루니 열기가
생한 것이다.

교주
① 陰濁: 原鈔本에서는 두 글자가 알아보기 어렵다. 錢超塵은 남은 모양을 근거
로 '陰濁'으로 보았는데 이를 따랐다.
② 之: 衍文으로 보인다.

淸氣在下, 則生飱[1]泄, 濁氣在上, 則生䐜脹.

청기淸氣가 아래에 있으면 손설飱泄을 일으키고, 탁기濁氣가 위에 있으
면 진창䐜脹을 일으킵니다.

淸氣是[2]陽, 在上, 濁氣爲陰, 在下. 今濁陰旣虛, 淸陽下竝,[3] 以其陽盛,
所以飱泄也. 淸陽旣虛, 濁陰上竝, 以其陰盛, 所以䐜脹. 飱泄也, 食不化
而出也.
청기淸氣는 양이므로 위에 있고, 탁기濁氣는 음이므로 아래에 있다. 지금 탁음濁陰이
이미 허하여 청양淸陽이 아래로 몰리게 되어 아래의 양기가 성해지므로 손설飱泄을
한다. 청양淸陽이 이미 허하여서 탁음濁陰이 위로 몰리게 되어 위의 음기가 성해지므
로 진창䐜脹이 된다. 손설飱泄은 음식물이 소화되지 않은 채로 배설되는 병이다.

① 喰:《素問·陰陽應象大論》에는 '飱'으로 되어 있다. 原鈔本에서는 '喰'과 '飡'

을 혼용하고 있는데, 둘 다 '飱', '飱'과 통한다.

② 是: 原鈔本에는 이 글자가 알아보기 어렵다. 《醫家千字文註》에는 '是'로 되어

있다. 錢超塵도 남은 모양을 근거로 '是'로 보았는데 이를 따랐다.

③ 竝: '幷'의 의미로 通用하며 原鈔本에서는 혼용하였다.

此陰陽之反祚也,^① 病之逆順^②也.

이는 음양의 뒤집힘과 복이요, 병의 거스름과 따름입니다.

> 祚, 福也. 逆之則爲反, 順之爲福也.
> '祚'는 복福이다. 거스르면 뒤집어지고 따르면 복이 된다.

① 此陰陽之反祚也:《素問·陰陽應象大論》에는 '此陰陽反作'으로 되어 있다.

② 順:《素問·陰陽應象大論》에는 '從'으로 되어 있다.

故淸陽爲天, 濁陰爲地, 地氣上爲雲, 天氣下爲雨,

그러므로 청양淸陽은 하늘이 되고 탁음濁陰은 땅이 되니, 지기地氣가 상

승하여 구름이 되고 천기天氣가 하강하여 비가 되며,

> 地之濁氣上昇, 與陽氣合爲雲. 天之淸氣下降, 與陰氣合爲雨也.
> 땅의 탁기濁氣는 위로 올라가 양기와 더불어 합하여 구름이 된다. 하늘의 청기淸氣는
> 아래로 내려와 음기와 더불어 합하여 비가 된다.

雨出地, 氣出天.^①

비는 땅에서 나오고 기는 하늘에서 나옵니다.

> 雨是地之陰氣, 上昇得陽爲雨. 氣是天之陽氣, 下降得陰爲氣. 氣, 霧.^②
> 비는 땅의 음기가 상승하면서 양기를 얻어 비가 된다. 기는 천天의 양기가 하강하면
> 서 음기를 얻어 기가 된다. 기는 안개이다.

故淸陽出上竅, 濁陰出下竅,

그러므로 청양淸陽은 상규上竅로 나오고 탁음濁陰은 하규下竅로 나오며,

夫陰陽者, 有名而無形也, 所以數之可十, 離之可百, 散之可千, 推之可萬. 故有上下淸濁陰陽, 內外表裏陰陽等, 變化無窮也. 內外者, 脈內營氣稱爲淸陰, 脈外衛氣名爲濁陽, 是則陰淸陽濁者也. 言上下者, 淸陽爲天, 濁陰爲地, 是則陽淸陰濁者也. 彼說內外淸濁陰陽, 此言上下淸濁陰陽也. 是以穀入於胃, 分爲四道, 出於上焦, 慓悍行於分肉之間, 日五十周, 乃① 衛氣也. 起於中焦, 並有於胃口, 出上焦之後, 泌糟粕, 承津液, 化其精微, 上注肺脈, 行於經隧, 化而爲血, 以奉生身, 名曰營氣. 其衛氣上行於達② 面, 以資七竅, 故曰淸陽出上竅也. 若以內外陰陽, 則內者爲淸, 外者爲濁. 若以上下陰陽, 則上者爲淸, 下者③爲濁, 有此不同. 濁者, 別廻腸下行, 故曰濁陰陽④出下竅也.

무릇 음양은 이름은 있지만 형체가 없으므로 헤아리면 열이 되고 나누면 백이 되며 흩으면 천이 되고 미루면 만이 될 수 있다. 그렇기 때문에 상하청탁上下淸濁의 음양, 내외표리內外表裏의 음양 등이 있어 변화가 무궁하다. 내외內外는, 맥내脈內의 영기營氣를 청음淸陰이라 칭하고, 맥외脈外의 위기衛氣를 탁양濁陽이라 이름하니, 이것이 곧 음청양탁陰淸陽濁이다. 상하로 말하자면, 청양淸陽이 천天이 되고 탁음濁陰이 지地가 되니, 이것이 곧 양청음탁陽淸陰濁이다. 저기서는 내외內外로 청탁의 음양을 말하였고 여기서는 상하로 청탁의 음양을 말하였다. 그러므로 곡식이 위胃로 들어가서 네 길[四道]로 나뉘니 상초上焦에서 나와 분육分肉의 사이로 날래고 사납게 운행하되 1일에 50회 순환하는 것은 위기衛氣이다. 중초中焦에서 일어나 위胃의 입구를 돌아 상초의 뒤로 나와 조박糟粕을 거르고 진액을 받아 정미로운 기로 변화시켜 위로 폐맥肺脈으로 주입되어, 경수經隧로 행하여 변화하여 혈이 됨으로써 몸을 받들어 생하는 것을 영기營氣라 이름하였다. 그 위기衛氣가 위로 행하여 얼굴에 도달하여 칠규七竅를 자양하므로 청양淸陽은 상규上竅로 나온다고 말하였다. 만일 내외內外의 음양으로 말한다면 내內가 청청이 되고 외外가 탁탁이 되며, 상하의 음양으로 말한다면 상上이 청청이 되고

하下는 탁탁濁이 되니, 이처럼 차이가 있다. 탁한 것은 회장廻腸에서 분별되어 내려가므로 탁음濁陰은 하규下竅로 나온다고 하였다.

교
주
① 乃: 原鈔本에는 이 글자가 알아보기 어렵다. 錢超塵은 그 남은 모양을 근거로 '乃'로 보았는데 이를 따랐다.
② 於達: 두 글자의 앞뒤가 바뀌었다. '達於'로 보는 것이 마땅하다.
③ 者: 原鈔本에는 이 글자가 알아보기 어렵다. 錢超塵은 그 남은 모양을 근거로 '者'로 보았는데 이를 따랐다.
④ 陽: 원문에 '濁陰出下竅'로 되어 있으니 이 자는 衍文인 것 같다.

清陽發腠理,

청양清陽은 주리腠理로 발하고,

此名衛氣爲淸陽, 發腠理,[①] 卽濁爲淸也.
이것은 위기衛氣가 청양清陽이 되어 주리腠理에서 발한다는 말의 뜻으로, 즉 탁탁濁이 청淸이 된다.

교
주
① 發腠理: 錢超塵은 아래 구문의 楊上善 注釋을 근거로 '發'字 뒤에 '於'字가 빠진 것으로 보았다.

濁陰走五藏,

탁음濁陰은 오장으로 달리며,

此名營氣爲濁陰, 走於五藏, 卽淸爲濁也.
이것은 영기營氣가 탁음濁陰이 되어 오장으로 간다는 말의 뜻으로, 즉 청淸이 탁탁濁이 된다.

清陽實四支, 濁陰實[①]六府.

청양清陽은 사지四肢를 충실하게 하고 탁음濁陰은 육부六腑를 충실하게 한다.

四支, 六府雖同②爲陽, 復分陰陽也. 四支在外, 故淸氣實之, 六府在內, 故
濁穀實之.
사지, 육부는 비록 동일하게 양이 되나, 다시 음양으로 나뉜다. 사지는 바깥에 있으므
로 청기淸氣가 실하게 하고, 육부는 안에 있으므로 탁곡濁穀이 실하게 한다.

水爲陰, 火爲陽,

수水는 음이고 화火는 양이며,

五穀爲食中水冷, 謂①之陰也, 食中火熱, 爲之陽也.
오곡으로 먹는 것 중에 수水의 차가운 성질의 것은 음이 되고 화火의 뜨거운 성질의
것은 양이 된다.

陽爲氣, 陰爲味,

양은 기이고 음은 미味이니,

食中火熱, 發穀五氣也. 食中水冷, 發穀五味也之.①
먹은 것 중에 화火의 성질로 뜨거운 것은 곡穀의 오기五氣를 발하고, 수水의 성질로 차
가운 것은 곡穀의 오미五味를 발한다.

味歸形,

미味는 형形으로 돌아가고,

五味各入於藏, 以成五①形.

오미五味는 각각 장藏으로 들어가서 오형五形을 이룬다.

교주 ① 五: 原鈔本에는 이 글자가 알아보기 어렵다. 錢超塵은 남은 모양을 근거로 '五'로 보았는데 이를 따랐다.

形歸氣,

형形은 기로 돌아가고,

陰形陽氣有①也.
음은 형形이고 양은 기이다.

교주 ① 有: 錢超塵은 '者'字로 보았다. 문맥상 마땅하므로 이에 따라 해석하였다.

氣歸精,①

기는 정精으로 돌아가고,

氣生五味精華.
기는 오미五味의 정화精華를 생한다.

교주 ① 氣歸精: 《素問·陰陽應象大論》에는 '精'의 뒤에 '精歸化' 세 글자가 더 있다.

精食氣,

정精은 기를 먹고

五味①精華, 五氣變焉.
오미五味의 정화精華는 오기五氣가 변한 것이다.

교주 ① 味: 原鈔本에는 이 글자가 알아보기 어렵다. 錢超塵은 남은 모양을 근거로 '味'로 보았는데 이를 따랐다.

形食味,①

형形은 미미味를 먹으니,

得於形者, 以食爲味.
형形은 미미味를 먹음으로써 얻는다.

교주 ① 形食味: 《素問・陰陽應象大論》에는 '味'의 뒤에 "化生精, 氣生形."이 더 있다.

味傷形,

미미味는 형形을 손상하고,

五味各走其藏, 淫則各傷其藏.
오미五味가 각각의 장藏으로 가는데, 넘치면 각기 그 장藏을 상한다.

氣傷精, 精化於①**氣,**

기는 정精을 상하는데 원래 정精은 기에서 화생化生한 것이며,

精本從氣化, 有氣淫, 還各傷其精也.
정精은 본래 기에서 화생한 것인데 기가 지나치면 도리어 각기 그 정精을 상한다.

교주 ① 於: 《素問・陰陽應象大論》에는 '爲'로 되어 있다.

氣傷於味.①

기는 미미味를 상합니다.

食中氣盛, 定傷五味.
음식 가운데 기가 성하면 반드시 오미五味를 상한다.

교주 ① 氣傷於味: 일반적으로 앞의 '精化爲氣'에 붙여 "精化爲氣, 氣傷於味."로 해석한다.

味^①出下竅, 氣^②出上竅,

미미味는 하규下竅로 나오고 기는 상규上竅로 나오니,

> 五味糟粕爲大小便也, 穀氣不行經隧者, 積於胸中, 成於吐納^③也.
>
> 오미五味 중 조박糟粕은 대소변이 되고 곡기 중 경수經隧를 행하지 않은 것은 흉중에 쌓여 호흡을 이룬다.

味厚^①爲陰, 薄爲陰之陽,

미미味가 두터운 것은 음이고 엷은 것은 음 중의 양이며,

> 夫陰陽之道, 推之可萬也. 如五味是陰, 味之厚薄亦是陰陽, 故味之厚者, 陰中之陰. 味薄者, 陰中之陽也.
>
> 무릇 음양의 이치는 미루면 만 가지가 될 수 있다. 예컨대 오미五味는 음인데, 미미味의 후박厚薄 또한 음양이므로, 미미味가 두터운 것은 음 중의 음이고 미미味가 엷은 것은 음 중의 양이다.

氣厚^①爲陽, 薄爲陽^②之陰,

기가 두터운 것은 양이고 엷은 것은 양 중의 음이니,

> 五氣是陽, 氣之厚薄又是陰陽, 故氣之厚者, 陽中之陽, 氣之薄者, 陽中之陰也. 上下, 貴賤, 吉凶, 福禍等, 萬物皆然.
>
> 오기五氣는 양인데, 기의 후박厚薄 또한 음양이므로, 기가 두터운 것은 양 중의 양이고, 기가 엷은 것은 양 중의 음이다. 상하, 귀천, 길흉, 화복 등과 같이 만물이 모두 그러하다.

교
주 ① 氣厚:《素問 · 陰陽應象大論》에는 '氣厚者'로 되어 있다.

교
주 ② 陽: 原鈔本에는 이 글자가 훼손되어 알아볼 수 없다. 錢超塵은 주석의 "氣之薄
者, 陽中之陰也."를 근거로 '陽'으로 보았는데 이를 따랐다.《素問 · 陰陽應象大
論》에도 '陽'으로 되어 있다.

味厚則洩,① 薄則通, 氣薄則洩, 厚則發.②

미味가 두터우면 배설하고, 엷으면 통하며, 기가 엷으면 배설하고, 두
터우면 발합니다.

> 味厚氣薄, 則上下吐洩. 味薄氣厚, 則上下通發.
> 미味가 두텁고 기가 엷으면 위 아래로 토하고 배설한다. 미味가 엷고 기가 두터우면
> 위 아래로 통하고 발한다.

교
주 ① 洩: '泄'의 避諱字이다. 뒤에도 동일하다.

교
주 ② 氣薄則洩, 厚則發:《素問 · 陰陽應象大論》에는 "氣薄則發泄, 厚則發熱."로 되
어 있다.

壯火之氣衰, 少火之氣壯,

장화壯火의 기는 쇠퇴하고 소화少火의 기는 장성하니,

> 壯盛火熱之氣, 盛必衰也, 少微火暖之氣, 必爲壯盛. 此陰陽之節①也.
> 장성하고 뜨거운 기는 성하면 반드시 쇠퇴하고, 작고 미미한 따뜻한 기는 반드시 장
> 성하게 된다. 이것이 음양의 절도이다.

교
주 ① 節: 原鈔本에는 이 글자가 알아보기 어렵다. 錢超塵은 남은 모양을 근거로 '節'
로 보았는데 이를 따랐다. '節'은 '節'의 俗字이다.

壯火食氣, 氣食少火, 壯火散氣, 少火生氣.

장화壯火는 기를 먹고 기는 소화少火를 먹으며, 장화壯火는 기를 흩고
소화少火는 기를 낳습니다.

壯火壯盛, 食氣必衰. 氣食少火, 氣得所壯. 故得壯火之盛, 必散於氣. 少火之微, 定聚生氣也.

장화壯火는 장성하면 기를 먹으므로 반드시 쇠약해지고, 기는 소화少火를 먹으므로 기는 장성하게 된다. 그러므로 장화壯火의 왕성함을 얻으면 반드시 기가 흩어지고, 소화少火의 미미함을 얻으면 반드시 모여서 기를 생하게 된다.

氣味辛甘發散爲陽, 酸苦涌洩爲陰.

기미氣味가 매운맛, 단맛으로 발산하는 것은 양이고, 신맛, 쓴맛으로 배설하는 것은 음입니다.

氣之味也, 厚①是辛甘, 辛甘陰之厚者發散. 薄爲陽也, 酸苦薄者爲陽. 下涌洩者爲陰也.

기와 미味가 두터운 것은 매운맛과 단맛인데, 매운맛과 단맛은 음 중의 두터운 것으로 발산한다. 엷은 것은 양이 되는데 신맛과 쓴맛은 양이 된다. 아래로 새어 나가는 것은 음이 된다.

교주 ① 味也, 厚: 原鈔本에는 세 글자가 알아보기 어렵다. 錢超塵은 남은 모양을 근거로 '味也, 厚'로 보았는데 이를 따랐다.

陰勝則陽病, 陽勝則陰病,

음이 이기면 양이 병들고 양이 이기면 음이 병드니,

夫陰陽和, 物生者也. 今陽虛者, 陰必幷之, 陰幷陽者, 是則陰勝, 故陽病也.① 陰虛亦尒.

무릇 음양이 화합하여 만물이 생겨난다. 지금 양이 허하면 음이 반드시 양을 병탄하니, 음이 양을 병탄하면 이는 곧 음이 이기는 것이므로 양이 병든다. 음이 허한 경우도 이와 마찬가지이다.

교주 ① 也: 原鈔本에는 이 글자가 훼손되어 알아볼 수 없다. 錢超塵은 文義에 근거하여 '也'로 보았다. 마땅하므로 이에 따랐다.

陰病則熱, 陽病則寒,[①]

음이 병들면 열이 나고 양이 병들면 한寒이 생기며,

陰病陽勝, 故熱, 陽病陰勝, 故寒也.
음이 병들면 양이 이기기 때문에 열이 나고, 양이 병들면 음이 이기기 때문에 한이 생긴다.

교주 ① 陰病則熱, 陽病則寒:《素問·陰陽應象大論》에는 "陽勝則熱, 陰勝則寒."이라고 되어 있다.

重熱則寒, 重陰則熱.[①]

열이 지극하면 한이 되고 음이 지극하면 열이 됩니다.

謂陰陽極.
음과 양이 지극한 경우를 말하였다.

교주 ① 重熱則寒, 重陰則熱:《素問·陰陽應象大論》에는 "重寒則熱, 重熱則寒."으로 되어 있다.

寒傷形, 熱傷氣,

한寒은 형形을 상하고 열은 기를 상하니,

形者, 和陰也. 氣者, 和陽也, 寒甚有傷於形, 熱甚傷奪其氣, 斯之常.
형形은 음에 화응和應하고 기는 양에 화응하므로 한寒이 심하면 형形을 상하고 열이 심하면 기를 상하게 하고 빼앗으니 이는 일반적인 이치이다.

氣傷痛,

기가 상하면 아프고

衛氣行於膚肉[①]之中, 邪氣客於膚肉, 壅遏衛氣, 迫於分肉, 故痛.
위기衛氣는 피부와 육肉으로 운행하고 사기는 피부와 육肉에 머무르니 위기衛氣를 막아 분육分肉을 압박하므로 통증이 있다.

교주 ① 肉: 原鈔本에는 이 글자를 알아볼 수 없다. 錢超塵은 뒤의 '邪氣客於膚肉'에 근거하여 '肉'으로 보았다.

形傷腫.

형形이 상하면 부어오릅니다.

既迫痛傷形, 卽便爲腫也.
이미 압박으로 통증이 생겨 형形을 상하면 곧 부어오른다.

故先痛而後腫者, 氣傷形也,

그러므로 먼저 아프고 뒤에 부어오르면 기가 형形을 상한 것이고,

先邪傷衛氣致痛, 後形腫者, 謂衛氣傷及於形也.
먼저 사기가 위기衛氣를 상하여 통증에 이르게 하고, 이후에 형形에 종腫이 생기는 것은 위기衛氣의 손상이 형形에까지 미친 것을 일컫는다.

先腫而後痛者, 形傷氣也.

먼저 부어오르고 뒤에 아프면 형形이 기를 상한 것입니다.

邪先客於皮膚, 爲腫而後癰, 衛氣爲痛者, 謂形傷及於氣也.
사기가 먼저 피부에 머물러서 종腫이 되고 후에 막아서 위기衛氣가 통증을 부르는 것은 형形의 상함이 기에까지 미친 것을 일컫는다.

風勝則腫,① 燥勝則乾,

풍風이 이기면 부어오르고 조燥가 이기면 건조해지며,

邪風客於皮膚, 則爲膚腫也. 邪熱燥於皮膚, 則皮乾無汗.
사풍邪風이 피부에 침입하면 부어오르고, 사열邪熱이 피부를 건조하게 하면 피부가 마르고 땀이 나지 않는다.

교
주 ① 風勝則腫:《素問·陰陽應象大論》에는 '風勝則動'으로 되어 있으며, 이 뒤에
'熱勝則腫'이 더 있다.

寒勝則胕,[①]

한寒이 이기면 썩고

> 扶付反, 檢義當腐. 寒勝肉熱, 肉當腐.
> '胕'는 음이 '扶'와 '付'의 반절이니, 뜻을 검토하면 마땅히 썩는다는 뜻이다. 한寒이 이
> 기면 기육肌肉이 뜨거워져 기육肌肉이 마땅히 썩는다.

교
주 ① 寒勝則胕:《素問·陰陽應象大論》에는 '浮'로 되어 있다. 일반적으로 '胕'를
'浮'와 통하는 것으로 보아, 부종의 의미로 해석한다.

濕勝則濡.[①]

습濕이 이기면 축축해집니다.

> 陰濕氣盛, 則多汗也.
> 음습陰濕한 기운이 성해지면 땀이 많아진다.

교
주 ① 濡:《素問·陰陽應象大論》에는 '濡瀉'로 되어 있다. '濡瀉'는 설사의 뜻으로
濕이 이기면 설사가 나타나게 된다.

天有四時五行,

하늘에 사시와 오행이 있어,

> 天之用也.
> 하늘의 쓰임이다.

以生長收藏,

낳고 기르고 거두고 갈무리하고,

四時之用.

사시의 작용이다.

以生寒暑燥濕,[1]

한寒, 서暑, 조燥, 습濕을 낳으며,

五行所生也. 有本有風, 謂具五者也.

오행의 생하는 바이다. 어떤 판본에는 '風'이 있으니, 다섯 가지를 갖춘 것을 말한다.

교주 ① 寒暑燥濕: 《素問 · 陰陽應象大論》에는 '濕' 뒤에 '風'字가 있다.

人有五藏,

사람이 오장을 가지니,

人之有也.

사람이 가지는 것이다.

有[1]五氣, 以喜怒悲憂恐.[2]

오기五氣를 지녀 기뻐하고, 분노하고, 슬퍼하고, 근심하고 두려워합니다.

五氣, 五藏氣也. 喜怒等, 心, 肺, 肝, 脾, 腎, 五志者.[3]

오기五氣는 오장五臟의 기이다. 희로喜怒 등은 심, 폐, 간, 비脾, 신腎의 오지五志이다.

교주 ① 有: 《素問 · 陰陽應象大論》에는 '化'로 되어 있다.
② 以喜怒悲憂恐: 《素問 · 陰陽應象大論》에는 '以'字 뒤에 '生'字가 더 있다. '生'字인 경우가 뜻이 더 순조롭다.
③ 五志者: 錢超塵은 앞뒤의 楊上善 注釋에 근거하여 뒤에 '也'가 빠진 것으로 보았다.

故喜怒傷氣,

그러므로 희로喜怒는 기를 상하고,

> 內傷者也.
> 내內를 손상하는 것들이다.

寒暑傷形.①
한서寒暑는 형形을 상합니다.

> 外傷者也.
> 외外를 손상하는 것들이다.

교주 ① 寒暑傷形: 《素問·陰陽應象大論》에는 이 뒤에 "暴怒傷陰, 暴喜傷陽, 厥氣上行, 滿脈去形."이 더 있다.

故曰①喜怒不節, 寒暑過度, 生乃不固.
그러므로 말하기를, 희로喜怒에 절도가 없고, 한서寒暑가 과도하면 생기生氣가 이에 견고하지 못합니다.

> 內外傷已, 生得堅固, 不道夭②者, 未之有也.
> 내외內外가 손상되고도 생기生氣가 견고함을 얻어 중도中道에 요절하지 않는 사람은 없다.

교주 ① 故曰: 《素問·陰陽應象大論》에는 두 글자가 없다.
② 道夭: 중도에 요절함을 말한다. 《文選》에는 "人無道夭, 物極則長."이라고 하였는데, 주석에서 《老子》를 인용하여 "終天年而不中道夭者, 是智之盛也."라고 하였다.

重陰必陽,① 重陽必陰. 故曰冬傷於寒, 春必病溫,②
음을 거듭하면 반드시 양이 되고 양을 거듭하면 반드시 음이 됩니다. 그러므로 말하기를, 겨울에 한사寒邪에 손상하면 봄에 반드시 온병溫病

을 앓고,

> 傷, 過多也. 冬寒, 陰也. 人於冬時, 溫衣熱食, 腠理開發. 多取寒涼③以快
> 其志者, 寒入腠理, 腠理遂閉, 內行藏府, 至春寒極, 變爲溫病也.
> '傷'은 과다한 것이다. 겨울 추위는 음이다. 사람이 겨울에 따뜻한 옷과 뜨거운 음식
> 을 먹으면 주리腠理가 열린다. 이때 추운 기운을 취하여 그 뜻을 만족시키려고 하는
> 경우가 많은데, 한기寒氣가 주리腠理로 들어가면 주리腠理가 마침내 닫혀서 안으로 장
> 부까지 가니, 봄이 되면 한寒이 극점에 이르러 변하여 온병溫病을 앓는다.

교주 ① 重陰必陽:《素問·陰陽應象大論》에는 '重'의 앞에 '故'字가 있다.
② 病溫:《素問·陰陽應象大論》에는 '溫病'으로 되어 있다.
③ 涼: 原鈔本에는 '凉'으로 되어 있는데 通用하는 글자이다. 대표적으로 쓰이는
'涼'으로 바꾸었다.

春傷於風, 夏生飧洩,①

봄에 풍사風邪에 손상되면 여름에 손설飧洩이 발생하며,

> 春風, 陽也. 春因腠理開發, 風入腠閉, 內行藏府腸胃之中, 至夏飧②洩也.
> 飧, 水洗飯也, 音孫, 謂腸胃有風, 水穀不化而出也.
> 봄의 풍은 양이다. 봄에 주리腠理가 열린 틈을 타고 풍사가 침입했는데 주리가 폐색
> 되어 안으로 장부와 장위腸胃의 가운데로 행하면 여름에 이르러 손설飧洩한다. 손飧은
> 물에 말은 밥으로, 음은 '孫'이고, 장위腸胃에 풍風이 있어 수곡이 소화되지 않고 나오
> 는 것을 일컫는다.

교주 ① 飧洩:《素問·陰陽應象大論》에는 '飧泄'로 되어 있는데, '洩'은 '泄'의 避諱字
이다. '飧'은 '喰'과 혼용하며 '飱', '殮'과 통한다.
② 飧 : '飱', '殮'과 통한다.

夏傷於暑, 秋生①痎②瘧,

여름에 서사暑邪에 손상되면 가을에 해학痎瘧이 발생하고,

夏因汗出, 小寒入腠, 藏之於內, 至秋氣發, 腠理外閉, 風氣內發, 以成痎^②
瘧. 痎, 音皆.

여름에 땀이 날 때 가벼운 한기가 주리로 들어가 안에 숨으면 가을 기운이 발할 때에
이르러, 주리腠理가 밖으로 막히고 풍기風氣가 안에서 발하여 해학痎瘧이 된다. '痎'는
음이 '皆'이다.

^{교주} ① 生: 《素問・陰陽應象大論》에는 '必'로 되어 있다.
② 痎: 《素問・陰陽應象大論》에는 '痎'로 되어 있는데, '痎'는 '痎'와 같은 글자
이다.

秋傷於濕, 冬生欬嗽.^①

가을에 습사濕邪에 손상되면 겨울에 해수欬嗽가 발생합니다.

秋多雨濕, 人傷受濕, 濕從上下, 至冬寒并傷肺, 故成欬嗽也. 愷代反, 又
丘吏反, 謂逆氣也.

가을에 비가 많이 내려 습할 때 사람이 습사에 손상되면 습이 위로부터 아래로 퍼지
는데 겨울에 이르면 한사寒邪가 한쪽으로 몰려 폐를 손상시키므로 해수欬嗽를 이룬
다. '欬'는 음이 '愷'와 '代'의 반절이고, 또한 '丘'와 '吏'의 반절로 기가 거스르는 것을 말
한다.

^{교주} ① 冬生欬嗽: 《素問・陰陽應象大論》에는 '冬生咳嗽'로 되어 있는데, '欬'와 '咳'는
通用할 수 있다. 《素問・陰陽應象大論》에는 '冬生咳嗽' 이하에 '帝曰余聞上古聖
人論理人形'에서 '陽在外陰之使也'에 이르는 580여 자가 더 있다.

黃帝問曰^①法陰陽奈何.

황제가 물어 말하기를, 음양을 본받음은 어떻게 합니까?

陰陽者, 天地綱紀, 變化父母, 養生之道, 法之以成, 故問之.

음양이라는 것은 천지의 벼리이고 변화變化의 부모이니, 양생의 도가 그것을 본받아
만들어진 것이므로 그것을 물었다.

岐伯答曰^①陽勝則身熱,

기백이 대답하여 말하기를, 양이 승勝하면 몸에 열이 나고,

> 陽勝八益爲實, 陰勝七損爲虛. 言八益者, 身熱, 一益也, 陰弱陽盛, 故通身熱也.
> 양승陽勝의 여덟 가지 보태짐은 실증이 되고, 음승陰勝의 일곱 가지 덜어짐은 허증이 된다. 여덟 가지 보태짐을 보면, 몸에 열이 나는 것이 첫째 보태짐이다. 음이 약하고 양이 성하기 때문에 온몸에 열이 난다.

腠理閉,

주리가 닫히며,

> 二益也. 陽開腠理, 過盛則閉.
> 둘째 보태짐이다. 양기는 주리腠理를 열지만 지나치게 왕성하면 주리를 닫히게 한다.

而龐_{龐龐},^①

피부가 거칠어지고,

> 三益也. 熱盛則腠理皮上龐澁也.
> 셋째 보태짐이다. 열이 왕성하면 주리腠理와 피부가 거칠고 껄끄럽다.

爲之俛仰,

몸을 구부렸다 폈다 하며,

四益也. 熱盛上下, 故身俛仰.
넷째 보태짐이다. 열이 위아래로 왕성하므로 몸을 구부려 아래를 보았다가 쳐들어 위를 본다.

汗不出而熱,
땀이 나지 않고 열이 나며,

五益也. 陰氣內絶, 故汗不出, 身仍熱.
다섯째 보태짐이다. 음기가 안에서 끊어지므로 땀이 나지 않고 몸이 이로 인하여 열이 난다.

乾齒,[①]
치아가 마르며,

六益也. 熱盛至骨, 故齒乾也.
여섯째 보태짐이다. 열의 왕성함이 뼈에까지 이르기 때문에 이가 건조해진다.

[교주] ① 乾齒:《素問・陰陽應象大論》에는 '齒乾'으로 되어 있고, 楊上善의 注釋에도 '齒乾'으로 되어 있다.

以煩悗,[①]
가슴이 번거롭고 답답하며,

七益也. 熱以亂神, 故煩悶.
일곱째 보태짐이다. 열이 神을 어지럽히므로 가슴이 번거롭고 답답해진다.

[교주] ① 悗:《素問・陰陽應象大論》에는 '冤'으로 되어 있다. '悗'과 '冤'은 통하는 글자이다.

腹滿死,
배가 그득하여 죽으니,

八益也. 熱盛胃中, 故腹滿也. 前已七益, 復加腹滿, 故致死.

여덟째 보태짐이다. 열이 위중胃中에 왕성하기 때문에 배가 그득해진다. 앞에서 이미 말한 일곱 가지 보태짐에 다시 복만腹滿이 더해지므로 죽음에 이르게 된다.

能冬不能夏.①

겨울은 견디지만 여름은 견디지 못합니다.

以其內熱, 故能冬之大寒, 不能夏之小熱.

안의 열 때문에 겨울의 큰 추위는 견딜 수 있으나 여름의 작은 더위는 견딜 수 없다.

교주 ① 能冬不能夏: '能'는 '耐'와 통한다.

陰勝則身寒,

음이 승勝하면 몸에 오한이 있고,

下言七損也, 身寒, 一損也, 身惡寒.

이 이하로는 7가지 덜어짐을 말하는데, '身寒'은 첫째 덜어짐으로, 몸이 찬 기운을 싫어하는 것이다.

汗出,

땀이 나며,

二損也. 无陽禁腠, 故汗出

둘째 덜어짐이다. 주리를 막아 줄 양기가 없기 때문에 땀이 난다.

身常淸,①

몸이 항상 차고,

三損也. 淸, 冷也, ▨身皮膚常冷②也.

셋째 덜어짐이다. '淸'은 차다는 뜻이니, [온]몸의 피부가 항상 찬 것을 말한다.

① 凊: 原鈔本에는 '清'으로 되어 있고, 楊上善의 注釋에 나오는 '清'도 마찬가지이다.

② ▨身皮膚常冷: '身'字 위의 한 글자는 손상이 심한데, 錢超塵은 '一'字로 추정하였다.

數慄,

자주 전율하며,

> 四損也. 數數戰慄也.
> 넷째 덜어짐이다. 자주 전율한다.

而寒,

추워하고,

> 五損也. 戰而復寒也.
> 다섯째 덜어짐이다. 전율하고 다시 추워하는 것이다.

寒則厥,

추워하면 손발이 차지고,

> 六損也. 寒則手足逆冷也.
> 여섯째 덜어짐이다. 추워하면 손발이 차진다.

厥則腹滿死,

손발이 차면 배가 그득해져 죽으니,

> 七損也. 前已六損, 復加冷氣滿腹, 冷氣滿腹故致死也.
> 일곱째 덜어짐이다. 앞에서 이미 나온 6가지의 덜어짐에다 냉기冷氣가 배에 그득한 증상을 더하니, 냉기冷氣가 배에 그득하므로 죽음에 이른다.

能夏不能冬.
여름은 견디지만 겨울은 견디지 못합니다.

寒人遇熱, 故堪能也.
몸이 찬 사람이 열을 만나므로 견딜 수 있다.

此陰陽更勝之變也,^① 病之形能^②也.
이는 음과 양이 번갈아 이기는 변고이고, 병을 앓음에 견디는 것입니다.

此是陰陽變極之理, 亦是人之病所能也.
이것이 음양의 극변極變하는 원리이며, 또한 사람이 병을 앓음에 견디는 바이다.

> 교주 ① 也:《素問·陰陽應象大論》에는 이 글자가 없다.
> ② 能: 일반적으로 이곳의 '能'을 '態'로 보아 '病之形態'로 해석한다. 원문에 다양한 증상이 나오는 것으로 보아 이 해석도 합당하나, 楊上善은 바로 앞에 나온 '能夏不能冬'에서 '能'를 '견디다'로 본 것과 마찬가지로 여기서도 '견디다'로 보았다고 판단하여 이를 따라 해석하였다.

黃帝問曰^①調此二者奈何.
황제가 물어 말하기를, 이 둘을 조화시키려면 어떻게 해야 합니까?

陰陽相勝, 遂有七損八益, 虛實不和, 故謂調之.
음양이 서로 이기어 마침내 칠손七損과 팔익八益이 있게 되어 허실이 조화를 이루지 못하므로 조화시킨다고 하였다.

> 교주 ① 黃帝問曰:《素問·陰陽應象大論》에는 '帝曰'로 되어 있다.

岐伯答曰^①能去^②七損八益, 則二者可調也,^③
기백이 대답하여 말하기를, 칠손팔익七損八益을 능히 없앨 수 있으면 두 가지를 가히 조화시킬 수 있으나,

損者, 損於身, 益者, 益於病者. 人能循道察同, 去損益之病, 則陰陽氣和,
无諸衰老, 壽命无窮, 與天地同極也.
'損'은 몸에 손해되는 것이요. '益'은 병에 이익이 되는 것이다. 사람이 도를 따르고 근
본이 같음을 살펴 손익損益의 병폐를 없애면 음양의 기가 조화되어 모든 노쇠가 없고
수명이 무궁하여 천지와 더불어 함께 끝까지 한다.

不知用此則蚤①衰.
이를 쓸 줄 모른다면 일찍 쇠약해집니다.

人不循道, 不去損益, 則陰陽不調, 是謂不道, 不道早衰也.②
사람이 도를 따르지 아니하고 손익을 없애지 아니하면 음양이 조화롭지 못하게 되며,
이를 일컬어 도에 어긋난다고 하니, 도에 어긋나면 일찍 쇠약해진다.

衰之節,① 年四十而陰氣自半也, 起居衰矣.
노쇠하는 시절인 나이 40에는 음기陰氣가 자연히 반으로 줄어 기거起
居가 쇠약해집니다.

始衰時節, 年四十也, 六府爲陽氣, 五藏爲陰氣. 人年四十, 五藏陰氣自
半已衰, 腠理②始踈, 榮華頯③落, 髮鬢頒白, 行立之起, 坐臥之居, 日漸已
衰也.
노쇠가 시작되는 시절은 나이 40이다. 육부는 양기고 오장은 음기이니, 사람이 나이

40이 되면 오장의 음기가 자연히 반으로 쇠약해져 주리가 성글어지기 시작하고, 얼굴에 꽃처럼 활짝 피던 영화로움이 퇴락하며 머리카락과 수염이 하얗게 되고, 걷고 일어나고 앉고 눕는 등의 행동거지가 나날이 점차로 쇠약해진다.

年五十, 體重, 耳目不聰①明矣.

나이 오십에는 몸이 무겁고 귀와 눈이 어두워집니다.

人年五十, 脾氣衰, 故體重, 肝氣衰, 故目不明, 腎氣衰, 故聽不聰也.
사람 나이가 50이 되면 비기脾氣가 쇠하므로 몸이 무거워지고 간기肝氣가 쇠하므로 눈이 밝지 못하며 신기腎氣가 쇠하므로 듣는 것이 분명하지 못하게 된다.

年六十, 陰痿, 大氣衰,① 九竅不利,

나이 육십에는 음기陰器가 시들고 대기大氣가 쇠약하고 구규가 원활하지 못하며,

人年六十, 腎氣衰, 精氣咸,② 筋施,③ 故宗筋痿也. 十二經脈, 三百六十五絡爲大氣也, 其氣皆上於面而走空竅, 其精陽氣上於目而爲精, 其別氣走耳而爲聽, 其宗氣上出於鼻而爲臭, 其濁氣出於胃走唇舌而爲味. 今經脈, 大氣皆衰, 故九竅不利.
사람 나이 육십에는 신기腎氣가 쇠하고 정기精氣가 감소되어 근이 풀리므로 종근宗筋이 시든다. 12경맥과 365락맥으로 대기大氣가 운행하니, 그 기가 모두 얼굴로 올라가

공규로 달리는데, 정미로운 양기는 눈으로 올라가 정명精明을 이루고, 별도의 기는 귀로 가서 청각을 이루며, 종기宗氣는 코로 올라가 후각을 이루고, 그 탁기濁氣는 위胃로 나와 입술과 혀로 달려 미각을 이룬다. 이제 경맥을 흐르는 대기大氣가 모두 쇠하므로 구규九竅가 순조롭게 기능을 발휘하지 못한다.

下虛上實, 涕泣俱出.①

하부는 허해지고 상부는 실해져 눈물과 콧물이 모두 나옵니다.

人腰以上爲陽,② 以居上也. 腰以下爲陰, 以居下也. 年六十者, 精減陰痿, 行步无力, 卽下虛上實也. 神衰失守, 故涕泣俱出.

사람은 허리를 기준으로 상부는 양이니 위에 있기 때문이고, 허리를 기준으로 하부는 음이니 아래에 있기 때문이다. 나이 육십이 되면 정精이 감쇠하여 음기가陰器가 시들고 보행에 힘이 없으니, 이것이 곧 하허상실下虛上實이다. 신神이 쇠하여 지킴을 잃으므로 눈물과 콧물이 모두 나온다.

故曰知之則强,

그러므로 말하기를, 칠손팔익을 알면 강해지고,

知察於同, 去七損八盆, 其身日强.

근본이 같음을 살필 줄 알아 칠손팔익을 없애면 그 몸이 나날이 강해진다.

不知則老.

알지 못하면 늙는다고 합니다.

不察於異, 有損有▨,[1] 故身速衰也. 玄元皇帝曰物壯則老, 謂之不道, 不
道早已.[2] 此之謂也.[3]

다름을 살피지 못하면 덜어지거나 (보태지는 것이) 있으므로 몸이 빨리 쇠한다. 노자
가 말하기를, "만물은 장성하면 노쇠하니 이를 도에 어긋난다고 한다. 도에 어긋나면
일찍 죽는다."라고 하였으니, 이를 말함이다.

① 有▨: 原鈔本에는 '有'字 뒤의 한 글자는 손상이 심하여 변별할 수 없는데, 바
로 앞에서 '有損'이라 한 것으로 보아 '益'字가 마땅하다. 蕭本에도 '有益'으로 되
어 있다.

② 物壯則老, 謂之不道, 不道早已: 《老子》 30장에서 "物壯則老, 是謂不道, 不道
早已."라고 한 것을 가리킨다.

③ 也: 原鈔本에는 이 뒤에 대체부호 '〃'가 있는데, 錢超塵은 이 부호가 衍文인
것 같다고 하였다.

故同名異邪.[1]

그러므로 이름은 같으나, 사물은 다릅니다.

道理无物不通, 故同名也. 物有萬殊, 故異邪也.

도리로는 통하지 않는 사물이 없으므로 이름이 같다. 사물은 만 가지로 달라짐이 있
으니 다르다.

① 同名異邪: 《素問·陰陽應象大論》에는 '同出而名異耳'로 되어 있다. 또한 《老
子》 1장에서 "此兩者, 同出而異名, 同謂之玄."이라고 하였다.

智者察同, 愚者察異.

지혜로운 사람은 같음을 살피고 어리석은 사람은 다름을 살핍니다.

察, 觀也. 智者反物觀道, 愚[1]者反道觀物.

'察'은 관조觀照하는 것이다. 지혜로운 사람은 물체를 떠나 도를 관조하고, 어리석은 사람은 도를 떠나 물체를 관찰한다.

① 愚: 原鈔本에 '愚'가 처음에 '異'로 되어 있던 것을 抄校者가 '愚'로 고치고 작은 글씨로 그 오른쪽에 注를 달았는데, 지금 '愚'라 한 것을 따른다.

愚者不足, 智者有餘. 有餘則耳目聰明, 身體輕强, 年老①復壯, 壯者益理.②

어리석은 사람은 충족하지 못하고, 지혜로운 사람은 남음이 있습니다. 남음이 있으면 귀와 눈이 밝고, 몸이 가볍고 강하며, 나이가 들어도 다시 건장해지며, 건장한 사람은 더욱 잘 다스려집니다.

愚者觀物, 有三不足, 目暗耳聾, 則視聽不足也. 體重力衰, 則身不足也. 老者日衰, 壯者日老, 則壽不足也. 智者觀道, 神淸性明, 故三有餘也. 視聽日勝, 則耳目有餘也, 身强體輕, 則身有餘也, 年老反同乳子之形, 年壯更益氣色之理, 則壽有餘.

어리석은 사람은 사물만을 관찰하여 세 가지 부족한 것이 있다. 눈이 어둡고 귀가 밝지 못하여 보고 듣는 것이 부족하다. 몸이 무겁고 힘이 쇠하여 몸이 부족하다. 나이든 사람은 날로 쇠하고 장성한 사람은 날로 늙어가 수명이 부족하다. 지혜로운 사람은 도를 관조하여 신神이 맑고 본성이 밝으므로 세 가지 남음이 있다. 보고 듣는 것이 날로 나아지니 청력과 시력이 남음이 있으며, 몸이 강해지고 신체가 가벼워지니 체력에 남음이 있으며, 나이를 먹어도 도리어 어린아이의 몸과 같아지고, 장성하여도 기색의 다스림에 더욱 보탬이 되니 수명에 남음이 있다.

① 年老: 《素問·陰陽應象大論》에는 '老者'로 되어 있다.
② 理: 《素問·陰陽應象大論》에는 '理'가 '治'로 되어 있다. 《太素》에서는 '治'를 '理'로 고친 곳이 많은데, 이것은 당나라 고종인 '李治'의 '治'를 避諱하기 위한 것이다.

是以聖人爲無爲之事,

이러한 까닭으로 성인은 무위無爲의 일을 하여,

聖人, 謂廣成子①等也. 忘物②喪我, 任物之動, 卽爲无爲之事也.
성인은 광성자廣成子 등을 일컫는다. 대상을 잊고 자아를 죽여 대상의 움직임에 맡기는 것이 곧 무위의 일을 함이다.

교주 ① 廣成子: 原鈔本에는 '廣'字 다음의 두 글자가 손상되었는데, 錢超塵은 남은 획을 변별해 보면 마땅히 '成子'라고 하였으며, 여기서도 이를 따라 해석하였다.
② 物: 原鈔本에는 '物'字가 좀 먹고 손상이 심한데, 錢超塵은 남은 형태로 변별해 보면 마땅히 '物'이라 하였고, 여기서도 이를 따라 해석하였다.

樂恬惔①之能,
고요하고 편안한 재능을 즐기고,

怡神適性, 卽樂恬惔之能也.
신神을 기쁘게 하여 본성에 맞추는 것이 곧 고요하고 편안한 재능을 즐김이다.

교주 ① 惔: 《素問·陰陽應象大論》에는 '惔'이 '憺'으로 되어 있는데, '惔'과 '憺'은 서로 通用할 수 있다.

從欲快志於虛无①之守.
허무를 지키는 가운데서 욕망을 따르고 뜻을 기쁘게 합니다.

聖人欲无欲之欲, 志无求之志, 故從快於虛无, 不失其道, 謂之守也.
성인은 욕망이 없는 가운데의 욕망을 바라고, 구함이 없는 뜻에 마음을 두므로 허무한 가운데서 기쁨을 추구하여 그 도를 잃지 않으니, 이를 수[守]라고 한다.

교주 ① 无: '無'와 같은 글자이다. 《素問·陰陽應象大論》에는 '無'로 되어 있다. 原鈔本에서는 두 글자를 혼용하고 있다.

故壽命無窮, 與天地終, 此聖人之治身也.

그러므로 수명이 무궁하여 천지와 더불어 마치니, 이것이 성인의 몸 다스림입니다.

虛无守者, 其神不擾, 其性不穢. 性不穢, 故外邪不入. 神不擾, 故藏府安內, 與虛无同道, 與天地齊德, 遂獲有餘无窮之壽. 故廣成子語黃帝曰 吾以目无見所,[①] 耳无所聞, 心无所知, 神將自守, 故人盡死, 而我獨存,[②] 卽其事也. 斯乃聖人理身之道也.

허무를 지키는 사람은 그 정신이 동요치 않고 그 본성이 더럽지 않다. 본성이 더럽지 않으므로 밖에서 사기가 들어오지 못하고, 정신이 동요치 않으므로 장부가 안에서 편안하다. 허무와 더불어 도를 같이하고 천지와 함께 덕을 나란히 하여 마침내 남음이 있고 다함이 없는 수명을 얻는다. 그러므로 광성자가 황제에게 말하기를, "나는 눈으로 보는 바가 없고 귀로 듣는 바가 없으며 마음으로 아는 바가 없어서 정신이 장차 저절로 지킨다. 때문에 다른 사람들이 다 죽어도 나는 홀로 존재한다."라고 하였으니 곧 그 일이다. 이것이 곧 성인이 몸을 다스리는 도이다.

天不足西北, 故西[①]方陰也, 而人右耳目不如左明,[②] 地不滿東南, 故東[③]方陽也, 人[④]左手足不如右强也.

하늘은 서북방에서 충족하지 못하기 때문에 서방은 음입니다. 그래서 사람은 오른쪽 귀와 눈이 왼쪽 귀와 눈만큼 밝지 못합니다. 땅은 동남방에서 가득 차지 못하기 때문에 동방은 양입니다. 그래서 사람은 왼쪽 손과 발이 오른쪽 손과 발만큼 강하지 못합니다.

夫天地者, 形之大也. 陰陽者, 氣之大也. 大形而生萬形, 則大形以爲父母, 萬形爲子也. 故大形有所不足而生萬物, 萬物不可足也. 故人頭法天, 則右耳目聰明不足也. 手足法地, 故左手足便强不足也. 以其天陽不足西北, 地陰不足東南故也.

무릇 천지는 형形의 큰 것이고, 음양은 기의 큰 것이다. 큰 형形으로써 만물을 낳으므로 큰 형形은 부모가 되고 만물은 자식이 된다. 그러므로 큰 형形이 부족한 것이 있는

채로 만물을 낳으니 만물은 충분할 수 없다. 그러므로 사람의 머리는 하늘을 본받아 오른쪽 귀와 눈은 총명이 부족하다. 손과 발은 땅을 본받기 때문에 왼쪽 손과 발은 편안함과 튼튼함이 부족하다. 천天은 양기가 서북쪽에서 부족하고 지地는 음기가 동남쪽에서 부족하기 때문이다.

① 西: 《素問·陰陽應象大論》에는 이 뒤에 '北'字가 더 있다.

② 明: 《素問·陰陽應象大論》과 《醫家千字文註》에는 이 뒤에 '也'字가 더 있다.

③ 東: 《素問·陰陽應象大論》에는 이 뒤에 '南'字가 더 있다.

④ 人: 《素問·陰陽應象大論》에는 이 글자 앞에 '而'字가 더 있다.

黃帝問曰^①何以然. 岐伯答^②曰東方陽也, 其^③精幷^④上, 故^⑤上明而下虛, 故使耳目聰明而手足不便也.^⑥

황제가 물어 말하기를, 어째서 그러합니까? 기백이 대답하여 말하기를, 동방은 양이니 그 정精이 위로 모이므로 위가 밝고 아래가 허해지니, 그러므로 귀와 눈은 총명하지만 손과 발은 불편하게 됩니다.

東方是陽, 陽氣上昇, 故上實下虛, 則人左箱^⑦上勝下劣也. 西方是陰, 陰氣下沈, 故下實上虛, 則人右箱下勝上劣也.

동방은 양이다. 양기는 상승하는 고로 위가 실하고 아래가 허해지니 곧 사람의 왼쪽은 위쪽이 낫고 아래쪽이 못하다. 서방은 음이다. 음기는 밑으로 가라앉으므로 아래가 실하고 위가 허해지니 곧 사람의 오른쪽은 아래가 낫고 위가 못하다.

① 黃帝問曰: 《素問·陰陽應象大論》에는 '帝 曰'로 되어 있다.

② 答: 《素問·陰陽應象大論》에는 이 글자가 없다.

③ 其: 《素問·陰陽應象大論》에는 이 글자 앞에 '陽者'가 더 있다.

④ 幷: 《素問·陰陽應象大論》에는 이 뒤에 '於'字가 더 있다.

⑤ 故: 《素問·陰陽應象大論》에는 '幷於上則'으로 되어 있다.

⑥ 手足不便也: 《素問·陰陽應象大論》에는 이 뒤로 '西方陰也, 陰者其精幷於下, 幷於下則下盛而上虛, 故其耳目不聰明而手足便也'의 32글자가 더 있다.

⑦ 箱: 原鈔本에는 '葙'으로 되어 있다. '箱'의 俗字로 原鈔本에서는 모두 '葙'을 쓰

고 있는데 전부 대표자인 '箱'으로 바꾸었다. 錢超塵은 '箱'은 '側旁'의 뜻으로 후세에는 '廂'이라 쓴다고 하였다.

故俱感於邪, 其在上也[①]**則右甚, 在下則左甚, 此天地陰陽所不能全,**[②] **故邪居之.**

그러므로 모두 사기에 감촉되더라도, 상부에서는 오른쪽이 심하고 하부에서는 왼쪽이 심합니다. 이는 천지의 음양이 능히 온전하게 할 수 없기 때문이니, 고로 사기가 그곳에 거합니다.

> 非直左右陰陽虛處, 耳目手足有所不善, 然左右俱感於邪, 虛處獨甚, 今人患手足左甚, 耳目右甚, 卽其事也. 則天地陰陽有所不全, 人法天地, 何取可具全. 非直人有不全, 萬物皆尔, 不可全也. 故聖人法天則地, 中順萬物, 居不得已, 安於不足, 是爲攝生之大妙.
> 단지 좌우 음양이 허한 곳뿐 아니라 이목과 수족에도 좋지 않은 곳이 있다. 그러므로 좌우 모두 사기에 감촉되더라도 허한 곳에서 유독 심하다. 지금 사람들은 병을 앓을 때 손과 발은 왼쪽이 심하고 귀와 눈은 오른쪽이 심한데 바로 그 일이다. 곧 천지음양이 온전하지 못한 바가 있으니 사람이 천지를 본받음에 어찌 모두 온전함을 취할 수 있겠는가. 다만 사람이 온전하지 못할 뿐만이 아니라 만물도 모두 그러하여 온전할 수 없다. 그러므로 성인은 위로는 하늘을 본받고, 아래로는 땅을 본받으며, 가운데로는 만물에 순종하여, 거함이 마지못한 듯이 하고, 부족함을 편안하게 여기니, 이것이 섭생을 행할 때의 큰 오묘함이다.

교주 ① 也:《素問·陰陽應象大論》에는 이 글자가 없다.
② 全:《素問·陰陽應象大論》에는 이 뒤에 '也'字가 더 있다.

故天有精, 地有形.

그러므로 하늘에 정精이 있고 땅에 형形이 있습니다.

> 天有氣之精, 成人耳目, 地有質之形, 成人手足.
> 하늘에는 정미로운 기가 있어서 사람의 귀와 눈을 이루고 땅에는 질의 형태가 있어서

사람들의 손과 발을 이룬다.

天有八紀, 地有五理,① 故能爲萬物②父母.

하늘에 여덟 벼리가 있고, 땅에 다섯 이치가 있기 때문에 만물에게 어버이가 될 수 있습니다.

> 天有八風之紀, 紀生萬物 , 地有五行之理, 理成萬物, 故爲父母也.
> 하늘에는 팔풍八風의 벼리가 있는데, 그 벼리는 만물을 낳는다. 땅에는 오행의 이치가 있는데, 그 이치는 만물을 이루어주므로 부모가 된다.

교주 ① 理: 《素問·陰陽應象大論》에는 '里'로 되어 있다.
② 物: 《素問·陰陽應象大論》에는 이 뒤에 '之'字가 더 있다.

淸陽上天, 濁陰歸地.

맑은 양기는 하늘로 올라가고 탁한 음기는 땅으로 돌아갑니다.

> 故陰陽和也, 稱爲萬物 , 陰陽離也, 號①爲天地也.
> 그러므로 음양의 기운이 화합한 것을 만물이라 칭하고 음양의 기운이 떨어진 것을 천지라 부른다.

교주 ① 號: 이 글자가 原鈔本에서는 모두 '号'로 되어 있는데 '号'는 '號'의 略字이다. 모두 대표자로 바꾸었다.

是故天地之動靜, 神明爲之紀,① 故能以生長化成收藏,② 終而復始.

이런 까닭에 천지의 동정動靜은 신명이 법칙이 되므로, 능히 낳고 기르고 변화시키고 이루고 거두고 저장하며, 끝나도 다시 시작합니다.

> 是故以天之動也, 以地之靜也, 以神明御之爲綱紀也. 三者備, 故能爲四時生長化成收藏終始者也.

이런 까닭에 하늘이 움직이고 땅이 고요한 데에 신명이 부리어 벼리가 된다. 세 가지가 갖추어진 까닭에, 능히 사계절의 낳고 기르고 변화시키고 이루고 거두고 저장하는 것이 끝나도 다시 시작할 수 있는 것이다.

① 紀:《素問·陰陽應象大論》에는 이 글자 앞에 '綱'字가 더 있다.
② 生長化成收藏:《素問·陰陽應象大論》에는 '生長收藏'으로 되어 있다.

唯^①賢人上配天以養頭, 下象地以養足, 中象^②人事以養五藏.

오직 현명한 사람만이 위로 하늘에 짝하여 머리를 기르고 아래로 땅을 본떠 발을 기르며 가운데로는 인사를 본떠 오장을 기릅니다.

人頭象天, 故配天養頭, 使七竅俱美, 同七曜之明也. 足以象地, 故使五常安, 同山岳雙鎭也. 中身象於人事, 人有五藏, 餘禽獸等有不具者, 故象人事以養五藏, 同眞人.

사람의 머리는 하늘을 본떴으므로 하늘에 짝하여 머리를 길러 칠규로 하여금 모두 아름답게 하며 칠요의 밝음과 같게 한다. 발은 땅을 본떴으므로 오상으로 하여금 안정되게 하고, 산악이 나란히 견고하게 자리하고 있는 것과 같게 한다. 가운데에 있는 몸은 인사를 본떠 사람이 오장이라는 나머지 날짐승과 들짐승들이 다 갖추지 못한 것을 가지고 있으니, 그러므로 인사를 본떠 오장을 길러서 진인과 같게 한다.

① 唯:《素問·陰陽應象大論》에는 '惟'로 되어 있다.
② 象:《素問·陰陽應象大論》에는 '傍'으로 되어 있다.

天氣通於肺,

하늘의 기는 폐에 통하고,

肺爲四藏上蓋, 是人之天, 故天氣通肺也.

폐는 사장四藏의 위에 있는 덮개로 사람에 있어서 하늘이므로 하늘의 기운은 폐에 통한다.

地氣通於咽,[①] **風氣通於肝,**

땅의 기는 목구멍에 통하며, 풍기風氣는 간에 통하고,

咽中入食, 以生五藏六府, 故地氣通咽也. 東方生風, 風生木, 木生酸, 酸
生肝, 故風氣通肝也.

목구멍으로 음식이 들어가서 오장육부를 생하게 하므로 땅의 기운은 목구멍에 통한
다. 동방은 풍風을 일으키고 풍風은 목木을 생하며, 목木은 신맛을 생하고 신맛은 간을
생하므로, 풍기風氣는 간에 통한다.

교주 ① 咽:《素問·陰陽應象大論》에는 '嗌'으로 되어 있다.

雷氣通於心,

우레의 기는 심에 통하며,

心能覺動四支百體, 故雷氣通心也.

심은 능히 지각하여 사지와 온 몸을 움직이므로 우레의 기운은 심에 통한다.

穀[①]**氣通於脾,**

곡식의 기는 비脾에 통하고,

五穀滋味入脾, 故穀氣通肝②也.

오곡의 자양하는 맛은 비에 들어가므로 곡식의 기운은 비脾에 통한다.

교주 ① 穀:《素問·陰陽應象大論》에는 '谷'으로 되어 있다.
② 肝: '肝'은 '脾'의 誤字로 보인다. 여기서는 '脾'로 해석하였다.

雨氣通於腎.

비의 기는 신腎에 통합니다.

雨者水也, 故雨氣通腎也.

비는 물이므로 우기雨氣는 신腎에 통한다.

六經爲川,

육경은 냇물과 같은 작용을 하고,

> 三陰三陽六經之脈, 流諸血氣, 以注腸胃, 故爲川也.
> 삼음삼양 육경의 맥은 모든 혈기를 흐르게 하여 장위로 모이게 하므로 냇물이 된다.

腸胃爲海,

장위는 바다와 같은 작용을 하며,

> 夫海者, 一則衆川歸之, 二則利澤萬物. 腸胃爲彼六經所歸, 又滋百節, 故爲海也.
> 무릇 바다는 첫째, 모든 냇물이 모이고 둘째, 만물을 이롭게 하여 혜택을 준다. 장위腸胃는 저 육경이 모이는 곳이 되고, 또한 모든 관절을 자양하므로 바다가 된다.

九竅爲水注,

구규는 물을 대주는 작용을 하니,

> 聲色芳味, 如水從外流於上之七竅, 注入經川, 溲後糟粕之水, 從內出下二竅也. 有本爲外注, 理亦相似.
> 소리와 색깔과 향기와 맛은 물이 밖으로부터 위의 칠규七竅로 흘러가 경맥의 내로 주입되는 것과 같고, 소변과 대변으로 나가는 찌꺼기 물은 안으로부터 아래의 이규二竅로 빠져나간다. '外注'라 한 판본도 있으나 이치에 있어서는 또한 비슷하다.

水注之氣,① 以天地爲之陰陽.

물이 관개하는 기가 천지로써 음양 작용을 합니다.

> 聲色芳味之氣, 從外入內有養, 故以地爲陰也. 糖粕溲後,② 從內出外得通, 故以天爲陽之.③
> 소리와 색깔과 향기와 맛의 기는 밖으로부터 안으로 들어가 길러줌이 있으므로 땅으로써 음을 삼았다. 조박糟粕은 소변이나 대변처럼 안으로부터 밖으로 나가 소통하므로 하늘로써 양을 삼았다.

① 水注之氣:《素問‧陰陽應象大論》에는 '之氣'로 되어 있으며, 앞 구절에 붙여
읽었다.

② 糖粕溲後: '糖'字는 傳寫의 오류로 보여진다. 바로 위 본문의 楊上善 注釋에서
'溲後糟粕之水'라 한 것으로 보아 '糖'字는 마땅히 '糟'字이어야 하며 여기서는 이
를 따라 해석하였다.

③ 之: 이 글자는 衍文으로 보인다.

陽之汗, 以天地①雨名之,

양기의 땀은 천지의 비로써 이름하였고,

陽發腠理出汗. 同天地間雨. 故汗名雨之②
양기가 주리로 발하여 땀이 나니 천지 간의 비와 같아서 땀을 우雨라 이름하였다.

① 地:《素問‧陰陽應象大論》에는 이 뒤에 '之'字가 더 있다.

② 之: 衍文으로 보인다. 蕭本에는 '之'를 고쳐 '也'로 하였다.

氣以天地之風,①

기는 천지의 바람으로 이름하였으며,

前明人汗以天地之雨爲名, 則人之氣以天地之風名也.
앞에서 사람의 땀은 천지의 비로 이름한 것이라 밝혔으니, 곧 사람의 기는 천지의 바
람으로 이름하였다.

① 氣以天地之風:《素問‧陰陽應象大論》에는 '陽之氣以天地疾風名之'로 되어
있다.

暴氣象雷,

사나운 기는 우레를 닮고,

人身中氣上下有聲, 故象雷也.
인체의 속에서 기가 오르내리면서 소리가 나기 때문에 우레를 닮았다고 하였다.

氣逆^①象陽.

거스르는 기는 양을 닮았습니다.

无陰之陽卽爲灾, 故氣逆不和者, 象於陽也.

음이 없는 양은 곧 재앙이니, 기가 거슬러 조화롭지 못하면 양을 본받은 것이다.

교주 ① 氣逆:《素問·陰陽應象大論》에는 '逆氣'로 되어 있다.

故治不法天之紀, 不用地之理, 則灾害至矣.

그러므로 다스림에 하늘의 벼리를 본받지 않고, 땅의 이치를 쓰지 않으면 재해가 이릅니다.

爲家爲國之道, 不依天之八紀, 地之五理, 國有亡破之灾, 身有夭喪之害也.

집안과 국가를 다스리는 도에 있어서 하늘의 여덟 가지 벼리와 땅의 다섯 가지 이치에 의거하지 않으면 나라에는 멸망하고 파멸하는 재앙이 있게 되고, 몸에는 요절하는 피해가 있게 된다.

故風^①之至傍,^② 如風雨.

그러므로 풍사가 신체의 가장자리에 이르는 것이 비바람과 같습니다.

風謂天之邪氣者也. 邪氣至, 觸身傍, 傷人體者, 如暴風雨入人腠理, 漸深爲病者也.

바람은 하늘의 사기를 말한다. 사기가 이르러 몸의 가장자리에 감촉되어 인체를 상하게 함이 폭풍우가 주리로 들어와 점점 깊어져 병이 되는 것과 같다.

교주 ① 風:《素問·陰陽應象大論》에는 '邪風'으로 되어 있다.
② 傍:《素問·陰陽應象大論》에는 '疾'로 되어 있다.

故善治者治皮毛, 其次治肌膚, 其次治筋脈, 其次治六府, 其次治五藏, 五藏半死半生.^①

그러므로 잘 치료하는 사람은 병이 피모에 있을 때 병을 다스리고, 그 다음 수준의 의사는 병이 기부에 있을 때 다스리고, 그 다음 수준의 의사는 병이 근맥에 있을 때 다스리고, 그 다음 수준의 의사는 병이 육부에 있을 때 다스리고, 그 다음 수준의 의사는 병이 오장에 있을 때 다스립니다. 오장의 병은 반은 죽고 반은 삽니다.

善者, 謂上工善知聲色形脈之候, 妙識本標, 故療皮毛能愈藏府之病, 亦② 療藏府能除皮毛之疾. 故病在皮毛, 療於皮毛. 病在五藏, 療於五藏. 或病淺而療淺, 或病深而療深, 或病淺而療深, 或病深而療淺, 皆愈者, 斯爲上智, 十全者也. 今夫邪氣始入皮毛之淺, 遂至五藏之深, 上工療之有十, 五死五死③五生者, 以其陰陽兩感深重故也.

잘한다는 것은 상공上工이 소리, 색깔, 형태, 맥의 징후를 잘 알고 본과 표를 묘하게 알아내는 것을 일컫는다. 그리하여 피모를 다스려 장부의 병을 치유할 수 있고, 또한 장부를 다스려 피모의 질병을 없앨 수 있다. 병이 피모에 있으면 피모를 치료하고, 병이 오장에 있으면 오장을 치료한다. 혹 병이 얕으면 얕은 곳을 치료하고, 혹 병이 깊으면 깊은 곳을 치료하며, 혹 병이 얕으나 깊은 곳을 치료하고, 혹 병이 깊으나 얕은 곳을 치료하여 모두 치유가 되게 하는 자가 지혜가 뛰어난 사람이 되니, 열을 다 낫게 하는 자이다. 오늘날 사기가 피모의 얕은 곳에 처음 들어가 마침내 오장의 깊은 곳에 도달하여 뛰어난 의사가 열 명을 치료하면 다섯 명은 죽고 다섯 명은 살아나니, 음양 양면으로 사기를 받아 병이 깊고 무겁기 때문이다.

교주
① 五藏半死半生: 《素問·陰陽應象大論》에는 "治五藏者, 半死半生也."로 되어 있다.

② 亦: 原鈔本에는 '仐'으로 되어 있는데 '亦'의 俗字이다. 原鈔本에서는 두 글자를 혼용하고 있는데 대표자인 '亦'으로 바꾸었다.

③ 五死五死: 뒤의 '五死'는 衍文이니 마땅히 삭제해야 한다.

故天之邪氣, 感則害①五藏,

그러므로 하늘의 사기를 감촉하면 오장이 상하고,

謂天降八正虛風, 從衝上來,② 爲損至深, 故害五藏也之.③

하늘이 내린 팔정八正의 허풍虛風이 충衝하는 방향에서 오면 손상이 지극히 깊기 때문에 오장이 상한다.

① 害:《素問·陰陽應象大論》에는 이 뒤에 '人'字가 더 있다.
② 天降八正虛風, 從衝上來: 즉 衝風을 말한다. 예컨대, 봄이면 동풍이 불어야 하는데 예상치 못하게 갑자기 서풍이 부는 것을 충풍이라 한다. 해치는 기운으로 작용한다.
③ 之: 衍文으로 보인다.

水穀之寒溫,^① 感則害^②六府,

수곡의 한온을 감촉하면 육부가 상하며,

天地之間, 資資^③生氣味, 謂水穀也. 六府貯於水穀, 節之失和, 次害六府也.
하늘과 땅 사이에 기미를 자양하고 생하게 하는 것을 일컬어 수곡이라고 한다. 육부는 수곡을 저장하므로 조절함에 조화를 잃어버리면 다음 순서로 육부가 상한다.

① 溫:《素問·陰陽應象大論》에는 '熱'로 되어 있다.
② 害:《素問·陰陽應象大論》에는 이 뒤에 '於'字가 더 있다.
③ 資: 이 글자는 衍文으로 보인다.

地之濕氣, 感則害皮肉筋脈.

땅의 습기를 감촉하면 피육근맥皮肉筋脈을 해칩니다.

腎爲水藏, 主主^①骨又深, 少濕未能卽傷, 餘之四藏, 所主皮肉筋脈在外, 感卽先傷, 未至六府也之.^②
신腎은 수장으로 뼈를 주관하며 또한 깊은 곳에 있으니 적은 습으로는 곧바로 상하게 할 수 없다. 나머지 사장四藏이 주관하는 피육근맥은 바깥쪽에 있어서 사기를 감촉하면 곧 먼저 상하며 육부에까지 이르지는 않는다.

① 主: 이 글자는 衍文으로 보인다.

② 之: 衍文으로 보인다.

故^①用鍼者, 從陰引陽, 從陽引陰,
그러므로 침을 쓸 때에는, 음을 따라 양을 이끌고 양을 따라 음을 이끌어,

肝藏足厥陰脈實, 肝府膽足少陽脈虛, 須瀉厥陰以補少陽, 卽從陰引陽也.
若少陽實, 厥陰虛, 須瀉少陽以補厥陰, 卽從陽引陰也. 餘例准^②此.
간장의 족궐음맥이 실하고 간의 부府인 담의 족소양맥이 허하면 모름지기 궐음을 사하여 소양을 보하게 된다. 이것이 음을 좇아 양을 이끌어 내는 것이다. 만약에 소양이 실하고 궐음이 허하면 모름지기 소양을 사하여 궐음을 보하게 된다. 이것이 양을 좇아서 음을 이끌어 내는 것이다. 나머지 예도 이를 따른다.

교
주
① 故:《素問·陰陽應象大論》에는 이 뒤에 '善'字가 더 있다.
② 准: '準'의 通用字이다.

以右治左, 以左治右.
오른쪽으로 왼쪽을 다스리고, 왼쪽으로 오른쪽을 다스립니다.

謂以繆刺, 刺諸絡脈. 謂以巨刺, 刺諸經脈.
무자법繆刺法의 경우에는 모든 락맥을 침자하고, 거자법巨刺法의 경우에는 모든 경맥을 침자한다.

以我知彼,
나로써 남을 알고,

謂醫不病, 能知病人.
의사가 병들지 않아야 병든 사람을 능히 알 수 있음을 일컫는다.

以表知裏,

겉으로써 안을 알아,

> 或瞻六府表脈, 以知五藏裏脈. 或瞻聲色之表, 能知藏府之裏也.
> 혹은 육부의 바깥쪽 맥을 보아서 오장의 안쪽 맥을 알고, 혹은 소리나 색의 드러남을
> 보아 장부의 안쪽을 알 수 있다.

以觀過與不及之理, 見微得過, 用之不殆.
과불급의 이치를 살펴 미미할 때 문제가 있음을 파악해야, 써도 위태
롭지 않습니다.

> 寸口之脈, 過五十動, 然後一代, 謂之過. 不滿五十, 謂之不及. 見關格微
> 病, 得過失也. 見微過而救人者, 謂未病之病, 療十十全, 故无危殆.
> 촌구맥이 50번 넘게 박동한 뒤에 한 차례 쉬었다 뛰는 것을 '過'라 한다. 50번을 채우지
> 못하는 경우를 불급不及이라 한다. 관격關格이 미약하게 나타난 병을 보고 문제가 있
> 음을 알아채야 한다. 병이 미약할 때 문제를 발견하여 사람을 구함을 일컬어 병이 아
> 직 들기 전의 병이라고 하니, 열 명을 치료하면 열 명이 다 나으므로 위태롭지 않다.

善診者①按脈,
진단을 잘 하는 의사는 맥을 짚어,

> 善, 謂上工善能診候. 診候之要, 謂按脈.
> '善'은 뛰어난 의사는 진단을 잘함을 말한다. 진단하는 요체가 맥을 짚는 것임을 말한다.

교주 ① 者:《素問·陰陽應象大論》에는 이 뒤에 '察色' 두 글자가 더 있다.

先別陰陽, 審淸濁, 而知部候.①
먼저 음양을 변별하고 청탁을 살피어 병의 부위를 압니다.

> 按脈之道, 先須識別五藏陰脈, 六府陽脈, 亦須審量榮氣爲濁, 衛氣爲淸,
> 知②兩手各有寸關尺三部之別也.
> 맥을 잡는 방법은 우선 오장의 음맥과 육부의 양맥을 식별하고, 또한 영기의 탁함과

위기의 청함을 분별하여 헤아리며, 양쪽 손에 각각 촌관척 삼부의 구별이 있음을 아
는 것이다.

① 候: 原鈔本에는 '候'가 처음에 '分'으로 되어 있었으나, 抄校者가 '候'로 바꾸고
'分'字의 오른쪽에 注를 달았다. 《素問·陰陽應象大論》에는 '分'으로 되어 있다.
② 知: 原鈔本에는 이 글자는 '矢'字 밑 부분의 먹이 번져서 '和'字로 보이기도 하
나, 세밀하게 변별해보면 '知'字가 맞다.

視喘息, 聽音聲, 而知所苦,
헐떡이는 모습을 보고 음성을 들어 아픈 곳을 알며,

須看病人喘息遲疾麤細, 聽病人五行音聲, 卽知五藏六府, 皮毛膚肉, 筋
脈骨髓何者所苦, 此謂聽聲而知者也之.[①]
모름지기 환자의 천식의 느림과 빠름, 거침과 세밀함을 보며 환자의 오행별로 나누어
져 있는 음성을 들어보면 오장육부, 피모부육, 근맥골수 중에서 어느 부분이 고통스
러운지 알 수 있으니 이것을 일컬어 소리를 듣고 안다고 한다.

① 之: 衍文으로 보인다.

觀權衡規矩, 而知病所在,[①]
권형규구를 관찰하여 병이 있는 곳을 알고,

面部有五藏六府五行氣色, 觀乎[②]卽知病在何藏府也. 此謂察色而知也.
얼굴에는 오장육부의 오행 기와 색이 있는데, 관찰하면 곧 병이 어느 장부에 있는지
알 수 있다. 이것을 일컬어 색을 관찰하여 안다고 한다.

① 在: 《素問·陰陽應象大論》에는 '主'로 되어 있다.
② 乎: 原鈔本에는 처음에 '平'으로 되어 있었으나, 抄校者가 '乎'로 바꾸고 '平'字
오른쪽에 작은 글자로 注를 달았다. 여기서는 이를 따라 고쳤다.

按尺寸而^①觀浮沈滑濇, 而知病所生.

척촌을 눌러 부침과 활색을 관찰하여 병이 생긴 곳을 압니다.

濇, 所勒反, 不滑也. 人之兩手, 從關至魚九分, 爲寸也. 從關至尺一寸, 爲尺也. 尺寸終始一寸九分, 爲尺寸也. 凡按脈者, 按寸口得五藏六府十二經脈之氣, 以知善惡. 又按尺部, 得知善惡. 依此大經, 竟無關部. 關者, 尺寸分處, 關自无地. 依秦越人, 寸口爲陽, 得地九分, 尺部爲陰, 得地一寸, 尺寸終始一寸九分,^② 亦无關地. 華他^③云, 尺寸關三部各有一寸, 三部之地合有三寸, 未知此言何所依據. 王叔^④和, 皇甫謐等各說不同, 幷有關地, 旣无依據, 不可行用. 但關部不得言无, 然是尺寸分處, 自无其地. 脾脈在中, 有病寄見尺寸兩間, 至下脈經之中, 其定是非也.^⑤ 按脈之道, 先別陰陽淸濁, 知部分, 以次察聲色, 知病所苦所在, 始按尺寸, 觀浮沈等四時之脈, 以識病源也.

'濇'의 음은 '所'와 '勒'의 반절이니, 매끄럽지 못함을 뜻한다. 인체의 두 손에서, 관關에서 어제魚際까지 9푼이 촌寸이고, 관에서 척까지 1촌이 척尺이니, 척촌尺寸 부위에서 처음부터 끝까지 길이 1촌 9푼을 척촌尺寸으로 정의한다. 무릇 진맥이란 촌구맥을 눌러 오장육부와 십이경맥의 기를 얻어서 병의 선악을 알고, 또 척부를 눌러서 병의 선악을 파악하는 것이다. 이런 큰 줄거리를 따르면 결국 관부가 없게 된다. 관關은 척과 촌이 갈리는 곳이므로 관은 자기 자리가 없다. 편작扁鵲에 따르면 촌구는 양이므로 자리를 9푼 얻고, 척부는 음이므로 자리를 1촌을 얻어 척촌이 처음부터 끝까지 길이가 1촌 9푼이라 하니, 역시나 관의 자리가 없다. 화타가 말하기를, "척, 촌, 관의 삼부가 각기 1촌씩 가지니 삼부의 자리를 합하면 3촌을 갖는다."라고 하였는데, 이 말이 어디에 근거한 것인지 알지 못하겠다. 왕숙화, 황보밀 등 각자의 주장이 같지 않으나, 관의 자리가 있다는 말은 근거가 없으므로 쓸 수 없다. 단, 관부가 없다고 말할 수는 없으니 척과 촌이 갈리는 곳이 그 부위로 자기 자리를 차지하지는 않지만 비장의 맥이 그 속에 있어 병이 있으면 척과 촌의 사이에 붙어 나타난다. 나중에 《맥경脈經》에서 다 시비를 판정하였다. 맥을 잡는 도리는 우선 음양의 청탁을 구별하여 병의 부위를 알고, 다음으로 음성과 안색을 살펴 병든 곳과 아픈 곳을 알고서야 비로소 척촌을 눌러 부침 등과 사시의 맥을 보아 병의 근원을 식별한다.

교주 ① 而:《素問·陰陽應象大論》에는 이 글자가 없다.

② 秦越人, … 尺寸終始一寸九分: 《難經·二難》의 "二難曰, 脈有尺寸, 何謂也. 然, 尺寸者, 脈之大要會也. 從關至尺是尺內, 陰之所治也. 從關至魚際是寸口內, 陽之所治也. 故分寸爲尺, 分尺爲寸, 故陰得尺內一寸, 陽得寸內九分, 尺寸終始, 一寸九分, 故曰尺寸也."를 인용한 것이다.

③ 他: 이 글자는 '佗'와 통한다. 즉 華他는 華佗를 의미한다.

④ 叔: 原鈔本에서는 모두 '尗'으로 되어 있는데 같은 글자이다. 대표적으로 쓰이는 '叔'으로 모두 바꾸었다.

⑤ 至下脈經之中, 其定是非也: 뜻이 상세하지 않다. 《脈經》에서는 관련 내용을 찾을 수 없다. 錢超塵은 '脈經'을 '經脈'으로 보았으나 뜻이 통하지 않는다. 앞서 이미 《脈經》의 저자 王叔和를 언급하였으므로 '脈經'일 가능성이 있다.

以治無過, 以診則不失矣.

이로써 치료하면 허물이 없고 이로써 진단하면 실패하지 않습니다.

此以診候知病源已, 然後命諸鍼艾湯藥等法療諸病者, 必有祛疾服靈之福, 定无夭年損傷之罪, 以其善診則无失也.

이것은 진단하고 살펴 병의 근원을 안 뒤에 침,뜸,탕약 등의 치료법을 일러주어 제반 질병을 치료하는 자가 반드시 질병을 없애고 신령함을 얻게 되는 복이 있어 정녕코 일찍 요절하게 하거나 손상시키는 허물이 없게 되는 것이니, 진단을 잘하면 실패하지 않기 때문이다.

故曰病之始起也, 可刺而已,

그러므로 말하기를, 병이 처음 일어날 때에는 침을 놓을 수 있을 뿐이며,

以其善診, 病之始生, 卽以小鍼消息①去之. 不用毒藥者, 此則其微, 易散者也.

잘 진단하여 병이 처음 생길 때 곧 소침小鍼으로 조절하여 없앤다. 독약을 쓰지 않는 것이니, 이것은 곧 그 병세가 미약하여 쉽게 흩어지기 때문이다.

교
주

① 消息: '消'는 줄어듦을 말하고, '息'은 불어남을 말하니, 여기서 消息은 침으로 補瀉하는 것을 뜻한다.

其盛, 可待而衰也.[①]

그 병세가 성할 때는 쇠하기를 기다리면 됩니다.

> 病盛不可療者, 如堂堂之陣, 不可卽擊. 待其衰時, 然後療者, 易得去之, 如瘧病等也.
>
> 질병이 성할 때 치료할 수 없는 것은 마치 기세가 등등한 군대를 바로 칠 수 없는 것과 같다. 그것이 쇠하기를 기다린 후에야 치료하는 것은 쉽게 없앨 수 있기 때문이니, 예를 들면 학질 등의 병이 그러하다.

교주 ① 也:《素問·陰陽應象大論》에는 '而已'로 되어 있다.

故曰[①]因其輕而揚[②]之,

그러므로 다음과 같이 말합니다. 병세가 가벼운 경우는 들어서 흩어 버리고,

> 謂風痹等, 因其輕動, 道引微鍼, 揚而散之.
>
> 풍비風痹와 같은 질병을 말한 것인데 그 특징이 가벼이 움직이므로 도인법이나 미침으로 들어 올려 흩어버린다.

교주 ① 曰:《素問·陰陽應象大論》에는 이 글자가 없다.
② 揚: 原鈔本에는 '楊'으로 되어 있는데 傳寫 과정의 오류이다. 原鈔本에서는 부분적으로 이와 같은 오류가 있는데 모두 '揚'으로 바로잡았다.

因其重而減之,

무겁게 가라앉는 경우에는 감소시키며,

> 謂濕痹等, 因其沈重, 燔鍼按熨, 漸減損也.
>
> 습비濕痹와 같은 질병을 말한 것인데, 그 특징이 침중하므로 불로 달군 번침燔鍼, 안마, 찜질의 방법으로 점차 감소시키고 덜어낸다.

因其衰而彰之.

쇠퇴해지는 경우에는 확실하게 제거합니다.

謂癲狂等, 取其衰時, 彰瀉去之也.
전광 등과 같은 질병을 말한 것인데, 병세가 쇠퇴하는 때를 취하여 확실하게 사하여 제거한다.

形不足者, 溫之以氣

형이 부족하면 따뜻하게 하되 기로써 하고,

謂寒瘦小氣之徒,[1] 補其陽氣也之.[2]
몸이 차고 마른 사람이나 기가 부족한 사람은 그 양기를 보한다.

교주 ① 小氣之徒: '小'는 의미상 '少'가 옳다.
② 之: 衍文으로 보인다.

精不足者, 補之以味.

정이 부족하면 보하되 미味로써 합니다.

五藏精液少者, 以藥以食五種滋味而補養之.
오장의 정액이 적은 사람은 약으로써 다섯 가지의 자양하는 맛을 먹어서 보양한다.

其高者, 因而越之,

병이 높이 있으면 병세에 따라 위로 넘기고,

風熱實於頭胸, 因瀉越之.
풍열이 머리와 가슴에 실하면 이를 따라 사하여 위로 넘겨서 내보낸다.

其下者, 引而竭之.

아래에 있으면 끌어서 고갈시킵니다.

> 寒濕實於腰足, 引瀉竭之.
> 한습이 허리와 다리에서 실하면 이끌어서 사하여 고갈시킨다.

中滿者, 瀉之於內,

속이 그득하면 안으로 사하고,

> 氣脹腸胃之中, 可以瀉之.
> 기가 장위腸胃 가운데에 그득하면 사할 수 있다.

其有邪者, 淸①以爲汗, 其在皮者, 汗而發之.

사기가 있으면 열을 식히고 땀이 나게 하며, 피부에 있으면 땀으로 발산시킵니다.

> 淸, 冷也, 邪, 腸胃寒熱病氣也. 或入藏府, 或在皮毛, 皆用鍼藥以調汗而出之也.
> '淸'은 차게 하는 것이고, '邪'는 장위腸胃의 차고 더운 병기病氣이다. 혹은 장부에 들어가거나 혹은 피모에 있는데, 모두 침이나 약을 써서 땀을 조절하여 내보낸다.

교주 ① 淸:《素問·陰陽應象大論》에서는 '漬形'이라 하였다.

其慓悍者, 按而投①之,

날래고 사나우면 누른 뒤에 침을 놓고,

> 慓, 芳照反, 急疾也. 悍, 胡旦反. 禁其氣急不散, 以手按取, 然後投鍼也.
> 慓의 음은 '芳'과 '照'의 반절이고, 급하고 빠른 것이다. 悍의 음은 '胡'와 '旦'의 반절이다. 그 기가 급한 것을 막아 흩어지지 않도록 손으로 눌러 취한 뒤에 침을 놓는다.

교주 ① 投:《素問·陰陽應象大論》에는 '收'로 되어 있다.

其實者, 散而瀉之.

그 실한 것은 흩어서 사합니다.

諸有實者, 皆散瀉之.
모든 실한 것은 다 흩어서 사한다.

審其陰陽, 以別柔剛,① 陽病治陰, 陰病治陽.

그 음양을 살피고 강유를 구별하여 양병陽病은 음을 다스리고 음병陰病
은 양을 다스립니다.

夫物柔弱者, 陽之徒也. 剛②强者, 陰之徒也. 陰經受邪, 流入陽經爲病, 是
爲陰經爲本, 陽經爲標. 療其本者, 療於陰經. 卽陽病療陰也. 陽經受邪,
准③陰療陽也, 卽陰病療陽也. 又陰陽二經, 陰經若實, 陽經必虛, 陽經若
實, 陰經定虛. 故陽虛病者宜瀉陰, 陰實病者宜補陽也.
무릇 사물 중 부드럽고 약한 것은 양의 무리이고 군세고 강한 것은 음의 무리이다. 음
경陰經이 사기를 받아 양경陽經으로 유입되어 병이 되니, 이것이 음경陰經이 본本이 되
고, 양경陽經이 표標가 되는 것이다. 그 근본을 치료하는 것은 음경陰經을 치료함이니,
곧 양병에 음을 치료하는 것이다. 양경陽經이 사기를 받으면 음을 따라 양을 치료하
니, 곧 음병에 양을 치료하는 것이다. 또한 음양 두 경락은 음경이 실하면 양경은 반
드시 허하고 양경이 실하면 음경은 반드시 허하다. 그러므로 양허병陽虛病인 경우는
마땅히 음을 사하고, 음실병陰實病인 경우는 마땅히 양을 보해야 한다.

교주

① 剛: 原鈔本에는 '𡃍'으로 되어 있는데 俗字이다.
② 剛: 原鈔本에는 '𡃍'으로 되어 있는데 俗字이다.
③ 准: '準'의 通用字이다.

定其血氣, 各守其鄕, 血實宜決之, 氣虛宜掣引之.

그 혈병인지 기병인지를 판정하여 각각 자기 자리를 지키게 하는데,
혈이 실한 것은 마땅히 소통시키고 기가 허한 것은 마땅히 잡아 이끕
니다.

須定所病在氣在血, 各守血氣病之別鄕, 瀉乃用鍼刺去實血, 補乃用鍼引

氣, 引皮補已, 縱皮閉門, 使氣不洩. 掣, 充曳反, 引也.

모름지기 병든 곳이 기에 있는지 혈에 있는지 판정하여, 각각 혈병血病과 기병氣病의 각각의 자리를 지키게 하는데, 사할 때는 침을 써서 실혈實血을 제거하고, 보할 때는 침을 써서 기를 이끈다. 피부를 당겨서 보하고, 피부를 늘어지게 하되 문을 닫아 기가 발설되지 않게 한다. '掣'의 음은 '充'과 '曳'의 반절로, 이끈다는 뜻이다.

조음양

調陰陽

교주 이 篇의 내용은 《素問·生氣通天論》에 보인다. 이 篇에서는 인체의 生氣인 陽氣의 盛衰에 따라 건강하거나 질병이 생김을 설명하였다. 그리고 陽氣와 陰氣의 생리적, 병리적 특성과, 風寒暑濕의 邪氣의 침입으로 인해 각각 질병이 형성됨을 서술하고, 陰陽의 氣를 조화롭게 하는 것에 대하여 설명하였다.

黃帝問於岐伯曰[1]夫[2]自古通天者, 生之本也,[3]

황제가 기백에게 물어 말하기를, 무릇 예부터 하늘에 통하는 자는 生의 근본을,

> 古, 謂上古中古者也. 調陰陽而攝其生, 則通天之義. 上古、中古, 人君攝生莫不法於天地, 故生同天地, 長生久視. 通天地者, 生之本也. 不言通地者, 天爲尊也.
>
> 옛날은 상고, 중고를 말하는 것이다. 음양을 조화롭게 하여 그 生을 기르는 것이 곧 '通天'의 뜻이다. 상고, 중고시대에 임금이 生을 기를 때 천지를 본받지 않음이 없었으므로 生을 천지와 함께하여 불로장생하였다. 천지에 통하는 것이 生의 근본이다. '通地'라 말하지 않은 것은 하늘이 존귀하기 때문이다.

교주 ① 黃帝問於岐伯曰: 《素問·生氣通天論》에는 '黃帝曰'로 되어 있다.
② 夫: 《醫家千字文註》에는 이 글자가 없다.
③ 也: 《素問·生氣通天論》에는 이 글자가 없다.

本於陰陽.

음양에 근본했습니다.

本於天地陰陽之氣.
천지 음양의 기에 근본한다.

天地之間, 六合之內, 其氣九州, 九竅, 五藏, 十二
節, 皆通于^①天氣.

하늘과 땅 사이의 육합의 안에서 그 기가, 구주, 구규, 오장, 십이절이
모두 천기에 통합니다.

在於天地四方上下之間所生之物, 卽九州等也. 九州, 卽是身外物也. 九
竅等物, 身內物也. 十二節者, 謂人四支各有三大節也. 謂九州等內外物,
皆通天氣也.

하늘과 땅, 사방과 상하 사이에 생겨난 사물이 곧 구주九州 등이다. 구주九州는 곧 몸
밖의 사물이다. 구규九竅 등의 사물은 몸 안의 사물이다. 십이절十二節은 사람의 사지
에 각각 세 개의 큰 관절이 있는 것을 일컫는다. 구주九州 등 내외의 사물이 모두 천기
에 통하는 것을 일컫는다.

_{교주} ① 于:《素問·生氣通天論》에는 '乎'로 되어 있다.

其生在^①其氣三,
그 생生은 그 삼기三氣에 있습니다.

謂天地間九州等物, 其生皆在陰陽及和^②三氣.
하늘과 땅 사이 구주九州 등의 사물은 그 생生이 모두 음, 양 및 화和의, 삼기三氣에
있다.

_{교주} ① 在:《素問·生氣通天論》에는 '五'로 되어 있다.
② 和:《老子》제42장에 "道生一, 一生二, 二生三, 三生萬物, 萬物負陰而抱陽, 沖
氣以爲和."가 나오는데, 이를 참고할 수 있다.

謂^①數犯此者, 則邪氣傷人, 此壽^②之本.^③

이것을 자주 범하면 사기가 사람을 상하게 되니, 이것이 오래 사는 것의 근본입니다.

> 陰陽分爲四時和氣, 人之縱志, 不順四時和氣攝生, 爲風寒雨濕邪氣傷也. 此順三氣養生, 壽之本也.
> 음양은 나뉘어 사계절의 화기和氣가 되는데, 사람이 뜻을 놓음에 사계절의 화기和氣를 좇아서 섭생하지 않으면 풍한우습風寒雨濕의 사기에 의해 상하게 된다. 이 삼기三氣를 따라 양생하는 것이 오래 사는 것의 근본이다.

교주 ① 謂:《素問·生氣通天論》에는 이 글자가 없다.
② 壽:《素問·生氣通天論》에는 '壽命'으로 되어 있다.
③ 本:《素問·生氣通天論》에는 이 뒤에 '也'字가 더 있다.

蒼天之氣淸靜,[①] 則志意治,
창천의 기가 청정하면 지의가 다스려집니다.

> 蒼, 天色也. 氣, 謂四時和氣者也. 天之和氣, 淸而不濁, 靜而不亂, 能令人志意皆淸靜也.
> 창蒼은 하늘의 색이다. 기는 사계절의 화기和氣를 일컫는 것이다. 하늘의 화기和氣가 맑고 탁하지 않으며 고요하고 어지럽지 않으면, 사람의 뜻을 모두 청정케 할 수 있다.

교주 ① 靜:《素問·生氣通天論》에는 '淨'으로 되어 있다.

夫[①]順之則陽氣固, 雖有賊邪, 弗能害也, 此因時之序也.[②]
무릇 그것에 순종하면 양기가 견고해져 비록 적사賊邪가 있을지라도 능히 해칠 수 없으니, 이것은 사계절의 순서를 따르기 때문입니다.

> 人能順淸靜和氣, 則藏氣守其內, 府氣固其外, 則雖有八正虛風賊邪, 不能傷也, 斯乃因四序之和, 自調攝也.
> 사람이 능히 청정한 화기和氣를 좇을 수 있으면 오장의 기가 안을 지키고 육부의 기가 밖을 굳건히 하여 곧 비록 팔정八正의 허풍虛風과 적사賊邪가 있더라도 상할 수 없다.

이는 사계절의 순서에 화和하여 스스로 조섭하기 때문이다.

교주 ① 夫:《素問・生氣通天論》에는 이 글자가 없다.
② 也:《素問・生氣通天論》에는 이 글자가 없다.

故聖人摶精神,① 或②服天氣,③ 通神明.

그러므로 성인은 정신을 붙잡고 혹 천기에 복종하고 신명神明에 통합니다.

摶, 附也. 或, 有也. 聖人令精神相附不失, 有服淸靜之氣, 通神令淸, 通性令明, 故得壽弊④天地而不道夭.
'摶'은 붙인다는 뜻이다. '或'은 이런 경우도 있다는 뜻이다. 성인이 정신을 서로 붙여 잃지 않게 하고 청정한 기에 복종함이 있어, 신神에 통하여 맑게 하고 성性에 통하여 밝게 하므로, 수명이 천지를 가릴 정도가 되어 요절함을 말하지 않았다.

교주 ① 摶:《素問・生氣通天論》에는 '傳'으로 되어 있다.
② 或:《素問・生氣通天論》에는 이 글자가 없다.
③ 氣:《素問・生氣通天論》에는 이 뒤에 '而'字가 더 있다.
④ 弊: '弊'는 '蔽'와 통한다.

氣①失之, 則內閉九竅, 外壅肌肉, 衛氣散解, 此謂自傷, 氣之削也.

기가 조화를 잃으면 안으로는 구규九竅가 막히고 밖으로는 기육肌肉이 옹체되며 위기衛氣가 흩어져 풀어지니, 이것을 일컬어 스스로 상傷하는 것이라고 하니, 기가 깎이는 것입니다.

陰氣失和, 則內閉九竅, 令便不通 , 外壅肌肉, 使腠理壅塞也. 陽氣失和, 則腠理開解, 衛氣發洩也. 此之失者, 皆是自失將攝, 故令和氣銷削也.
음기가 조화를 잃으면 안으로는 구규九竅를 막아 변便을 통하지 않게 하고, 밖으로는 기육肌肉을 막아 주리를 옹색케 한다. 양기가 조화를 잃으면 주리가 열리고 풀어져 위기衛氣가 발설된다. 여기서의 잃음은 모두 스스로 마땅히 조섭해야 할 것을 잃는 것이니, 그러므로 조화로운 기로 하여금 다하여 없어지고 깎이게 한다.

① 氣: 《素問·生氣通天論》에는 이 글자가 없다.

陽氣者, 若天與日, 失其行, 獨壽不章,① 故天運當以日光明, 是故陽因上而②衛外者也.

양기는 마치 하늘에 해가 있는 것과 같으니, 해가 그 행할 바를 잃으면 홀로 수명이 펼쳐지지 않습니다. 그러므로 하늘의 운행은 마땅히 해로써 광명하니, 이러한 까닭에 양은 인因하여 위로 가서 밖을 호위하는 것입니다.

人之陽氣若天與日, 不得相无也. 如天不得无日, 日失其行, 則天不明也. 故天之運動, 要藉日行, 天得光明也. 人與陽氣不得相无, 若无三陽行於頭上, 則人身不得章延壽命也. 故身之生運, 必待陽脈行身已上, 故壽命章也. 是以陽上於頭, 衛於外也.

사람의 양기는 마치 하늘에 해가 있는 것과 같아서 서로 없을 수 없다. 예컨대 하늘에 해가 없을 수 없으니, 해가 그 행할 바를 잃으면 하늘은 밝지 못하다. 그러므로 하늘의 운동은 해의 운행에 의지하여야 하늘이 광명을 얻는다. 사람도 양기가 없을 수 없으니, 만약에 머리 위에서 행할 삼양三陽이 없다면 사람의 몸이 수명을 펼쳐 늘릴 수 없다. 그러므로 몸의 생기의 운행은 반드시 양맥陽脈이 몸의 윗부분으로 행하기를 기다려야 하니 그렇게 하여야 수명이 펼쳐진다. 이로써 양은 머리로 올라가서 바깥을 지킨다.

① 失其行, 獨壽不章: 《素問·生氣通天論》에는 '失其所則折壽而不彰'으로 되어 있다. 여기서 '章'은 '彰'과 通用한다.
② 上而: 《素問·生氣通天論》에는 '而上'으로 되어 있다.

因於寒, 志①欲如連樞,② 起居如驚, 神氣乃浮.

한사寒邪에 상하면 뜻과 의욕이 자주 움직이는 듯하고, 기거가 놀란 듯하며, 신기神氣가 이에 뜹니다.

連, 數也. 樞, 動也. 和氣行身, 因傷寒氣, 則志欲不定, 數動不住, 故起居如驚, 神魂飛揚也之.③
'連'은 자주라는 뜻이다. '樞'는 움직인다는 뜻이다. 화기和氣가 몸을 행하다가 한기寒氣에 상하면 뜻과 의욕이 안정되지 않고, 자주 움직여 가만히 있지 못하기 때문에 기거가 놀란 듯하며 신神과 혼魂이 날아오른다.

① 志:《素問·生氣通天論》에는 이 글자가 없다.
② 連樞:《素問·生氣通天論》에는 '運樞'로 되어 있다.《素問》新校正에 따르면 全元起本에는 '連樞'로 되어 있고, 全元起는 '連樞'를 "陽氣定如連樞者, 動繫也."로 설명하였다.
③ 之: 衍文으로 보인다.

因於暑, 汗, 煩則喘喝, 靜則多言, 體若燔炭, 汗出如①散.
서서暑邪에 상하면 땀이 나고 답답해 하면서 숨을 헐떡이고 헉헉거리며, 증세가 덜해서 가만있을 때에는 말을 많이 하는데, 몸이 숯불처럼 뜨겁고 땀이 나는 것이 흩어지는 듯합니다.

喝, 漢曷反, 呵也, 謂喘呵出氣聲也. 汗者, 陰氣也, 故汗出卽熱去. 令熱汗出而煩擾也. 若靜而不擾, 則內熱狂言. 如此者, 雖汗猶熱. 汗如沐浴, 汗不作珠, 故曰如散也.
'喝'의 음은 '漢'과 '曷'의 반절로, 숨을 내쉰다는 뜻이니, 헐떡거리듯 숨을 내쉬어 기를 내뱉는 소리를 일컫는다. 땀은 음기이므로 땀이 나면 열이 제거되는데, 가령 열이 나면서 땀이 나면 가슴이 답답해서 가만있지 못하며, 간혹 가만히 있으면서 요동치지 않으면 내열內熱로 인하여 광언狂言을 한다. 이와 같은 사람은 비록 땀을 흘려도 여전히 열이 나는데, 땀으로 목욕을 한 듯하고 땀이 방울지지 않으므로 흩어진 듯하다고 말한 것이다.

① 如:《素問·生氣通天論》에는 '而'로 되어 있다.

因於濕, 首如裹攘,① 大筋濡②短, 小筋弛③長, 弛③長者爲痿.④

습사濕邪에 상했는데 머리에 물수건을 둘러서 열을 제거하려 한다면, 큰 근육들은 적셔져 짧아지고, 작은 근육들은 이완되고 길어지는데, 이완되고 길어진 것은 위증이 됩니다.

如, 而也. 攘, 除也. 人有病熱, 用水濕頭而以物裹, 人望除其熱, 是則大筋得寒濕縮, 小筋得熱緩長. 弛,③ 緩也, 弛③尔反. 筋之緩瘵, 四支不收, 故爲痿也之.⑤

'如'는 그리고의 뜻이다. '攘'은 제거한다는 뜻이다. 사람이 병으로 열이 있으면, 물로 머리를 축이는데 물건으로 머리를 싸매니 그 열이 제거되기를 바라는 것이다. 이렇게 하면 큰 근육은 차고 축축한 기운을 얻어 오그라들고, 작은 근육은 열을 얻어 이완되고 길어진다. '弛'는 늘어진다는 뜻으로 음은 '弛'와 '尔'의 반절이다. 근육이 늘어져 병이 되면 팔다리가 거두어지지 않으므로 위증痿證이 된다.

교주
① 首如裹攘: 《素問·生氣通天論》에는 "首如裹, 濕熱不攘."으로 되어 있다.
② 濡: 《素問·生氣通天論》에는 '軟'으로 되어 있다.
③ 弛: 原鈔本에서는 모두 '弤'로 되어 있는데 같은 글자이다. 대표적으로 쓰이는 '弛'로 모두 바꾸었다.
④ 弛長者爲痿: 《素問·生氣通天論》에는 "軟短爲拘, 弛長爲痿."로 되어 있다.
⑤ 之: 衍文으로 보인다.

因陽①氣爲腫, 四維相代, 陽氣而②竭.

양기로 인하여 종腫이 되는데 사시의 기가 서로 갈마들어 양기가 고갈 됩니다.

因邪氣客於分肉之間, 衛氣壅遏不行, 遂聚爲腫. 四時之氣各自維守, 今四氣相代, 則衛之陽氣竭壅不行, 故爲腫也之.③

사기가 분육分肉의 사이에 머물러서 위기가 옹체되어 행하지 못하고, 마침내 모여 종腫이 된다. 사시의 기는 각자가 귀퉁이에서 자리를 지키는데, 지금 사시의 기가 서로 갈마들어 호위하는 양기가 고갈되고 옹체되어 행하지 못하므로 종腫이 된다.

_교_주 ① 陽:《素問·生氣通天論》에는 '於'로 되어 있다.

② 而:《素問·生氣通天論》에는 '乃'로 되어 있다.

③ 之: 衍文으로 보인다.

陽氣者, 煩勞則張, 精絶辟積, 於夏使人前厥,^①

양기는 마음이 번거롭고 성행위를 과도하게 하면 그 양기가 지나치게 일어나서 정精이 끊어지고 기혈이 정체되어 못쓰게 되니, 여름에 사람으로 하여금 전궐前厥을 앓게 하는데,

> 辟, 稗尺反. 夏日▨氣盛時,^② 入房過多則陽虛起, 精絶辟積, 生前厥之病也. 辟積, 辟疊停廢之謂也. 前厥, 卽前仆也.
>
> '辟'은 '稗'와 '尺'의 반절이다. 여름날에 (양기陽氣가) 성한 때에 성행위를 과도하게 하면 양기가 헛되이 일어나 정精이 끊어지고 기혈이 정체되어 못쓰게 되니 전궐前厥의 병을 일으킨다. '辟積'은 쌓이고 정체되어 못쓰게 된 것을 이른다. 전궐前厥은 곧 앞으로 쓰러지는 것이다.

_교_주 ① 前厥:《素問·生氣通天論》에는 '煎厥'로 되어 있다.

② 夏日▨氣盛時: 原鈔本에는 '氣'字 앞의 한 글자를 식별할 수 없는데. 문맥에 의거하면 빠진 글자는 마땅히 '陽'字로 보아야 한다.

目盲不可以視, 耳閉不可以聽,

눈이 멀어 볼 수 없으며 귀가 막혀 들을 수 없게 하니,

> 精絶則腎府足太陽脈衰, 足太陽脈起目內眥, 故太陽衰者卽目盲也. 精絶腎虛, 則腎官不能聽也.
>
> 정精이 끊어진즉 신腎의 부府인 족태양맥足太陽脈이 쇠하는데, 족태양맥足太陽脈은 눈의 안쪽에서 시작된다. 그러므로 태양太陽이 쇠한즉 눈이 멀게 된다. 정精이 끊어져 신腎이 허해지면 신腎의 관官이 들을 수 없게 된다.

潰潰乎若壞都, 滑滑不止.^①

혼란한 모습이 나라의 수도가 무너지는 듯한데 그 혼란함이 그치지 않습니다.

潰, 胡對反. 潰潰, 汩汩, 皆亂也. 陽氣煩勞, 則精神血氣亂, 若國都亡壞, 不可▨止②也. 一曰, 骨不正則都大也. 言非直精神血氣潰亂, 四支十二大骨痿瘲不正也.

'潰'는 음이 '胡'와 '對'의 반절이다. '潰潰'와 '汩汩'은 모두 어지러운 것이다. 양기는 마음이 번거롭고 성행위를 과도하게 하면 정신精神과 혈기血氣가 어지러워지게 됨이 마치 나라의 수도가 망하고 무너져 그치게 하지 못함과 같다. 일설에 뼈가 반듯하지 않은 것은 '都' 즉 큰 것에 해당한다고 하였으니, 단지 정신혈기精神血氣만 무너지고 어지러운 것이 아니라 사지의 12개 큰 뼈들이 위축되고 늘어져서 바르지 못하다는 것을 말한다.

陽氣大怒, 則形氣而絕,① 血宛②於上, 使前厥,③ 有傷於筋縱.④
양기는 크게 화를 내면 형기形氣가 끊어지게 되고 혈이 위로 쌓여서 사람으로 하여금 전궐前厥을 앓게 하고, 혹은 근에 상함이 있으면 늘어지게 됩니다.

陰幷於陽, 盛怒則衛氣壅絕, 血之宛陳, 上幷於頭, 使人有仆, 故曰前厥. 幷傷於筋, 故痿瘲也之.⑤

음이 양으로 몰려 크게 노하면 위기衛氣가 막히고 끊어지며 혈이 뭉쳐서 쌓이는데, 위로 머리에 몰리면 사람으로 하여금 쓰러지게 하므로 전궐前厥이라 한다. 몰려서 근을 상하므로 사지가 마르고 늘어지는 것이다.

③ 使前厥:《素問·生氣通天論》에는 '使人薄厥'로 되어 있다.

④ 有傷於筋縱: 일반적으로 아래 문장에 붙여 "有傷於筋, 縱其若不容."으로 구두
한다.

⑤ 之: 衍文으로 보인다.

其若不容, 而出汗偏阻,^① 使人偏枯.^②

그것이 만약 늘어지지 않고 땀이 한쪽으로만 나면서 몸의 균형이 한
쪽으로 무너지게 되면 사람으로 하여금 편고偏枯를 앓게 합니다.

> 阻, 壞也, 慈呂反. 容, 緩也. 陽氣盛者必傷筋痿緩, 其若不緩, 則冷汗偏出
> 壞身. 偏枯, 不隨之病也, 或偏枯疼者也.
> '阻'는 몸의 균형이 한쪽으로 무너지는 것으로, 음이 '慈'와 '呂'의 반절이다. '容'은 늘
> 어지는 것이다. 양기가 성한 자는 반드시 근을 상하여 사지가 마르고 늘어지는데, 만
> 약 늘어지지 않으면 서늘한 땀이 한쪽으로만 나오고 몸이 한쪽으로 무너지게 되니 편
> 고偏枯는 마음대로 움직여지지 않는 병이며, 혹은 한쪽이 마르고 아픈 것이다.

① 而出汗偏阻:《素問·生氣通天論》에는 '汗出偏沮'로 되어 있다.

② 偏枯: 한쪽 팔다리를 쓰지 못하는 병증으로 중풍 4대증 가운데 하나이다. 偏
風, 半身不遂라고도 한다.

汗出見濕, 乃生痤疿.^①

땀이 나서 습해지게 되면 이에 좌저痤疿가 생깁니다.

> 若汗遍身, 見濕於風, 卽邪風客於肌肉, 壅遏營衛, 傷肉以生痤疿也. 痤,
> 癰^②之類, 然小也, 俗謂之癤子. 久壅陷骨者, 爲痤疿也之.^③
> 만약 온 몸에 땀이 나서 바람에 습한 상태로 노출되면 사풍邪風이 기육肌肉에 침입하
> 여 영위營衛를 막고 육肉을 상함으로써 좌저痤疿가 발생한다. 좌痤는 옹癰의 부류인데
> 작은 것이니, 민간에서는 절자癤子라 이른다. 오랫동안 막혀서 뼈까지 함몰되어 들어
> 가면 좌저痤疿가 된다.

膏粱①之變, 足生大釘,② 受如持虛. ③

기름진 음식을 먹은 변고로 발에 커다란 정釘이 생기는 것이 마치 빈
그릇에 물건을 담는 것과 같습니다.

> 膏粱血食之人, 汗出見風, 其變爲病, 與布衣不同, 多足生大釘腫. 膏粱身
> 虛, 見濕受病, 如持虛器受物, 言易得也.
> 기름진 음식과 육식을 하는 사람은 땀을 내고 바람을 쏘여 변하여 병이 되는 경우 서
> 민과 같지 않아 발에 큰 정종釘腫이 생기는 경우가 많다. 기름진 음식을 먹고 몸이 허
> 한 상태에서 습사를 받아 병이 되는 것이 마치 빈 그릇에 물건을 담는 것과 같으니, 쉽
> 게 얻음을 말한 것이다.

陽氣者, 精則養神, 柔則養筋.

양기는 정미로워지면 신神을 기르고, 부드러워지면 근을 기릅니다.

> 衛之精氣, 晝行六府, 夜行五藏, 令五神淸明, 行四支及身, 令筋柔弱也.
> 정미로운 위기衛氣는 낮에는 육부를 행하고 밤에는 오장을 행하여 오신五神을 청명하
> 게 하고, 사지와 몸을 행하여 근을 유연하게 해준다.

開闔不得, 寒氣從之, 乃生大僂.

열고 닫는 것이 절도를 얻지 못해서 한기寒氣가 그것을 좇아 들어오니

이에 대루大僂를 일으킵니다.

> 腠理有邪, 開令邪出, 則開爲得也. 腠理無邪, 閉令不開, 卽闔爲得也. 今腠理開, 邪入卽便閉之, 故不得也. 寒邪入已, 客於腰脊, 以尻代踵, 故曰大僂. 僂, 曲也, 力矩反.
>
> 주리腠理에 사기가 있는 경우 열어서 사기를 나가게 하면 곧 여는 것이 적절한 것이고, 주리腠理에 사기가 없는 경우 닫아서 열리지 않도록 하면 곧 닫는 것이 적절한 것이다. 지금은 주리腠理가 열려서 사기가 들어왔는데 곧 주리腠理가 닫히는 것이므로 적절하지 않은 것이다. 한사寒邪가 들어와 요척腰脊으로 침입하면 꽁무니뼈가 발뒤꿈치에 닿을 정도가 되므로 대루大僂라고 한다. '僂'는 구부러지는 것이며, 음이 '力'과 '矩'의 반절이다.

陷脈爲瘻, 流連肉腠.[①]

한사寒邪가 맥으로 함몰되어 들어가서 누瘻가 되니, 농혈膿血이 기육肌肉과 주리腠理에 머무릅니다.

> 寒邪久容不散,[②] ▨▨陷脈[③]以爲膿血, 流連在肉腠之間,[④] 故爲瘻.
>
> 한사寒邪가 오래도록 머물고 흩어지지 않아서 [한열寒熱이] 맥으로 함몰되어 들어가면 농혈膿血이 생기는데, 이것이 기육肌肉과 주리腠理 사이로 흘러가 머무르기 때문에 누瘻가 된다.

교주
① 流連肉腠:《素問·生氣通天論》에는 '流連'이 '留連'으로 되어 있다.
② 寒邪久容不散: 錢氏校本과 蕭本에는 모두 '容'이 '客'으로 되어 있다.
③ ▨▨陷脈: 原鈔本에서는 앞의 두 글자가 식별이 어렵다. 여러 교감본에서 '寒熱'로 보는 것을 따라 해석하였다.
④ 肉腠之間: 原鈔本에 '肉'이 '內'로 誤寫되어 있는 것을 바로잡았다. 蕭本에는 '肉'으로 되어 있다.

輸[①]氣化薄, 傳爲善畏, 乃[②]爲驚駭.

수輸에서 기화氣化가 충분히 이루어지지 않으면 전변하여 쉽게 두려워하게 되고, 이에 자주 놀라게 됩니다.

> 輪者, 各繫於藏, 氣化薄則精虛不守, 故善畏而好驚也.
> 수輪수는 각각 장藏에 연계되는데, 기화氣化가 충분히 이루어지지 않으면 정精이 허해져서 지키지 못하게 되므로 쉽게 두려워하여 자주 놀라게 된다.

營氣不順,① 逆於肉理, 乃生癰腫.

영기營氣가 순행하지 않으면, 기육肌肉의 사이로 역류하게 되니, 이에 옹종癰腫이 발생하게 됩니다.

> 脈內營氣爲邪氣傷, 不得循脈陰陽相注, 故逆於肉理, 敗肉卽生癰也.
> 맥 내의 영기營氣가 사기에 상하면 맥을 따라 음양의 기가 서로 흐르지 못하므로 기육肌肉의 사이로 역류하게 되고 기육肌肉이 썩은즉 옹癰이 발생한다.

魄汗不①盡, 形弱而氣爍, 穴輪②已閉, 發爲風瘧. 故風者, 百病之始也.

백한魄汗이 그치지 않아 형체가 허약해지고 기가 쇠하고 손상되어 혈수穴輪가 이미 막히게 되면 풍학風瘧이 발생합니다. 그러므로 풍風은 모든 병의 처음입니다.

> 魄, 肺之神也. 肺主皮毛腠理, 人之汗者, 皆是肺之魄神所營, 因名魄汗. 夏傷於暑, 汗出不止, 形之虛弱, 氣之衰損, 淫邪藏於腠理, 腠理已閉, 至秋得寒, 內外相感, 遂成風瘧而氣爍, 故邪風者百病始. 爍, 式藥反, 淫邪氣.
> 백魄은 폐의 신神이다. 폐는 피모皮毛와 주리腠理를 주관하며, 사람의 땀은 모두 폐의

백신魄神이 운영하는 바이기 때문에 이름하여 백한魄汗이라 한다. 여름에 서暑에 상하면 땀이 그치지 않아 형체形體가 허약해지고 기가 쇠하고 손상되며 음사淫邪가 주리腠理에 저장되는데, 주리腠理가 이미 닫힌 채로 가을에 이르러 한寒에 상하게 되면 안팎으로 모두 감촉되어 마침내 풍학風瘧을 이루어 기가 타 없어지게 되므로 사풍邪風이 모든 병의 처음이라 하였다. '爍'은 음이 '式'과 '藥'의 반절로서, 음사淫邪의 기운이다.

교주 ① 不:《素問·生氣通天論》에는 '末'로 되어 있다.
② 輸:《素問·生氣通天論》에는 '兪'로 되어 있다.

清静則肉腠閉距,^① 雖有大風苛毒, 弗之能客,^② 此因時之序也.

清静則肉腠閉距,① 雖有大風苛毒, 弗之能客,② 此因時之序也.

청정清静하면 기육의 주리를 닫아 사기를 막으니 비록 팔풍八風과 해로운 독이 있어도 능히 침입하지 못합니다. 이는 사시변화四時變化의 질서를 따랐기 때문입니다.

不爲躁動, 毛腠閉距, 八風不能傷者, 順四時之序調養, 故無病也. 苛, 害也, 音何.^③

조급하게 동하지 않아 피모와 주리를 닫고 막아서 팔풍八風이 상하게 하지 못하는 것은 사시의 순서를 따라 조양調養한 것이므로 병이 없다. '苛'는 해치는 것이며, 음은 '何'이다.

교주 ① 距: '拒'로 보는 것이 옳다. 《素問·生氣通天論》에는 '拒'로 되어 있다.
② 弗之能客: 《素問·生氣通天論》에는 '客'이 '害'로 되어 있다.
③ 音何: 錢超塵은 '何'를 '柯'의 誤記로 보았다. 蕭本에도 '柯'로 되어 있다.

故人病久^①則傳化, 上下不幷, 良醫弗爲.

그러므로 사람이 병을 앓은 지 오래되어도 전화할 수 있어서 상하의 음양이 한쪽으로 치우치지 않으면 뛰어난 의사는 아무 치료도 하지 않습니다.

人病雖久, 得有傳變, 上下陰陽不幷, 至其所王, 必當自愈, 故良醫不爲
也之.②
사람의 병이 비록 오래되어도 전변할 수 있어서 상하의 음양이 한쪽으로 치우치지 않
으면 오장의 기운이 왕성한 때에 이르러 반드시 스스로 나으므로 뛰어난 의사는 아무
치료도 하지 않는다.

교주 ① 故人病久:《素問·生氣通天論》에는 '人'字가 없다.
② 之: 衍文으로 보인다.

故陽畜①積病死, 而陽氣當隔, 隔者當瀉. 不亟正治, 且乃敗亡.②
그러므로 양병陽病이 축적되어 죽을 것 같은 경우에는 양기가 당연히
막히게 되니, 막힌 것은 반드시 사해야 합니다. 올바른 치료를 신속하
게 하지 않으면, 이에 패敗하여 죽게 됩니다.

故陽病畜積, 不得傳化, 有其死期者, 陽脈當隔, 脈有隔之時, 當急瀉之.
不急療者必當死也. 隔, 格也. 亟, 急也.
그러므로 양병陽病이 축적되어 전화할 수 없어서 죽을 날을 받아 놓은 사람은 양맥陽
脈이 당연히 막힐 것이니, 맥이 막힌 것이 있을 때에는 마땅히 신속하게 사해야 한다.
신속하게 치료하지 않는 자는 반드시 죽게 된다. '隔'은 막히는 것이다. '亟'은 신속한
것이다.

교주 ① 畜: '蓄'과 通用한다.
② 且乃敗亡:《素問·生氣通天論》에는 '粗乃敗之'로 되어 있다.

**故陽氣者, 一日而主外, 平旦人氣生, 日中而陽氣隆, 日西①陽
氣已虛, 氣門乃開,② 是故暮而收距,③ 毋擾筋骨, 毋見霧露.④**
그러므로 양기는 낮 동안에 밖으로 나와 작용하는데, 해 뜰 무렵에는
사람의 기가 발생하며, 한낮에는 양기가 융성하며, 해 질 무렵에는 양
기가 이미 허해져서 기가 출입하는 문이 이에 열리게 되니, 이러한 까

닭으로 해가 저물 때에는 양기를 거두고 외부의 사기를 막으며 근골筋骨을 요동시키지 않고 안개와 이슬을 맞지 않습니다.

夫陽者, 生氣也. 陰者, 死氣也. 故陽氣一日而主外, 陰氣一夜而主内. 一日外者分爲三時. 平旦人氣始生, 爲少陽也. 日中人氣隆盛, 爲太陽也. 日西人氣始衰, 爲虛陽也.⑤ 陰氣卽開也. 陰氣開者, 卽申酉戌, 少陰生也, 故暮須收距, 無令外邪入皮毛也. 亥子丑時, 卽至陰也, 故至陰時無擾骨也. 寅卯辰, 卽厥陰也, 故厥陰時無擾於筋, 見霧露也. 陰衰見濕, 因招寒濕病.

무릇 양은 살리는 기이고, 음은 죽이는 기이다. 그러므로 양기가 낮 동안에 밖으로 나와 작용하고, 음기가 밤 동안에 안으로 작용한다. 낮 동안에 밖으로 작용하는 것은 세 개의 때로 나뉜다. 해 뜰 무렵에 사람의 기가 비로소 발생하게 되니 소양少陽이 된다. 한낮에는 사람의 기가 융성하니, 태양太陽이 된다. 해 질 무렵에는 사람의 기가 비로소 쇠하게 되니, 허양虛陽이 된다. 양기가 허해지면 음기는 열리게 된다. 음기가 열리는 때는 신시申時와 유시酉時, 술시戌時로서 소음少陰이 발생하므로 날이 저물면 모름지기 양기를 거두어 막고 외부의 사기로 하여금 피모皮毛로 들어오지 못하게 한다. 해시亥時와 자시子時, 축시丑時는 곧 지음至陰이므로 지음의 때에는 뼈를 요동하지 않는다. 인시寅時와 묘시卯時, 진시辰時는 곧 궐음厥陰이므로 궐음厥陰의 때에는 근을 요동하지 않고 안개와 이슬을 맞지 않는다. 음이 쇠할 때 습濕을 맞으면, 이로 인해 한습병寒濕病을 초래하게 된다.

교주 ① 日西: 《素問・生氣通天論》에는 '西'의 뒤에 '而'字가 있다.

② 開: 《素問・生氣通天論》에는 '閉'로 되어 있다.

③ 距: '拒'로 보는 것이 옳다. 《素問・生氣通天論》에는 '拒'로 되어 있다.

④ 毋擾筋骨, 毋見霧露: 《素問・生氣通天論》에는 두 개의 '毋'字가 모두 '無'로 되어 있으니, 서로 통한다.

⑤ 陽氣虛也: 아래 문장의 '陰氣開者'에 비추어 볼 때 '也'는 '者'의 誤記인 것 같다. 蕭本에도 '陽氣虛者'로 되어 있다.

反此三時, 形乃困薄.

이 세 때를 거스르면, 형체形體가 이에 곤궁해지게 됩니다.

不順晝夜各三時氣以養生者, 必爲病困迫於身. 薄, 迫也.

낮과 밤 각각의 세 때의 기를 따라 양생養生하지 않는 사람은 반드시 병이 몸을 곤궁하게 하고 핍박한다. '薄'은 핍박하는 것이다.

岐伯曰陰者, 藏精而極起者也,① 陽者, 衛外而爲固者也.②

기백이 말하기를, 음은 정을 갈무리하는데 음이 지극해지면 양이 일어나고, 양은 외부를 호위하여 단단하게 합니다.

五藏藏精, 陰極而陽起也. 六府衛外, 陽極而陰固也. 故陰陽相得, 不可偏勝也之.③

오장은 정情을 갈무리하니, 음이 극에 달하면 양이 일어난다. 육부는 외부를 호위하니, 양이 극에 달하면 음을 단단하게 한다. 그러므로 음양이 서로 조화를 이루어야 하며, 치우쳐서 승하면 안 된다.

교주 ① 極起者也:《素問・生氣通天論》에는 '起亟也'로 되어 있다.
② 爲固者也:《素問・生氣通天論》에는 '者'字가 없다.
③ 之: 衍文으로 보인다.

陰不勝其陽, 則其脈流薄①疾, 并乃狂.

음이 양을 이기지 못하면 그 맥의 흐름이 때로는 느리고 때로는 빠르게 되니, 음이 성한 양과 합하게 되어 이에 광병狂病이 발생합니다.

陽勝, 卽人迎脈動, 或停或速, 是則陰并陽盛, 發爲狂病.

양이 이기면 인영맥人迎脈의 동하는 것이 때로는 느리고 때로는 빠르니, 이러한즉 음이 양을 만나 성해지게 되어 광병狂病을 발생한다.

교주 ① 則其脈流薄:《素問・生氣通天論》에는 '其'字가 없다.

陽不勝其陰, 五藏①氣爭, 九竅不通.

양이 음을 이기지 못하면 오장의 기가 싸워 구규九竅가 통하지 않게 됨니다.

> 陰勝則藏氣無衛, 故外九竅閉而不通也.
> 음이 양을 이기면 장기藏氣가 호위 받지 못해서, 밖의 구규九竅가 막히고 통하지 않게 된다.

교주 ① 五藏: 《素問·生氣通天論》에는 이 앞에 '則'字가 더 있다.

是以聖人陳陰陽, 筋脈和同, 骨髓堅同,[①] 氣血皆順,[②] 如是則外內[③]調和, 邪不能客, 耳目聰明, 氣立如故.

이러한 까닭으로 성인은 음양의 이치를 잘 펼치어 근맥이 조화로워지고 골수가 견고해져서 기혈이 모두 순조롭게 흐르니, 이와 같은즉 밖과 안이 조화되어 사기가 능히 침입하지 못하여 귀와 눈이 밝아지고 기의 운행이 한결같게 됩니다.

> 故聖人陳陰陽, 使人調外內之氣, 和而不爭也
> 그러므로 성인이 음양을 펼쳐 사람들로 하여금 밖과 안의 기를 조절하여 조화롭고 다투지 않게 하였다.

교주 ① 同: 《素問·生氣通天論》에는 '固'로 되어 있다. '固'의 의미로 해석하였다.
② 順: 《素問·生氣通天論》에는 '從'으로 되어 있다.
③ 外內: 《素問·生氣通天論》에는 '內外'로 되어 있다.

風客淫氣, 精乃亡, 邪傷肝.[①]

풍風이 침입하여 생긴 음탕한 기운으로 정精이 이에 없어지게 되어 사기가 간을 상합니다.

> 風客淫情之氣, 遂令陰盛, 施精不已, 故精亡也. 肝脈循陰入肝, 故精亡傷肝也.
> 풍風이 침입하여 생긴 음탕한 기운이 마침내 음으로 하여금 성하게 하여 정精을 쓰기

를 그치지 않으므로 정精이 없어지게 된다. 간의 경맥은 음기陰器를 순행하여 간으로
들어가므로 정精이 없어지고 간이 상하게 된다.

因而飽食, 筋脈橫解, 腸澼爲痔.

게다가 지나치게 먹음으로써 근맥筋脈이 제멋대로 풀어지고 장腸에서
농혈이 나와 치痔가 됩니다.

澼, 音僻, 洩膿血也. 肝主於筋, 亦生於血, 肝旣傷已, 又因飽食, 穀氣盛
迫, 筋脈解裂, 廣腸漏洩膿血, 名之爲痔也.
'澼'은 음이 '僻'으로서 농혈膿血이 나오는 것이다. 간은 근을 주관하고, 또한 혈을 만드
는데, 간이 이미 상한데다 또한 지나치게 먹음으로써 곡기가 성하여 압박하므로 근맥
筋脈이 풀어지고 찢어져 광장廣腸에서 농혈膿血이 흐르고 새어 나오니, 이름하여 치痔
라 한다.

因而一飮,① 則逆氣.②

게다가 크게 술을 마시면 기가 거슬러 오르는 병이 됩니다.

一者, 大也. 旣已亡精傷肝, 又因大飮, 則爲逆氣之病也.
일一은 큰 것이다. 이미 정精이 없어지고 간이 상하였는데 또 크게 술을 마심으로써
기가 거슬러 오르는 병이 된다.

因而强力, 腎氣乃傷, 高骨乃壞.

게다가 무리하게 성교性交하니 신기腎氣가 이에 상하고 큰 뼈가 이에
무너지게 됩니다.

亡精傷肝, 復因力已入房, 故傷腎也. 腎以藏精主骨, 腎傷則大骨壞也.
高, 大也
정정精이 없어지고 간이 상한데다 다시 힘이 다하도록 성교性交를 하므로 신腎이 상한
다. 신腎은 정정精을 저장하고 뼈를 주관하는데, 신腎이 상하면 큰 뼈가 무너지게 된다.
고高는 큰 것이다.

凡陰陽之要, 陰密陽固,① 而兩者不和,② 若春無秋, 若冬無夏.
因而和之, 是謂聖度.
무릇 음양의 요점은 음은 치밀하게 하고 양은 견고하게 하니, 양자가
조화되지 않는 것은 마치 가을이 없는 봄과 같고 여름이 없는 겨울과
같습니다. 따라서 음과 양을 조화롭게 하니 이를 일러 성인의 법도法
度라 합니다.

腠理密不洩者, 乃內陰之力也. 五藏藏神固者, 外陽之力也. 故比四時和
氣, 不得相無也. 因四時和氣和於身者, 乃是先聖法度者.③
주리腠理가 치밀하여 새어 나가지 않는 것은 곧 안에 있는 음의 힘이다. 오장이 신神
을 견고하게 갈무리하는 것은 밖에 있는 양의 힘이다. 그러므로 사시의 조화로운 기
운처럼 서로 없을 수 없다. 사시의 조화로운 기운을 따라서 몸을 조화롭게 하는 것이
니, 곧 이것이 옛 성인의 법도이다.

① 陰密陽固: 《素問·生氣通天論》에는 '陽密乃固'로 되어 있다.
② 而兩者不和: 《素問·生氣通天論》에는 '而'字가 없다.
③ 者: '也'를 잘못 쓴 것 같다.

故强不能,① 陰氣乃絶.②
그러므로 잘 안 되는데 억지로 성교性交하면, 음기陰氣가 이에 끊어지
게 됩니다.

陰氣衰者, 可以補陰, 更强入房, 瀉其陰氣, 故陰氣絶也之.③
음기가 쇠한 사람은 음기를 보할 수 있는데, 다시 억지로 성교性交를 하여 그 음기를

배출하므로 음기가 끊어지는 것이다.

① 故强不能: 《素問·生氣通天論》에는 '故陽强不能密'로 되어 있다.

② 陰氣乃絶: 《素問·生氣通天論》에는 이 뒤에 '陰平陽秘, 精神乃治, 陰陽離決, 精氣乃絶'의 16글자가 더 있다.

③ 之: 衍文으로 보인다.

因於露風, 乃生寒熱.

게다가 이슬과 바람에 노출되면 이에 한열병寒熱病이 발생하게 됩니다.

精亡肝傷, 更得寒濕風邪, 邪風成者, 爲寒熱病也.

정精이 없어지고 간이 상하였는데, 또 차갑고 습한 바람을 맞아서 사풍邪風이 이루어진 경우에는 한열병寒熱病이 생긴다.

是以春傷於風, 邪氣流連,① 乃爲洞洩. 夏傷於暑, 秋爲痎瘧, 秋傷於濕, 氣上逆而欬,② 發爲痿厥, 陰陽離決, 精氣乃絶.③ 冬傷於寒, 春乃病熱.④

이로써 봄에 풍風에 상하여 사기가 머무르면 이에 통설洞洩을 앓습니다. 여름에 서暑에 상하면 가을에 해학痎瘧을 앓습니다. 가을에 습濕에 상하면 기가 위로 거슬러 기침을 하고, 발하여 위궐痿厥을 앓게 되니, 음과 양이 떨어져 나누어지게 되면 정기精氣가 이에 끊어지게 됩니다. 겨울에 한寒에 상하면 봄에 이에 열병熱病을 앓습니다.

洞, 大貢反, 疾流也. 肺惡寒濕之氣, 故上逆欬也. 至冬寒濕變熱, 四支不用, 名曰痿厥. 二氣離分不和, 故精氣絶也.

'洞'은 음이 '大'와 '貢'의 반절이며, 빠르게 흐르는 것이다. 폐는 차고 습한 기를 싫어하므로 위로 거슬러 기침하는 것이다. 겨울에 이르러 한습寒濕이 열로 변해서 사지를 사용하지 못하니 이름하여 위궐痿厥이라 한다. 음기와 양기, 두 기가 분리되어 조화되지 못하므로 정기精氣가 끊어지게 된다.

② 氣上逆而欬:《素問·生氣通天論》에는 앞의 '氣'字가 없다.
③ 陰陽離決, 精氣乃絶:《素問·生氣通天論》에는 이 8글자가 위의 '陰氣乃絶' 뒤에 있다.
④ 春乃病熱:《素問·生氣通天論》에는 '春必溫病'으로 되어 있다.

四時之氣爭, 傷五藏也.①

사시의 사기가 다투면 오장을 상합니다.

> 風寒暑濕, 四時邪氣爭而不和, 卽傷五藏也.
> 풍한서습風寒暑濕의 사시의 사기가 다투어 조화되지 않으면 오장을 상한다.

① 四時之氣爭, 傷五藏也:《素問·生氣通天論》에는 "四時之氣, 更傷五藏."으로 되어 있다.

陰之生,① 本在五味.

오장의 음을 만드는 것은 근본이 오미五味에 있습니다.

> 身內五藏之陰, 因五味而生也.
> 몸 안에 있는 오장의 음은 오미五味로 인해 만들어진다.

① 陰之生:《素問·生氣通天論》에는 '陰之所生'으로 되어 있다.

陰之五官,① 陽②在五味.

음에 속하는 오관五官의 양도 오미五味에 있습니다.

> 五藏, 陰之官也, 謂眼, 耳, 鼻, 口, 舌等五官之陽, 本於五味者也. 故五味內滋五藏, 五官於是用强也.
> 오장은 음의 관官인데. 눈, 귀, 코, 입, 혀 등 오관五官의 양도 오미五味에 근본함을 말한 것이다. 그러므로 오미五味가 안에서 오장을 자양하면 오관五官이 이에 작용이 강해진다.

是故, 味過酸,① 肝氣以津, 肺氣乃絶.②

이러한 까닭으로 산미酸味를 과다하게 먹으면 간기肝氣가 아래로 흐르게 되고, 폐기肺氣가 이에 끊어지게 됩니다.

> 夫五味者, 各走其藏, 得中則益, 傷多則損, 故傷酸者, 能令肝氣下流, 膀胱胞薄, 遂成於癃漏洩病也. 肺氣尅肝, 今肝氣津洩, 則肺無所尅, 故肺氣無用也.
>
> 무릇 오미五味는 각각 그 장藏으로 가는데, 적절함을 얻으면 보탬이 되고 많이 먹어 상하면 손상된다. 그러므로 산미酸味에 상하면 능히 간기肝氣로 하여금 아래로 흐르게 하는데, 본래 방광포膀胱胞가 얇기 때문에 마침내 융癃이나 누설漏洩병이 된다. 폐기肺氣는 간을 극尅하는데, 지금 간기肝氣가 새나가면 폐는 극尅할 바가 없어지게 되므로 폐기肺氣가 쓸모없게 된다.

① 味過酸: 《素問·生氣通天論》에는 '酸'의 앞에 '於'字가 있다.

② 肺氣乃絶: 《素問·生氣通天論》에는 '脾氣乃絶'로 되어 있다.

味過於鹹, 則大骨氣勞,① 短肌氣抑.②

함미鹹味를 과다하게 먹으면 큰 뼈의 기운이 피로하며, 기육肌肉이 오므라들고 기가 억눌리게 됩니다.

> 鹹以資骨, 今鹹過傷骨, 則脾無所尅, 故肌肉短小,③ 脾氣壅抑也.
>
> 함미鹹味는 뼈를 자양하는데, 지금 함미鹹味가 과하여서 뼈를 상하게 되면 비脾가 극尅할 바가 없기 때문에 기육肌肉이 짧아지고 줄어들며 비기脾氣가 막히고 억눌리게 된다.

① 則大骨氣勞: 《素問·生氣通天論》에는 '則'字가 없다.

② 短肌氣抑: 《素問·生氣通天論》에는 '短肌心氣抑'으로 되어 있다.

③ 小: 原鈔本에 '少'로 誤寫되어 있는 것을 바로잡았다.

味過於苦,[①] **心氣喘滿, 色黑, 腎不衛.**[②]

고미苦味를 과다하게 먹으면 심기心氣가 헐떡이고 그득하며 안색이 검어지고 신기腎氣가 지켜내지 못합니다.

苦以資心, 今苦過傷心, 喘滿歐吐, 則腎氣無力. 故色黑不能衛也.
고미苦味는 심장을 자양하는데, 지금 고미苦味가 과하여서 심을 상하여 숨을 헐떡거리고 가슴이 그득하며 구토하게 되니 신기腎氣가 무력해진다. 그러므로 안색이 검어지고 신기가 지켜 내지 못한다.

교주 ① 味過於苦: 《素問·生氣通天論》에는 '味過於甘'으로 되어 있다.
② 腎不衛: 《素問·生氣通天論》에는 '腎氣不衡'으로 되어 있다.

味過於甘,[①] **脾氣濡,**[②] **胃氣乃厚.**

감미甘味를 과다하게 먹으면 비기脾氣가 습해지고 위기胃氣가 이에 두터워집니다.

甘以資脾氣, 今甘過傷脾氣濡, 令心悶, 胃氣厚盛也.
감미甘味는 비기脾氣를 자양하는데, 지금 감미甘味가 과다해서 비기脾氣를 상해 습해지고, 가슴이 답답하며 위기胃氣가 두텁고 성해지게 된다.

교주 ① 甘: 《素問·生氣通天論》에는 '苦'로 되어 있다.
② 脾氣濡: 《素問·生氣通天論》에는 '脾氣不濡'로 되어 있다.

味過於辛, 筋脈沮弛,[①] **精神乃英.**[②]

신미辛味를 과다하게 먹으면, 근이 무너지고 맥이 풀어지며 정신이 이에 떠서 흩어집니다.

辛以資肺, 今辛多傷肺. 肺以主氣, 筋之氣壞, 洩於皮毛也. 心神尅肺, 氣沮洩, 神氣英盛, 浮散無用也之.[③]
신미辛味는 폐를 자양하는데, 지금 신미辛味가 과하여서 폐를 상하였다. 폐가 기를 주관하므로 근의 기가 무너져 피모로 새어 나가는 것이다. 심신心神이 폐를 극剋하므로 기가 새어 나가고 신기神氣는 너무 항진되어 떠서 흩어져 쓸모없게 된다.

① 弛 : 原鈔本에는 '㢮'로 되어 있는데 같은 글자이다. 대표자인 '弛'로 바꾸었다.
② 英: '英'이 《素問·生氣通天論》에는 '央'으로 되어 있다.
③ 之: 衍文으로 보인다.

是故謹和五味, 則骨正筋柔,① 氣血以流, 腠理②以密.

이러한 까닭으로 오미五味를 삼가서 조화롭게 하면 뼈가 반듯해지고 근이 부드러워지며, 기와 혈이 잘 흐르게 되고, 주리腠理가 치밀해집니다.

謂五味各得其所者, 則鹹能資骨, 故骨正也. 酸能資筋, 故筋柔也. 辛能資氣, 故氣流也. 苦能資血, 故血流也. 甘能資肉, 故腠理密也.
오미五味가 각기 제 역할을 하는 것을 말한 것이니, 함미鹹味는 능히 뼈를 자양하므로 뼈가 굳건해진다. 산미酸味는 능히 근을 자양하므로 근이 부드러워진다. 신미辛味는 능히 기를 자양하므로 기가 잘 흐르게 된다. 고미苦味는 능히 혈을 자양하므로 혈이 잘 흐르게 된다. 감미甘味는 능히 육肉을 자양하므로 주리腠理가 치밀해진다.

① 則骨正筋柔:《素問·生氣通天論》에는 '則'字가 없다.
② 腠理:《素問·生氣通天論》에는 '湊理'로 되어 있다. '腠'와 '湊'는 서로 통한다.

如是則氣骨以精,① 謹道如法, 長有天命.

이와 같은즉 기와 골骨이 충실해지니, 천도天道를 삼가기를 법대로 하면 타고난 수명을 길이 누리게 됩니다.

謹, 順也. 如是調養身者, 則氣骨常得精勝, 上順天道, 如先聖法, 則壽弊② 天地, 故長有天命也.
'謹'은 따르는 것이다. 이와 같이 몸을 조양하면 기와 골이 항상 충실하고 넘치니, 위로 천도天道를 따르기를 옛 성인의 법과 같이 하면 수壽가 천지를 덮게 되므로 타고난 수명을 길이 누리게 된다.

① 氣骨以精:《素問·生氣通天論》에는 '氣骨'이 '骨氣'로 되어 있다.
② 弊: '蔽'와 통한다.

음양잡설
陰陽雜說

교주 처음부터 '是謂得道'까지는 《素問·金匱眞言論》에 보이고, '黃帝問於岐伯曰人有四
經十二順'부터 '陰陽相過曰彈'까지는 《素問·陰陽別論》에 보인다. '凡痺之客五藏者'
부터 '痺聚在脾'까지는 《素問·痺論》에 보이고 '陰爭於內'부터 끝까지는 《素問·陰
陽別論》에 보인다. 이 篇에서는 먼저 四時와 五藏의 相應 관계를 통하여 四時陰陽 升
降의 대략과 五藏의 歸類를 밝히고, 이어서 脈의 陰陽의 대략을 논하였으며, 끝으로
오장의 痺病과 三陰三陽의 脈診에 대하여 해설하였다.

黃帝問於岐伯曰①天有八風, 經有五風,② 八風發邪氣, 經風觸
五藏.③

황제가 기백에게 물어 말하기를, 하늘에는 팔풍八風이 있으며 경經에
는 오풍五風이 있으니, 팔풍八風은 사기를 일으키며 경풍經風은 오장을
감촉합니다.

八風, 八正邪風也, 正月朔日有此八風, 發爲邪氣傷人者也. 經風, 八虛風
也, 謂五時八風, 從虛鄕來, 觸於五藏, 舍之爲病也.
팔풍八風은 팔정八正의 사풍이니, 정월 초하룻날에 이러한 팔풍이 있는 것인데, 발하면
사기가 되어 사람을 상하게 한다. 경풍經風은 여덟 개의 허풍虛風으로서, 오시五時에 팔
풍八風이 허한 곳으로부터 불어와 오장을 침입하고 머물러서 병이 됨을 말한다.

교주 ① 黃帝問於岐伯曰: 《素問·金匱眞言論》에는 '黃帝問曰'로 되어 있다.
② 經有五風: 《素問·金匱眞言論》에는 '五風' 아래 '何謂. 岐伯對曰'의 6글자가

더 있다.

③ 八風發邪氣, 經風觸五藏: 《素問·金匱眞言論》에는 "八風發邪, 以爲經風, 觸五藏."으로 되어 있다.

邪氣發病, 所謂得四時之脈①者.

사기가 병을 발생시키는 것은 이른바 사시의 승勝하는 맥을 얻은 것입니다.

> 謂得四時相勝之脈以爲候.
> 사시의 서로 승勝하는 맥을 얻음으로써 질병의 징후로 삼는 것을 이른 것이다.

교주 ① 脈: 《素問·金匱眞言論》에는 '勝'으로 되어 있다.

春勝長夏, 長夏勝冬, 冬勝夏, 夏勝秋, 秋勝春, 所謂得①四時之勝也.

봄은 장하長夏를 이기고, 장하長夏는 겨울을 이기고, 겨울은 여름을 이기고, 여름은 가을을 이기고, 가을은 봄을 이기니, 이른바 사시의 승勝을 얻은 것입니다.

> 謂天風, 經風在身, 邪氣行於寸口, 有相勝之候.
> 천풍天風과 경풍經風이 몸에 있어서 사기가 촌구寸口를 행할 때 서로 승하는 징후가 나타나는 것을 이른다.

교주 ① 得: 《素問·金匱眞言論》에는 '得'字가 없다.

東風生於春, 病在肝, 輸①在頸項.

동풍東風은 봄에 발생하며, 병은 간에 있고 수혈은 경항頸項에 있습니다.

> 東風從春生已, 與肝爲病者, 肝之病氣逆致於頸項, 頸項爲春也.

동풍東風이 봄을 좇아 발생하여 간과 함께하여 병을 일으킨 경우 간의 병기病氣가 거슬러 경항頸項에 이르므로, 경항頸項은 봄에 해당한다.

① 輸:《素問·金匱眞言論》에는 '兪'로 되어 있으며, 아래도 같다.

南方風①生於夏, 病在心, 輸在胸脇.

남방에서 불어오는 바람은 여름에 발생하며, 병은 심에 있고, 수혈은 흉협胸脇에 있습니다.

胸脇當心, 故爲夏也.
흉협胸脇은 심이 있는 곳이므로 여름에 해당한다.

① 南方風:《素問·金匱眞言論》에는 '方'字가 없다. 이하 '西方風', '北方風'에서도《素問·金匱眞言論》에는 모두 '方'字가 없다.

西方風生於秋, 病在肺, 輸在肩背.

서방에서 불어오는 바람은 가을에 발생하며, 병은 폐에 있고, 수혈은 견배肩背에 있습니다.

肩背當肺, 故爲秋也.
견배肩背는 폐가 있는 곳이므로 가을에 해당한다.

北方風生於冬, 病在腎, 輸在腰股.

북방에서 불어오는 바람은 겨울에 발생하며, 병은 신腎에 있고, 수혈은 요고腰股에 있습니다.

腰股近腎, 故爲冬也.
요고腰股는 신腎에 가까우므로 겨울에 해당한다.

中央爲土, 病在脾, 輸在脊, 故精者身之本也.[1]

중앙은 토土가 되며, 병은 비脾에 있고, 수혈은 척脊에 있으므로 정精이 몸의 근본이 됩니다.

脊膂當脾, 故爲仲夏也. 土爲五穀之精, 以長四藏, 故爲身之本也.

척려脊膂는 비脾가 있는 곳이므로 중하仲夏에 해당한다. 토土는 오곡五穀의 정미로운 것으로 사장四藏을 기르므로 몸의 근본이 된다.

교주 [1] 故精者身之本也:《素問·金匱眞言論》에는 이 7글자가 아래 '至春不病溫'의 앞에 있다. 또한 '故'는 '夫'로 되어 있다.

故春氣者病在頭,

그러므로 봄의 기는 병이 머리에 있으며,

在頭頸項.

머리와 경항頸項에 있다.

夏氣者病在藏,

여름의 기는 병이 장藏에 있으며,

藏謂心腹.

장藏은 가슴과 배를 말하는 것이다.

秋氣者病在肩背,

가을의 기는 병이 견배肩背에 있으며,

肩背爲秋氣也.

견배肩背는 가을의 기에 해당한다.

冬氣者病在四支.[1]

겨울의 기는 병이 사지에 있습니다.

> 冬爲痺厥, 多在四支.
> 겨울의 병은 비궐痺厥이 되니, 사지에 많이 있다.

교주 ① 支:《素問·金匱眞言論》에는 '肢'로 되어 있다. 原鈔本에서는 '肢'를 모두 略字인 '支'로 썼다.

故春喜①病衂衄,
그러므로 봄에는 코피를 흔히 앓고,

> 傷寒, 春病在頭, 故喜衂衄也.
> 한寒에 상한 것이니 봄에는 병이 머리에 있으므로 코피를 흔히 앓는다.

교주 ① 喜:《素問·金匱眞言論》에는 '善'으로 되어 있다.

夏①喜②病洞洩寒中,
여름에는 통설洞洩과 한중寒中을 흔히 앓고,

> 傷風, 夏病在藏, 故喜病洞洩寒中者也.
> 풍風에 상한 것이니 여름에는 병이 장藏에 있으므로 통설洞洩과 한중寒中을 흔히 앓게 된다.

교주 ① 夏:《素問·金匱眞言論》에는 '長夏'로 되어 있다. 또한《素問·金匱眞言論》에는 이 구절이 '仲夏'의 구절 아래에 있다.
② 喜:《素問·金匱眞言論》에는 '善'으로 되어 있다.

仲夏喜①病胸脇,
여름에는 가슴과 옆구리의 병을 흔히 앓고,

> 傷溫, 夏病在胸脇, 故喜病胸脇.

온溫에 상한 것이니 여름에는 병이 가슴과 옆구리에 있으므로 가슴과 옆구리의 병을 흔히 앓는다.

교주 ① 喜:《素問·金匱眞言論》에는 '善'으로 되어 있다.

秋喜^①病風瘧,

가을에는 풍학風瘧을 흔히 앓고,

仲夏傷暑者, 秋喜病風瘧也.

여름에 서물에 상한 것이니 가을에 풍학風瘧을 흔히 앓는다.

교주 ① 喜:《素問·金匱眞言論》에는 '善'으로 되어 있다.

冬喜^①病痺厥.

겨울에는 비궐痺厥을 흔히 앓습니다.

傷濕, 冬病故爲痺厥.

습濕에 상하여 겨울에 병이 들므로 비궐痺厥이 된다.

교주 ① 喜:《素問·金匱眞言論》에는 '善'으로 되어 있다.

故冬不按蹻,^① 春不病^②衄衊, 春不病頸項.

그러므로 겨울에 안교按蹻를 하지 않으면, 봄에 코피를 앓지 않으며, 봄에 경항頸項에 병을 앓지 않습니다.

夫冬傷寒氣在於腠理者, 以冬强勇按蹻^①多勞, 因腠理開, 寒氣入客. 今冬不作按蹻,^① 則無傷寒, 至春不患熱病衄衊, 故春不病頸項者也. 蹻,^① 几小反, 强勇貌^③也.

무릇 겨울에 한사寒邪에 상하여 사기가 주리腠理에 머무는 것은 겨울에 용을 써서 운동을 하거나 과도하게 노동을 하여 주리腠理가 열린 틈을 타고 한기寒氣가 들어와 침입한 때문이다. 지금 겨울에 운동을 하지 않으면 한寒에 상함이 없어서 봄에 이르러 열병熱病으로 구뉵䶃衄을 앓지 않으므로 봄에 경항頸項에 병을 앓지 않는다는 것이다. '矯'는 음이 '几'와 '小'의 반절이니, 억지로 용쓰는 모양이다.

교주 ① 矯:《素問·金匱眞言論》에는 '蹻'로 되어 있다. 原鈔本에서 按蹻의 의미로 사용될 경우 '矯'는 '蹻'와 서로 통한다.

② 春不病:《素問·金匱眞言論》에는 '病'字가 없다.

③ 貌: 原鈔本에는 '皃'로 되어 있는데 '皃'는 '貌'의 俗字이다. 모두 대표자로 바꾸었다.

夏不病洞洩寒中,^① 仲夏不病胸脇.

여름에 통설洞洩과 한중寒中의 병을 앓지 않으며, 중하仲夏에 흉협胸脇에 병을 앓지 않습니다.

春傷風時, 多循於頭, 入於府藏, 故至夏日作湌^②洩寒中病也. 所以春無傷風, 卽無夏湌^②洩之病, 故至仲夏不病胸脇.

봄에 풍風에 상했을 때에 대부분 머리 쪽을 따라 부府와 장藏으로 들어가므로 여름날에 이르러 손설殮洩과 한중寒中의 병을 일으킨다. 봄에 풍風에 상함이 없으면 여름에 손설殮洩의 병이 없게 되므로 중하仲夏에 이르러 흉협胸脇에 병을 앓지 않는다.

교주 ① 夏不病洞洩寒中:《素問·金匱眞言論》에는 '夏'가 '長夏'로 되어 있고, 이 구가 '仲夏不病胸脇'의 뒤에 있다.

② 湌: '飧', '殮' 등과 通用한다.

秋不病風瘧, 秋不病肩背胸脇.^①

가을에 풍학風瘧을 앓지 않으며, 가을에 견배肩背와 흉협胸脇에 병을 앓지 않습니다.

仲夏不傷暑於胸脇, 至秋無瘧及肩背胸脇病也.

중하仲夏에 흉협胸脇이 서물에 상하지 않으면 가을에 이르러 학질瘧疾 및 견배肩背와 흉협胸脇에 생기는 병을 앓지 않는다.

冬不病痺厥飧洩, 而汗出^①藏於淸者,^② 至春不病溫.^③

겨울에 비궐痺厥과 손설飧洩을 앓고서 땀이 나면서 냉기冷氣를 쌓지 않으면 봄에 이르러 온병溫病을 앓지 않습니다.

> 冬病痺厥飧洩内虛, 又因汗出, 寒入藏於内, 故至春病溫. 是爲冬傷於寒, 春爲溫病所由者也.
>
> 겨울에 비궐痺厥과 손설飧洩을 앓아 안이 허한데, 또 여기에 땀이 나면서 한寒이 안으로 들어와 쌓이므로 봄에 이르러 온병溫病을 앓게 된다. 이것이 겨울에 한寒에 상하면 봄에 온병溫病이 되는 까닭이다.

夏暑汗不出者, 秋成風瘧.

여름에 서병暑病에 걸려서 땀이 나가지 않으면 가을에 풍학風瘧이 됩니다.

> 小寒入腠理, 不得汗洩, 至秋寒氣感而成瘧也.
>
> 약간의 한寒이 주리腠理에 들어와 땀이 나가지 못하게 되면 가을에 이르러 한기寒氣에 감촉되어 학질이 된다.

此平人脈法地^①也.

이것은 평인平人을 진단하는 맥법脈法의 근본입니다.

平人脈法, 要須知風, 寒, 暑, 濕四氣爲本, 然後候知弦, 句,② 毛, 沈四時
脈也. 地, 卽本也.

평인平人의 맥법脈法은 풍風, 한寒, 서暑, 습濕의 네 개의 기가 근본이 됨을 모름지기 알
아야 하니 그러한 연후에야 현弦, 구鉤, 모毛, 침沈의 사시의 맥을 살필 수 있다. '地'는
곧 근본이다.

① 地:《素問·金匱眞言論》에는 '地'字가 없다.
② 句: 原鈔本에는 '勾'로 되어 있는데 서로 通用한다. 原鈔本 전체에서 '勾'와 '句'
가 혼용되고 있다. 여기는 '句'가 '鉤'와 통한다. 蕭本에는 '鉤'로 되어 있다.

岐伯曰①**陰中有陰, 陽中有陽, 平旦至日中, 天之陽, 陽中之陽
也. 日中至昏,**② **天之陽, 陽中之陰也.**

기백이 말하기를, 음 중에 음이 있으며 양 중에 양이 있으니, 해가 뜰
무렵인 평단平旦에서 한낮까지는 하늘의 양이니 양 중의 양입니다. 한
낮부터 해질녘까지는 하늘의 양이니 양 중의 음입니다.

子午已東, 晝爲陽也, 卯酉已北, 夜爲陰. 故平旦至日中, 陽中之陽也. 日
中至昏, 陽中之陰也.

자오子午를 기준으로 동쪽은 낮으로서 양이 된다. 묘유卯酉를 기준으로 북쪽은 밤으
로서 음이 된다. 그러므로 평단平旦에서 한낮까지는 양 중의 양이 된다. 한낮으로부
터 해질녘까지는 양 중의 음이 된다.

① 岐伯曰:《素問·金匱眞言論》에는 '故曰'로 되어 있다.
② 日中至昏:《素問·金匱眞言論》에는 '日中至黃昏'으로 되어 있다.

**合夜至雞鳴, 天之陰, 陰中之陰也. 雞鳴至平旦, 天之陰, 陰中
之陽也.**

합야合夜에서 계명雞鳴까지는 하늘의 음이니, 음 중의 음입니다. 계명
雞鳴으로부터 평단平旦까지는 하늘의 음이니, 음 중의 양입니다.

故人亦應之.

그러므로 사람이 또한 그것에 응합니다.

人同陰陽, 故人亦有陽中之陽, 陽中之陰, 陰中之陰, 陰中之陽也.

사람도 같은 음양이므로 사람도 양 중의 양과 양 중의 음, 음 중의 음과 음 중의 양이 있다.

夫言人之陰陽, 則外爲陽, 內爲陰.

무릇 사람의 음양을 말하면, 밖은 양이 되고 안은 음이 됩니다.

皮毛膚肉在外, 爲陽, 筋骨藏府在內, 爲陰.

피皮, 모毛, 부膚, 육肉은 밖에 있으니 양이 되고, 근, 골, 장藏, 부府는 안에 있으니 음이 된다.

言人身之陰陽, 則背爲陽, 腹爲陰.

사람 몸의 음양을 말하면, 등은 양이 되고 배는 음이 됩니다.

背在胸上近頭, 故爲陽也. 腹在胸下近腰, 故爲陰也.

등은 가슴 위에 있어 머리와 가까우므로 양이 된다. 배는 가슴 아래에 있어 허리와 가까우므로 음이 된다.

言人之身, 五藏中之陰陽,① 則藏者爲陰, 府者②爲陽. 肺肝心脾腎③ 五藏皆爲陰.④ 膽胃大腸小腸三焦膀胱⑤ 六府皆爲陽.

사람의 몸의 오장 중의 음양을 말하면, 장藏은 음이 되고 부府는 양이 됩니다. 폐, 간, 심, 비脾, 신腎의 오장은 모두 음이 됩니다. 담膽, 위胃, 대장, 소장, 삼초三焦, 방광의 육부는 모두 양이 됩니다.

> 就身之中, 五藏藏於精神爲陰, 六府貯於水穀⑥爲陽也.
> 인체의 속으로 나가보면, 오장은 정신精神을 갈무리하니 음이 되고, 육부는 수곡을 저장함으로 양이 된다.

교주

① 言人之身五藏中之陰陽:《素問·金匱眞言論》에는 '言人身之藏府中陰陽'으로 되어 있다.

② 者:《醫家千字文註》에는 이 글자가 없다.

③ 肺肝心脾腎:《素問·金匱眞言論》과 《醫家千字文註》에는 '肝心脾肺腎'으로 되어 있다.

④ 五藏皆爲陰:《醫家千字文註》에는 이 뒤에 '府爲陽' 세 글자가 더 있다.

⑤ 三焦膀胱:《素問·金匱眞言論》에는 '膀胱三焦'로 되어 있다.

⑥ 穀: 錢氏校本에는 '谷'으로 되어 있으나, 原鈔本에는 '穀'으로 되어 있다.

所以欲知陰中之陰而①陽中之陽②何也. 爲冬病在陰, 夏病在陽, 春病在陰, 秋病在陽.

음 중의 음과 양 중의 양을 알려고 하는 까닭은 무엇입니까? 겨울에 발생하는 병은 음에 있으며, 여름에 발생하는 병은 양에 있으며, 봄에 발생하는 병은 음에 있으며, 가을에 발생하는 병은 양에 있기 때문입니다.

> 所以須知陰陽相在者, 以其四時風寒暑濕在陰陽也. 何者. 冬之所患欬嗽痺厥, 得之秋日傷濕, 陰也. 夏之所患飧③洩病者, 得之春日傷風, 陽也. 春之所患溫病者, 得之冬日傷寒, 陰也. 秋之所患欬瘧病者, 得之夏日傷暑, 陽也之.④
> 모름지기 음양이 함께하고 있음을 알아야 하는 까닭은 사시의 풍한서습風寒暑濕이 음양으로 나누어지기 때문이다. 무슨 말인가? 겨울에 해수欬嗽와 비궐痺厥을 앓으면 가을에 습濕에 상한 것이니, 음이다. 여름에 손설병飧洩病을 앓는 사람은 봄날에 풍風에 상한 것이니, 양이다. 봄에 온병溫病을 앓는 사람은 겨울날에 한寒에 상한 것이니, 음

이다. 가을에 해학병痎瘧病을 앓는 사람은 여름날에 서물에 상한 것이니, 양이다.

교주 ① 而:《素問・金匱眞言論》에는 '而'字가 없다.
② 陽:《素問・金匱眞言論》에는 '陽'의 뒤에 '者'字가 있다.
③ 痎: '痎'의 通用字이다.
④ 之: 衍文으로 보인다.

皆視其所在, 爲弛鍼石.①

모두 그 병소를 보아 침과 폄석砭石을 베풀어야 합니다.

視, 瞻候也. 宜以三部九候瞻知所在, 然後命於鍼, 灸, 砭石, 湯藥, 導引, 五立療方, 施之不誤, 使十全者也.

'視'는 증후를 보는 것이다. 마땅히 삼부구후三部九候로써 병이 있는 곳을 보고 안 연후에, 침, 구灸, 폄석砭石, 탕약湯藥, 도인導引을 정하여 다섯 가지로 치료 방법을 세우니, 치료를 행하는 것이 잘못되지 않아 모든 환자로 하여금 온전토록 한다.

교주 ① 爲弛鍼石:《素問・金匱眞言論》에는 '爲施鍼石也'로 되어 있다. '弛'는 原鈔本에 '弛'로 되어 있는데 같은 글자로서 대표자인 '弛'로 바꾸었다. 여기서는 '施'와 같은 의미로 通用되었다.

故背爲陽, 陽中之陽, 心也, 背爲陽, 陽中之陰, 肺也.

그러므로 등은 양이니 양 중의 양은 심이고, 등은 양이니 양 중의 음은 폐입니다.

心肺在隔①已上, 又近背上, 所以爲陽也. 心以屬火, 火爲太陽, 故爲陽中之陽也. 肺以屬金, 金爲少陰, 故爲陽中之陰也.

심과 폐는 횡격막을 기준으로 위에 있으며 또 등의 위쪽과 가까우므로 양이 된다. 심은 화火에 속하는데 화火는 태양太陽에 해당하므로 양 중의 양이 된다. 폐는 금金에 속하는데 금金은 소음少陰에 해당하므로 양 중의 음이 된다.

① 隔: '膈'과 통한다.

腹爲陰, 陰中之陰, 腎也,^① 腹爲陰, 陰中之陽, 肝也.

배는 음이니 음 중의 음은 신腎이고, 배는 음이니 음 중의 양은 간입니다.

> 腎肝居隔已下, 又近下極, 所以爲陰也. 腎以屬水, 水爲太陰, 故爲陰中之陰也. 肝以屬木, 木爲少陽, 故爲陰中之陽也之.^②
>
> 신腎과 간은 횡격막을 기준으로 아래에 있으며 또 회음會陰에 가까우므로 음이 된다. 신腎은 수水에 속하는데 수水는 태음太陰에 해당하므로 음 중의 음이 된다. 간은 목木에 속하는데 목木은 소양少陽에 해당하므로 음 중의 양이 된다.

① 腹爲陰, 陰中之陰, 腎也: 原鈔本에는 이 9글자가 위 經文 "腹爲陰, 陰中之陽, 肝也." 아래에 바로 이어져 있으나 楊上善의 注釋을 볼 때 아래 구절인 "腹爲陰, 陰中之陽, 肝也."의 앞에 있어야 하므로 옮겼다. 蕭本에는 아래로 옮겨져 있다.
② 之: 衍文으로 보인다.

腹爲陰, 陰中之至陰, 脾也.

배는 음이니 음 중의 지음至陰은 비脾입니다.

> 脾居腹中至陰之位, 以資四藏, 故爲陰中之至陰.^①
>
> 비脾는 뱃속 지음至陰의 자리에 거하여 네 장藏을 자양하므로 음 중의 지음至陰이 된다.

① 陰中之至陰: 原鈔本에는 '至'字가 없는데, 經文에 따라 補入하였다.

此皆陰陽表裏外內左右^①雌雄上下^②相輸應也, 故以應天之陰陽也.

이것은 모두 음양의 표리表裏, 외내外內, 좌우, 자웅雌雄, 상하가 서로 주고받는 것이므로 하늘의 음양에 순응합니다.

五藏六府, 即表裏陰陽也. 皮膚筋骨, 即內外陰陽也. 肝肺所主, 即左右陰陽也. 牝藏牡藏, 即雌雄陰陽也. 腰上腰下, 即上下陰陽也. 此五陰陽, 氣相輸會, 故曰合於天也.

오장과 육부는 곧 표리表裏의 음양이다. 피부와 근골은 곧 내외內外의 음양이다. 간과 폐가 주관하는 바는 곧 좌우의 음양이다. 빈장牝藏과 모장牡藏은 곧 자웅雌雄의 음양이다. 허리 위와 허리 아래는 곧 상하의 음양이다. 이 다섯 가지의 음양은 기가 서로 주고받으므로 말하기를 하늘에 합한다고 하였다.

교주 ① 外內左右:《素問・金匱眞言論》에는 '內外'로 되어 있으며, '左右'는 없다.
② 上下:《素問・金匱眞言論》에는 '上下' 두 글자가 없다.

問曰①五藏應四時有放乎.② 答曰③有. 東方靑色, 入通於肝, 開竅於目, 藏精於肝.

물어 말하기를, 오장이 사시에 응하여 내보내는 것이 있습니까? 대답하여 말하기를, 있습니다. 동쪽의 청색靑色이 들어가 간에 통하여 눈으로 구멍을 열고 간에 정을 갈무리합니다.

精, 謂木精也, 汁也. 三合, 藏之肝府膽中也之.④

정精은 목木의 정精이니, 즙汁이다. 그 양은 세 홉合이며, 간의 부府인 담膽에 저장되어 있다.

교주 ① 問曰:《素問・金匱眞言論》에는 '帝曰'로 되어 있다.
② 有放乎:《素問・金匱眞言論》에는 '各有收受乎'로 되어 있다.
③ 答曰:《素問・金匱眞言論》에는 '岐伯曰'로 되어 있다.
④ 之: 衍文으로 보인다.

其病發驚駭,

그 병이 경해驚駭를 일으키고,

起怒亡魂, 故驚駭也.

노怒를 일으켜 혼魂을 사라지게 하므로 놀라게 한다.

其味辛,①

그 미味는 신미辛味이며,

肝味正酸而言辛者, 於義不通. 有云金刻②木爲妻, 故肝有辛氣.
간의 미味는 본래 산미酸味인데 신미辛味라고 말했으니, 의미상 통하지 않는다. 혹자
는 금金이 목木을 극剋하여 아내로 삼으므로 간에 신기辛氣가 있는 것이라고 하였다.

① 其味辛:《素問·金匱眞言論》에는 '辛'이 '酸'으로 되어 있다.
② 刻: '剋', '尅'과 通用한다. 蕭本에는 '剋'으로 되어 있다.

其類草木,

그 부류는 초목草木이며,

五行各別多類, 故五行中各別稱類也. 草木類同也.
오행은 각각 여러 부류로 구별되므로 오행 중에서 각각 구분하여 부류를 정한다. 초
草와 목木은 같은 부류이다.

其畜雞, 其穀麥, 其應四時, 上爲歲星,

그 가축은 닭이요, 그 곡식은 보리요, 그 사시에 응함은 하늘의 세성歲
星에 해당되니,

春當歲星.
봄은 세성歲星에 해당한다.

是以春氣在頭也, 其音角,

그러므로 봄의 기운은 머리에 있으며, 그 음은 각角이고,

頭爲身之初首, 故春氣在也.
머리는 몸의 가장 앞선 곳이니, 봄의 기운이 자리한다.

其數八,

그 수는 8이니,

> 成數八.
> 목木의 성수成數가 8이다.

是以知病之在筋也, 其臭臊.

이로써 병이 근에 있음을 알 수 있고, 그 냄새는 누린내입니다.

> 是以知筋位居春, 故病在筋也.
> 이로써 근의 자리가 봄이므로 병이 근에 있음을 알 수 있다.

赤色[1]**入通於心,**

적색은 들어가 심으로 통하며,

> 火生於木, 心又屬火, 火色赤, 故通心.
> 화火는 목木에서 생하는데, 심은 또한 화火에 속하고 화火의 색은 붉으므로 심에 통한다.

> 교주 [1] 赤色:《素問·金匱眞言論》에는 '南方赤色'으로 되어 있다.

開竅於耳,

귀로 구멍을 열고,

> 九卷云, 心氣通舌,[1] 舌旣非竅, 通於耳.
> 《구권九卷》에서 말하기를, "심의 기운은 혀로 통한다."라고 했는데, 혀는 원래 구멍이 아니니, 귀로 통한다.

> 교주 [1] 心氣通舌:《靈樞·脈度》에는 '心氣通於舌'로 되어 있다.

藏精於心,

심에 정精을 갈무리하니,

> 心有七孔三包,^① 盛精汁三合.
>
> 심장에는 일곱 개의 구멍과 세 개의 포包가 있으며, 정즙精汁 3홉을 담고 있다.

① 心有七孔三包: '三包'는 '三毛'로 봄이 타당하니, 《難經·四十二難》에서 "心重
十二兩, 中有七孔三毛, 盛精汁三合, 主藏神."이라고 하였다. 蕭本에도 '三毛'로
되어 있다.

故病在五藏,

그러므로 병은 오장에 있으며,

> 心爲五藏主, 不得受於外邪, 受外邪則五藏皆病也.
>
> 심은 오장의 주인이므로 외사外邪를 받을 수 없으니, 외사를 받게 되면 오장이 모두
> 병든다.

其味苦酸,^①

그 미味는 고미苦味와 산미酸味이며,

> 酸爲苦母, 幷母言之, 故有苦酸.
>
> 산미酸味는 고미苦味의 어미가 되니 그 어미와 함께 말하였으므로 '苦酸'인 것이다.

① 其味苦酸: 《素問·金匱眞言論》에는 '酸'字가 없다.

其類火, 其畜羊, 其穀黍,

그 부류는 불이고, 그 가축은 양이며, 그 곡식은 찰기장이고,

> 九卷云, 黃黍味辛.^① 苦味刻辛, 仍金火相濟, 故幷言之.
>
> 《구권九卷》에서 말하기를, "황서黃黍는 맛이 맵다."라고 하였다. 고미苦味는 신미辛未
> 를 극尅하여, 이로써 금화金火가 서로 가지런해지니 따라서 함께 말하였다.

其應四時, 其星上爲熒或,①

그 사시에 응함에 그 별은 하늘의 형혹성熒惑星에 해당되니,

> 夏時上爲熒或.
> 여름에는 별이 형혹성熒惑星에 해당된다.

以知病在脈也,①

이로써 병이 맥에 있음을 알 수 있으며,

> 脈位居夏, 故病在脈.
> 맥은 여름에 해당하므로 병이 맥에 있다.

其音徵, 其數七,

그 음은 치徵이며, 그 수는 7이고,

> 成數七也.
> 화火의 성수成數가 7이다.

其臭燋.① **黃色**②**入通於脾胃,**③

그 냄새는 탄내입니다. 황색은 들어가 비위脾胃로 통하며,

> 五色皆自通藏, 不言其府. 此言府者, 以胃爲四藏資粮, 故兼言也.
> 오색五色은 모두 본래 장藏에 통하며 부府를 말하지는 않았다. 이곳에서만 부를 언급한 것은 위胃가 네 장에 수곡을 대므로 함께 말한 것이다.

① 燋: 《素問·金匱眞言論》에는 '焦'로 되어 있다.

② 黃色: 《素問·金匱眞言論》에는 '中央黃色'으로 되어 있다.

③ 入通於脾胃: 《素問·金匱眞言論》에는 '胃'字가 없다.

開竅於口, 藏精於脾,

입으로 구멍을 열고, 비脾에 정精을 갈무리하니,

精, 脾中散膏半斤. 主裹血, 溫五藏也.

정精은 비장脾藏 속의 풀어진 기름 반 근이다. 비장은 주로 혈을 싸고 오장을 따뜻하게 한다.

故病在於舌本,①

그러므로 병은 혀의 뿌리에 있으며,

脾脈足太陰連舌本, 故夏病在舌本也.

비맥脾脈인 족태음맥足太陰脈은 혀의 뿌리에 닿으므로 여름의 병은 혀의 뿌리에 있다.

① 故病在於舌本: 《素問·金匱眞言論》에는 '於'字가 없다.

其味甘, 其類土, 其畜牛, 其穀稷, 其應四時, 上爲鎭星.

그 맛은 감미甘味이며, 그 부류는 흙이고, 그 가축은 소이며, 그 곡식은 메기장이고, 그 사시에 응함은 하늘의 진성鎭星에 해당됩니다.

其脾王四季,① 故季夏上爲鎭星也.

비脾는 간절기四季에 왕성하니, 늦여름 별은 진성鎭星에 해당한다.

① 四季: 사계는 각 계절의 마지막 18일로 다음 계절로 넘어가는 중간 단계를 의미한다.

故知病在肉也,① **其音宮, 其數五,**

그러므로 병이 육肉에 있음을 알 수 있고, 그 음은 궁宮이고, 그 수는 5
이고,

脾肉在夏,② 故有病在肉. 其數五, 謂生數.
비脾와 육肉은 여름에 해당하니, 병이 육肉에 있다. 그 수가 5라는 것은 생수生數를 말
한다.

교
주 ① 故知病在肉也:《素問・金匱眞言論》에는 '是以知病之在肉也'로 되어 있다.
② 脾肉在夏:《素問》에서는 일반적으로 脾를 長夏에 배속하였다.

其臭香. 白色①入通於肺, 開竅於鼻, 藏精於肺,
그 냄새는 고소한 냄새입니다. 백색은 들어가 폐로 통하여, 코로 구멍
을 열고, 폐에 정精을 갈무리하니,

精, 肺液也
정精은 폐의 액液이다.

교
주 ① 白色:《素問・金匱眞言論》에는 '西方白色'으로 되어 있다.

故病在於背,①
그러므로 병은 등에 있으며,

肺爲陽中之陰, 在背, 故病在背.
폐는 양 중의 음이며 등에 있으므로 병이 등에 있다.

교
주 ① 故病在於背:《素問・金匱眞言論》에는 '於'字가 없다.

其味辛, 其類金, 其畜馬, 其穀稻,
그 미味는 신미辛未이고, 그 부류는 쇠이며, 그 가축은 말이고, 그 곡식
은 벼이며,

九卷云, 粳米味甘, 黍味辛.^① 此中稻辛.

《구권九卷》에서 말하기를, "멥쌀은 맛이 달고 찰기장은 맵다."고 하였다. 이 부분의
벼는 매운 것을 말한다.

① 粳米味甘, 黍味辛: 《靈樞·五味》에서 '杭米甘', '黃黍辛'이라 하였다. '粳'과
'杭'은 같은 글자이다.

其應四時, 上爲太白星,

그 사시에 응함은 하늘의 태백성太白星에 해당되니,

秋時上爲太白星.

가을에는 별이 태백성太白星에 해당한다.

故知病在皮毛,^①

그러므로 병이 피부와 털에 있음을 알 수 있고,

皮毛在秋, 故病在皮毛也.

피부와 털은 가을에 해당하므로 병이 피모에 있다.

① 故知病在皮毛: 《素問·金匱眞言論》에는 '是以知病之在皮毛也'로 되어 있다.

其音商, 其數九, 其臭腥.

그 음은 상商이고, 그 수는 9이며, 그 냄새는 비린내입니다.

九爲成數.

9는 금金의 성수成數이다.

黑色^①入通於腎, 開竅於二陰,

흑색은 들어가 신腎으로 통하여, 이음二陰으로 구멍을 열고,

二陰, 謂前後陰也.
이음二陰은 전음前陰과 후음後陰을 말한다.

① 黑色: 《素問 · 金匱眞言論》에는 '北方黑色'으로 되어 있다.

藏精於腎,

신腎에 정精을 갈무리하며,

精, 謂腎液.
정精은 신腎의 액液을 말한다.

病在於谿谷,^① 其味鹹, 其類水, 其畜豕,^② 其穀豆,

병은 계곡谿谷에 있고, 그 미味는 함미鹹味이며, 그 무리는 물이고, 그
가축은 돼지이며, 그 곡식은 콩이고,

肉之大會爲谷, 小會爲谿. 肉分之間, 谿谷之會, 腎間動氣爲原氣, 在谿谷
間, 故冬病在也.
육肉이 크게 모이는 곳은 곡谷이고, 작게 모이는 곳은 계谿이다. 분육分肉의 사이는 계
곡의 모임이며, 신간동기腎間動氣는 원기原氣가 되어 계곡의 사이에 있으므로 겨울의
병이 계곡谿谷에 있게 된다.

① 病在於谿谷: 《素問 · 金匱眞言論》에는 '故病在谿'로 되어 있다.
② 豕: 《素問 · 金匱眞言論》에는 '彘'로 되어 있다. 의미는 서로 통한다.

其應四時, 上爲辰星,

그 사시에 응함은 하늘의 진성辰星에 해당되니,

冬時上爲辰星.
겨울은 별이 진성辰星에 해당한다.

以知病在骨,[①]

이로써 병이 골骨에 있음을 알 수 있고,

骨氣在冬, 故病在骨.

골骨의 기는 겨울에 해당하므로 병은 뼈에 있다.

① 以知病在骨:《素問‧金匱眞言論》에는 '是以知病之在骨也'로 되어 있다.

其音羽, 其數六, 其臭腐.

그 음은 우羽이고, 그 수는 6이며, 그 냄새는 썩은 냄새입니다.

六爲成數.

6은 수水의 성수成數이다.

岐伯曰[①]善爲脈者,[②] 謹察五藏六府逆順,[③] 陰陽表裏雌雄之紀, 藏之心意, 合之[④]於精, 非其人勿教,[⑤] 非其人[⑥]勿授, 是謂得道.

기백이 말하기를, 맥을 잘 살피는 사람은 오장육부의 거스르고 따르는 것과 음양‧표리表裏‧자웅雌雄의 법칙을 조심스레 살펴 마음속에 담아두고 그것을 정미한 이치에 합치시키며, 그 사람이 아니면 가르치지 않고, 그 사람이 아니면 주지 않으니, 이를 일러 도를 얻었다고 합니다.

善候脈者, 須察藏府之氣, 有逆有順, 陰陽表裏, 雄雌綱紀, 得之於心, 合於至妙, 然後教於人. 教於人之道, 觀人所能, 妙知聲色之情, 可使瞻聲察色, 諸如是等, 謂其人也. 教, 謂教童蒙也. 授, 謂授久學也. 如是行者, 可謂上合先聖人道也.

맥을 잘 살피는 사람은 모름지기 장부의 기가 거스르는 것과 따르는 것이 있음과 음양, 표리表裏, 자웅雌雄의 법칙을 살피어, 그것을 마음에서 얻어 지극히 묘한 이치에 합치시키며, 그러한 후에 다른 이에게 가르친다. 다른 사람을 가르치는 도道는 그 사람의 능한 바를 살펴서, 음성과 안색의 정황을 미묘하게 알면, 하여금 음성을 듣고 안색을 살피도록 할 수 있으니, 이러한 것들을 모두 일러 그 사람[其人]이라 한다. '教'는

무지한 아이를 가르치는 것을 말한다. '授'는 오랜 학문을 주는 것을 말한다. 이와 같
이 행함은 위로 옛 성인의 도道에 부합한다고 할 수 있다.

① 岐伯曰:《素問·金匱眞言論》에는 세 글자가 없다.
② 善爲脈者:《素問·金匱眞言論》에는 '故善爲脈者'로 되어 있다.
③ 逆順:《素問·金匱眞言論》에는 '一逆一從'으로 되어 있다.
④ 之:《素問·金匱眞言論》에는 '心'으로 되어 있다.
⑤ 敎: 原鈔本에는 '敎'로 되어 있는데 '敎'의 俗字이다. 대표자인 '敎'로 모두 바꾸
었다.
⑥ 人:《素問·金匱眞言論》에는 '眞'으로 되어 있다.

黃帝問於岐伯曰①人有四經十二順.②

황제가 기백에게 물어 말하기를, 사람에게는 사경四經과 십이순十二順
이 있으니 무엇입니까?

四經, 謂四時經脈也. 十二順, 謂六陰爻, 六陽爻, 相順者也.
사경四經은 사시의 경맥을 말한다. 십이순十二順은 여섯 개의 음효陰爻와 여섯 개의 양
효陽爻가 서로 따르는 것을 말한다.

① 黃帝問於岐伯曰:《素問·陰陽別論》에는 '黃帝問曰'로 되어 있다.
② 順:《素問·陰陽別論》에는 '從'으로 되어 있으며, '順'에 이어 "何謂. 岐伯對
曰."이 있다.

四經應四時, 十二順①應十二月,

사경四經은 사계절에 응하고, 십이순十二順은 열두 달에 응하며,

肝, 心, 肺, 腎四脈, 應四時之氣, 十二爻, 應十二月.
간, 심, 폐, 신腎의 네 가지 맥은 사계절에 응하며, 열두 개의 효爻는 열두 달에 응한다.

① 順:《素問·陰陽別論》에는 '從'으로 되어 있다.

十二月應十二脈.

열두 달은 십이맥十二脈에 응합니다.

十二經脈也.

십이경맥이다.

脈有陰陽,

맥에는 음양이 있으니

十二經脈, 六陰六陽.

십이경맥에는 여섯 개의 음맥陰脈과 여섯 개의 양맥陽脈이 있다.

知陽者知陰, 知陰者知陽.

양을 아는 사람은 음을 알고, 음을 아는 사람은 양을 압니다.

妙知人迎之變, 卽懸識氣口, 於氣口之動, 亦達人迎.

인영맥人迎脈의 변화를 잘 안다면 기구맥氣口脈을 확실히 알 수 있으며, 기구맥의 박동에서 역시 인영맥을 알 수 있다.

凡陽有五, 五五二十五陽.

무릇 양은 다섯이 있으니 다섯을 다섯 번 하여 25양입니다.

五藏之脈於五時見, 隨一時中卽有五脈, 五脈見時皆有胃氣, 卽陽有五也. 五時脈見, 卽有二十五陽數者也.

오장의 맥이 오시五時에 드러남에, 각각의 시時 중에 오맥이 있으며, 오맥이 드러날 때에는 모두 위기胃氣가 있으니, 즉 양이 다섯이 된다. 오시의 맥이 나타나므로 곧 25양의 수가 있게 된다.

所謂陰者眞藏,[1] 其[2]見則爲敗, 敗必死.[3]

이른바 음이라는 것은 진장맥眞藏脈으로 그것이 나타나면 패敗하니,

패하면 반드시 죽습니다.

於五時中, 五藏脈見, 各無胃氣, 唯有眞藏獨見, 此爲陰也.
오시五時 중에 오장맥五藏脈이 나타나는데 각각 위기胃氣가 없고, 오직 진장맥眞藏脈이
홀로 드러나니, 이는 음陰이 된다.

교주 ① 眞藏: 《素問 · 陰陽別論》에는 '眞藏也'로 되어 있다.
② 其: 《素問 · 陰陽別論》에는 '其'字가 없다.
③ 敗必死: 《素問 · 陰陽別論》에는 '敗必死也'로 되어 있다.

所謂陽者, 胃胞之陰陽.①

이른바 양이라는 것은 위포胃胞의 음양입니다.

胃胞之中, 苞裹五穀, 其五藏爲粮, 此則對藏陰爲陽, 故曰胃胞陰陽者也.
위포胃胞의 속에 오곡을 싸고 있어 오장을 영양하는데, 진장眞臟이 음인 것에 대비하
여 양이 되므로, 위포의 음양이라 하였다.

교주 ① 胃胞之陰陽: 《素問 · 陰陽別論》에는 '胃脘之陽也'로 되어 있다.

別於陽者, 知病之處,①

양을 구별하는 것으로 병든 곳을 알고,

陽, 胃氣也. 足陽明脈通於胃, 是以妙別陽明胃氣, 則諸脈受病所在幷
知之.
양은 위기胃氣이다. 족양명맥足陽明脈은 위胃에 통하니 이로써 양명의 위기胃氣를 잘
구별하면 곧 모든 맥의 병든 곳을 아울러 알 수 있다.

교주 ① 知病之處: 《素問 · 陰陽別論》에는 '知病處也'로 되어 있다.

別於陰者, 知死生之期.

음을 구별하는 것으로는 죽고 사는 때를 압니다.

妙別五藏之脈, 卽知死生有期.
오장의 맥을 잘 구별하면 곧 죽고 사는 때를 알 수 있다.

三陽在頭, 三陰在手,

삼양三陽은 머리에 있고, 삼음三陰은 손에 있는데,

三陽行胃人迎之脈, 在頭, 三陰行太陰寸口之脈, 在手也.
삼양三陽은 위경胃經의 인영맥人迎脈을 지나므로 머리에 있고, 삼음三陰은 태음경太陰經의 촌구맥寸口脈을 지나므로 손에 있다.

所謂一也.

말하자면 하나입니다.

陰陽上下, 動如引繩, 故曰一也.
음양이 상하로 줄을 당기듯이 움직이므로 하나라고 말하였다.

別於陽者, 知病忌時,

양을 구별하는 것으로는 그 병의 주의할 때를 알고,

善別胃脈, 卽知胃氣有無, 禁忌在於四時.
위맥胃脈을 잘 구별하면, 곧 위기胃氣의 유무有無로 사시에 금기를 알 수 있다.

別於陰者, 知死生之期.

음을 구별하는 것으로는 죽고 사는 때를 압니다.

善別手太陰脈, 卽知眞藏脈之有無, 死生之期.
수태음맥手太陰脈을 잘 구별하면, 곧 진장맥眞藏脈의 유무로 죽고 사는 때를 알 수 있다.

謹熟陰陽, 無與衆謀.

음양을 삼가 숙달하여, 뭇사람들과 더불어 모의하지 말아야 합니다.

謹能淳①熟陰陽脈氣之道, 決於心者, 不復有疑, 故不與衆人謀議也.

삼가 능히 음양맥기陰陽脈氣의 도를 정밀하게 익혀 마음에서 결단한 것에 대해 다시 의심을 두지 않으므로 뭇사람들과 모의하지 않는다.

① 淳: '純'과 通用된다.

所謂陰陽者, 去者爲陰, 至者爲陽, 動者爲陽,① 靜爲陰,② 數者 爲陽,③ 遲者爲陰.

이른바 음양이란 물러가는 것이 음이라면 이르는 것은 양이 되고, 요동하는 것이 양이라면 고요한 것은 음이 되고, 빠른 것이 양이라면 느린 것은 음이 됩니다.

凡陰陽者, 去靜與遲皆爲陰, 至動與數皆爲陽.

무릇 음양이라는 것은 가는 것, 고요한 것, 느린 것은 모두 음이 되고, 오는 것, 요동하는 것, 빠른 것은 모두 양이 된다.

① 動者爲陽:《素問・陰陽別論》에는 '靜爲陰'의 뒤에 있다.
② 靜爲陰:《素問・陰陽別論》에는 '靜者爲陰'으로 되어 있다.
③ 數者爲陽:《素問・陰陽別論》에는 '遲者爲陰'의 뒤에 있다.

凡持眞藏之脈者,① 肝至懸絶九日死,②

무릇 진장眞臟의 맥을 잡는 경우에 간맥肝脈이 이르러 툭 끊어지는 것은 9일 만에 죽고,

有本爲十八日.

18일로 되어 있는 판본도 있다.

_교
_주 ① 凡持眞藏之脈者: 《素問·陰陽別論》에는 '凡持眞脈之藏脈者'로 되어 있다.
② 肝至懸絶九日死: 《素問·陰陽別論》에는 '肝至懸絶急十八日死'로 되어 있다.

心至懸絶九日死, 肺至懸絶十日死,^① 腎至懸絶五日死,^② 脾至
懸絶四日死.

심맥心脈이 이르러 툭 끊어지는 것은 9일 만에 죽고, 폐맥肺脈이 이르
러 툭 끊어지는 것은 10일 만에 죽고, 신맥腎脈이 이르러 툭 끊어지는
것은 5일 만에 죽고, 비맥脾脈이 이르러 툭 끊어지는 것은 4일 만에 죽
습니다.

> 得眞藏脈者死, 然死之期得五藏懸絶已去, 各以其藏之氣分晝日爲數. 脈
> 至卽絶, 久而不來, 故曰懸絶.
> 진장맥眞藏脈을 얻는 자는 죽는데, 죽는 때는 오장맥五藏脈이 끊어져 사라지는 것을
> 보아 각각 그 장의 기로써 일수를 나누어 수로 삼는다. 맥이 이르자마자 곧 끊어지고,
> 오래되어도 오지 않으므로, 현절懸絶이라 하였다.

_교
_주 ① 肺至懸絶十日死: 《素問·陰陽別論》에는 '肺至懸絶十二日死'로 되어 있다.
② 腎至懸絶五日死: 《素問·陰陽別論》에는 '腎至懸絶七日死'로 되어 있다.

問曰^①二陽之病發心痺^②有不得隱曲, 女子不月. 其傳爲風消,
其傳爲息賁, 三日者死,^③ 不治.

말하기를, 이양二陽이 병들면 심비心痺가 생기고, 대소변을 보지 못하
며, 여자는 월사月事가 끊어집니다. 그것이 전하면 풍소風消가 되며, 그
것이 전하면 식분息賁이 되어 3일이 되면 죽으니 치료할 수 없습니다.

> 二陽者, 陽明也. 陽明, 謂手陽明大腸脈也, 足陽明胃脈也. 陽明所發, 心
> 痺等病也. 隱曲, 大小便. 風消, 謂風熱病消骨肉也. 息賁, 賁, 隔也, 爲隔
> 息也.
> 이양二陽은 양명陽明이다. 양명은 수양명대장맥手陽明大腸脈과 족양명위맥足陽明胃脈
> 을 말한다. 양명이 일으키는 것은 심비心痺 등의 병이다. 은곡隱曲은 대소변을 보는 것

이다. 풍소風消는 풍열병風熱病으로 골骨과 육肉이 마르는 것을 말한다. 식분息賁의 '賁'은 가로막는 것이니, 호흡을 가로막는 것이 된다.

① 問曰:《素問·陰陽別論》에는 '問'字가 없다.
② 心痺:《素問·陰陽別論》에는 '心脾'로 되어 있다.
③ 其傳爲息賁, 三日者死:《素問·陰陽別論》에는 '三日' 두 글자가 없다.

曰三陽爲病發寒熱, 下爲癰腫, 及爲痿厥①喘㑊,② 其傳爲索澤, 其傳爲㿉③疝.

말하기를, 삼양三陽이 병들면 한열을 발하니 아래로는 종기가 되고, 미치어 위궐痿厥과 천연喘㑊이 되며, 그것이 전하면 삭택索澤이 되고, 그것이 전하면 퇴산㿉疝이 됩니다.

三陽, 太陽也, 謂手太陽小腸脈也. 足太陽膀胱脈也. 太陽所發, 寒熱等病. 㑊, 季綿反, 憂患也. 索, 奪也. 憂患不已, 傳爲奪人色潤澤也.
삼양三陽은 태양太陽이니, 수태양소장맥手太陽小腸脈과 족태양방광맥足太陽膀胱脈을 말한다. 태양이 일으키는 것은 한열寒熱 등의 병이다. '㑊'은 음이 '季'와 '綿'의 반절이며, 우환憂患을 뜻한다. 삭索은 없어지는 것이다. 우환이 그치지 않으면 전하여 사람 얼굴의 윤택함이 없어진다.

① 痿厥: 손발이 차고 힘이 없는 병증을 말한다.
② 喘㑊:《素問·陰陽別論》에는 '喘㑊'이 '腨痟'으로 되어 있다. 腨痟은 장딴지가 시큰거리고 아픈 병증을 말한다. 楊上善의 注釋에서는 '㑊'을 '憂患'이라 하였으므로 숨이 차고 근심하는 병으로 본 것이다.
③ 㿉: 原鈔本에는 '㿗'로 되어 있는데 같은 글자이다. 대표적으로 쓰이는 '㿉'로 바꾸었다.

曰一陽發病, 少氣①喜欬喜洩,② 傳爲心瘈,③ 其傳爲隔.

말하기를, 일양一陽이 발병하면 소기증少氣證이 생기고, 기침과 설사를 잘하고, 전하면 심계心瘈가 되며, 그것이 전하면 격격隔이 됩니다.

一陽, 少陽也, 手少陽三焦脈也, 足少陽膽脈也. 少陽發少氣等病. 隔,
塞也.
일양一陽은 소양少陽이니 수소양삼초맥手少陽三焦脈과 족소양담맥足少陽膽脈이다. 소
양은 소기少氣 등의 병을 일으킨다. '隔'은 막히는 것이다.

① 少氣: 氣가 부족한 병증이다. 일반적으로는 말에 힘이 없고 숨이 약하면서 짧
고 촉박한 병증을 말한다.
② 喜欬喜洩: 《素問·陰陽別論》에는 '善咳善泄'로 되어 있다. 《太素》에서는 《內
經》의 '善'을 '喜'로 바꾼 것이 많이 보인다.
③ 傳爲心癰: 《素問·陰陽別論》에는 '其傳爲心掣'로 되어 있다. '心掣'는 가슴이
땅기는 증상이다. '癰'는 본래 驚風의 증상을 말하는데, '땅기다'라는 의미가 있는
'瘈'와 혼용된다.

二陽一陰發病, 主驚駭①背痛, 喜噫喜欠,② 名曰風厥.

이양二陽과 일음一陰이 발병하면 주로 경해驚駭가 생기거나 등이 아프
고, 트림을 잘하고, 하품을 많이 하니, 풍궐風厥이라 합니다.

二陽, 陽明也. 一陰, 厥陰也. 手厥陰心包脈也, 足厥陰肝脈也. 此二脈發
驚駭等病, 風厥也.
이양二陽은 양명陽明이다. 일음一陰은 궐음厥陰이니 수궐음심포맥手厥陰心包脈과 족궐
음간맥足厥陰肝脈이다. 이 두 맥은 경해驚駭 등의 병을 일으키니, 풍궐風厥이다.

① 驚駭: 일을 당하여 쉽게 놀라거나 이유 없이 놀라는 병증을 말한다.
② 喜噫喜欠: 《素問·陰陽別論》에는 '善噫善欠'으로 되어 있다.

二陰一陽發病, 喜脹①心滿喜氣.②

이음二陰과 일양一陽이 발병하면 자주 창만脹滿하며 가슴이 그득하고,
한숨을 자주 쉽니다.

二陰, 少陰也, 手少陰心脈也, 足少陰腎脈. 少陰, 少陽發喜脹等病.
이음二陰은 소음少陰이니 수소음심맥手少陰心脈과 족소음신맥足少陰腎脈이다. 소음과

소양은 복부가 쉽게 창만하는 병을 일으킨다.

① 喜脹:《素問・陰陽別論》에는 '善脹'으로 되어 있다. 조금만 먹어도 배가 쉽게 부른 것이다.

② 喜氣:《素問・陰陽別論》에는 '善氣'로 되어 있다. 자주 한숨을 쉬는 것 또는 화를 내는 것을 말한다.

三陽三陰發病, 爲偏枯①痿易,② 四支不擧.
삼양三陽과 삼음三陰이 발병하면 몸이 한쪽이 마르거나 근육이 위축되고 힘이 없어 사지를 들지 못합니다.

三陽, 太陽也. 三陰, 太陰也, 手太陰肺脈也, 足太陰脾脈也. 太陰發偏枯等病也.
삼양三陽은 태양太陽이다. 삼음三陰은 태음太陰이니 수태음폐맥手太陰肺脈과 족태음비맥足太陰脾脈이다. 태음은 편고偏枯 등의 병을 일으킨다.

① 偏枯: 신체의 한쪽 편이 마르는 것으로 반신불수이다.
② 痿易: 신체가 시들시들하여 힘이 없어 마음대로 쓰지 못하는 병이다. '易'은 '弛'와 뜻이 통한다.

鼓一陽曰鉤①曰鼓,②
일양一陽이 고동치는 것을 구鉤라 하니 고동치는 것이고,

一陽, 少陽也. 少陽脈至手太陰寸口, 其脈鼓也. 鼓, 脈鼓動也. 一陽之鼓曰鉤③也.
일양一陽은 소양少陽이다. 소양맥이 수태음手太陰의 촌구맥에 이르러 그 맥이 뛰는 것이니, 고鼓는 맥이 고동치는 것이다. 일양의 고동치는 것을 일러 구鉤라 한다.

① 鉤: 原鈔本에는 '鈎'로 되어 있는데 '鈎'는 '鉤'의 通用字이다. 대표적으로 쓰이는 '鉤'로 바꾸었다.
② 曰鼓:《素問・陰陽別論》에는 '曰'字가 없고 아래구절에 속해 '鼓一陰曰毛'로

되어 있다.

③ 鉤: 原鈔本에는 '鈎'로 되어 있는데 通用字이다.

一陰曰毛,

일음一陰이 고동치는 것을 모毛라 하고,

一陰, 厥陰也. 厥陰脈至之寸口曰毛, 此陰脈, 不稱鼓也. 有本一曰陰曰毛也之.[①]

일음一陰은 궐음厥陰이다. 궐음맥이 촌구寸口에 이르는 것을 모毛라 하니, 이는 음맥陰脈이므로 '鼓'라 말하지 않았다. '一曰陰曰毛'로 되어 있는 판본이 있다.

교주 ① 之: 衍文으로 보인다.

鼓陽勝隱[①]曰弦,

고동침에 양이 숨은 곳에서 이기는 것을 현弦이라 하고,

脈鼓陽勝於隱曰弦.

맥이 고동치는데 양이 숨은 곳에서 이기는 것을 현弦이라 한다.

교주 ① 隱: 《素問·陰陽別論》에는 '急'으로 되어 있다. 錢超塵은 森立之의 《素問考注》에서 "別本에는 '隱' 위에 '陰'이라 쓰여 있다."라고 한 것을 따라 '陰'의 잘못된 글자로 의심하였다.

鼓陽至而絶曰石,

고동침에 양이 지극하다가 끊어지는 것을 석石이라 하고,

至者爲陽也, 鼓陽至絶曰石也.

지극하다는 것은 양이 되는데, 고동쳐 양이 지극하다가 끊어지는 것을 석石이라 한다.

陰陽相過曰彈.[①]

음양이 서로 지나친 것을 탄彈이라 합니다.

> 陰陽之脈至寸口相擊, 曰彈也.
> 음양의 맥이 촌구寸口에 이르러 서로 때리는 것을 탄彈이라 한다.

교주 ① 彈:《素問·陰陽別論》에는 '溜'로 되어 있다.

凡痺之客五藏者, 肺痺者, 煩則[①]**滿喘而歐.**[②]

무릇 비痺가 오장으로 침입하면, 폐비肺痺는 가슴이 번거롭고 그득하며 숨이 가쁘면서 구역질이 납니다.

> 邪氣客肺及手太陰, 故煩滿喘歐也.
> 사기가 폐와 수태음手太陰에 들어가므로 번거롭고 그득하며 숨이 가쁘고 구역질이 난다.

교주 ① 則:《素問·痺論》에는 '則'字가 없다.
② 歐:《素問·痺論》에는 '嘔'로 되어 있는데 같은 글자이다.

心痺者不通,[①] **煩則下鼓,**[②] **暴上氣而喘, 嗌乾喜**[③]**噫, 厥氣上則恐.**

심비心痺는 통하지 않는 것이니, 가슴이 번거로워지면 아래에서 고동치고, 갑자기 기가 오르면서 숨이 가쁘며, 목구멍이 마르고 트림을 자주 하며, 찬 기운이 위로 올라오면 두려워합니다.

> 邪氣客心及手太陽, 故上下不通, 煩則少腹故脹[④]等病也.
> 사기가 심과 수태양手太陽에 침입하므로 상하로 통하지 않으며, 번거로워지면 아랫배가 고동치며 부어오르는 등의 병이 생긴다.

교주 ① 不通:《素問·痺論》에는 '脈不通'으로 되어 있다.

② 下鼓: 《素問·痺論》에는 '心下鼓'로 되어 있다.

③ 喜: 《素問·痺論》에는 '善'으로 되어 있다.

④ 煩則少腹故脹: 錢超塵은 '故'를 '鼓'의 잘못으로 보았다. 經文의 '煩則下鼓'를
볼 때 '鼓'로 보는 것이 옳으며 이를 따라 해석하였다.

肝痺者, 夜臥則驚, 多飮數小便, 上爲演壞.①

간비肝痺는 잠자리에 누우면 놀라고, 물을 많이 마시고 소변을 자주 보
며, 위로는 속으로 침이 흐릅니다.

> 邪氣客肝及足厥陰脈, 厥陰脈係目及陰, 故臥驚數小便. 演當涎, 謂涎流.
> 壞, 中心也.
>
> 사기가 간과 족궐음맥足厥陰脈에 침입하면, 궐음맥은 눈과 음기陰器에 이어지므로 잠
> 이 들 때 놀라며 소변을 자주 보게 된다. '演'은 '涎'이니, 침이 흐르는 것을 말한다. '壞'
> 는 중심이다.

① 演壞: 《素問·痺論》에는 '引如懷'로 되어 있는데, 대체로 痺痛이 肝經을 따라
위로 올라가 배가 임신한 것처럼 된다는 뜻으로 해석한다. 후세의 《症因脈治·
肝痺》에서도 "肝痺證은 바로 근비이다. 밤에 잘 때 잘 놀라며 물을 많이 마시면
서 소변을 자주 보고, 무언가를 품고 있는 것처럼 배가 커지고 왼쪽 옆구리가 결
리면서 아프다.(肝痺之症, 卽筋痺也. 夜臥則驚, 多飮數小便, 腹大如懷物, 左脇凝
結作痛.)"라고 하였다.

腎痺者善脹, 尻以伐踵, 脊以伐項.①

신비腎痺는 배가 잘 창만해지며 꽁무니가 발꿈치를 대신하는 듯하며
척추가 목을 대신하는 듯합니다.

> 邪客腎及少陰之脈, 故喜脹脊曲也.
>
> 사기가 신腎과 소음맥少陰脈에 침입하면 쉽게 창만해지고 척추가 구부러진다.

① 尻以伐踵, 脊以伐項: 《素問·痺論》에는 '項'이 '頭'로 되어 있고 두 번 쓰인 '伐'
이 모두 '代'로 되어 있다. '伐'은 모두 '代'를 잘못 쓴 것으로 보인다. 꽁무니가 다

리를 대신하고 척추가 목을 대신한다는 것은 사지와 목이 펴지지 않아서 팔다리
와 머리가 오그라든 것을 말한다.

脾痺者, 四支懈惰,^① 發欬歐^②汁, 上爲大寒.^③

비비脾痺는 사지가 늘어지고, 기침이 나면 즙을 토하니 상부가 매우 찬
것입니다.

> 邪客脾及足太陰脈, 不得營於四支, 故令懈惰, 又發脾欬, 胃寒歐冷水也.
> 사기가 비비脾와 족태음맥足太陰脈에 침입하면 사지를 영양하지 못하므로 늘어지게 되
> 며, 또한 비해脾欬를 발하는데 위胃가 차서 냉수를 토한다.

교주
① 懈惰:《素問·痺論》에는 '解墮'로 되어 있다.
② 歐:《素問·痺論》에는 '嘔'로 되어 있는데 같은 글자이다.
③ 大寒:《素問·痺論》에는 '大塞'으로 되어 있다.

大^①腸痺者, 數飮出而^②不得, 中氣喘爭, 時發飧洩.^③

대장비大腸痺는 물을 자주 마시고, 대변을 보려 하나 잘 보지 못하고
중기中氣가 가쁘게 다투며 때때로 손설飧泄을 합니다.

> 邪客大腸及手陽明脈, 大腸中熱, 大便難, 肺氣喘爭, 時有飧洩^④也
> 사기가 대장과 수양명맥手陽明脈에 침입하면 대장에 열이 들어가니 대변을 잘 보지
> 못하며, 폐기肺氣가 가쁘게 다투고 때때로 손설飧泄을 한다.

교주
① 大:《素問·痺論》에는 '大'字가 없다.
② 出而:《素問·痺論》에는 '而出'로 되어 있다.
③ 飧洩:《素問·痺論》에는 '飧泄'로 되어 있다. '飧'은 '飧'의 通用字이다.
④ 飧洩: 原鈔本에는 '洩飧'으로 글자가 뒤바뀌어 있는데 傳寫의 오류로 보고 바
로잡았다.

胞痺者, 少腸^①膀胱按之兩髀^②若沃以湯, 澁^③於小便, 上爲

清涕.

포비胞痺는 소장과 방광 부위를 눌렀을 때 양쪽 비髀가 끓는 물을 붓는 듯하고, 소변이 껄끄러우며 위로는 맑은 콧물이 나옵니다.

膀胱盛尿, 故謂之胞, 卽尿脬. 脬, 匹苞反. 邪客膀胱及足太陽, 膀胱中熱, 故按之髀熱, 下則小便有濇, 上則鼻淸涕出也.

방광은 오줌을 채우므로 포胞라고 이르니, 곧 오줌보尿脬이다. 脬의 음은 '匹'과 '苞'의 반절이다. 사기가 방광과 족태양맥足太陽脈에 들어가면 방광의 속이 뜨거워지니, 그러므로 넓적다리[髀]가 뜨거워지며 아래로는 소변이 껄끄럽고 위로는 코에서 맑은 콧물이 나온다.

① 小腸:《素問·痺論》에는 '少腹'으로 되어 있다.
② 兩髀:《素問·痺論》에는 '內痛'으로 되어 있다.《素問》新校正에서 "全元起本에는 '內痛'이 '兩髀'로 되어 있다."라고 한 것을 보아 全元起本이《太素》와 같았음을 알 수 있다.
③ 濇:《素問·痺論》에는 '澀'으로 되어 있다. 뜻은 서로 통한다.

陰氣者, 靜則神藏, 躁則消亡.

음기가 고요해지면 신神이 갈무리되고, 조동躁動하면 사그라져 없어집니다.

五藏之氣, 爲陰氣也, 六府之氣, 爲陽氣也. 人能不勞五藏之氣, 則五神各守其藏, 故曰神藏也. 賊郎反. 若怵惕思慮, 悲哀動中, 喜樂無極, 愁憂不解, 盛怒不止, 恐懼不息, 躁動不已, 則五神消威,[①] 傷藏者也.

오장의 기는 음기이고 육부의 기는 양기이다. 사람이 능히 오장의 기를 수고롭게 하지 않으면 곧 오신五神이 각각 제 장藏을 지킬 것이므로 신神이 갈무리된다고 하였다. '藏'의 음은 '賊'과 '郎'의 반절이다. 만약 두려워하고 고민이 많으며, 슬픔이 가슴을 동요시키고, 기쁘고 즐거운 것이 끝이 없으며, 시름과 근심이 풀어지지 않고, 성내는 것을 멈추지 않으며, 두려움이 끊이지 않으면 조동躁動함이 그치지 않아 곧 오신이 소멸되니, 장을 상한 것이다.

① 威 : 여기서는 '滅'의 略字로 쓰였다.

飮食自倍, 腸胃乃傷.

마시고 먹는 것이 평소에 비해 지나치게 많으면 장위腸胃가 상합니다.

> 凡人飮食, 胃實則腸虛, 腸實則胃虛, 腸胃更實更虛, 故得氣通, 長生久
> 視. 若飮食自倍, 則氣不通, 夭人壽命也, 此則傷府也.
> 무릇 사람이 먹고 마시면 위胃가 차고 장腸은 비게 되며, 장이 차면 위는 비게 되어 장
> 과 위는 번갈아 채워지고 비어지므로 기가 통하여 오래도록 건강하다. 만약 먹고 마
> 시는 것이 평소에 비해 지나치게 많으면 기가 통하지 못해 수명이 짧아지니, 이는 곧
> 부府를 상한 것이다.

淫氣喘息, 痺聚在肺.

숨을 헐떡이는 것이 지나치면 비기痺氣가 폐에 쌓입니다.

> 淫, 過也. 喘息, 肺所爲也, 喘息過者, 則肺虛邪客, 故痺聚也.
> 음淫은 지나치다는 뜻이다. 숨을 헐떡이는 것은 폐가 하는 것이니 숨을 헐떡임이 지
> 나친 경우는, 곧 폐가 허해져서 사기가 들어오므로 비기痺氣가 쌓인다.

淫氣憂思, 痺聚在心.

근심과 생각이 지나치면 비기痺氣가 심에 쌓입니다.

> 憂思, 心所爲, 憂思過者, 則心傷邪客, 故痺聚也.
> 근심과 생각은 심이 하는 것이니 근심과 걱정이 지나치면, 곧 심이 상하여 사기가 들
> 어오므로 비기痺氣가 쌓인다.

淫氣歐唾,[①] **痺聚在腎.**

침을 뱉는 것이 지나치면 비기痺氣가 신腎에 쌓입니다.

> 嘔唾, 腎所爲也, 歐唾過者, 則腎虛邪客, 故痺聚也.
> 침을 뱉는 것은 신腎이 하는 것이니 침을 뱉는 것이 지나치면, 곧 신이 허해져서 사기
> 가 들어오므로 비기痺氣가 쌓인다.

① 歐唾:《素問・痺論》에는 '遺溺'로 되어 있다.

淫氣渴乏,^① 痺聚在肝.

갈핍渴乏이 지나치면 비기痺氣가 간에 쌓입니다.

> 肝以主血, 今有渴乏, 多傷血肝虛, 故痺聚也.
>
> 간이 혈을 주하는데 지금 갈핍渴乏함이 있으니, 흔히 혈을 상하여 간이 허해지므로 비기痺氣가 쌓인다.

① 渴乏:《素問・痺論》에는 '乏竭'로 되어 있다. 楊上善은 단락의 전체에서 '淫'을 '과도하다'의 의미로 풀었으므로 乏竭이 과도하여 痺氣가 肝에 쌓인 것으로 보아야 한다. 또한 楊上善의 注釋에서 "渴乏하여 血이 상하고 肝이 虛하다."라고 하였으므로 '渴乏'은 과도한 노동으로 기혈진액을 소모하는 것으로 볼 수 있다.

淫氣飢絶, 痺聚在胃.^①

먹지 못한 것이 지나치면 비기痺氣가 위胃에 쌓입니다.

> 飢者, 胃少穀也. 飢過絶食, 則胃虛, 故痺聚.
>
> 굶주린다는 것은 위胃에 음식이 적은 것이다. 굶주림이 심하고 음식이 끊어지면, 위가 허해지므로 비기痺氣가 쌓인다.

① 淫氣飢絶, 痺聚在胃:《素問・痺論》에는 "淫氣肌絶, 痺聚於脾."로 되어 있다.

淫氣雍塞, 痺聚在脾.^①

막힌 것이 지나치면 비기痺氣가 비脾에 쌓입니다.

> 穀氣過塞則實, 而痺聚於脾也.
>
> 곡기가 막힌 것이 지나치면 실하게 되어 비痺가 비脾에 쌓인다.

① 痺聚在脾:《素問》新校正에서 "위의 '凡痺客五藏者'로부터 여기까지는 全元起本에서는《素問・陰陽別論》에 있는데, 王冰이 여기다 옮겨 놓았다."라고 하

였다. 《太素》도 全元起本과 마찬가지로 《素問·陰陽別論》의 문장 가운데에 이 부분이 배치되어 있다.

陰爭於內, 陽擾於外, 魄汗未藏, 四逆而起, 起則動肺,[1] 使人喘喝.[2]

음이 안에서 다투고 양이 밖에서 어지러우면, 백한魄汗이 갈무리되지 못하여 사역증四逆證이 일어나며, 일어나면 폐를 요동시키니 사람이 헉헉거리게 됩니다.

> 五藏爲陰, 內邪陰氣以傷五藏, 故曰爭內. 六府爲陽, 外邪陽氣以侵六府, 故曰擾外. 皮毛腠理也, 肺魄所主, 故汗出腠理, 名魄汗也. 藏, 猶閉也. 陰陽爭擾, 汗出腠理未閉, 寒氣因入, 四支逆冷, 內傷於肺, 故使喘喝. 喝, 喘聲, 呼割反.
>
> 오장은 음이 되니, 내사內邪와 음기가 다투어 오장을 상하므로 안에서 다툰다고 하였다. 육부는 양이 되니, 외사外邪와 양기가 어지럽혀 육부를 침입하므로 밖을 어지럽힌다고 하였다. 피모皮毛와 주리腠理는 폐의 백魄이 주관하는 바이므로 주리에서 땀이 나는 것을 백한魄汗이라 하였다. 장藏은 닫는 것이다. 음양이 다투고 어지럽혀지면 땀이 나고 주리가 닫히지 못하며, 한기寒氣가 그로 인해 들어오므로 사지가 차가워지며 안으로 폐를 상하므로 숨이 가빠서 헉헉거리게 된다. '喝'은 거칠게 숨을 쉬는 소리이니, 음이 '呼'와 '割'의 반절이다.

교주
① 動肺: 《素問·陰陽別論》에는 '熏肺'로 되어 있다.
② 喘喝: 《素問·陰陽別論》에는 '喘鳴'으로 되어 있다.

陰之所生, 和本曰味.[1]

음의 생하는 바로서 조화롭게 하는 근본을 미味라 합니다.

> 五藏所生, 和氣之本, 曰五味也.
>
> 오장이 생하는 바로서 기를 조화롭게 하는 근본을 오미五味라 한다.

① 和本曰味:《素問・陰陽別論》에는 '和本曰和'로 되어 있다. '和本曰和'라 하였을 때에는 五藏의 기능이 四時에 따라 元陰, 元陽에 和合하여 和의 상태를 유지하는 것을 의미한다. 楊上善의 注釋에서는 五藏이 생하는 것으로 그 근본이 五味라고 해석하였다.

是故剛與剛, 陽氣破散, 陰氣乃消亡.

그러므로 강한 것이 강한 것과 함께하면 양기가 파산하고 음기가 이에 소멸됩니다.

> 剛與剛, 陽盛也. 陽盛必衰, 故破散也. 無陽之陰, 必消亡也.
> 강함이 강함과 함께하면 양이 성해진다. 양이 성하면 반드시 쇠하므로 파산한다. 양이 없는 음은 반드시 소멸된다.

淖則剛柔不和, 經氣乃絶.①

음양이 어지럽혀지면 강유剛柔가 조화롭지 못하니 경기經氣가 이에 끊어집니다.

> 淖, 亂也, 音濁. 言陽散陰消, 故剛柔不和, 則十二經氣絶也.
> 淖는 어지러운 것이니, 음은 '濁'이다. 양이 흩어지고 음이 소멸되므로 강유剛柔가 조화롭지 못하여, 십이경맥의 경기經氣가 끊어진다고 하였다.

① 經氣乃絶:《素問・陰陽別論》에는 이 문장 다음에 '死陰之屬, 不過三日而死. 生陽之屬, 不過四日而死'의 20글자가 있다.《太素》에는 이 20글자가 이 편의 '陰陽虛腸痺'의 아래에 있다.

岐伯曰①所謂生陽死陰者, 肝之心, 謂之生陽,

기백이 말하기를, 이른바 생양生陽과 사음死陰이라는 것은, 간에서 심으로 옮긴 것을 일러 생양이라 하고,

> 木生火也.

음양잡설陰陽雜說 | 293

목생화木生火이다.

① 岐伯曰: 《素問·陰陽別論》에는 세 글자가 없다.

心之肺, 謂之死陰,
심에서 폐로 가는 것을 일러 사음死陰이라 하며,

火尅金也.
화극금火克金이다.

肺之腎, 謂之重陰,
폐에서 신腎으로 가는 것을 일러 중음重陰이라 하고,

少陰重至陰也.
소음少陰과 지음至陰이 겹쳐진 것이다.

腎之脾, 謂之辟陰, 死不治.
신腎에서 비脾로 가는 것을 벽음辟陰이라 하니, 사증死證으로 치료할 수 없습니다.

辟, 重疊. 至陰, 太陰重也.
벽辟이란 중첩된 것이다. 지음至陰이 태음太陰과 겹쳐진 것이다.

結陽者, 腫四支.
양이 맺히면 사지가 붓습니다.

結, 聚.
결結은 모인 것이다.

結陰者, 便血一升, 再結二升, 三結三升.

음이 맺히면 변혈便血을 한 되 보고, 다시 맺히면 두 되를 보고, 세 번 맺히면 세 되를 봅니다.

二聚多至三升也.
거듭 모이면 많을 때는 세 되에까지 이른다.

陰陽結者針,① 多陰少陽曰石水, 少腹腫.
음양이 맺힌 것이 기울어져서, 음이 많고 양이 적으면 석수石水라 하니 아랫배가 부어오릅니다.

少陰爲水, 故多字誤耳也.
소음少陰은 수水에 속하니 '多'字는 잘못된 것일 뿐이다.

교주 ① 陰陽結者針:《素問·陰陽別論》에는 '陰陽結斜'로 되어 있다. 錢超塵은 '陰陽結斜者'의 오류로 보았다. '針'을 '斜'의 잘못으로 보고 해석하였다.

三陽①結, 謂之消,
삼양三陽이 맺힌 것을 일러 소消라 하고,

消渴, 消中也. 三陽, 太陽.
소갈消渴, 혹은 소중消中을 말한다. 삼양三陽은 태양太陽이다.

교주 ① 三陽:《素問·陰陽別論》에는 '二陽'으로 되어 있다.

二陽①結, 謂之隔,
이양二陽이 맺힌 것을 일러 격隔이라 하고,

便溲不通也. 二陽, 陽明也.
대변과 소변이 불통한 것이다. 이양二陽은 양명陽明이다.

교주 ① 二陽:《素問·陰陽別論》에는 '三陽'으로 되어 있다.

三陰結, 謂之水,

삼음三陰이 맺힌 것을 일러 수水라 하고,

> 三陰, 太陰.
>
> 삼음三陰은 태음太陰이다.

一陰一陽結, 謂之喉痺.

일음一陰과 일양一陽이 맺힌 것을 일러 후비喉痺라 합니다.

> 厥陰, 少陽也.
>
> 궐음厥陰과 소양少陽이다.

陰搏①陽別, 謂之有子,

음맥陰脈은 모이고 양맥陽脈은 모이지 않는 것을 일러 임신이라고 하고,

> 陰脈聚, 陽脈不聚也.
>
> 음맥陰脈은 모이고, 양맥陽脈은 모이지 않은 것이다.

교주 ① 搏:《素問·陰陽別論》에는 '摶'으로 되어 있다. 이하 모두 이와 같다.

陰陽虛腸辟.①

음양맥陰陽脈이 허하면 장벽腸澼입니다.

> 陰陽府藏脈皆虛者, 腸辟疊死.
>
> 장부의 음양맥陰陽脈이 모두 허하면, 장腸이 중첩되어 죽는다.

교주 ① 腸辟: '腸澼'과 같은 의미로 原鈔本에서는 두 가지를 혼용하고 있다. 여기서 '辟'은 '澼'과 통한다. 楊上善은 두 병을 다른 것으로 보지 않았으나 '腸辟'의 '辟'을 重疊의 의미로, '腸澼'의 '澼'은 膿血을 쏟는 의미로 조금 다르게 해석하고 있다. 전자는 병의 기전을 후자는 병의 증상을 말한 것이며, 아마도 楊上善이 보았던 원문에 이미 '腸辟'과 '腸澼'이 혼용되고 있어 문자적으로 달리 해석한 것으로 보

인다. 《素問·陰陽別論》에는 '腸澼'이 '腸澼死'로 되어 있다. 楊上善의 注釋에서 '腸澼疊死'라 한 것으로 보아 '澼'字의 아래 '死'字가 있었을 것으로 생각된다.

死陰之屬, 不過三日死而,[①] 生陽之屬, 不過四日而已.[②]

사음死陰에 속하는 것은 3일을 지나지 않아 죽고, 생양生陽에 속하는 것은 4일을 지나지 않아 낫게 됩니다.

> 陰陽死生期也.
> 음양의 죽고 사는 기일이다.

교주
① 死而:《素問·陰陽別論》에는 '而死'로 되어 있다. '而死'가 되어야 옳다.
② 不過四日而已:《素問·陰陽別論》에는 '不過四日而死'로 되어 있다. 錢超塵은 《素問》新校正에서 "다른 판본에는 '四日而生'으로 되어 있는 것이 있고, 全元起本에는 '四日而已'로 되어 있으니 뜻은 모두 통한다. 위아래 문장의 의미를 살펴볼 때 '死'라 하는 것은 옳지 않다."라고 한 것을 근거로 全元起本이 《太素》와 같다고 하였다.

陽加於陰, 謂之汗,

양이 음을 이긴 것을 일러 한汗이라 하고,

> 加, 勝之也.
> 가加는 이기는 것을 말한다.

陰虛陽摶, 謂之崩.

음맥陰脈은 허하고 양맥陽脈은 뭉친 것을 일러 붕崩이라 합니다.

> 崩, 下血也.
> 붕崩은 하혈이다.

三陰俱摶, 三十日[①]夜半死.

삼음三陰이 모두 뭉치면 30일째 한밤중에 죽습니다.

> 太陰總得三陰之氣.
> 태음太陰에서 삼음三陰의 기氣를 모두 얻을 수 있다.

교주 ① 三十日:《素問·陰陽別論》에는 '二十日'로 되어 있다.

二陰俱摶, 十五日①夕時死.

이음二陰이 모두 뭉치면 15일째 저녁에 죽습니다.

> 少陰總得二陰之氣.
> 소음少陰에서 이음二陰의 기를 모두 얻을 수 있다.

교주 ① 十五日:《素問·陰陽別論》에는 '十三日'로 되어 있다.

一陰俱摶, 十日平旦①死.

일음一陰이 모두 뭉치면 10일째 아침에 죽습니다.

> 厥陰氣皆來聚, 故曰俱也
> 궐음厥陰의 기가 모두 와서 뭉치므로 '俱'라 하는 것이다.

교주 ① 平旦:《素問·陰陽別論》에는 두 글자가 없다.

三陽俱摶且鼓, 三日死.

삼양三陽이 모두 뭉치고 또한 고동치면 3일째 죽습니다.

> 三陽之脈, 聚而且鼓.
> 삼양三陽의 맥이 뭉치고 또 고동친다.

三陽三陰①俱摶, 心腹滿, 發盡不得隱曲, 五日死. 二陽俱摶,

募^②病溫, 死不治, 不過十日死.

삼양三陽과 삼음三陰이 모두 뭉치면 가슴과 배가 그득하고, 발병함이
심해지면 대소변을 보지 못하여 5일째에 죽습니다. 이양二陽이 모두
뭉치면 모원募原에 온병溫病이 생기니, 사중으로 치료할 수 없으며, 10
일을 지나지 못해 죽습니다.

陽明之氣皆聚, 則陽明募病. 有本爲募^③也
양명陽明의 기가 모두 모인즉 양명의 모병募病이 된다. '幕'으로 되어 있는 판본도
있다.

① 三陽三陰:《素問·陰陽別論》에는 '三陰三陽'으로 되어 있다.
② 募:《素問·陰陽別論》에는 '其'로 되어 있다.
③ 募:《內經》에서는 '募原'과 '幕原'을 通用한 경우가 종종 보이므로, '幕'을 잘못
기록한 것이 아닌지 의심된다.

黃帝內經太素卷第三 陰陽

仁安二年丁亥正月十二日以同本書寫之
　　　　　同□□□□□移點了　丹波賴基之

本云
　仁平元年二月十二日以同本書寫移點校合了　憲基

교주

・陰陽: 原鈔本에는 빠져 있는데, 卷首 標題를 根據로 補入하였다.

・丁亥: 原鈔本에는 小字로 되어 있어 좌우 한 글자씩 나란히 되어 있다. '丁'은 손상되어 있는데 仁安 2년에 해당하는 干支가 '丁亥'이므로 이 글자를 補入하였다.

・十二日: 原鈔本의 '二'가 잘 보이지 않는데 錢氏校本에서는 모양을 변별하여 '二'라 하였다. 여기서는 錢氏校本을 따랐다.

・以同本: 原鈔本에는 잘 보이지 않는데 錢氏校本에서는 모양을 변별하여 '以同本'이라 하였다.

・同□□□□□移點了: 原鈔本에는 '同' 아래의 5글자가 잘 보이지 않는데, 錢氏校本에서는 '十四日校合'인 것으로 추정하였다.

・丹波賴基之: 錢氏校本에서는 '之'가 古文의 '乙'로서 古人이 글의 끝에 일단락의 표시로 쓴 것이라고 하였다.

제4권

———

무제無題

———

卷 전체가 散佚되었다. 錢超塵은 卷의 제목을 '四時'로
추정하였으나 고증할 수 없다.

제5권

———

인 합 人合

———

黃帝內經太素卷第五^{人合}

通直郎守太子文學_臣楊上善奉 勅撰注

{天地合}
陰陽合
四海合
十二水

천
지
합

天地合

교
주 처음부터 楊上善 注釋의 "二節, 故得懷子也." 앞까지 原鈔本에서 散佚되었고, 欄外注
에서도 '首一紙缺'이라 하였다. 제목 역시 散佚되었으나, 小曾戶洋과 錢超塵이 본문 내
용에 의거하여 補入한 '天地合'이라는 제목이 타당하므로 이에 따라 補入하였다. 이 篇
의 내용은 《靈樞·邪客》에 보인다. 이 篇에서는 인체와 자연계가 상응하는 현상을 설
명하였다.

…天圓地方, 故人頭圓足方以應之①…
…하늘은 둥글고 땅은 모나니, 그러므로 사람의 머리가 둥글고 발이
모남으로써 응應한다…

> …天有十日, 人手有十指. 辰有十二, 足有十指, 莖垂之③二以應之. 女子
> 有陰而不足二節, 故得懷子也.②
> …하늘에 십일이 있어서 사람 손에 열 손가락이 있고 진辰에 열두 개가 있어서 발에
> 열 발가락과 경莖, 수垂의 둘로 응한다. 여자는 자궁이 있으면서 두 마디가 부족하므
> 로 자식을 임신할 수 있다.

교
주 ① 天圓地方, 故人頭圓足方以應之: 原鈔本에는 원문 전체가 없으나 《醫家千字
文註》의 인용문과 《靈樞·邪客》의 내용에 따라 補入하였다. 《靈樞·邪客》에는
"黃帝問於伯高曰願聞人之肢節, 以應天地奈何. 伯高答曰天圓地方, 人頭圓足方
以應之. 天有日月, 人有兩目, 地有九州, 人有九竅, 天有風雨, 人有喜怒, 天有雷
電, 人有音聲, 天有四時, 人有四肢, 天有五音, 人有五藏, 天有六律, 人有六府, 天
有冬夏, 人有寒熱, 天有十日, 人有手十指, 辰有十二, 人有足十指, 莖垂以應之, 女

子不足二節, 以抱人形."으로 되어 있다.

② 天有十日… 故得懷子也.: 原鈔本에는 楊上善 注釋의 처음부터 '女子有陰而不足'까지가 빠져 있다. 《倭名類聚抄‧形體部‧莖垂類》와 《醫心方‧卷第十三‧治虛勞五勞七傷方第一》에 인용된 내용에 따라 楊上善의 注釋을 補入하였다. 《醫心方》에는 '也'字가 없다.

③ 之:《醫心方‧卷第十三‧治虛勞五勞七傷方第一》에는 이 글자가 없다.

天有陰陽, 人有夫妻, 歲有三百六十五日, 人三百六十五節,地有高山, 人有肩膝, 地有深谷, 人有掖^②膕.

하늘에 음양이 있어 사람에게는 부부가 있으며, 1년에 365일이 있어 사람에게는 365마디가 있고, 땅에 높은 산이 있어 사람에게는 어깨와 무릎이 있으며, 땅에 깊은 계곡이 있어 사람에게는 겨드랑이와 오금이 있습니다.

> 戈麥反, 曲脚中也.^③
> '膕'은 음이 '戈'과 '麥'의 반절이며, 다리를 구부리는 곳이다.

① 人三百六十五節:《靈樞‧邪客》에서는 '人有三百六十節'이라 하여 '有'字가 있고 '五'字가 없다. 전후 각 구문의 예에 의거하여 볼 때 '人'字 아래에 '有'字가 들어가야 하며, 앞에서 '三百六十五日'이라 한 것에 비추어 볼 때 '五'字가 있는 것이 맞다. 《素問‧調經論》의 '三百六十五節'과 《靈樞‧九鍼十二原》의 "節之交, 三百六十五會." 등이 이를 뒷받침한다.

② 掖: '掖'과 '腋'은 通用字이며 原鈔本에서는 두 글자를 혼용하고 있다. 《靈樞‧邪客》에는 '腋'으로 되어 있다.

③ 曲脚中也: 原鈔本에는 '曲脚' 밑에 글자가 손상되어 있고 錢氏校本과 蕭本에는 모두 손상된 글자가 '也'로 되어 있다. 《倭名類聚抄‧形體部‧手足類》에서 "膕, 曲脚中也."라고 인용한 것에 따라서 補入하였다.

地有十二經水, 人有十二經脈, 地有霧氣,^① 人有衛氣, 地有草蓲,^② 人有毫毛.^③

땅에 십이경수十二經水가 있어 사람에게는 십이경맥이 있으며, 땅에
안개가 있어 사람에게는 위기衛氣가 있고, 땅에 풀이 있어 사람에게는
털이 있습니다.

千古反, 草名, 又死草也.
'蓲'는 음이 '千'과 '古'의 반절로 풀의 이름이며, 또한 죽은 풀이다.

① 霧氣: 原鈔本에는 앞의 '霧'字가 손상되어 알아볼 수 없다. 《靈樞·邪客》에는
'泉脈'으로 되어 있고, 蕭本에는 '雲氣'로 되어 있다. 錢超塵은 글자의 남은 형태
를 근거로 '霧'字로 추정하였고, 아울러 '霧氣'는 땅에 있는 것이고 '雲氣'는 하늘
에 있는 것이므로 蕭延平이 '雲氣'로 본 것은 따를 수 없다고 하였다. 여기서는 일
단 錢超塵의 의견을 따른다.

② 草蓲: 草蓲는 莎草의 일종, 죽은 풀, 미나리 등의 의미가 있는데, 여기서는 일
반적인 풀을 지칭하는 것으로 보고 해석하였다. 《靈樞·邪客》에는 '草蒪'으로
되어 있다.

③ 人有毫毛: 原初本에는 '人有毫毛'가 "千古反, 草名, 又死草也." 뒤에 나오는데,
원문의 의미가 끊어지지 않도록 그 앞에 두었다. '毫'는 原鈔本에서는 '豪'로 되어
있는데 通用한다. 대표적으로 쓰이는 '毫'로 모두 바꾸었다.

天有晝晦,[①] 人有臥起, 天有列星, 人有齒牙,[②] 地有小山, 人有
小節, 地有山石, 人有高骨,[③] 地有林木, 人有幕[④]筋, 地有聚
邑, 人有䐃肉,[⑤] 歲有十二月, 人有十二節, 地有時不生草,[⑥] 人
有母[⑦]子. 此人所以[⑧]與天地相應者也.

하늘에 낮과 밤이 있어 사람에게는 수면과 활동이 있으며, 하늘에 별
들이 배치되어 있어 사람에게는 치아齒牙가 있고, 땅에 낮은 산이 있어
사람에게는 작은 관절이 있으며, 땅에 바위가 있어 사람에게는 고골高
骨이 있고, 땅에 숲과 나무가 있어 사람에게는 막근膜筋이 있으며, 땅
에 도시가 있어 사람에게는 알통[䐃肉]이 있고, 1년에 12월이 있어 사
람에게는 12관절이 있으며, 땅에 초목을 생하지 않는 때가 있어 사람
에게는 자식을 낳지 못하는 때가 있습니다. 이것이 사람이 천지와 더

붙어 상응하는 것입니다.

幕, 當爲膜, 亦幕覆也. 膜筋, 十二經筋及十二筋之外裹膜分肉者, 名膜筋
也. 人身上有二十六形, 應天地之形也.
'幕'는 마땅히 '膜'이어야 하며, 또한 덮는 것이다. 막근膜筋은 십이경근十二經筋 및 십
이경근 외의 분육分肉을 덮고 있는 것을 막근膜筋이라 한다. 사람 몸의 26가지 형체는
천지의 형체와 상응한다.

① 晝晦: 《靈樞·邪客》에는 '晝夜'로 되어 있다.

② 齒牙: 《靈樞·邪客》에는 '牙齒'로 되어 있다.

③ 高骨: 뼈의 돌기부를 의미한다.

④ 幕: 《靈樞·邪客》에는 '募'로 되어 있다.

⑤ 䐃肉: 기육이 두툼한 곳으로, 장개빈은 《類經·藏象類》에서 "군육은 비계와
살이 모인 곳이다.(䐃肉者, 脂肉之聚處也.)"라고 하였다.

⑥ 地有時不生草: 《靈樞·邪客》에는 '時' 앞에 '四'字가 더 있다. 原鈔本에는 이
구절의 상단에 작은 글씨로 "《장자》에서 말하기를, 초목도 자라지 않는 불모의
땅 북녘에 어두운 바다가 있으니 하늘의 못이다. 소에 이르기를, 땅은 초목을 머
리카락으로 삼으니, 북방의 차고 습한 땅에서는 초목이 자라지 못하므로 궁발이
라 {하였으니} 이른바 {불}모의 땅이다.(莊子曰窮髮之北, 有冥海者, 天池也. 疏曰
地以草木爲髮, 北方寒濕之地, 草木不生, 故▓窮髮, 所謂▓毛之地也.)"라고 적혀
있다. "窮髮之北, 有冥海者, 天池也."는 《莊子·逍遙遊》에 보인다.

⑦ 毋: 《靈樞·邪客》에는 '無'로 되어 있다.

⑧ 所以: 《靈樞·邪客》에는 '所以' 두 글자가 없다.

음양합
陰陽合

교주 처음부터 "推之可萬, 此之謂也."까지는 《靈樞·陰陽繫日月》에 보인다. "黃帝問曰余
聞天爲陽, 地爲陰, 日爲陽, 月爲陰, 三百六十日成一歲."에서 끝까지는 《素問·陰陽
離合論》에 보이는데, 부분적으로 《靈樞·根結》의 내용이 삽입되어 있다. 이 篇에서
는 天人相應의 관점에서 인체의 각 부위를 흐르고 있는 手足十二經脈이 어떻게 十二
支와 十干에 配屬되는지를 설명하였다. 그리고 三陰三陽 經脈의 離合과 關闔樞 理論
을 서술하였다.

黃帝曰余聞天爲陽, 地爲陰, 日爲陽, 月爲陰, 其合之於人, 奈
何. 岐伯曰腰以上爲天, 腰以下爲地, 故天爲陽, 地爲陰.

황제가 말하기를, 제가 듣기로 하늘이 양이고 땅은 음이며, 해가 양이
고 달은 음이라 하는데 그것이 사람에는 어떻게 부합됩니까? 기백이
말하기를, 허리 위는 하늘이 되고 허리 아래는 땅이 되니, 그러므로 하
늘은 양이 되고 땅은 음이 됩니다.

> 夫人身陰陽應有多種. 自有背腹上下陰陽, 有藏府內外陰陽,[①] 有五藏雄
> 雌陰陽, 有身手足左右陰陽, 有腰上下天地陰陽也.
> 무릇 사람의 몸이 음양에 응하는 방법은 여러 가지가 있다. 그 속에는 배복背腹의 상
> 하음양, 장부의 내외음양, 오장의 자웅음양, 체간과 수족의 좌우음양 그리고 허리 상
> 하의 천지음양이 있다.

교주 ① 陽: 原鈔本에 이 글자가 손상되어 알아보기 어렵다. 글자의 남은 흔적과 문맥
으로 볼 때 '陽'이 분명하다. 蕭本과 錢氏校本에도 모두 이와 같다.

足之十二脈,^① 以應十二月, 月生於水, 故在下者爲陰.

발의 십이경맥이 십이월十二月에 응하는데, 달은 수水에서 생하므로 아래에 있는 것은 음이 됩니다.

> 腰下爲地, 故兩足各有三陰三陽, 應十二月, 故十二脈也. 人身左右隨是一邊, 卽有十二脈^②者, 天地通取也. 月爲太陰之精, 生水在地, 故爲陰也.
>
> 허리 아래는 땅이 되므로 두 발에 각기 삼음三陰과 삼양三陽이 있어서 십이월十二月에 응하게 되니 십이맥十二脈이 된다. 인신의 좌우는 하나이니 십이맥이라는 것은 천지에서 통틀어 취한 것이다. 달은 태음太陰의 정기로서 수水에서 생하여 땅에 있으므로 음이 된다.

교주
① 足之十二脈:《靈樞·陰陽繫日月》에는 '故足之十二經脈'으로 되어 있다.
② 有十二脈: 앞의 십이맥은 발의 십이맥을, 뒤의 십이맥은 수족의 십이맥을 말한다. 발에 십이맥이 있다면 손발을 합하여 이십사맥이 되어야 하는데, 몸의 좌우는 하나라는 설명을 삽입하여 십이맥이 되는 이유를 설명하고 있다.

手之十指, 以應十日, 日生於火,^① 故在上者爲陽.

손의 열 손가락이 십일十日에 응하는데, 해는 화火에서 생하므로 위에 있는 것은 양이 됩니다.

> 日爲太陽之精, 生火在天, 故爲陽也.
>
> 해는 태양太陽의 정기로서 화火에서 생하여 하늘에 있으니 양陽이 된다.

교주
① 日生於火:《靈樞·陰陽繫日月》에는 '日主火'로 되어 있다.

黃帝曰合之於脈, 奈何. 岐伯曰寅者正月, 生陽也,^① 主左足之少陽, 未者六月, 主右足之少陽, 卯者二月, 主左足之太陽, 午者五月, 主右足之太陽, 辰^②者三月, 主左足之陽明, 巳者四月, 主右足之陽明, 此兩陽合於前, 故曰陽明.

황제가 말하기를, 맥에 합하는 것은 어떻습니까? 기백이 말하기를, 인

寅은 정월正月로 양을 생하는 때이니 왼발의 소양少陽을 주관하며, 미未는 유월六月로 오른발의 소양少陽을 주관하며, 묘卯는 이월二月로 왼발의 태양太陽을 주관하며, 오午는 오월五月로 오른발의 태양太陽을 주관하며, 진辰은 삼월三月로 왼발의 양명陽明을 주관하며, 사巳는 사월四月로 오른발의 양명陽明을 주관하는데, 이 두 양이 앞에서 합하므로 양명陽明이라 합니다.

從寅至未六辰爲陽, 從申至丑六辰爲陰. 十一月一陽生, 十二月二陽生, 正月三陽生. 三陽已生, 能令萬物生起, 故曰生陽. 生物陽氣, 正月未大, 故曰少陽, 六月陽氣衰少, 故曰少陽. 二月陽氣已大, 故曰太陽, 五月陽氣猶大, 故曰太陽. 三月四月二陽合明, 故曰陽明也.

인寅에서 미未까지의 여섯 지지는 양이 되고, 신申에서 축丑까지의 여섯 지지는 음이 된다. 십일월에 일양一陽이 생하고 십이월에 이양二陽이 생하며 정월正月에 삼양三陽이 생한다. 삼양三陽이 이미 생하면 만물을 생하여 자라게 할 수 있으므로 생양生陽이라 한다. 만물을 생하는 양기가 정월正月에 아직 크지 않으므로 소양少陽이라 하고, 유월六月에 양기가 쇠하여 적으므로 소양少陽이라 한다. 이월二月에 양기가 이미 크므로 태양太陽이라 하고, 오월五月에 양기가 여전히 크므로 태양太陽이라 한다. 삼월三月과 사월四月에 두 양이 합하여 밝으므로 양명陽明이라 한다.

교주

① 寅者正月, 生陽也: 《靈樞 · 陰陽繫日月》에는 '月'字 뒤에 '之'字가 있다.

② 辰: 原鈔本에는 이 글자가 심하게 훼손되어 알아보기 어렵다. 《靈樞 · 陰陽繫日月》에 '辰'으로 되어 있는 것을 근거로 補入하였다.

申者七月, 生陰也,① 主右足之少陰, 丑者十二月, 主左足之少陰, 酉者八月, 主右足之太陰, 子者十一月, 主左足之太陰, 戌者九月, 主右足之厥陰, 亥者十月, 主左足之厥陰, 此兩陰交盡, 故曰厥陰.

신申은 칠월七月로 음을 생하는 때이니 오른발의 소음少陰을 주관하고, 축丑은 십이월十二月로 왼발의 소음少陰을 주관하며, 유酉는 팔월八月로 오른발의 태음太陰을 주관하고, 자子는 십일월十一月로 왼발의 태음太陰을 주관하며, 술戌은 구월九月로 오른발의 궐음을 주관하고, 해亥는 시월十月로 왼발의 궐음厥陰을 주관하는데, 이 두 음이 서로 다하므로 궐음厥陰이라 합니다.

> 五月一陰生, 六月二陰生, 七月三陰生. 三陰已生, 能令萬物始衰, 故曰生陰. 生物七月陰氣尚少, 故曰少陰, 十二月陰氣已衰, 故曰少陰. 八月陰氣已太,② 故曰太陰, 十一月陰氣猶大, 故曰太陰. 九月十月二陰交盡, 故曰厥陰. 厥, 盡也.
>
> 오월五月에 일음一陰이 생하고, 유월六月에 이음二陰이 생하며, 칠월七月에 삼음三陰이 생한다. 삼음三陰이 이미 생하면 만물을 비로소 쇠하게 할 수 있으므로 생음生陰이라 한다. 만물을 생합에 칠월七月에 음기가 아직 적으므로 소음少陰이라 하고, 십이월十二月에 음기가 이미 쇠하여 소음少陰이라 한다. 팔월八月에 음기가 이미 커서 태음太陰이라 하고, 십일월十一月에는 음기가 여전히 크므로 태음太陰이라 한다. 구월九月과 시월十月에는 두 음이 서로 다하므로 궐음厥陰이라 한다. 궐厥은 다한다는 것이다.

교주 ① 申者七月, 生陰也:《靈樞·陰陽繫日月》에는 '月'字 뒤에 '之'字가 있어, '申者七月之生陰也'로 되어 있다.
② 陰氣已太: 전후문맥을 통해 본다면 '太'는 마땅히 '大'라 해야 한다. 蕭本에는 '大'로 되어 있다.

甲主左手之少陽, 己主右手之少陽, 乙主左手之太陽, 戊主右手之太陽, 丙①主左手之陽明,② 丁主右手之陽明, 此兩火幷合, 故爲陽明.

갑甲은 왼손의 소양少陽을 주관하며, 기己는 오른손의 소양少陽을 주관하고, 을乙은 왼손의 태양太陽을 주관하며, 무戊는 오른손의 태양太陽을 주관하고, 병丙은 왼손의 양명陽明을 주관하며, 정丁은 오른손의 양명陽明을 주관하는데, 이는 두 화火가 아울러 합하므로 양명陽明이라 합니다.

甲乙景③丁戊己, 爲手之陽也, 庚辛壬癸, 爲手之陰也. 甲己爲少陽者, 春
氣孚▨正月,④ 故曰少陽, 己爲夏陽將衰, 故曰少陽. 甲在東方, 故爲左也,
己在中宮, 故爲右也. 乙戊爲手太陽者, 乙爲二月, 陽氣已太, 故曰太陽,
戊夏陽▨,⑤ 故▨⑥太陽. 乙在東方, 戊在中宮, 故有左右也. 景③丁爲陽明
者, 景③爲五月, 丁爲六月, 皆是南方火也. 二火合明, 故曰陽明也.

갑甲, 을乙, 병丙, 정丁, 무戊, 기己는 손의 양이 되며 경庚, 신辛, 임壬, 계癸는 손의 음이
된다. 갑甲, 기己가 소양少陽이 되는 것은 [갑甲은 춘기春氣가 [정월正月에] 싹트므로 소
양少陽이라 하고, 기己는 여름에 양기가 점차 쇠약해지므로 소양少陽이라 한다. 갑甲
은 동방東方에 위치하여 왼쪽이 되고, 기己는 중궁中宮에 위치하여 오른쪽이 된다. 을
乙, 무戊가 수태양手太陽이 되는 것은 을乙은 이월二月이 되어 양기가 이미 크므로 태양
太陽이라 하고, 무戊는 여름으로 양기가 [크므로] 태양太陽이라 [한다.] 을乙은 동방東方
에 위치하고, 무戊는 중궁中宮에 위치하므로 좌우가 있다. 병丙, 정丁이 양명陽明이 되
는 것은 병丙은 오월五月이 되고, 정丁은 유월六月이 되어 모두 남방南方의 화火에 해당
하는데 두 화火가 합하여 밝으므로 양명陽明이라 한다.

① 丙: 蕭本에는 '景'으로 되어 있다. 錢超塵은 唐太祖의 아버지 이름이 '李昞'이
며 '昞'은 '丙'과 음이 같으므로 楊上善이 이를 避諱한 것으로 보았는데, 仁和寺
原初本에서는 避諱字가 經文에서 대부분 원래 글자로 고쳐졌으니 여기의 '丙'字
가 곧 그 한 예이다.

② 左手之陽明: '左' 아래 세 글자가 훼손되었는데 특히 뒤의 두 글자가 손상이 심
하다. 《靈樞·陰陽繫日月》과 문맥에 근거하여 補入하였다. 蕭本과 錢氏校本도
이와 같다.

③ 景: '丙'의 避諱字이다. 아래 문장의 두 '景'字도 동일하다.

④ 春氣孚▨正月: 原初本의 '孚' 아래 세 글자가 손상되었다. 특히 첫 번째 글자는
전혀 알아볼 수 없다. 蕭本에서는 '春氣浮於正月'이라 하였다. 이에 대해 錢超塵
은 앞글자는 '於'로 의심되고 뒤 두 글자는 '正月'이 마땅하다고 하였다. 이에 따
라 '正月' 두 글자를 補入하였다. 또한 '浮'는 '孚'가 마땅하다고 하였는데, 그 근거
로 《太玄·戾》의 '陽氣服微'에 대해 司馬光이 "알이 비로소 부화되는 것을 孚라
하고, 풀이 싹터 나오는 것도 孚라 한다.(卵之始化謂之孚, 草之萌甲亦曰孚.)"라
고 주석한 것을 인용하였다. '孚'의 싹이 트는 의미를 취한 것이라고 보았다.

⑤ 戊夏陽▨: 原初本에는 '陽'字 아래 한 글자가 심하게 손상되어 알아볼 수 없다.
蕭本에서 '盛'이라 補入하였으니 참고할 만하다.

⑥ 故▓: 原初本에는 '故' 아래의 한 글자가 완전히 손상되어 알아볼 수 없다. 문장의 뜻에 의거해 본다면 '曰'字나 '爲'字일 것이다. 蕭本에는 '爲'로 되어 있다.

庚主右手之少陰, 癸主左手之少陰, 辛主右手之太陰, 壬主左手之太陰. 故足之陽者, 陰中之少陽也, 足之陰者, 陰①中之太陰也.

경庚은 오른손의 소음少陰을 주관하고, 계癸는 왼손의 소음少陰을 주관하고, 신辛은 오른손의 태음太陰을 주관하고, 임壬은 왼손의 태음太陰을 주관합니다. 그러므로 발의 양은 음 중의 소양少陽이며, 발의 음은 음 중의 태음太陰입니다.

> 庚癸爲少陰者, 十二辰爲地, 十幹爲天, 天中更有陰陽, 故甲乙等六爲陽, 庚辛等四爲陰. 庚爲七月申, 陰氣未大, 故曰少陰. 癸爲十一月子,② 陰氣將終, 故曰少陰. 辛壬爲太陰者, 辛爲八月酉, 陰氣已大, 故曰太陰. 壬爲十二月子,③ 陰氣盛大, 故曰太陰. 心主厥陰之脈, 非正心脈, 故④十幹外無所主也. 足爲陰也, 故足有陽,⑤ 陰中少也. 足之有陰, 陰中大也.
>
> 경庚, 계癸가 소음少陰이 되는 것은 십이지十二支는 땅이 되고 십간十幹은 하늘이 되는데 하늘에 다시 음양이 있으므로 갑甲, 을乙 등 여섯 천간은 양이 되고, 경庚, 신辛 등 네 천간은 음이 된다. 경庚은 칠월七月, 신申에 해당하여 음기가 아직 크지 않아 소음少陰이라 하고, 계癸는 십일월十一月, 자子에 해당하여 음기가 앞으로 다하려 하여 소음少陰이라 한다. 신辛과 임壬이 태음太陰이 되는 것은 신辛은 팔월八月, 유酉에 해당하여 음기가 이미 크므로 태음太陰이라 하고, 임壬은 십이월十二月, 자子에 해당하여 음기가 성대하므로 태음太陰이라 한다. 심주궐음心主厥陰의 맥은 정식 심맥心脈은 아니므로 십간十幹 이외에 주관하는 바가 없다. 발은 음이 되므로 발에 양이 있는 것은 음 중에 적은 것이고, 발에 음이 있는 것은 음 중에 큰 것이다.

① 陰: 原初本에는 이 글자가 크게 손상되어 알아볼 수 없다. 문의에 의거하여 마땅히 '陰'字로 보아야 한다. 《靈樞·陰陽繫日月》의 '陰中之太陰也'과 蕭本의 '陰中之太陰也'도 이와 부합한다.

② 癸爲十一月子: 蕭本에서는 '癸爲十二月丑'이라 하였는데, 《太素·人合·陰陽合》 및 《靈樞·陰陽繫日月》을 검토하여 보면 모두 "丑者十二月, 主左足之少陰."

이라 하였다. 이에 의거하여 보면 蕭本에서 '癸爲十二月丑'이라 한 것이 옳다.

③ 壬爲十二月子: 蕭本에서는 '壬爲十一月子'라 하였는데, 《太素·人合·陰陽合》 및 《靈樞·陰陽繫日月》을 검토하여 보면 모두 "子者十一月, 主左足之太陰." 이라고 하였다. 그렇다면 蕭本에서 '壬爲十一月子'라 한 것을 따를 만하다.

④ 故: 原初本에는 이 글자가 명확하지 않다. 蕭本에는 '於'로 되어 있으나, 錢氏校本에서는 그 남은 형태를 분별하여 '故'로 보았다. 실제로 남은 흔적을 보면 '故'에 가깝다.

⑤ 故足有陽: 뒷 구문의 '足之有陰'에 의거하면 이 부분의 '足' 다음에 '之'字가 빠진 것이다. 蕭本에서는 '足之有陽'이라 하여 '之'字를 補入하였으나 '故'字를 빼서 仁和寺 原初本과는 부합하지 않는다.

手之陽者, 陽中之太陽也,
손의 양경은 양 중의 태양이며,

> 手之六陽, 乃是腰以上陽中之陽, 故曰太陽.
> 손의 여섯 양경은 곧 허리 위의 양 중의 양이니 태양太陽이라 한다.

手之陰者, 陽中之少陰也.
손의 음경은 양 중의 소음입니다.

> 手之六陰, 乃是腰以上陽中之陰, 以其①陽大陰少, 故曰少陰也.②
> 손의 여섯 음경陰經은 곧 허리 위의 양 중의 음으로, 양이 크고 음이 적어서 소음少陰 이라 한다.

① 以其: 原初本에는 '以其' 두 자가 심하게 손상되었는데 錢氏校本에서는 남은 흔적에 근거하여 '以其'로 보았다. 蕭本에는 '以其' 두 자가 없고 또 빈칸도 없어 原初本과 일치하지 않는다.

② 陰也: 原鈔本에는 두 글자가 손상되어 분명하지 않은데, 錢超塵은 남은 흔적을 근거로 補入하였고 이를 따랐다. 蕭本에는 '也'字가 없다.

腰以上者爲陽, 腰以下者爲陰.

허리 이상은 양이고, 허리 이하는 음입니다.

此上下陰陽也.

이는 상하의 음양이다.

其於五藏也, 心爲陽中之太陽, 肺爲陽中之少陰,

오장에 있어 심은 양 중의 태양이 되고, 폐는 양 중의 소음이 되며,

以上上下陰陽, 此爲五藏陰陽. 心肺居鬲①以上爲陽, 肝脾腎居鬲以下爲
陰. 故陽者呼, 心與肺也, 陰▨吸,② 肝③與腎也. 心肺▨陽,④ 心▨▨火,⑤
故爲陽中太陽也. 心肺俱陽, 肺以屬金, ▨爲陽中少陰也.⑥

이상은 상하의 음양이며, 이는 오장의 음양이다. 심, 폐는 격막 위에 위치하여 양이
되고, 간, 비脾, 신腎은 격막 아래에 위치하여 음이 된다. 그러므로 양은 기를 호출呼出
하니 심과 폐이며, 음(은) 기를 흡입하니 간과 신腎이다. 심, 폐는 (모두) 양인데 심은
화火에 (속하므로) 양 중의 태양太陽이 되며, 심, 폐는 모두 양인데 폐는 금金에 속하(므
로) 양 중의 소음少陰이 된다.

교주 ① 鬲: 여기서 '膈'과 통한다. 原鈔本에서는 '膈'과 혼용하고 있다.

② 陰▨吸: 原初本에는 '陰' 아래에 한 글자가 손상되어 식별할 수 없다. 윗 글의
'陽者呼'에 의거하여 본다면 이는 마땅히 '陰者吸'이 되어야 한다. 蕭本에도 '者'로
되어 있다.

③ 肝: 原初本에는 이 글자가 손상되어 명확하지 않은데, 문의상 마땅히 '肝'이 되
어야 한다. 蕭本에서는 '脾與腎也'라 하였는데, 錢超塵은 글자의 남은 흔적이 '脾'
보다는 '肝'에 가깝다고 보았다.

④ 心肺▨陽: 原初本에는 '肺' 아래에 한 글자가 심하게 손상되어 식별할 수 없다.
다음 문장의 '心肺俱陽'을 통해 본다면 마땅히 '俱'字로 보아야 한다. 蕭本에서도
'心肺俱陽'이라 하였다.

⑤ 心▨▨火: 原初本에는 '心' 아래 두 글자가 심하게 손상되어 식별할 수 없다.
다음 문장의 '肺以屬金'을 통해 본다면 마땅히 '以屬' 두 글자로 보아야 한다. 蕭本
에서도 '心以屬火'라 하였다.

肝爲陰中之少陽, 脾爲陰中之至陰, 腎爲陰中之太陰.

간은 음 중의 소양이고, 비脾는 음 중의 지음이며, 신腎은 음 중의 태음
입니다.

三藏居鬲以下爲陰. 肝藏屬木, 故爲陰中少陽也. 脾在鬲下屬土, ▨以居
下,① 故爲陰中至陰. 腎下屬水, 故爲陰中之太陰也.

세 장은 격막 아래에 위치하여 음이 되는데, 간장肝藏은 목木에 속하므로 음 중의 소양
이고, 비脾는 격막 아래 있고 토土에 속하며 (또한) 하부에 위치하므로 음 중의 지음至
陰이며, 신腎은 격막 아래에 있고 수水에 속하므로 음 중의 태음이 된다.

① ▨以居下: 原鈔本에는 '以' 위의 한 글자가 심하게 손상되어 알아볼 수 없다.
蕭本에서는 '且以居下'라 하였고, 錢氏校本에서는 蕭本이 참고할 만하다고 하
였다.

**黃帝曰以治之①奈何. 岐伯曰正月二月三月, 人氣在左, 無刺
左足之陽,**

황제가 말하기를, 이러한 것으로 병을 치료함은 어떻게 합니까? 기백
이 말하기를, 정월正月, 이월二月, 삼월三月에는 사람의 기가 왼쪽에 있
으므로 왼발의 양경陽經을 자침하지 말아야 하며,

春之三月, 人三陽氣在左足王處, 故不可刺也.

봄의 석 달은 사람의 삼양의 기가 왼발에 있어 왕성한 곳이 되므로 자침해서는 안 된다.

① 之: 《靈樞 · 陰陽繫日月》에는 이 글자가 없다.

四月五月六月, 人氣在右, 無刺右足之陽,

사월四月, 오월五月, 유월六月은 삼양의 기가 오른쪽에 있어서 오른발의 양경陽經을 자침하지 말아야 하며,

> 夏之三月, 人三陽氣在右足王處, 故不可刺也.
> 여름의 석 달은 사람의 삼양의 기가 오른발에 있어 왕성한 곳이 되므로 그곳을 자침해서는 안 된다.

七月八月九月, 人氣在右, 無刺右足之陰,

칠월七月, 팔월八月, 구월九月은 사람의 기가 오른쪽에 있어서 오른발의 음경陰經을 자침하지 말아야 하며,

> 秋之三月, ▨三陰氣①在右足王處, 故不可刺也.
> 가을의 석 달은 [사람의] 삼음의 기가 오른발에 있어 왕성한 곳이 되므로 그곳을 자침해서는 안 된다.

十月十一月十二月, 人氣在左, 無刺左足之陰.

시월十月, 십일월十一月, 십이월十二月은 사람의 기가 왼쪽에 있어서 왼발의 음경陰經을 자침하지 말아야 합니다.

> 冬之三月, 人三陰氣在左足王處, 故不可刺也.
> 겨울의 석 달은 사람의 삼음의 기가 왼발에 있어서 왕성한 곳이 되므로 자침해서는 안 된다.

黃帝曰五行①以東方爲②甲乙木主③春, 春者倉色, 倉色主肝,④ 肝者主⑤足厥陰也. 今乃以甲爲左手少陽,⑥ 不合於數, 何也. 岐伯曰此天地之陰陽也, 非四時五行之以次行也. 且夫陰陽者, 有名而無形, 故數之可十, 離之可百, 散之可千, 推之可

萬, 此之謂也.

황제가 말하기를, 오행에서 동방東方은 갑을의 목이 되어 봄을 주관하는데, 봄은 창색蒼色이며 창색蒼色은 간을 주관하며, 간은 족궐음맥足厥陰脈을 주관합니다. 그런데 지금 갑甲을 왼손의 소양에 배속하여 규칙에 부합하지 않으니 어째서입니까? 기백이 말하기를, 이는 천지의 음양이지 사시 오행이 순서대로 행하는 것이 아닙니다. 또한 무릇 음양이란 이름은 있되 형체가 없어서 열 가지를 헤아릴 수 있다면 백 가지로 나눌 수 있고, 천 가지로 흩어질 수 있다면 만 가지로 미루어 볼 수 있다고 하니 이를 말하는 것입니다.

五行次第陰陽, 以甲爲厥陰, 上下天地陰陽, 以甲爲陽者. 良以陰陽之道▨形無狀,[7] 裁成造化, 理物無窮, 可施名以名實. 故數之可十, 推之可萬也之.[8]

오행의 차례에 따른 음양은 갑甲을 궐음厥陰으로 하고, 상하 천지의 음양은 갑甲을 양으로 여긴다. 참으로 음양의 도리가 형도 (없고) 상도 없어서 재성裁成하고 조화造化하여 만물을 다스림이 무궁하므로 이름을 붙여서 실질을 이름 짓는다. 그러므로 열 가지를 헤아릴 수 있다면 그것을 만 가지까지 미룰 수 있다.

교주 ① 行: 原鈔本에는 이 글자가 손상되어 알아볼 수 없으나, 《靈樞·陰陽繫日月》에 근거하여 補入하였다.

② 爲: 《靈樞·陰陽繫日月》에는 이 글자가 없다.

③ 主: 《靈樞·陰陽繫日月》에는 '王'으로 되어 있다.

④ 春者倉色, 倉色主肝: 原鈔本에는 '肝' 위의 한 글자가 손상되어 보이지 않는다. 《靈樞·陰陽繫日月》에는 "春者蒼色, 主肝."으로 되어 있다. 蕭本에서는 "春者蒼色, 蒼色有肝."이라고 하였다. '倉'은 '蒼'과 통한다.

⑤ 主: 《靈樞·陰陽繫日月》에는 이 글자가 없다.

⑥ 左手少陽: 原鈔本에는 '陽'字 위의 한 글자가 손상되어 식별할 수 없는데 《靈樞》와 蕭本에 근거하여 '少'를 補入하였다. 《靈樞·陰陽繫日月》에서는 '左手之少陽'이라 하였고, 蕭本에서는 '左手少陽'이라 하였다.

⑦ ▨形無狀: 原初本에는 '形'字 위의 한 글자가 손상되어 알아볼 수 없다. 蕭本에

서 '無'라고 한 것을 참고할 만하다.

⑧ 數之可十, 推之可萬也之: '之'는 衍文으로 보인다. 《靈樞·陰陽繫日月》에서는 "數之可十, 離之可百, 散之可千, 推之可萬."이라 하였는데, 《素問·陰陽離合論》과 《素問·五運行大論》에서는 "數之可十, 推之可百, 數之可千, 推之可萬."이라 하였다.

黃帝曰①余聞天爲陽, 地爲陰, 日爲陽, 月爲陰, 三百六十五日②成一歲, 人亦應之. 今聞③三陰三陽, 不應陰陽, 其故何也.

황제가 말하기를, 내가 듣기로 하늘은 양이고 땅은 음이며 태양은 양이고 달은 음이어서, 365일이 한 해를 이루며, 사람 또한 이에 응한다고 하였는데, 이제 듣자하니 삼음삼양이 음양에 응하지 않는다 하니 그 까닭은 어째서입니까?

三陰三陽之數各三, 不應天地④日月陰陽二數, 何也. 黃帝非不知之, 欲因問廣演陰陽變化無窮之數也.

삼음삼양의 수가 각기 삼三으로, 천지, 일월의 음양 이수二數에 응하지 않음은 어째서인가? 황제가 알지 못한 것은 아니지만, 질문으로 인하여 음양 변화의 무궁한 수를 넓게 연역하고자 한 것이다.

교주 ① 曰: 《素問·陰陽離合論》에는 '問曰'로 되어 있다.

② 三百六十五日: 《素問·陰陽離合論》에는 '大小月三百六十日'로 되어 있다.

③ 聞: 《素問·陰陽離合論》에는 이 글자가 없다.

④ 不應天地: 原初本의 '天'字가 손상되어 단지 윗부분에 가로로 그은 한 획만 남아 있는데, 문의에 근거해 볼 때 '天'이 마땅하다. 蕭本과 錢氏校本에도 모두 '天'으로 되어 있다.

岐伯曰①陰陽者, 數之可十, 離②之可百, 散③之可千, 推之可萬, 萬之大, 不可勝數也,④ 然其要一也.

기백이 말하기를, 음양은 열 가지를 헤아릴 수 있다면 백 가지로 나눌 수 있고, 천 가지로 흩어질 수 있다면 만 가지로 미루어 볼 수 있으니,

만의 크기는 다 헤아릴 수 없지만 요점은 하나입니다.

言陰陽之▨,[5] 大而無外, 細入無間, 毫末[6]之形, 并陰陽彫刻, 故其數者, 不可勝數也. 故陰中有陰, 陽中有陽, 陽中有陰, 陰中有陽. 然則混成同爲一氣, 則要一也.

음양의 [이치를] 말하자면, 크기로는 밖이 없으며 세밀하게 들어가면 틈이 없어 털끝만한 형체도 음양과 더불어 응하므로 그 수를 헤아릴 수 없다. 그러므로 음 속에 음이 있고 양 속에 양이 있으며, 양 속에 음이 있고 음 속에 양이 있다. 그렇지만 혼성混成하여 하나의 기운으로 합해지니 곧 요점은 하나이다.

교주 ① 曰: 《素問 · 陰陽離合論》에는 '對曰'로 되어 있다.

② 離: 《素問 · 陰陽離合論》에는 '推'로 되어 있다.

③ 散: 《素問 · 陰陽離合論》에는 '數'로 되어 있다.

④ 也: 《素問 · 陰陽離合論》에는 이 글자가 없다.

⑤ 言陰陽之▨: 原鈔本에는 '之' 아래 한 글자가 크게 손상되어 겨우 오른쪽 아래에 가로로 그은 한 획만 남아 있다. 蕭本에서는 '理'라고 하였는데 原鈔本의 남은 글씨와 흡사하다. 문의상 '理'가 합당하므로 이에 따라 해석하였다.

⑥ 毫末: 原鈔本에서는 모두 '豪'로 되어 있는데 '毫'의 通用字이다. 대표적으로 쓰이는 '毫'로 모두 바꾸었다. '末'은 原鈔本에는 '未'로 되어 있으나 잘못 필사한 것으로 보고 '末'로 고쳤다. 蕭本에는 '末'로 되어 있다.

天覆地載, 萬物方生也.[1]

하늘이 덮고 땅이 실어 만물萬物이 바야흐로 생겨납니다.

二儀合氣也.

양의兩儀가 기를 합한 것이다.

교주 ① 也: 《素問 · 陰陽離合論》에는 이 글자가 없다.

未出地者, 命曰陰處, 名曰陰中之陰,

아직 땅에서 나오지 않은 것을 명하여 음처陰處라 하니, 이름하여 음중

의 음이라 하며,

辨陰陽, 所謂雄雌者也. ▨①之與物, 未生以前, 含在陰中, 則②未出地也.
未生爲陰, 在陰之中, 故爲陰中之陰之③也.

음양을 분별함이 이른바 자웅雌雄이라는 것이다. (사람이) 만물과 더불어 아직 생하
기 이전에 음 속에 포함되어 있으니 아직 땅에서 나오지 않은 것이다. 아직 생하지 않
은 것은 음인데, 음의 속에 있으므로 음 중의 음이 되는 것이다.

교주 ① ▨: 原鈔本에는 '之'字 위의 한 글자가 손상되어 보이지 않는데 蕭本에는 '人'으
로 되어 있다. 문맥상 '人'字가 타당하므로 이에 따라 해석하였다.
② 則: 蕭本에는 이 글자가 없다.
③ 之: '之'字는 衍文으로 蕭本에서는 삭제하였다.

則出地者, 命曰陰中之陽.

막 땅에서 나온 것을 명하여 음 중의 양이라 합니다.

所生已生曰陽, 初生未離於地, 故曰陰中之陽也.

생물이 이미 생한 것을 양이라 하는데, 막 처음 탄생하여 아직 땅에서 떨어지지 않았
으므로 음 중의 양이라 한다.

陽予之正, 陰爲之主.

양은 만물에 정正을 주고, 음은 만물을 위하여 주가 됩니다.

陽氣以爲人物生正, 陰氣以爲人物養主也.

양기는 사람과 만물을 위하여 정正을 생하고, 음기는 사람과 만물을 기르는 주인이
된다.

故生因春, 長因夏, 收因秋, 藏因冬, 失常則天地四塞.

그러므로 태어남은 봄에 인하며, 성장함은 여름에 인하고, 수렴함은
가을에 인하며, 저장함은 겨울에 인하는데 항상됨을 어기면 천지가

사방으로 막히게 됩니다.

一氣離爲陰陽, 以作生養之本. 復分四時, 遂爲生長收藏之用, 終而復始,
如環無端, 謂之常也. 若失其常, 四時之弛,^① 壅塞不行也.
일기一氣가 나뉘어 음양이 되니, 이로써 만물을 발생하고 기르는 바탕을 삼는다. 다시
사시로 나뉘어 마침내 발생, 성장, 수렴, 저장의 작용을 하며, 다하고서 다시 시작함
이 마치 고리가 끝이 없는 것과 같으니 이를 상常이라 한다. 만일 그 상常을 어기면 사
시의 작용이 막혀서 행하지 못하게 된다.

교주 ① 弛: 原鈔本에는 '㢮'로 되어 있는데 같은 글자로서 대표자인 '弛'로 바꾸었다.
여기서는 '施'字와 通用한다. 蕭本에는 '施'로 되어 있다.

陰陽之變, 其在人者, 亦數之可散也.^①
음양의 변화는 사람에 있어서도 또한 헤아리면 구별할 수 있습니다.

散, 分也. 陰陽之變, ▨通內外,^② 外物既尔, 內身之變, 亦可^③分爲衆多,
不^④可勝數也.
'散'은 나눈다는 뜻이다. 음양의 변화는 내외內外로 [두루] 통하는 것으로, 외물外物에
서 이미 그러하였듯 내신內身의 변화 또한 나누어져 다양하니, 다 헤아리지 못한다.

교주 ① 可散也: 《素問·陰陽離合論》에는 '可數'로 되어 있다.
② ▨通內外: 原初本에는 '通' 위의 한 글자가 손상되어 알아보기 어렵다. 錢超塵
은 남은 흔적으로 볼 때 '徧'字에 가깝다고 했고, 蕭本에는 '俱'로 되어 있다. 둘 다
의미상으로 통한다. 여기서는 일단 錢氏校本을 따라서 해석하였다. '內外'는 뒷
구문의 '外物'과 '內身'을 말하는 것으로 볼 수 있다.
③ 亦可: 原鈔本에는 이 두 글자가 손상되어 알아보기 어렵다. 蕭本과 錢氏校本
에 모두 '亦可'로 되어 있어 이를 따른다.
④ 多, 不: 原鈔本에는 이 두 글자가 손상되어 알아볼 수 없다. 蕭本에는 빈칸으
로 남아 있다. 錢超塵은 남은 형태를 근거로 '多不'로 보았는데 이를 따랐다.

黃^①帝曰願聞三陰三陽之離合也.

황제가 말하기를, 삼음삼양의 이합離合을 듣고 싶습니다.

> 別爲三陰三陽, 推之可萬, 故爲離也. 唯一陰一陽, 故爲合也.
> 나뉘어 삼음삼양이 되니, 미루면 만 가지가 될 수 있으므로 이離가 되나, 결국 일음일
> 양이므로 합合이 된다.

교주 ① 黃:《素問·陰陽離合論》에는 이 글자가 없다.

岐伯曰聖人南面而立,

기백이 말하기를, 성인께서 남쪽을 향해 서심에,

> 古者聖人欲法天地人三才形象, 處於明堂, 南面而立, 以取法焉也.①
> 예전에 성인께서 천지인 삼재의 형상을 본받고자 하여 명당明堂에 거처하여 남쪽을
> 향해 서서 법法을 취하였다.

교주 ① 也: 衍文으로 보인다. 蕭本에는 '也'字가 있다.

前曰廣明, 後曰太衝, 太衝之地, 名曰少陰.

앞을 광명廣明이라 하고 뒤를 태충太衝이라 하며, 태충太衝의 바탕을 이
름하여 소음少陰이라 합니다.

> 聖人中身以上, 陽明爲表在前, 故曰廣明. 太陰爲裏在後, 故廣明下名曰
> 太陰. 衝脈在太陰之下, 故稱後曰太衝. 太衝脈下, 次有少陰, 故曰少陰爲
> 地, 以腎最①居下故也.
> 성인은 중신中身 이상에서 양명이 표表가 되고 앞에 있으므로 광명廣明이라 하였다.
> 태음太陰은 리裏가 되고 뒤에 있으니 광명廣明의 아래를 태음太陰이라 하였다. 충맥衝
> 脈은 태음太陰의 아래에 있으므로 뒤를 태충이라 한다고 하였다. 태충맥 아래에 다음
> 으로 소음少陰이 있으므로 소음은 바탕이라 하였으니, 신腎이 가장 아래에 위치하기
> 때문이다.

교주 ① 最: 原鈔本에는 '㝡'로 되어 있는데 '最'의 俗字이다. 여기서는 대표적으로 쓰

이는 '最'로 바꾸었다.

少陰之上, 名曰太陽,

소음의 위는 이름하여 태양太陽이라 하니,

> 太陽卽足太陽, 是腎之府膀胱脈也. 藏陰在內, 府陽居外, 故爲上者也.
> 태양은 족태양으로 이는 신의 부인 방광의 맥이다. 장은 음으로 안에 있고, 부는 양으로 밖에 있으므로 위가 된다.

太陽根於^①至陰, 結於命門,

태양은 지음至陰에 뿌리하고 명문命門에 맺히며,

> 至陰, 是腎少陰脈也. 是陰之極, 陽生之處, 故曰至陰. 太陽接至陰而起,
> 故曰根於至陰, 上行絡項, 聚於目也. 結, 聚也.
> 지음至陰은 족소음신경足少陰腎經이니 음이 다하여 양이 생하는 곳이므로 지음至陰이라 하였다. 태양太陽이 지음至陰에 접속하여 일어나므로 지음至陰에 뿌리를 둔다고 하였고, 상행하여 뒷목에 이어지고 눈에 모인다. 결結은 모인다는 뜻이다.

[교주] ① 於: 《素問 · 陰陽離合論》에는 이 앞에 '起'字가 있다.

名曰陰中之陽.

이름하여 음 중의 양이라 합니다.

> 少陰水中而有此陽氣, 故曰陰中之陽也.
> 소음 수水 중에 이 양기가 있으므로 음 중의 양이라 하였다.

中身而上, 名曰廣明, 廣明之下, 名曰太陰.

몸의 중앙 이상을 이름하여 광명廣明이라 하며, 광명廣明의 아래를 이름하여 태음이라 합니다.

身中表之上, 名曰廣明. 脾藏足太陰脈從足至舌下, 太陰脈在廣明裏, 故
爲下也. 廣明爲表, 故爲上也.

몸의 중앙에서 표부와 상부를 광명廣明이라 한다. 족태음비경은 발에서 혀 아래에 이
르는데, 태음맥이 광명廣明의 리裏에 있으므로 아래가 되고, 광명廣明은 표表가 되므
로 위가 된다.

太陰之前, 名曰陽明. 陽明根起於厲兌[1], 結於額大, [2]

태음太陰의 앞은 이름하여 양명이라 하고, 양명은 여태厲兌에 뿌리 하
여 일어나 상대額大에서 맺히며,

陽明脾府之脈, 在太陰表前, 從足指厲兌上行, 聚於額上額顱.[3] 顙, 額也.
蘇蕩反.

양명은 비脾의 부府의 맥으로 태음의 표表인 앞에 위치하며, 발가락의 여태厲兌에서
상행하여 이마 위의 액로額顱에서 모인다. '顙'은 이마로 음이 '蘇'와 '蕩'의 반절이다.

① 厲兌 : 原鈔本에는 '陽明根起於厲兌'로 되어 있으나, '兌'는 '兌'의 異體字이므로
'兌'로 표기하였고, 楊上善의 注釋에 나오는 '厲兌'의 경우도 동일하다.

② 結於額大 :《素問·陰陽離合論》에는 이 4글자가 없고,《靈樞·根結》에서는
"結於額大, 額大者鉗耳也."라고 하였다. 額大는 頭維穴과 大迎穴 두 가지 說이
있다. 張介賓은 '額大'를 '大迎穴'로 보아 "額大는 항상(頏顙: 咽喉 위, 懸壅 뒤의
비인두 부위) 위의 大迎穴이다. 大迎은 귀 둘레의 뺨 아래이므로 '鉗耳'라 한다.
(額大者, 意謂頏顙之上, 大迎穴也. 大迎在頰下兩耳之旁, 故曰鉗耳.)"라고 하였
고, 樓英은 '頭維穴'로 보아 "額大는 이마 가장자리에서 발제 속으로 들어가 있는
頭維라는 2개의 혈을 일컫는다. 항쇄(項鎖: 죄인의 목에 씌우는 형구)가 귀 위에
서 끝나는 곳이므로 이름을 鉗耳라고 붙였다.(額大謂額角入髮際, 頭維二穴也,
以其鉗索於耳上, 故名鉗耳.)"라고 하였다.

③ 額顱: 전발제 아래 부위를 말함.

名曰陰中之陽.

이름하여 음 중의 양이라 합니다.

人腹爲陰, 陽明從太陰而起, 行於腹陰, 上至於顙, 故爲陰中陽.

사람의 복부腹部는 음인데, 양명은 태음에서 일어나 음인 복부를 따라 행하여 위로 이마에까지 이르므로 음 중의 양이 된다.

厥陰之表, 名曰少陽. 少陽根起於竅陰, 結於窓籠,① 名曰陰中之少陽.

궐음의 표表를 이름하여 소양少陽이라 하는데, 소양은 규음에 뿌리 하여 일어나 창롱窓籠에 맺히니 이름하여 음 중의 소양이라 합니다.

厥陰之脈, 起於足大指叢毛之上,② 循陰股上注於肺, 陰藏行內也. 少陽肝府之脈, 起足竅陰, 上聚於耳, 爲表陽府也. 以少陽屬木, 故爲陰中少陽也.

궐음경은 엄지발가락 총모叢毛 부위에서 일어나 대퇴의 안쪽을 따라 상행하여 폐로 주입되니, 음장陰藏의 맥이라 안쪽으로 주행한다. 소양少陽은 간의 부府의 맥으로 족규음足竅陰에서 일어나 상행하여 귀에 모이니 표表며 양부陽府이다. 소양少陽은 목木에 속하므로 음 중의 소양少陽이다.

교주 ① 結於窓籠:《素問·陰陽離合論》에는 이 4글자가 없고,《靈樞·根結》에서는 "少陽根於竅陰, 結於窓籠, 窓籠者耳中也."라고 하였다. 窓籠은 귀, 귓속 또는 聽宮穴을 지칭한다. 張介賓은 '聽宮穴'로 보아 "耳中者, 乃手太陽聽宮穴也."라고 하고, 張志聰은 '귓속'으로 보아 "窓籠者, 耳中也, 如窓之通氣於上也."라고 하였다. 또《靈樞·衛氣》에서는 "足少陽之本, 在竅陰之間, 標在窓籠之前, 窓籠者, 耳也."라고 하여 '귀'로 보았다.

② 厥陰之脈, 起於足大指叢毛之上: '叢'은 原鈔本에는 '蔟'으로 되어 있는데 '叢'의 通用字이다. 여기서는 대표적으로 쓰이는 '叢'으로 바꾸었다. 叢毛는 三毛, 聚毛이며 엄지발가락의 발톱 뒷부분에 난 털을 말한다.《靈樞·經脈篇》에 "肝足厥陰之脈, 起於大指叢毛之際."라고 한 것으로 보아 '上'은 총모가 난 부위를 말하는 것으로 보인다.

是故三陽之離合也, 太陽爲關,① 陽明爲闔, 少陽爲樞.

그러므로 삼양三陽이 이합함에 태양이 빗장[關]이 되고, 양명이 문짝[闔]

이 되고, 소양이 지도리[樞]가 됩니다.

三陽離合爲關闔樞, 以營於身也. 夫爲門者, 其^②有三義. 一者門關, 主禁
者也, 膀胱足太陽脈主禁津液及於毛孔, 故爲關也. 二者門闔, 謂是門扉,
主關閉也, 胃足陽明脈, 令眞氣止息, 復無留滯, 故名爲闔也. 三者門樞,
主轉動者也, 膽足少陽脈主筋, 綱維諸骨, 令其轉動, 故爲樞也.

삼양이 이합함에 빗장, 문짝, 지도리가 되어 온 몸을 운영한다. 무릇 문이라는 것에는
세 가지 의미가 있다. 첫째는 문의 빗장[門關]으로 금禁함을 주관하는 것이니 족태양
방광경은 진액이 모공毛孔에까지만 미치도록 금禁하므로 빗장[關]이 된다. 둘째는 문
짝[門闔]으로 이는 문짝[門扉]이라 하며 닫음을 주관하니, 족양명위경은 진기眞氣로 하
여금 그치어 쉬게 하되 다시 머물러 정체됨이 없도록 하므로 이름하여 문짝[闔]이 된
다. 셋째는 문의 지도리[門樞]로 움직임을 주관하니, 족소양담경은 근을 주관하고 모
든 뼈를 묶고 조절하여 움직이게 하므로 지도리[樞]가 된다.

[교주] ① 關:《素問·陰陽離合論》에는 '開'로 되어 있다.《素問》新校正에서 "《九
墟》에서 이르기를, "太陽爲關, 陽明爲闔, 少陽爲樞."라고 하였고,《甲乙經》도 동
일하다."라고 하였다. 이에 따르면 임억 등이 본《九墟》, 곧《靈樞》와《甲乙
經》에는 '開'가 모두 '關'으로 되어 있었다. 蕭本과 原初本도 마찬가지로 '關'으로
되어 있다.

② 其: 蕭本에는 '具'로 되어 있다.

三經者, 不得相失,^① 搏而勿傳,^② 命曰一陽.

세 경은 서로 조화를 잃지 말아야 하며, 모이더라도 지킴을 잃지 않는
것을 명하여 일양一陽이라 합니다.

唯有太陽關者, 則眞氣行止留滯, 骨搖動也, 唯有陽明闔者, 則肉節敗, 骨
動搖也, 唯有少陽樞者, 則眞氣行止留滯, 肉節內敗也, 相得各守所司, 同
爲一陽之道也. 搏, 相得也. 傳, 失所守也.

오직 태양太陽 관關의 작용만 있다면 진기眞氣가 운행을 멈추며 유체되고 뼈가 흔들리
게 되며, 오직 양명陽明 합闔의 작용만 있다면 기육肌肉과 관절이 상하고 뼈가 흔들리
게 되고, 오직 소양少陽 추樞의 작용만 있다면 진기眞氣의 운행이 멈추고 막히고 기육

肌肉과 관절이 안으로 상하게 되니, 서로 각기 맡은 바를 지켜야 함께 일양一陽의 작용을 하게 된다. '搏'은 서로 모인다는 것이며, '傳'은 그 지키는 바를 잃는다는 것이다.

願①聞三陰. 岐伯曰外者爲陽, 內者爲陰, 然則中爲陰, 其衝在下者,② 名曰太陰. 太陰根起於隱白, 結於太倉,③ 名曰陰中之陰.

삼음에 대해 듣고 싶습니다. 기백이 말하기를, 밖은 양이고 안은 음이니, 그렇다면 속은 음이 되는데, 그 충衝이 아래쪽에 있어 이름을 태음太陰이라 합니다. 태음은 은백隱白에 뿌리 하여 일어나 태창太倉에 맺히니 이름을 음 중의 음이라 합니다.

衝在太陰之下, 少陰脈上. 足太陰脈從隱白而出, 聚於太倉, 上至舌本, 是脾陰之脈, 行於腹陰, 故曰陰中之陰也.

충衝은 태음경의 아래, 소음경의 위에 있다. 족태음비경은 은백隱白에서 나와 태창太倉에 모이며 위로 설본舌本에 이르는데, 이는 음인 비의 경맥으로 복중을 행하므로 음 중의 음이라 하였다.

太陰之後, 名曰少陰, 少陰根起於涌泉, 結於廉泉,① 名曰少陰.②

태음의 뒤는 이름을 소음이라 하는데, 소음은 용천涌泉에서 뿌리 하여 일어나 염천廉泉에서 맺히니 이름을 소음少陰이라 합니다.

> 腎脈足少陰, 從足小指之下入涌泉, 上行聚於廉泉, 至於舌本也.
> 족소음신경은 새끼발가락 아래에서 용천涌泉으로 들어가고, 상행하여 염천廉泉에 모이며 설본舌本에 이른다.

교주 ① 結於廉泉: 《素問‧陰陽離合論》에는 이 4글자가 없고, 《靈樞‧根結》에 보인다.
② 少陰: 《素問‧陰陽離合論》에서는 '陰中之少陰'이라 하였다.

少陰之前, 名曰厥陰, 厥陰根起於大敦, 結於玉英,[①]

소음少陰의 앞은 이름을 궐음厥陰이라 하는데, 궐음은 대돈大敦에서 뿌리 하여 일어나 옥영玉英에서 맺히며,

> 肝脈足厥陰在少陰前, 起於大指叢[②]毛之上, 入大敦, 聚於玉英, 上頭與督脈會於顚, 注於肺中也.
> 족궐음간경은 소음의 앞에 위치하며 엄지발가락 총모叢毛 부위에서 일어나 대돈大敦으로 들어가고, 옥영玉英에 모여 머리로 상행하여 독맥督脈과 함께 전정顚頂에서 만나고 폐로 주입된다.

교주 ① 結於玉英: 《素問‧陰陽離合論》에는 이 4글자가 없고, 《靈樞‧根結》에 보이는데 아래에 '絡於膻中' 4글자가 더 있다. 玉英은 任脈의 혈 자리인 玉堂으로 가슴 정중선에서 3, 4늑골간의 위치에 자리한다.
② 叢: '叢'은 原鈔本에는 '藂'으로 되어 있는데 '叢'의 通用字이다.

陰之絶陽, 名曰陰之絶陰.

음 중에 양이 다한 것이므로 음 중의 절음絶陰이라 합니다.

> 無陽之陰, 是陰必絶, 故曰陰之絶陰
> 양이 없는 음은, 陰이 반드시 다하게 되므로 음 중의 절음이라 하였다.

是故三陰之離合也, 太陰爲關,① 厥陰爲闔, 少陰爲樞.

그러므로 삼음三陰이 이합함에 태음太陰이 빗장[關]이 되고, 궐음厥陰이
문짝[闔]이 되며, 소음少陰이 지도리[樞]가 됩니다.

三陽爲外門, 三陰爲內門. 內門亦有三者, 一者門關, 主禁者也. 脾藏足太
陰脈主禁水穀之氣, 輸納於中不失, 故爲關也. 二者門闔, 主關閉者也. 肝
藏足厥陰脈, 主守神氣出入通塞悲樂, 故爲闔也. 三者門樞, 主動轉也. 腎
藏足少陰脈主行津液, 通諸經脈, 故爲樞者也.

삼양三陽은 바깥문이고 삼음三陰은 안문이다. 안문은 또한 세 가지가 있는데, 첫째는
문의 빗장[門關]이니 금禁함을 주관하는 것이다. 족태음비경은 주로 수곡지기를 단속하
여 중中으로 운송하고 거둬들여 잃지 않도록 하므로 빗장[關]이 된다. 둘째는 문의
문짝[門闔]이니 닫음을 주관하는 것이다. 족궐음간경은 신기神氣의 출입을 지켜 통하
거나 막혀 슬퍼하거나 즐거워하는 것을 주관하므로 문짝[闔]이 된다. 셋째는 문의 지
도리[門樞]니 움직임을 주관하는 것이다. 족소음신경은 진액을 운행하여 모든 경맥으
로 통하게 하므로 지도리[樞]가 된다.

교주 ① 關: 《素問・陰陽離合論》에는 '開'로 되어 있다.

三經者, 不得相失也, 搏而勿沈,① 名曰一陰.

세 경은 서로 조화를 잃어서는 안 되니, 모이더라도 가라앉지 않는 것
을 이름하여 일음一陰이라 합니다.

三陰, 經脈也. 三陰之脈, 搏聚而不偏沈, 故得三陰同一用也.

삼음은 경맥이다. 삼음경이 조화롭게 모여, 한쪽이 치우쳐 가라앉지 않으므로 삼음
이 화합하여 하나로 작용할 수 있다.

교주 ① 搏而勿沈: "三經者, 不得相失, 搏而勿傳."의 楊上善 주석에서 "搏, 相得也."라
고 한 것에 의거하여 원문과 주문의 '搏'을 해석하였다.

陰陽鍾鍾①也,② 傳爲一周,③

음양이 왕래하면서 운행하여 한 바퀴를 도는데,

> 鍾鍾, 行不止住貌.④ 營衛行三陰三陽之氣, 相注不已, 傳行周旋, 一日一
> 夜五十周也.
> 종종鍾鍾은 행하여 그치지 않는 모양이다. 영위營衛로 삼음삼양三陰三陽의 기가 운행
> 하여 서로 흐르기를 그치지 않으며, 전하여 한 바퀴를 돌아 운행하기를 하루 밤낮으
> 로 50바퀴를 한다.

① 鍾鍾:《素問·陰陽離合論》에는 '鼀鼀'으로 되어 있다.

② 也:《素問·陰陽離合論》에는 '也'字가 없다.

③ 傳爲一周:《素問·陰陽離合論》에서는 '積傳爲一周'라 하였다.

④ 貌: 原鈔本에는 '皃'로 되어 있는데 略字이다. 대표자로 바꾸었다.

氣裏形表而相成者也.①

기는 안에서 작용하고 형形은 밖에서 작용하여 서로를 이루어 줍
니다.

> 五藏之氣在裏, 內營形也, 六府之氣在表, 外成形者也.
> 오장의 기는 속에 있어 안으로 형形을 영양하고, 육부의 기는 겉에 있어 밖으로 형체
> 形體를 이룬다.

① 而相成者也:《素問·陰陽離合論》에는 '而爲相成也'로 되어 있다.

四海合

교주 이 篇의 내용은 《靈樞·海論》에 보인다. 이 篇에서는 사람의 氣海, 血海, 髓海, 水穀
의 海를 天地의 四海에 비유하여 설명하였으며, 각 海의 營輸가 있는 곳과 有餘, 不足
의 증상을 기술하였다.

黃帝問①岐伯曰余聞刺法於夫子, 夫子之所言, 不離於營衛血
氣. 夫十二經脈者, 內屬於府藏, 外絡於支②節, 子③乃合之於
四海, 何乎.④

황제가 기백에게 물어 말하기를, 내가 선생님께 자침하는 법을 들으
니 선생님의 말씀하신 바가 영위혈기營衛血氣를 떠나지 않았습니다.
무릇 십이경맥이라는 것은 안으로는 장부에 이어지고[屬] 밖으로는 사
지의 관절에 닿는데[絡], 선생님께서는 어떻게 영위혈기營衛血氣의 사
해四海에 부합시키는 것입니까?

血, 謂十二脈中血也. 氣, 謂十二脈中當經氣也之.⑤
혈은 십이맥十二脈 중의 혈을 말한다. 기는 십이맥十二脈 중의 경기經氣에 해당되는 것
을 말한다.

교주 ① 問: 《靈樞·海論》에는 뒤에 '於'字가 더 있다.
② 支: 여기서 '支'는 '肢'와 통하니, 《靈樞·海論》에는 '肢'로 되어 있다.
③ 子: 《靈樞·海論》에는 '夫子'로 되어 있는데 이에 따라 해석하였다.
④ 何乎: 《靈樞·海論》에는 '何'字가 없다.

⑤ 之: 衍文으로 보인다.

岐伯曰①人亦有四海十二經水.② 十二③經水者, 皆注於海. 海
有東西南北, 命曰四海. 黃帝曰以人應之奈何. 岐伯曰人亦有
四海. 黃帝曰請聞人之四海.④ 岐伯曰人有髓海, 有血海, 有氣
海, 有水穀之海, 凡此四者, 所以應四海者也.⑤

기백이 말하기를, 사람에게 또한 사해四海와 십이경수十二經水가 있으
니, 십이경수十二經水는 모두 바다로 흐르며 바다에는 동서남북이 있
어서 명하여 사해四海라 합니다. 황제가 말하기를, 사람이 그에 응하
는 것은 어떻습니까? 기백이 말하기를, 사람에게도 역시 사해四海가
있습니다. 황제가 말하기를, 사람의 사해四海에 관하여 듣기를 청합니
다. 기백이 말하기를, 사람에게 수해髓海와 혈해血海와 기해氣海와 수곡
의 해海가 있으니, 무릇 이 네 가지가 사해四海에 응하는 내용입니다.

十二經水者, 皆注東海, 東海周環, 遂爲四海. 十二經脈, 皆歸胃海, 水穀
胃氣環流, 遂爲氣, 血, 髓, 穀之海, 故以水穀之海, 比於東海也.
십이경수十二經水는 모두 동해東海로 흐르니, 동해東海가 두루 돌아서 마침내 사해四海
를 이룬다. 십이경맥은 모두 위해胃海로 돌아가니, 수곡收穀의 위기胃氣가 돌아 흘러
서 마침내 기해氣海와 혈해血海와 수해髓海와 수곡의 해海를 이룬다. 그러므로 수곡收
穀의 해海는 동해東海에 비견된다.

교주
① 曰:《靈樞·海論》에는 앞에 '答'字가 더 있다.
② 十二經水: 十二河流를 가리키는데, 즉 淸水, 渭水, 海水, 湖水, 汝水, 澠水, 淮
水, 漯水, 江水, 河水, 濟水, 漳水이다.《靈樞·經水》에 자세히 보이며,《太素·
人合·十二水》에도 자세한 내용이 나온다.
③ 十二:《靈樞·海論》에는 두 글자가 없다.
④ 四海:《靈樞·海論》에는 '岐伯曰人亦有四海. 黃帝曰請聞人之四海'의 17글자
가 없다.
⑤ 所以應四海者也:《靈樞·海論》에는 '以應四海也'로 되어 있다.

黃帝曰遠乎哉, 夫子之合人天地四海也. 願聞應之奈何. 岐伯
曰①必先明知陰陽表裏營輸②所在, 四海定矣.

황제가 말하기를, 심원深遠하십니다, 선생님께서 사람을 천지의 사해
四海에 합치시킴이시여. 어떻게 응하는지 듣기를 원합니다. 기백이 말
하기를, 반드시 먼저 음양표리陰陽表裏와 영수營輸가 있는 곳을 밝게 알
아야만 사해四海를 정할 수 있습니다.

胃脈以爲陽, 表也. 手太陰, 足少陰脈爲陰, 裏也. 衝脈爲十二經脈及絡脈
之海, 卽亦表亦裏也.

위맥胃脈은 양이 되니 표表이다. 수태음맥手太陰脈과 족소음맥足少陰脈은 음이 되니 리裏
이다. 충맥衝脈은 십이경맥 및 락맥의 바다가 되니, 곧 표表이면서 또한 리裏이다.

교주 ① 曰:《靈樞·海論》에는 앞에 '答'字가 더 있다.
② 營輸:《靈樞·海論》에는 '營'이 '榮'으로 되어 있다. 經脈의 氣가 드러나는 곳
을 말한다.

黃帝曰定之奈何. 岐伯曰胃者爲①水穀之海, 其輸上在氣街,
下至三里,

황제가 말하기를, 어떻게 정합니까? 기백이 말하기를, 위胃는 수곡의
해海가 되니, 즉 수輸가 위로는 기가氣街에 있으며 아래로는 삼리三里에
이르고,

胃盛水穀, 故名水穀之海. 胃脈, 足陽明也. 足陽明脈過於氣街, 三里, 其
氣上下輸此此等穴也.②

위胃는 수곡으로 채워지므로 수곡의 해海라고 이름하였다. 위맥胃脈은 족양명맥足陽
明脈이다. 족양명맥足陽明脈은 기가氣街와 삼리三理를 지나니, 그 기가 위아래로 이러
한 혈穴로 운반된다.

교주 ① 爲:《靈樞·海論》에는 '爲'字가 없다.
② 此此等穴也: 뒤의 '此'字는 베끼면서 끼어든 衍文으로 보인다. 蕭本에는 '此等

穴也'로 되어 있다.

衝脈者爲十二經之海, 其輸上在於大杼, 下出於巨虛之上
下廉,

충맥衝脈은 십이경十二經의 해海가 되니, 그 수륜이 위로는 대저大杼에
있으며 아래로는 거허巨虛의 상하렴上下廉에서 나오고,

衝脈管十二經脈. 大杼是足太陽, 手少陽脈所發之穴. 巨虛上下廉, 則足
陽明脈所發之穴. 此等諸穴, 皆是衝脈致氣之處, 故名輸也.
충맥衝脈은 십이경맥을 관통한다. 대저大杼는 족태양맥足太陽脈과 수소양맥手少陽脈이
드러나는 혈穴이며, 거허巨虛 상하렴上下廉은 족양명맥足陽明脈이 드러나는 혈穴이다.
이러한 종류의 모든 혈穴은 또한 충맥衝脈으로 기를 보내는 곳이 되므로 수륜라 이름
하였다.

膻中者, 爲氣之海, 其輸上在①柱骨之上下, 前在於人迎,

단중膻中은 기의 해海가 되니, 그 수륜이 위로는 주골柱骨의 위아래에
있으며 앞으로는 인영人迎에 있고,

膻, 胸中也, 音檀. 食入胃已, 其氣分爲三道, 有氣上行經隧, 聚於胸中, 名
曰氣海, 爲肺所主, 手陽明是肺府脈, 行於柱骨上下, 入缺②盆, 支者上行
至鼻, 爲足陽明, 循頸下人迎之前. 皆是膻中氣海, 氣之輸也.
'膻'은 흉중胸中이니, 음이 '檀'이다. 음식이 위胃로 들어감에 그 기가 나뉘어 3가지 길
이 된다. 기가 위로 경맥의 길을 행하여 흉중胸中에 모인 것을 이름하여 기해氣海라 하
니 폐가 주관하는 바가 되고, 수양명맥手陽明脈은 폐의 부府의 맥이 되니 주골柱骨의
위아래로 행하여 결분缺盆으로 들어가며, 가지는 위로 가서 코에 이르러 족양명맥足
陽明脈이 되어 목을 따라 인영人迎의 앞으로 내려온다. 모두 단중膻中 기해氣海의 기가
전달되는 곳[輸]이다.

교주 ① 在:《靈樞·海論》에는 뒤에 '於'字가 더 있다.
② 缺: 原鈔本에는 '缼'로 되어 있는데 같은 글자이다. 대표자인 '缺'로 고쳤다.

腦爲髓之海, 其輸上在^①其蓋, 下在風府.

뇌는 수髓의 해海가 되니, 그 수輸가 위로는 두정골頭頂骨에 있으며 아래로는 풍부風府에 있습니다.

> 胃流津液, 滲入骨空, 變而爲髓, 頭中最多, 故爲海也. 是腎所生,^② 其氣上輸腦蓋百會之穴, 下輸風府也.
>
> 위胃에서 흘러온 진액이 뼈의 구멍으로 스며 들어가서 변하여 수髓가 되는데, 머릿속에 가장 많으므로 뇌가 수해髓海가 된다. 이것은 신腎이 생하는 바이니, 그 기가 위로는 두정골頭頂骨의 백회혈百會穴로 운반되며 아래로는 풍부風府로 운반된다.

교주 ① 在: 《靈樞·海論》에는 뒤에 '於'字가 더 있다.

② 生: 劉衡如는 人民衛生出版社本 《太素》 注釋에서 "앞 단락의 楊上善 注釋에 "氣海, 爲肺所主."라고 하였으니, 여기의 '生'도 '主'로 함이 타당하다."라고 하였다.

黃帝曰凡此四海者, 何利何害. 何生何敗. 岐伯曰得順者生, 得逆者敗, 知調者利, 不知調者害.

황제가 말하기를, 이 사해四海라는 것이 어떻게 하면 이롭고 어떻게 하면 해로우며, 어떻게 하면 생하고 어떻게 하면 패합니까? 기백이 말하기를, 순응함을 얻는 사람은 생하고 거스름을 얻는 사람은 패하며, 적절히 조절할 줄 아는 사람은 이로우며 적절히 조절할 줄 모르는 사람은 해롭습니다.

> 得生得敗, 言逆順大也, 爲利爲害, 言調不輕也.
>
> 생함을 얻거나 패함을 얻는다는 것은 거스르거나 순응하는 것의 큼을 말한 것이며, 이익이 되거나 해가 된다는 것은 조절하는 것을 가벼이 할 수 없음을 말한 것이다.

黃帝曰四海之逆順奈何. 岐伯曰氣海有餘者, 氣滿胸中, 急^①息面赤, 氣海不足則氣少, 不足以言.

황제가 말하기를, 사해四海의 역순逆順이 어떠합니까? 기백이 말하기를, 기해氣海가 유여한 경우는 기가 흉중胸中에 가득 차서 숨이 급하고 얼굴이 붉어집니다. 기해氣海가 부족하면 기가 적어져서 말하기가 힘들어집니다.

> 有餘, 謂邪氣盛②眞氣也. 面赤, 謂氣上衝面, 陽脈盛也.
> '有餘'는 사기가 진기眞氣보다 성한 것을 말한다. 얼굴이 붉음은 기가 위로 얼굴로 치받음을 말한 것이니, 양맥陽脈이 성한 것이다.

교주 ① 急:《靈樞・海論》에는 '悗'으로 되어 있다.
② 盛: '盛' 뒤에 '於'字가 빠진 것으로 생각된다. 이에 따라 해석하였다. 蕭本과 日本摹寫本에는 '盛'이 '益'으로 되어 있다.

血海有餘者,① 則常想其身大,② 怫然不知其所病, 血海不足, 則③常想其身小, 狹然不知其所病.

혈해血海가 유여한 경우는 늘 그 몸이 크다고 생각하며, 마음이 답답하여서 아픈 곳을 알지 못합니다. 혈해血海가 부족하면 늘 그 몸이 작다고 생각하며, 마음이 좁아져서 역시 아픈 곳을 알지 못합니다.

> 血多脈盛, 故神想見身大也. 怫, 扶弗反, 怫鬱不安, 不知所苦也.
> 혈이 많고 맥이 성하기 때문에 정신이 몸을 크다고 여긴다. '怫'은 음이 '扶'와 '弗'의 반절이니, 마음이 답답하고 울적하고 불안해서 아픈 것을 지각하지 못한다.

교주 ① 者:《靈樞・海論》에는 '者'字가 없다.
② 常想其身大: 原鈔本에는 이 다섯 글자 위쪽의 欄線 밖에 '自足貌'라는 注가 있다.
③ 則:《靈樞・海論》에는 '亦'으로 되어 있다.

水穀之海有餘者,① 則腹滿脹,② 水穀之海不足, 則飢③不受穀食. 髓海有餘者④ 則輕勁多力, 自過其度, 髓海不足, 則腦轉耳鳴, 胻⑤痠, 眩瞀⑥目無所見, 懈殆⑦安臥.

수곡의 해海가 유여한 경우는 배가 그득하고 부풀며, 수곡의 해海가 부족하면 배가 고파도 곡식穀食을 받아들이지 못합니다. 수해髓海가 유여한 경우는 가볍고 굳세고 힘이 많으므로 저절로 그 정도를 초월하고, 수해髓海가 부족하면 뇌가 굴러서 귀가 울며, 정강이가 시큰거리며, 아찔하고 어두워져서 눈에 보이는 바가 없으며, 게으름을 피우고 눕는 것을 편히 여깁니다.

腦減不滿顱中, 故腦易轉, 喜耳鳴也. 髓不滿胻中, 故胻痠疼也. 腦虛少, 筋▨血⑧等精液不足, 故眩冒無所見也. 髓虛, 四支腰▨②無力, 故懈殆⑩安臥也. 痠, 息官反. 眩, 玄遍反, 瞑目亂也. 瞀, 亡到反, 覆也.

뇌가 줄어서 머리뼈 속을 꽉 채우지 못하므로 뇌가 쉽게 굴러서 귀가 잘 운다. 골수가 정강이뼈 속을 꽉 채우지 못하므로 정강이가 시큰거리고 아프다. 뇌가 허하고 적으며 근육과 [뼈와] 혈 등에 정액精液이 부족하므로 어지럽고 눈이 어두워 보이는 바가 없게 된다. 수髓가 허하면 사지와 허리가 무력해지므로 게으름을 피우고 눕는 것을 편히 여긴다. '痠'의 음은 '息'과 '官'의 반절이다. '眩'의 음은 '玄'과 '遍'의 반절이니, 아찔하고 눈이 어지러운 것이다. '瞀'의 음은 '亡'과 '到'의 반절이니, 덮는다는 것이다.

① 者:《靈樞·海論》에는 '者'字가 없다.

② 脹:《靈樞·海論》에는 '脹'字가 없다.

③ 飢:《靈樞·海論》에는 '饑'로 되어 있다. '飢'와 '饑'는 같은 글자이다. 原鈔本에서는 모두 '飢'로 썼다.

④ 者:《靈樞·海論》에는 '者'字가 없다.

⑤ 胻:《靈樞·海論》에는 '脛'으로 되어 있다.

⑥ 瞀: 原鈔本에는 '睧'로 되어 있다. '睧'은 원래 '내려 본다' 의미에 한하여 '瞀'와 通用되나 여기서의 '瞀'는 '어둡다'의 뜻으로 사용되었으므로 '睧'을 '瞀'로 바꾸었다.《靈樞·海論》에는 '冒'로 되어 있다.《集韻·候韻》에서 "瞀睧는《說文》에서 "눈을 내려뜨고 공손히 본다."라고 하였다. 일설에는 눈이 밝지 못하다고도 하였다. 혹은 '冒'字를 따르기도 한다.(瞀睧, 說文低目謹視也, 一曰目不明也. 或從冒.)"라고 하였으니, '瞀'는 '冒'와 통한다.

⑦ 殆:《靈樞·海論》에는 '怠'로 되어 있다. 淸나라 朱駿聲의《說文通訓定聲·頤部》에서 "'殆'는 '怠'를 假借한 것이다.(殆, 假借爲怠.)"라고 하였으니, '殆'는 '怠'

와 통한다.

⑧ 筋▨血: 原鈔本에는 '筋'字의 다음에 오는 글자가 지워져 있는데, 아래쪽에 남은 부분이 '月'字의 형태와 비슷하다. 錢超塵은 지워진 글자를 '骨'字로 추측하였다. 蕭本에는 '筋肉血'로 되어 있으나, '肉'字는 原鈔本에 남아 있는 부분과 형태가 부합하지 않는다.

⑨ 腰▨: 原鈔本에는 '腰'字의 다음 글자가 지워졌는데, 왼쪽에 남은 부분이 있다. 錢超塵은 지워진 글자를 '腿'字로 추측하였다. 蕭本에는 1칸을 비워두었으며, 蕭延平은 注釋에서 "'腰' 아래에 한 글자가 原缺되어 있으니, 袁刻本에는 '脊'으로 되어 있다."라고 하였다.

⑩ 殆: 《靈樞·海論》에는 '怠'로 되어 있다. 原鈔本에는 '殆'字의 오른쪽에 작은 글씨로 '怠'라는 抄校者의 注가 있다.

黃帝曰余以①聞逆順, 調之奈何. 岐伯曰審守其輪而調其虛實, 毋②犯其害, 順者得復, 逆者必敗. 黃帝曰善.

황제가 말하기를, 내가 이미 역순逆順을 들었습니다만, 적절히 조절하는 것은 어떻게 합니까? 기백이 말하기를, 그 수輸를 살펴 지켜서 허실을 적절히 조절하여서 해로운 것을 범하지 말아야 하니, 순順하면 능히 회복되고 역逆하면 반드시 패합니다. 황제가 말하기를, 좋습니다.

輪, 謂四海之輪也.
수輪는 사해四海의 수輪를 말한다.

교주 ① 以: 《靈樞·海論》에는 '已'로 되어 있다. '以'는 '已'와 통한다.
② 毋: 《靈樞·海論》에는 '無'로 되어 있다.

십이수
十二水

교주 이 篇의 내용은 《靈樞·經水》에 보인다. 이 篇에서는 사람의 十二經脈을 天地의 十
二經水에 비유하여 설명하였다. 각 經脈을 刺鍼하는 깊이와 留鍼하는 시간을 기술하
고, 少長과 肥瘦, 形의 大小, 氣血의 盛衰, 四時 등에 따라 刺法과 灸法을 적절하게 해
야 함을 설명하였다.

黃帝問於岐伯曰經脈十二者, 外合於十二經水, 而內屬於五
藏六府.

황제가 기백에게 물어 말하기를, 십이경맥이 밖으로는 십이경수十二
經水에 합하고 안으로는 오장육부에 이어져 있는데,

天下凡有八十一州, 此中國, 州之一也, 名爲赤縣神州. 每一州之外, 有一
重海水環之, 海之外, 有一重大山遶之, 如此三重海, 三重山, 環而圍遶,
人居其內, 名曰一州. 一州之內, 凡有十二大水, 自外小山小水, 不可勝
數. 人身亦爾, 大脈總有十二, 以外大絡小絡, 亦不可數①. 天下八十一州
之中, 唯取中國一州之地, 用法人身十二經脈內屬藏府, 以人之生在此州
中, 稟此州地形氣者也.

천하天下에 81주州가 있으니 이 중국도 주州의 하나로 이름을 적현신주赤縣神州라 한
다. 매 1주州의 밖에는 한 겹의 바닷물이 둘러싸고 있으며 바다의 밖에는 한 겹의 큰
산이 두르고 있는데, 이와 같이 세 겹의 바다와 세 겹의 산이 고리와 같이 에워싸서 두
르고 있으며, 사람이 그 안에 있는 것을 1주州라 이름하였다. 1주州의 안에는 12대수
大水가 있으며 그 밖에 작은 산과 작은 물을 이루 다 헤아릴 수가 없다. 사람의 몸도 마
찬가지이니, 대맥大脈이 모두 12이며 그 밖에 대락大絡과 소락小絡을 또한 이루 다 헤

아릴 수 없다. 천하의 81주州 가운데에 오로지 중국 1주州의 땅을 들어서 사람 몸의 십이경맥이 안으로 장부에 이어져 있음의 법칙으로 하였으니, 사람의 사는 것이 이 주州의 안에 있으므로 이 주州 땅의 형形과 기를 본뜨게 된 것이다.

教注 ① 天下凡有八十一州… 以外大絡小絡, 亦不可數:《弘決外典鈔 · 卷第三 · 第六》에서는 "天下有八十一州, 一州外有三重海三重山而圍繞之. 一州之內, 凡有十二大水, 自外小山小水, 不可勝數之. 人身亦爾, 大脈總有十二, 自外大胳小胳, 亦不可數也."라고 하였다.

夫十二經水者, 其①大小, 深淺, 廣狹, 遠近各不同, 五藏六府之高下, 小大, 受穀之多少亦不等, 相應奈何.

십이경수十二經水의 크고 작음, 깊고 얕음, 넓고 좁음, 멀고 가까움이 각각 같지 않으며, 오장육부의 높고 낮음, 작고 큼, 곡기를 받아들이는 것의 많고 적음이 또한 같지 않으니, 그 상응하는 것이 어떠합니까?

問其十二經脈取法所由也.
십이경맥의 법칙을 취해 온 유래由來를 물은 것이다.

教注 ① 其:《靈樞 · 經水》에는 뒤에 '有'字가 더 있다.

夫經水者, 受水而行之,

경수經水가 물을 받아서 가게 하니,

此問其藏府經絡各有司主調養所由. 十二經水, 各從其源受水, 輸之於海, 故曰受水行也.
이것은 장부와 경락에 각각 맡아서 주관하는 것과, 조절하여 기르는 것이 있게 된 연유를 물은 것이다. 십이경수十二經水가 각각 그 수원水源으로부터 물을 받아서 이를 바다로 운반하므로 물을 받아서 가게 한다고 한다.

五藏者, 合神氣魂魄而藏,①

오장은 신기神氣인 혼魂과 백魄에 합하여 간직하며,

五藏合五神之氣, 心合於神, 肝合於魂, 肺②合於魄, 脾合於營, 腎合於精,
五藏與五精神氣合而藏之也.
오장은 오신五神의 기에 부합하는데, 심은 신神에 합하며 간은 혼魂에 합하며 폐는 백魄에 합하며 비脾는 영營에 합하며 신腎은 정精에 합하니, 오장은 다섯 가지 정신精神의 기에 부합하고 이것을 갈무리한다.

교주 ① 藏: 《靈樞·經水》에는 뒤에 '之'字가 더 있다. 錢超塵은 "위 구절인 '受水而行之'와 아래 구절인 '受穀而行之, 受氣而揚之'에서 '行', '揚'의 뒤에 모두 '之'字가 있으며, '行', '藏', '揚'이 모두 故韻에서 陽部의 글자들임에 의거하건대, 그 뒤에 虛辭인 '之'를 두는 것이 마땅하다."라고 하였다.
② 肺: 原鈔本에는 이 글자가 지워져서 식별할 수 없다. 文義상 '肺'로 함이 마땅하다. 蕭本에도 '肺'로 되어 있다.

六府者, 受穀而行之, 受氣而揚之,
육부는 곡식을 받아서 운행시키며, 기를 받아서 펼치며,

胃受五穀成熟, 傳入小腸, 小腸盛受也, 小腸傳入大腸, 大腸傳導也. 大腸
傳入廣腸, 廣腸傳出也. 胃下別汁, 滲①膀胱②之胞, 傳陰下洩也. 膽爲中
精,③ 有木精三合, 藏而不瀉. 此卽六④府受穀行之者也. 六④府與三焦共
氣, 故六府受氣, 三焦行之爲原, 故曰揚也.
위胃는 오곡五穀을 받아서 숙성시키며 소장으로 전하여 들어가게 하니, 소장이 담아서 받아들이며, 소장이 대장으로 전하여 들어가게 하니, 대장은 전하여 옮긴다. 대장이 전하여 광장廣腸으로 들어가게 하니, 광장廣腸은 전하여 나가게 한다. 위胃의 아래에서 즙汁을 분리하여 방광의 포胞로 스며드니 음기陰器로 전해져서 아래로 배설된다. 담膽은 중정中精의 부府가 되니, 목木의 정精 3홉[合]을 두어 간직하되 쏟지 않는다. 이것이 바로 육부가 곡식을 받아서 행하는 것이다. 육부와 삼초三焦는 기를 공유하므로 육부가 기를 받아들이면 삼초三焦가 그것을 운행하여 근원이 되니, 그러므로 펼친다[揚]고 하였다.

① 滲: 原鈔本에는 이 글자가 지워지고 일부 남은 부분이 있다. 蕭本에서는 '出'字로 補入하였고 錢氏校本에서는 '走'字로 補入하였으며 左合氏校本에서는 '滲'字로 補入하였다. 여기서는 左合氏校本을 따랐다.

② 胱: 原鈔本에는 이 글자의 대부분이 지워지고 남은 획도 식별이 어렵다. 錢氏校本에서는 文義에 의거하여 '胱'으로 補入하였는데, 타당하다.

③ 膽爲中精: 《靈樞·本輸》에서는 "肝合膽, 膽者, 中精之府."라고 하였다.

④ 六: 原鈔本에는 '六'字의 오른쪽 옆에 작은 글씨로 '五'라는 抄校者의 注가 있다. 錢氏校本에서는 抄校者의 注를 따라 '五'로 고쳤다.

經脈者, 受血而營之, 合而以治奈何. 刺之深淺, 灸之壯數, 可得聞乎.

경맥은 혈을 받아서 영양하니, 부합하여 다스림은 어떻게 합니까? 자침의 깊고 얕음과 뜸의 장수壯數를 가히 들을 수 있겠습니까?

營氣從中焦幷胃口, 出上焦之後, 所謂受氣,① 泌糟粕, 承②津液, 化津液精微, 注之肺脈之中, 化而爲血, 流十二脈中, 以奉生身, 故生身之貴, 無過血也. 故營氣獨得行於十二經道營身, 故曰營氣. 營氣行經, 如霧者也. 經中血者, 如渠中水也. 故十二經受血各營也.

영기營氣는 중초中焦로부터 위구胃口를 따라 상초上焦의 뒤로 나오니, 이른바 혈血을 받는다는 것은, 조박糟粕을 여과하여 진액을 받아내고 이어서 진액을 정미精微로 변화시켜 폐맥肺脈 속으로 보내면 변화하여 혈이 되어 십이맥의 안으로 흘러 몸을 받들어 살리는 것이니, 그러므로 몸을 살리는 귀한 것 중에 혈보다 나은 것이 없다. 그러므로 오로지 영기營氣만이 십이경맥의 길로 행하여 몸을 운영할 수 있으므로 영기營氣라고 한다. 영기營氣가 경맥을 행하는 것은 안개가 긴 것과 같으며, 경맥 중의 혈은 도랑 속의 물과 같다. 그러므로 십이경맥이 혈을 받아서 각각 영양한다.

① 所謂受氣: 文義로 보아 '所謂受血者'로 고치는 것이 타당하다.

② 承: 原鈔本에는 이 글자의 일부가 훼손되었다. 蕭本에는 이 글자가 공란으로 되어 있으며, 袁刻本에는 '成'으로 되어 있다. 《太素·營衛氣·營衛氣別》의 經文에서 "中焦亦並胃口, 出上焦之後, 此所謂受氣者. 泌糟粕, 承津液, 化其精微, 上注於肺脈, 乃化而爲血, 以奉生身."이라고 한 것에 따라 補入하였다.

岐伯答曰善乎①哉問也. 天至高不可度, 地至廣不可量, 此之
謂也. 且夫人生②天地之間, 六合之內, 此天之高, 地之廣,③ 非
人力所能④度量而至也. 若夫⑤八尺之士, 皮肉在此, 外可度量
切循而得也,⑥ 死⑦可解部⑧而視也.⑨

기백이 대답하여 말하기를, 좋습니다. 질문이시여! 하늘은 지극히 높
아서 그 높이를 측정할 수 없으며 땅은 지극히 넓어서 그 넓이를 헤아
릴 수 없음이 이것을 말하는 것입니다. 대체 사람이 하늘과 땅 사이의
육합六合의 안에서 살아감에 이 하늘의 높이와 땅의 넓이를 사람의 힘
으로 능히 측정하고 헤아려 다다를 수 없습니다. 그렇지만 키가 8척
인 남자의 경우는 피皮와 육肉이 여기에 있음에 밖으로 측량하고 헤아
리며 대어보고 어루만져서 알 수 있으며, 죽으면 해부解剖하여 눈으로
볼 수가 있습니다.

二儀之大, 人力不可度量. 人之八尺之身, 生則觀其皮肉, 切循色脈, 死則
解其身部, 視其府藏,⑩ 不同天地, 故可知也.
이의二儀의 큼은 사람의 힘으로 측량하고 헤아릴 수 없다. 사람의 8척 몸은 살아서는
그 피皮와 육肉을 관찰하고 색과 맥을 만지고 더듬어볼 수 있으며, 죽어서는 그 몸을 해
부解剖하여 부府와 장藏을 볼 수 있으니, 천지와 같지 않다. 그러므로 알 수 있는 것이다.

교주 ① 乎:《靈樞 · 經水》에는 '乎'字가 없다.

② 生:《靈樞 · 經水》에는 뒤에 '於'字가 더 있다.

③ 廣:《靈樞 · 經水》에는 뒤에 '也'字가 더 있다.

④ 所能:《靈樞 · 經水》에는 '之所'로 되어 있다.

⑤ 若夫: 原鈔本에는 이 두 글자의 일부가 훼손되었다.《靈樞 · 經水》와 蕭本에
는 모두 '若夫'로 되어 있으니, 남은 획과 부합한다.

⑥ 也:《靈樞 · 經水》에는 '之'로 되어 있다.

⑦ 死:《靈樞 · 經水》에는 앞에 '其'字가 더 있다.

⑧ 部:《靈樞 · 經水》에는 '剖'로 되어 있다.

⑨ 也:《靈樞 · 經水》에는 '之'로 되어 있다.

⑩ 府藏: 蕭本에는 '藏府'로 되어 있다.

其藏之堅脆, 府之大小, 穀之多少, 脈之長短, 血之清濁多少,^① 十二經之多血少氣, 與其少血多氣, 與其皆多血氣, 與其皆少血氣, 皆有大數, 其治以鍼艾, 各調其經氣, 固其常有合乎.

그 장藏의 단단함과 무름, 부府의 크고 작음, 받을 수 있는 곡기의 많고 적음, 맥의 길고 짧음, 혈의 맑고 탁함과 많음과 적음, 십이경맥의 혈이 많고 기가 적음과 혈이 적고 기가 많음과 혈기가 모두 많음과 혈기가 모두 적음에 모두 대체적인 기준이 있어서 침과 뜸으로 다스려 그 경기經氣를 각각 조절함에 본디부터 일정하게 부합하는 것이 있습니다.

> 夫人稟氣受形, 既有七種不同, 以鍼艾調養固有常契, 不可同乎天地無度量也.
> 무릇 사람이 기를 품부하여 형形을 받음에 이미 7종류의 다름이 있어서, 침과 뜸으로 조절하고 기름에 본디부터 정해진 규칙이 있으니, 천지를 측량하고 헤아리지 못하는 것과는 같을 수가 없다.

_{교주} ① 多少:《靈樞·經水》와 蕭本에는 모두 '氣之多少'로 되어 있다. 楊上善의 注釋에서 사람이 氣를 품부하여 形을 받는 것이 일곱 종류가 있다고 하였으나, 經文에는 '藏', '府', '穀', '脈', '血', '十二經'의 여섯 종류만 있으니, 原鈔本의 '多少' 위에 '氣之' 두 글자가 탈락된 것으로 보인다.

黃帝曰余聞之快於耳, 不解於心, 願卒聞.^①

황제가 말하기를, 내가 듣고서 귀에는 흡족하나 마음에는 이해되지 않으니 다 듣기를 원합니다.

> 快於耳, 淺知也, 解於心, 深識也.
> 귀에 흡족함은 얕게 아는 것이오, 마음에 이해됨은 깊이 아는 것이다.

_{교주} ① 聞:《靈樞·經水》에는 뒤에 '之'字가 더 있다. 文義상 타당하니, 原鈔本에서는 '之'字가 탈락된 것으로 보인다.

岐伯答曰此人之所以參天地而應陰陽,[1] 不可不察.

기백이 대답하여 말하기를, 이것은 사람이 천지에 동참하여 음양에 응하는 바이니, 살피지 않을 수 없습니다.

正以天地不可度量, 人參天地, 故不可不察也.

비록 천지를 측량하고 헤아릴 수 없으나 사람이 천지에 동참하고 있으므로 살피지 않을 수 없다.

① 陽: 《靈樞·經水》에는 뒤에 '也'字가 더 있다.

足太陽外合於清水, 內屬於膀胱.[1]

족태양맥足太陽脈은 밖으로는 청수清水에 합하며 안으로는 방광에 이어집니다.

清水出魏郡內黃縣, 南經清泉縣, 東北流入河也.

청수清水는 위군魏郡의 내황현內黃縣에서 나와서 남쪽으로 청천현清泉縣을 지나 동북쪽으로 흘러 황하黃河로 들어간다.

① 膀胱: 《靈樞·經水》에는 뒤에 '而通水道焉'의 5글자가 더 있다.

足少陽外合於渭水, 內屬於膽.

족소양맥足少陽脈은 밖으로는 위수渭水에 합하며 안으로는 담膽에 이어집니다.

渭水出隴西首陽縣烏[1]鼠同穴山, 東北至華陰入河, 過郡四, 行一千八百七十里, 雍州浸[2]也.

위수渭水는 농서隴西 수양현首陽縣의 조서동혈산鳥鼠同穴山에서 나와서 동북쪽으로 화음華陰에 이르러 황하黃河로 들어간다. 4개의 군을 지나며 1,870리를 행한다. 옹주雍州로 물을 댄다.

足陽明外合於海水, 內屬於胃.

족양명맥足陽明脈은 밖으로는 해수海水에 합하며 안으로는 위胃에 이어
집니다.

> 海, 晦也, 言其水廣博, 望之晦闇, 不測崖際, 故曰海也. 海, 卽四海也. 足
> 陽明脈血氣最多, 合之四海, 衆水之長也.
>
> 해海는 회晦니, 그 물이 넓고 많아서 바라보면 아득하고 어두워 가장자리를 추측할 수
> 없으므로 해海로 말한 것이다. 해海는 곧 사해四海이다. 족양명맥足陽明脈은 혈과 기가
> 가장 많으므로 사해四海에 부합하며, 여러 강의 우두머리가 된다.

足太陰外合於湖水, 內屬於脾.

족태음맥足太陰脈은 밖으로는 호수湖水에 부합하며 안으로는 비脾에 이
어집니다.

> 湖當爲虖.① 虖①陁②水出代郡鹵城縣, 東流過郡九, 行千三百四十里, 爲幷
> 州川. 一解云, 湖當爲沽, 沽水出漁陽郡, 東南入海, 行七百五十里. 此二
> 水亦得爲合也.
>
> 호湖는 호虖에 해당한다. 호타수虖陁水는 대군代郡의 노성현鹵城縣에서 나와서 동쪽으
> 로 흘러 9개의 군을 지나면서 1,340리를 행하여 주천州川에 아우른다. 또 다른 해석은
> 호湖는 고沽에 해당하니, 고수沽水는 어양군漁陽郡에서 나와서 동남쪽으로 바다에 들
> 어가기까지 750리를 행한다고 하였다. 이 두 강의 어느 것으로 보아도 합당하다.

足少陰外合於汝水, 內屬於腎.

족소음맥足少陰脈은 밖으로는 여수汝水에 부합하며 안으로는 신腎에 이어집니다.

> 汝水, 出汝南郡定陵縣高陵山, 東南流入淮, 過郡四, 行一千三百四十里也.
>
> 여수汝水는 여남군汝南郡 정릉현定陵縣의 고릉산高陵山에서 나와서 동남쪽으로 흘러 회수淮水로 들어가니, 4개의 군을 지나며 1,340리를 행한다.

足厥陰外合於沔①水, 內屬於肝.

족궐음맥足厥陰脈은 밖으로는 면수沔水에 부합하며 안으로는 간에 이어집니다.

> 沔, 綿善反. 沔水出武郡番冢山,② 東流入江也.
>
> '沔'의 음은 '綿'과 '善'의 반절이다. 면수沔水는 무군武郡의 번총산番冢山에서 나와서 동쪽으로 흘러 장강長江으로 들어간다.

① 沔: 原鈔本에는 '汅'으로 되어 있는데 '汅'는 '沔'의 異體字로 두 글자가 혼용되고 있다. 모두 대표자인 '沔'으로 고쳤다. 《靈樞·經水》에는 '澠'으로 되어 있다.

② 番冢山: 곧 '嶓塚山'이다. 《通典》에서 "漢나라 중의 金牛縣 嶓塚山은 禹임금이 治水한 漾水가 여기에 이르러 漢水가 되니, 또한 '沔水'라고도 이른다.(漢中金牛縣嶓塚山, 禹導漾水至此, 爲漢水, 亦曰沔水.)"라고 하였다.

手太陽外合於淮水, 內屬於小腸, 而通水道①焉.

수태양맥手太陽脈은 밖으로는 회수淮水에 부합하며 안으로는 소장에 연결되어서 수도水道를 통하게 합니다.

> 淮水出南陽郡平武縣桐柏山, 東南流入海, 過郡四, 行三千二百四十里也.
>
> 회수淮水는 남양군南陽郡 평무현平武縣 동백산桐柏山에서 나와서 동남쪽으로 흘러 바다로 들어가니, 4개의 군을 지나며 3,240리를 행한다.

① 通水道:《靈樞·經水》에는 '水道出'로 되어 있다.

手少陽外合於漯水, 內屬於三焦.

수소양맥手少陽脈은 밖으로는 탑수漯水에 부합하며 안으로는 삼초三焦
에 이어집니다.

漯, 湯合反. 漯水出平原郡, 東北流入於海. 又河內亦有漯水, 出王屋山,
東南流入河. 此二水幷得爲合也.
'漯'의 음은 '湯'과 '合'의 반절이다. 탑수漯水는 평원군平原郡에서 나와서 동북쪽으로 흘
러 바다로 들어간다. 또한 하내군河內郡에도 탑수漯水가 있으니, 왕옥산王屋山에서 나
와서 동남쪽으로 흘러 황하黃河로 들어간다. 이 두 강의 어느 것이나 이치에 합당하다.

手陽明外合於江水, 內屬於大腸.

수양명맥手陽明脈은 밖으로는 강수江水에 부합하며 안으로는 대장에
이어집니다.

江水, 出蜀岷山郡升遷縣, 東南流入海, 過郡九, 行七千六百六十里也.
강수江水는 촉蜀땅의 민산군蜀岷山郡 승천현升遷縣에서 나와서 동남쪽으로 흘러 바다
로 들어가니, 9개의 군을 지나며 7,660리를 행한다.

手太陰外合於河水, 內屬於肺.

수태음맥手太陰脈은 밖으로는 하수河水에 부합하며 안으로는 폐에 이
어집니다.

河水出崑崙山東北隅, 便潛行至葱嶺于闐國, 到積石山, 東北流入海, 過
郡十六, 行九千四百里也.
하수河水는 곤륜산崑崙山의 동북쪽 모퉁이에서 나와서 곧바로 땅 밑으로 파미르 고원
[葱嶺]의 중앙아시아 호탄[于闐國]까지 잠행潛行하다가 적석산積石山에 이르러서야 동
북쪽으로 흘러서 바다로 들어가니, 16개의 군을 지나며 9,400리를 행한다.

手少陰外合於濟水, 內屬於心.

수소음맥手少陰脈은 밖으로는 제수濟水에 부합하며 안으로는 심에 이어집니다.

濟水出河東恒縣, 至王屋山, 東北流入于河.

제수濟水는 하동군河東郡 항현恒縣에서 나와서 왕옥산王屋山에 이르러 동북쪽으로 흘러 황하黃河로 들어간다.

手心主外合於漳水, 內屬於心包.

수심주맥手心主脈은 밖으로는 장수漳水에 부합하며 안으로는 심포心包에 이어집니다.

漳水, 淸漳水也, 出上黨沽縣西北少山, 東流合濁漳入於海. 一解是濁漳, 濁漳出於上黨長子縣西發鳩山, 東流入海也.

장수漳水는 청장수淸漳水니, 상당군上黨郡 고현沽縣의 서북쪽 소산少山에서 나와서 동쪽으로 흘러 탁장수濁漳水와 합하여 바다로 들어간다. 또 다른 해석에서는 이것을 탁장수濁漳水라고 하였으니, 탁장수는 상당군上黨郡 장자현長子縣 서쪽의 발구산發鳩山에서 나와서 동쪽으로 흘러 바다로 들어간다.

凡此五藏六府十二經水者, 皆①外有源泉而內有所稟, 此皆外內②相貫, 如環無端, 人經亦然.

무릇 이 오장육부와 십이경수十二經水가 밖으로는 원천源泉이 있으며 안으로는 받아주는 곳이 있어서, 이것이 모두 밖과 안이 서로 관통함이 마치 고리가 끝이 없는 것과 같으니, 사람의 경맥도 또한 그러합니다.

十二經水, 如江出岷山, 河出崑崙, 卽外有源也. 流入於海, 卽內有所稟也. 水至於海已, 上爲天河,③ 復從源出, 流入於海, 卽爲外內相貫, 如環無端也. 人經亦爾, 足三陰脈從足指起, 卽外有源也. 上行絡府屬藏, 比之入海, 卽內有所稟也. 以爲手三陰脈, 從胸至手, 變爲手三陽脈, 從手而起, 卽外有源也. 上行絡藏屬府, 卽內有所稟也. 上頭以爲足三陽脈, 從頭之下足, 復變爲足三陰脈, 卽外內相貫, 如環無端也.

십이경수十二經水가 장강長江이 민산岷山에서 나오고 황하黃河가 곤륜산崑崙山에서 나옴과 같은 것은 곧 밖으로 원천源泉이 있다는 것이며, 흘러 바다로 들어가는 것은 곧 안으로 받아주는 곳이 있다는 것이다. 물이 바다에 이르고 나서 올라가 하늘의 내[天河]가 되었다가 다시 원천源泉을 따라 나와 흘러서 바다로 들어가는 것이 곧 밖과 안이 서로 관통하여 마치 고리가 끝이 없는 것과 같은 것이다. 사람의 경맥도 또한 비슷하니, 족삼음足三陰의 맥이 발가락에서 일어나는 것이 곧 밖으로 원천源泉이 있는 것이며, 위로 행하여 부府에 락络하고 장藏에 속屬하는 것을 바다로 들어감에 비유할 수 있으니 곧 안으로 받아 간직하는 곳이 있는 것이다. 이어서 수삼음手三陰의 맥으로 되어서 가슴에서 일어나 손에 이르며, 변하여 수삼양手三陽의 맥脈으로 되어서 손에서부터 일어나니, 즉 밖으로 원천源泉이 있는 것이다. 위로 행하여 장藏에 락络하고 부府에 속屬하니, 곧 안으로 받아 간직하는 곳이 있는 것이다. 머리로 올라가 족삼양足三陽의 맥으로 되어서 머리로부터 아래의 발로 내려와 다시 변하여 족삼음足三陰의 맥으로 되니, 즉 밖과 안이 서로 통함이 고리와 같아 시작과 끝이 없다.

교주 ① 皆:《靈樞·經水》에는 '皆'字가 없다.
② 外內:《靈樞·經水》에는 '內外'로 되어 있다.
③ 天河: 銀河 즉 은하수라는 뜻도 있으나, 楊上善이 은하수의 뜻을 취하여 쓴 것인지는 확실하지 않다.

故天爲陽, 地爲陰, 腰巳①上爲天, 腰以下爲地.

그러므로 하늘은 양이 되고 땅은 음이 되며, 허리 위로는 하늘이 되고 허리 아래로는 땅이 됩니다.

人腰以上, 爲天爲陽也, 自腰以下, 爲地爲陰也. 經脈昇天降地, 與經水同行, 故得合也.

사람의 허리 위로는 하늘이 되고 양이 되며, 허리에서부터 아래로는 땅이 되고 음이 된다. 경맥이 하늘로 오르고 땅으로 내려오는 것이 경수經水의 행함과 같으므로 능히 부합하는 것이다.

교주 ① 巳:《靈樞·經水》에는 '以'로 되어 있다. '巳'와 '以'는 古籍 중에서 通用되

었다.

故淸①以北者爲陰, 湖以北者爲陰中之陰,

그러므로 청수淸水의 북쪽이 음이 되니, 호수湖水의 북쪽은 음 중의 음이 되며,

> 淸水以北, 已是其陰, 湖在淸北, 故爲陰中之陰也.
> 청수淸水로부터 북쪽이 이미 음인데 호수湖水가 청수淸水의 북쪽에 있으므로 음 중의 음이 된다.

교주 ① 淸:《靈樞·經水》에는 '海'로 되어 있다. 劉衡如는 人民衛生出版社本《靈樞》注釋에서 "《太素·人合·十二水》에 의거하여 '淸'으로 고치는 것이 마땅하다."라고 하였다.

漳以南者爲陽, 河以北至漳者爲陽中之陰,

장수漳水의 남쪽이 양이 되니, 황하黃河의 북쪽에서부터 장수漳水에 이르기까지는 양 중의 음이 되며,

> 漳南爲陽, 河北爲陰, 故河北至漳爲陽中陰也.
> 장수漳水 남쪽은 양이 되며 황하黃河 북쪽은 음이 되므로 하북河北에서 장수漳水까지는 양 중의 음이 된다.

漯以南至江者, 爲陽中之太陽,

탑수漯水의 남쪽으로부터 장강長江에 이르기까지는 양 중의 태양太陽이 되니,

> 漯居陽地, 故爲陽中太陽.
> 탑수漯水는 양지陽地에 있으므로 양 중의 태양太陽이 된다.

此一州①之陰陽,② 所以人與天地相參者③也.

이는 어느 한 주州의 음양이니, 사람이 천지와 더불어 서로 상합하는 바입니다.

> 陰陽之理無形, 大之無外, 小之無內, 但人生一州之地, 形必象之, 故以一州陰陽合人者也.
> 음양의 이치는 형체가 없어서 크기로 하면 밖이 없고 작기로 하면 속이 없으나, 다만 사람이 어느 한 주州의 땅에 나면 형체가 반드시 이것을 닮게 된다. 그러므로 어느 한 주州의 음양이 사람과 부합한다.

교주

① 州:《靈樞·經水》에는 '隅'로 되어 있다.

② 陽:《靈樞·經水》에는 뒤에 '也'字가 더 있다.

③ 者:《靈樞·經水》에는 '者'字가 없다.

黃帝曰夫經水之應經脈也, 其遠近淺深, 水血之多少各不同, 合而以刺之奈何.

황제가 말하기를, 경수經水가 경맥에 응함이 그 멀고 가깝고 깊고 얕음과 수水와 혈의 많고 적음이 각각 같지 않은데, 어떻게 부합하여 자침합니까?

> 問有三意, 經水經脈遠近, 一也, 淺深, 二也, 水之與血多少, 三也. 然則身經脈有三不同, 請隨調之.
> 질문에 세 가지 뜻이 있으니, 경수經水와 경맥의 멀고 가까움이 하나요, 얕고 깊음이 둘이요, 물이 혈과 더불어 많고 적음이 셋이다. 그러한즉 몸의 경맥에 세 가지 같지 않음이 있는데, 이를 따라서 적절히 조절하는 것을 듣고자 요청한 것이다.

岐伯答曰足陽明, 五藏六府之海,①

기백이 대답하여 말하기를, 족양명맥足陽明脈은 오장육부의 바다이며,

> 胃受水穀, 化成血氣, 爲足陽明脈, 資潤五藏六府, 五藏六府稟承血氣, 譬之四海, 滋澤無窮, 故名爲海也.
> 위胃는 수곡을 받아서 변화시켜 혈과 기로 만들고, 족양명맥足陽明脈이 되어서 오장육

부를 기르고 적시므로, 오장육부가 혈과 기를 받는다. 이것을 사해四海의 기르고 윤택케 함이 무궁한 것에 비유할 수 있으므로 이름하여 해海라 하였다.

① 海: 《靈樞·經水》에는 뒤에 '也'字가 더 있다.

其脈大血多, 氣盛熱壯,①
그 맥이 크고 혈이 많으며, 기가 왕성하고 열이 세니,

足陽明脈, 其②有四義, 故得名海. 其脈粗大, 一也, 其血又多, 二也, 其穀氣盛, 三也, 陽氣熱, 四也. 有此四義, 故得比③海也.
족양명맥足陽明脈에 네 가지 뜻이 있으므로 해海라 이름할 수 있다. 그 맥이 거칠고 큼이 하나요, 그 혈이 또한 많음이 둘이요, 그 곡기가 가득함이 셋이요, 양기가 뜨거움이 넷이다. 이 네 가지 뜻이 있으므로 바다에 비유할 수 있다.

① 壯: 原鈔本에는 이 글자의 왼쪽 일부가 지워져 있다. 《靈樞·經水》에는 '壯'으로 되어 있으며, 蕭本에도 '壯'으로 되어 있다.
② 其: 蕭本에서는 '具'로 되어 있다.
③ 比: 蕭本에는 뒤에 '於'字가 더 있다.

刺此者, 不深弗散,
이를 자침할 때에는, 깊지 않으면 흩지 못하며,

刺此, 道刺中度人足三陽脈, 足陽明脈須深六分, 以爲深也. 其脈在皮下深, 血氣又盛, 故深六分, 方得散其氣也.
이를 자침한다는 것은 중간 정도 기준인 사람의 족삼양맥足三陽脈을 자침함을 말하니, 족양명맥足陽明脈은 모름지기 6푼 깊이는 되어야만 깊다고 할 수 있다. 그 맥이 피부 아래 깊이 있으며 혈과 기가 또한 성하므로 깊이를 6푼으로 하여야 비로소 그 기를 흩을 수 있다.

不留不瀉.①

유침留鍼하지 않으면 사하지 못합니다.

> 血氣旣盛, 留之方得頓而瀉也. 若熱在皮膚之中聚爲病者, 卽疾瀉之, 故曰熱卽疾瀉也.
>
> 혈과 기가 이미 성하므로 유침留鍼하여야 비로소 단박에 사할 수 있다. 만약 열이 피부 속에서 몰려서 병이 된 경우는 곧 빠르게 사하여야 한다. 그러므로 열이 나면 빠르게 사하라고 말한 것이다.

교주 ① 瀉:《靈樞·經水》에는 뒤에 '也'字가 더 있다.

足太陽深五分, 留七呼.① 足少陽深四分, 留五呼.② 足陽明③深六分, 留十呼.④ 足太陰深三分, 留四呼. 足少陰深二分, 留三呼. 足厥陰深一分, 留二呼.

족태양맥足太陽脈은 5푼 깊이로 하여 일곱 번 호흡할 동안 유침留鍼합니다. 족소양맥足少陽脈은 4푼 깊이로 하여 다섯 번 호흡할 동안 유침留鍼합니다. 족양명맥足陽明脈은 6푼 깊이로 하여 열 번 호흡할 동안 유침留鍼합니다. 족태음맥足太陰脈은 3푼 깊이로 하여 네 번 호흡할 동안 유침留鍼합니다. 족소음맥足少陰脈은 2푼 깊이로 하여 세 번 호흡할 동안 유침留鍼합니다. 족궐음맥足厥陰脈은 1푼 깊이로 하여 두 번 호흡할 동안 유침留鍼합니다.

> 問曰十二經脈之氣, 幷有發穴,⑤ 多少不同, 然則三百六十五穴各屬所發之經. 此中刺手足十二經者, 爲是經脈所發三百六十五穴. 爲是四支流注五藏三十輸, 及六府三十六輸穴也. 答曰其正取,⑥ 四支三十輸及三十六輸. 餘之間穴,⑥ 有言其脈發會其穴, 卽屬彼脈, 故取其者, 卽是其脈所發之穴也. 問曰此手足陰陽所刺分數, 與明堂⑦分數大有不同, 若爲取定. 答曰此及明堂所刺分數各擧一例, 若隨人隨病, 其例甚多, 不可一槪也. 今足太陽脈在皮肉中有深四分有餘, 故以刺入五分爲例. 若脈行更有深淺, 可以意捫循取之爲當, 餘皆放⑧此. 留七呼者, 此據太陽脈氣强弱以爲一例. 若病盛衰, 更多少可隨時調之, 不可以爲定也, 餘皆放此也.

물어 말하기를, 십이경맥의 기에는 모두 그 기가 발하는 혈穴이 있는데, 많고 적음은 같지 않으나, 365혈穴은 각각 원래 그 맥기脈氣를 발하는 경맥에 속한다. 이 가운데 수족의 십이경十二經에 자침하는 것은 경맥이 발하는 곳인 365혈穴인가, 아니면 사지에 유주流注하는 오장의 30수輸와 육부의 36수輸인가? 대답하여 말하기를, 그 정식으로 취하는 것[正取]은 사지의 30수輸 및 36수輸이다. 나머지 부수적으로 배합하는 혈[間穴]들은 어떤 맥이 발하여 어느 혈穴에 모인다는 말이 있으니, 곧 그 경맥에 속한다. 그러므로 그 경맥을 취하는 것은 곧 그 경맥이 발하는 혈穴을 취하는 것이 된다. 물어 말하기를, 이 수족의 음양경맥陰陽經脈에 자침하는 바의 분수分數가 《명당明堂》의 분수分數와 크게 다름이 있으니 취함을 정定할 수가 있겠습니까? 대답하여 말하기를, 이것과 《명당明堂》의 자침하는 바의 분수分數는 각각 한 가지 예를 든 것이니, 만약 각각의 사람과 병에 따르자면 그 예가 매우 많아서 한 가지로 개괄할 수 없다. 지금 족태양맥足太陽脈이 피육皮肉 속 4푼 남짓 깊이에 있으므로 5푼만큼 자입刺入하는 것을 예로 삼았다. 만약 맥이 행하면 다시 깊어지거나 얕아짐이 있으므로 짐작해서 문지르고 더듬어서 취함이 마땅하니, 나머지 경맥도 모두 이와 같다. 일곱 번 호흡하는 동안 유침留鍼하는 것은 태양맥太陽脈의 기의 강약强弱에 의거하여 한 가지 예로 든 것이다. 만약 병이 성하거나 쇠해지면 다시 呼吸數가 많거나 적어져서 때를 따라 적절히 조절함이 좋으며 정해 둘 수 없으니, 나머지도 모두 이와 같다.

교주

① 足太陽深五分, 留七呼: 《靈樞·經水》에는 이 단락이 "足陽明刺深六分, 留十呼."의 다음에 있다.

② 足少陽深四分, 留五呼: 《靈樞·經水》에는 이 단락이 "足太陽深五分, 留七呼."의 다음에 있다.

③ 明: 《靈樞·經水》에는 뒤에 '刺'字가 더 있다.

④ 足陽明深六分, 留十呼: 《靈樞·經水》에는 이 단락의 가장 앞에 있다.

⑤ 發穴: 《素問·氣府論》에 나오는 내용으로, 하나의 經脈은 臟腑나 다른 經脈과 상호 협력하여 인체의 陰陽五行 運動을 돕고 있지만 또 經脈은 각각 스스로 독립적으로 陰陽五行 運動을 하고 있다. 이러한 운동을 하려면 외부와의 氣의 交流가 없을 수 없으므로 經穴이 있게 되는 것이다. 《素問·氣府論》에서는 經脈의 經穴을 脈氣가 발하는 곳, 즉 '脈氣所發者'라 하여 그 위치를 자세히 언급하였으며, 手足의 三陽脈과 少陰脈, 督脈, 任脈, 衝脈, 陰蹻脈, 陽蹻脈 총 14脈의 脈氣所發者를 365穴이라 하였다.

⑥ 正取와 間穴: 正取는 經脈의 노선에 정확히 속하는 穴을 취하는 것을 말하고, 間

穴은 부수적으로 배합하는 穴로서 그 經脈의 脈氣가 發하는 穴을 취하는 것을 말한다. 《太素·輸穴·氣府》足少陽脈氣所發者의 五十二穴 가운데 "掖下三寸, 脇下下至胠八間各一"의 注釋에서 楊上善은 "掖下左右▨▨寸▨, 泉液, 輒筋, 天池三穴. 脇下至胠, 章門, 維道, 日月▨▨▨, 正經氣發也. 腹哀, 大橫, 此二穴正經雖不言發, 近此三正經氣也. 帶脈, 五樞, 此二穴少陽別氣至也. 上髎一穴, 少陽脈絡別至也. 左右二十二, 四十六穴也."라고 하여 發穴을 正經의 氣가 發하는 것과 기타 別氣가 이르는 것 및 絡脈의 別至로 나누어 설명하였다. 현대의 경혈배속으로 보았을 때 泉液 (淵腋으로 봄), 輒筋, 維道, 日月, 帶脈, 五樞는 足少陽膽經의 穴이나 天池는 手厥陰心包經, 章門은 足厥陰肝經, 腹哀와 大橫은 足太陰脾經에 각각 속하는 穴이다.

⑦ 明堂: 인체의 經脈과 經穴의 圖象 혹은 掛圖를 말함. 圖象은 중국 唐나라 이전에 여러 종류가 전하여졌으나 모두 없어졌다. 중국 秦漢 때에 편찬된 최초의 침구 전문서인 《明堂孔穴鍼灸治要》도 줄여서 《明堂》이라 하는데, 《明堂孔穴鍼灸治要》의 편찬자는 未詳이며 原書는 전하지 않는다. 259년경 皇甫謐이 《素問》, 《鍼經》, 《明堂孔穴鍼灸治要》의 3권을 분류하고 다시 합편하여 《黃帝三部鍼灸甲乙經》을 편찬하였다. 이를 《甲乙經》이라 약칭하는데, 여기에서 《明堂孔穴鍼灸治要》의 모습을 찾아볼 수 있다. 楊上善이 注文에 인용한 《明堂》은 주로 자신이 《太素》와 함께 편찬한 《黃帝內經明堂類成》일 것으로 생각된다.

⑧ 放: '放'은 '倣', '仿'과 通用한다. 《廣雅·釋詁三》에서 "'放'은 본받음이다.(放, 效也.)"라고 하였다.

手之陰陽, 其受氣之道近, 其氣之來疾, 其深①皆毋②過二分, 其留皆毋②過一呼.

수手의 음양경맥陰陽經脈은 기를 받는 길이 가까워서 그 기가 오는 것이 빠르므로 자침의 깊이가 모두 2푼을 넘지 않으며 유침留鍼이 모두 1호흡을 넘지 않습니다.

> 手之六陰, 從手至胸, 屬藏絡府, 各長三尺五寸. 手之六陽, 從手至頭, 屬府絡藏, 各長五尺. 足之六陰, 從足至胸, 屬藏絡府, 各長六尺五寸. 足之六陽, 從足至頭, 屬府絡藏, 各長八尺. 此手足十二之脈當經血氣上下環流也. 然足經旣長, 卽血氣環③流, 其道遠也, 復是陰氣, 故其行遲也. 手經旣短, 卽血氣環流, 其道近也, 復是陽氣, 故其行疾也. 以其道近脈淺, 刺

深無過二分也. 以其氣疾, 故留之不過一呼也.

수手의 여섯 음맥陰脈은 손에서 일어나서 가슴에 이르며, 장藏에 속屬하고 부府에 락絡
하는데 각각의 길이가 3척 5촌이다. 수手의 여섯 양맥陽脈은 손에서 일어나서 머리에
이르며, 부府에 속屬하고 장藏에 락絡하는데 각각의 길이가 5척이다. 족足의 여섯 음
맥陰脈은 발에서 일어나서 가슴에 이르며, 장藏에 속하고 부府에 락絡하는데 각각의
길이가 6척 5촌이다. 족足의 여섯 양맥陽脈은 발에서 일어나서 머리에 이르며, 부府에
속하고 장藏에 락絡하는데 각각의 길이가 8척이다. 이 수족십이맥手足十二脈은 해당하
는 경맥의 혈과 기가 위아래로 순환한다. 그러나 족足의 경맥은 원래 길므로 혈과 기
가 순환함에 그 길이 멀며, 또한 이것이 음기이므로 그 행함이 느리다. 수手의 경맥은
원래 짧으므로 혈과 기가 순환함에 그 길이 가까우며, 또한 이것이 양기이므로 그 행
함이 빠르다. 그 길이 가깝고 맥이 얕으므로 자침 깊이가 2푼을 넘지 않으며, 그 기가
빠르므로 유침留鍼이 1호흡을 넘지 않는다.

① 其深: 《靈樞 · 經水》에는 '其刺深者'로 되어 있다.

② 毋: 《靈樞 · 經水》에는 '無'로 되어 있다.

③ 環: 原鈔本에는 이 글자가 지워져서 알아보기 힘들다. 蕭本에는 '環'으로 되어
있으며, 다음에 나오는 "手經旣短, 卽血氣環流, 其道近也." 단락과 대구가 되므
로 '環'으로 보고 補入하였다.

其少長小大①肥瘦, 以心撩②之, 命曰法天之常.

그 소장少長과 소대小大 및 비수肥瘦를 마음으로 취하는 것을 명하여 하
늘의 떳떳함을 본받는 것이라고 합니다.

撩, 力條反, 取也. 人之生也, 五時不同, 初生爲嬰兒,③ 能笑以上爲孩④
六歲以上爲小, 十八以上爲少, 二十以上爲壯, 五⑤十以上爲老. 今量三十
以下爲少, 三十以上爲長. 黃帝之時, 七尺五寸以上爲大, 不滿七尺五寸
爲小. 今時人之大小, 可以意取之. 天者, 理也. 少長, 小大, 肥瘦之變, 變
而不恒, 以合理⑥爲妙, 此天之常道也. 賢人以意取之, 妙合其理, 故曰法
天之常也.

'撩'의 음은 '力'과 '條'의 반절이니 취한다는 뜻이다. 인생을 다섯 시기로 구분할 수 있
는데 처음 태어났을 때는 영아嬰兒라 하고, 웃을 수 있게 되면서부터는 해孩라 하고,

6세 이상은 소小라 하고, 18세 이상은 소少라 하고, 20세 이상은 장壯이라 하고, 50세
이상은 노老라 한다. 여기서는 30세 이하가 소少가 되고 30세 이상이 장長이 된다. 황
제의 시절에는 7척 5촌 이상이 대大가 되고 7척 5촌이 못 되면 소小가 되었으니, 지금
시절 사람들의 대소大小를 짐작하여 취할 수 있다. 천天은 이치이다. 소장少長과 소대
小大 및 비수肥瘦의 바뀜이 변화하여 영구하지 않으나 이치에 부합함이 묘하니, 이것
이 하늘의 떳떳한 도리이다. 현인賢人이 짐작하여 취하는 것이 그 이치에 묘하게 부합
하므로 하늘의 떳떳함을 본받는다고 말한 것이다.

① 小大: 《靈樞·經水》에는 ‘大小’로 되어 있다. 原鈔本에는 ‘小’가 ‘少’로 되어 있
으며, 오른쪽에 작은 글씨로 ‘小’라는 抄校者의 注가 있다. 蕭本과 錢氏校本에서
도 抄校者의 注를 따라 ‘小大’로 하였으니, 이를 따랐다.

② 撩: ‘撩’는 ‘料’와 뜻이 같다. 楊上善의 注釋에서 ‘撩’를 ‘取’의 뜻으로 한 것은 마
음으로 살피고 헤아려 취함을 말한 것이다.

③ 初生爲嬰兒: 《醫心方·卷第二十五·小兒方例第一》에는 ‘小兒初生爲嬰’으로
되어 있다.

④ 能笑以上爲孩: 《醫心方·卷第二十五·小兒方例第一》에는 ‘能咲爲孩兒’로 되
어 있다. ‘咲’는 ‘笑’의 古字이다. 原鈔本에는 ‘孩’의 왼쪽 반이 지워져 있는데 《醫
心方》을 따라 ‘孩’字로 보는 것이 타당하며, 남은 획과도 부합한다. 《孟子·盡心
上》에서 “孩提之童, 無不知愛其親也, 及其長也, 無不知敬其兄也.”라고 하고, 注
釋에서 “孩提, 二三歲之間, 知孩笑, 可提抱也.”라고 하여, 웃을 줄 알고 끌어안
을 수 있는 2~3세의 어린아이를 孩提之童이라 하였으니, 楊上善 注釋의 文義와
부합한다.

⑤ 五: 原鈔本에는 이 글자가 지워져서 알아보기 힘들다. 蕭本과 錢氏校本에는 ‘五’
로 되어 있으며, 楊上善 注釋의 내용이 《靈樞·衛氣失常》에서 “人年五十已上爲老,
二十已上爲壯, 十八已上爲少, 六歲已上爲小.”라고 한 것과 같으므로 ‘五’로 補入하
였다.

⑥ 理: 原鈔本에는 이 글자가 지워져서 알아보기 힘들다. 蕭本에는 ‘天’으로 되어
있다. 錢氏校本에서는 楊上善 注釋의 “天者, 理也.”와 ‘妙合其理’에 의거하여 ‘理’
로 補入하였는데, 原鈔本의 남은 획과 부합한다. 이에 錢氏校本을 따랐다.

灸之亦然. 灸而過此者, 得惡火卽①骨枯脈繢,② 刺而過此者則

脫氣.

뜸도 또한 그러합니다. 뜸을 뜸에 이를 초과한 경우에는 악화병惡火病을 얻어서 뼈가 마르고 맥이 문드러지며, 자침하여 이를 초과한 경우에는 기를 탈脫하게 됩니다.

灸法亦須量人少長, 小大,③ 肥瘦, 氣之盛衰, 穴之分寸, 四時寒溫, 壯數多小,④ 不可卒中失於常理. 故壯數不足, 厥疾不瘳, 若過其限, 火毒入身, 諸骨枯槁, 經脈潰膿, 名爲惡火之病. 火無善惡, 火壯傷多, 故名惡火也.

뜸 법도 또한 모름지기 사람의 소장少長과 소대小大와 비수肥瘦, 기의 성쇠, 혈穴의 위치, 사시의 차고 더움을 헤아려 뜸 장수를 많거나 적게 해야 하며, 졸속으로 맞추어서 떳떳한 이치를 잃어서는 안 된다. 그러므로 뜸의 장수가 부족하면 그 병이 낫지 않고, 만약 그 한계를 초과하면 화독火毒이 몸으로 들어가서 모든 뼈가 마르고 경맥이 문드러져 곪으니, 이름하여 악화惡火의 병이라 한다. 화火에는 선악이 없으나 화火가 성장盛壯하면 상함이 많아지므로 악화惡火라 이름 지은 것이다.

교주 ① 卽:《靈樞·經水》에는 '則'으로 되어 있다.

② 繢:《靈樞·經水》에는 '濇'으로 되어 있다. '繢'字는 잘못 베껴 쓴 것으로 의심되니, 楊上善의 注釋에서 '經脈潰膿'이라 한 것에 의거하여 '潰'로 함이 마땅하다. 蕭延平은 "'繢'는 袁刻本에는 '潰'로 되어 있으며, 注釋에서 '經脈潰膿'이라 한 것에 의거하여 '潰'로 함이 마땅하며, 다른 판본에도 또한 '潰'로 되어 있다."라고 하였다.

③ 小大: 蕭本에는 '大小'로 되어 있다.

④ 小: '小'는 '少'와 통하니, 蕭本에는 '少'로 되어 있다.

黃帝問①曰夫經脈之小大,② 血之少多,③ 膚之厚薄, 肉之堅脆, 及䐃④之大小, 可爲度量⑤乎.

황제가 물어 말하기를, 무릇 경맥의 작고 큼과 혈의 적고 많음과 피부의 두껍고 얇음과 육肉의 단단하고 무름 및 덩이진 살의 크고 작음을 가히 헤아릴 수 있습니까?

膚, 皮也. 䐃, 臑⑥等塊肉也. 擧人形有十種不同, 請設度量合中之法也.
부膚는 거죽이다. 군䐃은 팔뚝 등의 덩이진 살이다. 사람의 형形에 10가지 같지 않음
이 있음을 들어서 헤아려 적절히 부합하는 법法을 설정해주기를 요청한 것이다.

교주
① 問: 《靈樞·經水》에는 '問'字가 없다.
② 小大: 《靈樞·經水》에는 '大小'로 되어 있다.
③ 少多: 《靈樞·經水》에는 '多少'로 되어 있다.
④ 䐃: 《靈樞·經水》에는 '膕'으로 되어 있다. '膕'의 해석을 '군살' 즉 군더더기 살
로 하는 경우가 있으나 여기서는 楊上善의 注釋을 따라 '덩이진 살'로 하였다. '알
통(근육이 단단하게 불룩 나온 부분)'과 의미가 같다.
⑤ 度量: 《靈樞·經水》에는 '量度'로 되어 있다. '度量'으로 하여야 答語와 부합
한다.
⑥ 臑: 原鈔本에는 '臑'로 되어 있다. '臑'는 원래 '腝'와 같은 자인데 여기서는 '臑'
의 俗字로 쓴 것이다. 이하도 모두 동일하며 '臑'로 바꾸었다.

岐伯答曰其可爲度量者, 取其中度者①也, 不甚脫肉而血氣
不衰者①也. 若失度之人,② 瘠③瘦而形肉脫者, 惡可以度量刺
乎. 審, 切, 循, 捫, 按, 視其寒溫盛衰而調之, 是謂因適而爲
眞者④也.
기백이 대답하여 말하기를, 그것을 헤아리려면 중간 정도의 사람을
취해 표준으로 삼아야 할 것이니, 살이 심하게 빠지지 않고 혈과 기가
쇠약하지 않은 사람입니다. 만약 표준에서 벗어나서 수척하여 몸의
살이 빠진 사람이라면, 어떻게 기준으로 삼아 자침할 수 있겠습니까?
살피고 누르며 더듬고 문지르고 깊게 눌러서 그 한온寒溫과 성쇠를 보
아서 적절히 조절하여야 하니, 이것을 일러 적절함을 인하여 참된 법
으로 삼는다고 하는 것입니다.

中度者, 非唯取七尺五寸以爲中度, 亦取肥瘦, 寒溫, 盛衰, 處其▨者,⑤ 以
爲中度. 瘠, 音藉也. 七尺五寸人爲中度者量定. 捫, 沒屯反, 摸也.⑥
중간 정도의 기준이라는 것은 단지 7척5촌을 취하여 중간 정도의 기준으로 삼을 뿐

만 아니라 또한 비수肥瘦와 한온寒溫, 성쇠에 있어서도 그 (적절한 정도에) 있는 사람을 취해서 중간 정도의 기준으로 삼는 것이다. '瘠'은 음이 '藉'이다. 7척5촌의 사람을 중간 정도의 기준으로 삼아서 헤아려 정한다. '捫'의 음은 '沒'과 '屯'의 반절이니 손으로 더듬어 찾는 것이다.

① 者:《靈樞·經水》에는 '者'字가 없다. '者'字가 있는 것이 文義와 더욱 부합한다.
② 失度之人:《靈樞·經水》에는 '夫度人之'로 되어 있다.
③ 瘠:《靈樞·經水》에는 '胻'로 되어 있다.
④ 眞者:《靈樞·經水》에는 '之眞'으로 되어 있다.
⑤ 處其▨者: 原鈔本에는 '其'字의 다음에 오는 글자가 완전히 지워져서 알아볼 수 없다. 蕭本에는 '處其適者'로 되어 있으니, 참고할 만하다.
⑥ 摸也: 原鈔本에는 이 두 글자의 왼쪽 아래에 작은 글씨로 "詮莫湖反, 以手按也."라고 하는 抄校者의 注가 있다. '詮'은《詞詮》을 가리키는 것 같다.

黃帝內經太素卷第五^{人合}

仁安二年二月十一日以同本書寫之
　　　同十三日移點校合了　　丹波賴基

本云
　仁平元年二月二十三日以同本書寫移點校合了　憲基

교
주

・丹波賴基: 原鈔本에는 이 부분이 손상되어 있는데, 다른 여러 卷의 例를 따라
補入하였다.
・二十三日: 原鈔本에는 '二十'이 '廿'으로 되어 있는데 略字이다.
・憲基: 原鈔本에는 이 부분이 손상되어 있는데, 다른 여러 卷의 例를 따라 補入
하였다.

제6권

장부지일藏府之一

제목이 散佚되었는데, 原鈔本의 卷末題에 따라 補入하였다.

黃帝內經太素卷第六藏府之一

通直郎守太子文學_臣楊上善奉 勅撰注

{五藏精神}
五藏命分
藏府應候
藏府氣液

교
주

· 黃帝內經太素卷第六藏府之一… 藏府氣液: 原鈔本에는 편의 첫머리에서 經文
인 '在我者氣也'의 앞부분까지가 빠져 있다. 후세의 정리자가 기록한 '首一紙缺'
이라는 注가 右下方에 있다. 原鈔本의 卷末을 따라 '黃帝內經太素卷第六藏府之
一'을 補入하였고, 본문 각 편의 標題에 근거하여 卷首目錄을 補入하였다.

· 五藏精神: 原鈔本에는 第一篇의 標題가 빠져 있는데, 錢氏校本에서 日本摹
寫本에 '五藏精神'으로 되어 있는 것이 내용에 부합한다고 한 것에 따라 補入하
였다.

오장정신

五藏精神

교주 이 篇의 내용은 《靈樞·本神》에 보인다. 原鈔本에는 처음부터 '天地在我者德也' 앞까지가 散佚되었다. 제목 역시 散佚되었으나, 錢超塵이 日本摹寫本에 의거하여 '五藏精神'으로 補入한 것을 따른다. 이 篇에서는 精神의 생성과 작용 그리고 그 병증 등에 대하여 설명하였다.

…**天之在我者德也, 地之在我者氣也,**① **德流氣薄而生者也.**

… 하늘이 나에게 있는 것이 덕이고 땅이 나에게 있는 것이 기이니, 덕이 흐름에 기가 조화를 이루어 탄생합니다.

> 未形之分, 授與我身, 謂之德者, 天之道也. 故莊②子曰, 未形之分, 物得之以生, 謂之德也.③ 陰陽和氣, 質成我身者, 地之道也. 德中之分流動, 陰陽之氣和亭, 遂使天道無形之分動, 氣和亭, 物得生也.
>
> 형체가 아직 드러나지 않았을 때 내 몸에 부여된 것을 덕이라 하니, 하늘의 도이다. 그러므로 《장자莊子》에서 이르기를 "형체가 아직 드러나지 않았을 때 만물이 이를 얻어 생하니, 이를 덕이라 한다."라고 하였다. 음양이 기를 화합함에 형질이 내 몸을 만드는 것은 땅의 도이다. 덕 중의 상태가 유동함에 음양의 기가 조화를 이루어 자리를 잡으니, 마침내 무형의 상태인 천도가 동하여 기가 조화를 이루고 자리를 잡아 만물이 탄생하게 된다.

교주 ① 天之在我者德也, 地之在我者氣也: 原鈔本에는 '天之在我者德也, 地之'의 9글자가 보이지 않는데, 《靈樞·本神》에서 '在我者氣也'의 앞에 "黃帝問於岐伯曰, 凡刺之法, 先必本於神, 血脈營氣精神, 此五藏之所藏也, 至於其淫泆離藏則精失,

魂魄飛揚, 志意恍亂, 智慮去身者, 何因而然乎, 天之罪與, 人之過乎. 何謂德氣生
精神魂魄心意志思智慮, 請問其故. 岐伯答曰, 天之在我者, 德也."의 내용이 더 있
는 것에 따라 補入하였다.

② 莊: 原鈔本에는 '庄'으로 되어 있는데 '莊'의 俗字이다.

③ 未形之分, 物得之以生, 謂之德也: 이 말은 《莊子》에 나오는데, 《莊子 · 天
地》에서 "泰初有無, 無有無名, 一之所起, 有一而未形, 物得以生, 謂之德. 未形者
有分, 且然無間, 謂之命, 留動而生物, 物成生理, 謂之形, 形體保神, 各有儀則, 謂
之性, 性修反德, 德至同於初."라고 하였다.

故生之來謂之精,

그러므로 생명의 내원을 정이라 하며,

> 雄雌兩神相搏, 共成一形, 先我身生, 故謂之精也.
> 암수의 두 신이 서로 만나 함께 하나의 형을 이루는데, 내 몸에 앞서 생겨나므로 이를
> 정이라 한다.

兩精相搏謂之神.

음정과 양정이 서로 뭉친 것을 신이라 합니다.

> 卽前兩精相搏, 共成一形, 一形之中, 靈者謂之神者也, 斯乃身之微也. 問
> 曰, 謂之神者, 未知於此精中始生. 未知先有今來. 答曰案此內經但有神
> 傷神去, 而無神死之言, 是知來者, 非同始生也. 又案, 釋敎精合之時, 有
> 神氣來託, 則知先有, 理不虛也, 故孔丘不答.① 有知無知, 量有所由, 唯佛
> 明言, 是可依.
> 즉 앞서 두 정이 서로 뭉쳐 하나의 형을 이룬다고 하였는데, 그 형 속의 영靈을 신이라
> 한다. 이것이 바로 몸의 미묘한 것이다. 물어 말하기를, 신이라 이르는 것은 이 정精 속
> 에서 처음 발생하는가, 아니면 형체에 앞서 있다가 이제야 오는 것인가, 알지 못하겠다!
> 대답하여 말하기를, 이는 《내경內經》을 살피건대, 다만 신이 상한다거나 신이 떠난다
> 는 말만 있고 신이 죽는다는 말은 없다. 이에 신이 오는 것이지 정과 함께 처음 발생하는
> 것이 아님을 알 수 있다. 또 살피건대, 불가佛家에 정이 합치는 때에 신기가 와서 의탁한
> 다는 설이 있으니, 신이 형체에 앞서 존재한다고 보는 것이 이치에 맞고 허황된 것이 아

님을 알 수 있다. 때문에 공자孔子도 답하지 않았다. 인식하건 인식하지 못하건 헤아려 보면 유래가 있으니 오직 부처가 분명하게 말하였으니 의지할 만하다.

교주 ① 故孔丘不答:《論語》에서 子路가 죽음을 물음에 孔子가 "未知生, 焉知死."라고 답한 것을 가리킨다.

隨神往來者謂之魂,

신을 따라 왕래하는 것을 혼이라 하고,

魂者, 神之別靈也, 故隨神往來, ▨於肝,① 名曰魂.
혼은 신神 중의 또 다른 영靈이므로 신을 따라 왕래하는데, 간에 [잠장되니] 이름하여 혼魂이라 한다.

교주 ① ▨於肝: 原鈔本에는 '肝' 앞의 두 글자가 식별이 어렵다. 바로 앞의 글자는 잔획으로 볼 때 '於'字로 보이는데, 그 앞 글자는 잔획으로 판단하기 어렵다. 여기서는 左合氏校本에서 '藏於肝'으로 본 것에 따라 해석하였다.

幷精而出入者謂之魄,

정을 아울러 출입하는 것을 백이라 하니,

魄, 亦神之別靈也, 幷精出此而入彼, 謂爲魄也, 幷, 薄浪反.
백 또한 신神 중의 별도의 영靈이다. 정을 아울러 여기저기로 출입하므로 백이라고 하였다. '幷'은 음이 '薄'과 '浪'의 반절이다.

所以任物者謂之心.

사물에 다가가는 주체를 마음이라 합니다.

物, 萬物也. 心, 神之用也. 任知萬物, 必有所以, 神爲▨▨,① 能▨▨▨,② ▨任物者,③ 謂之心也.
'物'은 만물이고, '心'은 신의 작용이다. 만물을 담아 지각하려면 반드시 주체가 있어야 하니, 신이 …이 되어 능히 … 만물을 담는 것을 마음이라 하였다.

교주 ① 神爲■■: 原鈔本에는 '爲' 뒤의 두 글자가 식별하기 어렵다. 錢超塵은 앞 결자의 왼편이 '白'과 유사함을 근거로 '魄靈'으로 추측하였으나, '神爲魄靈'은 經文의 문맥과 통하지 않는다.

② 能■■■: 原鈔本에는 '能' 뒤의 세 글자가 식별하기 어렵다. 錢超塵은 문맥을 바탕으로 '任萬物'로 추정하였으나 확실하지 않다.

③ ■任物者: 原鈔本에는 '任' 앞의 한 글자가 식별하기 어렵다. 錢超塵은 문맥을 바탕으로 '故'로 보았으나 확실하지 않다.

心有所憶謂之意,

마음이 기억하는 바를 두는 것을 의意라 하고,

> 意, 亦神之用也. 任物之心, 有所追憶, 謂之意也.
> 의意 또한 신의 작용이니, 사물에 임하는 마음이 기억하는 바를 두는 것을 의意라 한다.

意之所存謂之志,

의가 보존된 것을 지志라 하고,

> 志, 亦神之用也. 所憶之意, 有所專存, 謂之志也.
> 지志 또한 신의 작용이니, 기억된 바의 뜻이 전일하게 보존된 것을 지志라 한다.

因志而存變謂之思,

지에 근거하여 변통하는 것을 사思라 하고,

> 思, 亦神之用也. 專存之志, 變轉異求, 謂之思.
> 사思 또한 신의 작용이니, 전일하게 보존된 지志가 이리저리 변화시키며 달리 구함을 사思라 한다.

因思而遠慕謂之慮,

사思에 근거하여 멀리 도모함을 여慮라 하고,

慮, 亦神之用也. 變求之思, 逆慕將來, 謂之慮也.

여慮 또한 신의 작용이니, 변화시키며 구하는 사思로 앞으로 올 일을 미리 도모함을
여慮라 한다.

因慮而處物謂之智.

여慮에 근거하여 사물에 대처하는 것을 지智라 합니다.

智, 亦神之用也. 因慮所知, 處物是非, 謂之智也.

지智 또한 신의 작용이니, 알고 있는 바를 깊이 사려함에 인하여 사물의 시비에 대처
함을 지智라 한다.

故智者之養生也,

그러므로 지혜로운 사람이 생을 기름은,

神之所用, 窮在於智, 故曰智者之養生也.[1]

신의 쓰임은 지혜로움에서 끝을 다한다. 그러므로 지혜로운 사람이 생을 기른다고
하였다.

교주 ① 故曰智者之養生也: 原鈔本에는 '故'와 '生' 사이의 5글자가 식별하기 어려운데,
經文에서 '故智者之養生也'라 한 것에 따라 '曰智者之養'를 補入하였다. 蕭本에는
'故曰智者之養生也'로 되어 있다.

必順四時而適寒暑,

반드시 사시에 순응하여 한서에 적응하고,

智者養生, 要有三道, 春夏養陽, 使適於暑也, 秋冬養陰, 使適於寒.

지혜로운 사람의 양생은 요컨대 3가지 도리가 있다. 봄과 여름에 양기를 길러 더위에
적응하게 하고, 가을과 겨울에 음기를 길러 추위에 적응하게 한다.

和喜怒而安居處,

희로를 조화시켜 거처를 편안하게 하며,

喜怒所生, 生於居處, 智者廉而中節,[1] 故因以和安也.

희로를 일으키는 계기는 거처에서 생긴다. 지혜로운 사람은 스스로 살펴서 절도에 맞추므로 그에 따라 조화롭고 편안해진다.

교주 ① 廉而中節: '廉'字는 蕭本에는 '發'로 되어 있다.

節陰陽而調柔剛,[1]

음양을 조절하여 유함과 강함을 조화시킵니다.

陰以致剛, 陽以起柔, 兩者有節, 則柔剛調矣.

음은 강함을 부르고 양은 부드러움을 일으키니 둘이 서로 절도가 있으면 유함과 강함이 조화된다.

교주 ① 柔剛:《靈樞·本神》에는 '剛柔'로 되어 있다.

如是則邪僻[1]不至, 長生久視.

이와 같이 하기에 사기가 이르지 아니하고 장생구시長生久視합니다.

智者行此順和節養之道,[2] 則五藏神守, 六府氣調, 經脈周營, 腠理密緻, 如此疵癘元本不生, 八正四邪無由得至, 自斯已往, 歲弊[3]天地, 莫見終時, 或類彭[4]年, 長生久視也.

지혜로운 사람이 이와 같이 순사시順四時, 화희로和喜怒, 절음양節陰陽의 양생지도養生之道를 실천하면 오장의 신이 안으로 지키고 육부의 기가 조화로워 경맥이 두루 돌고 주리가 치밀해진다. 이와 같으면 질병이 애초에 발생하지 아니할 것이니 팔정사사八正四邪가 침입할 수 없기 때문이다. 이로부터 실천해 나가면 수명이 천지를 덮어 끝나는 때를 볼 수 없다. 혹은 팽조彭祖의 수명에 견주도록 장생구시한다.

교주 ① 邪僻:《靈樞·本神》에는 '僻邪'로 되어 있다.

② 智者行此順和節養之道: 錢超塵은 '此'를 '廉'字로 판독하였으나 原鈔本의 글자는 '此'에 가깝다. 左合氏校本에서는 '此'로 보았다.

③ 弊: '蔽'와 통한다. 錢氏校本에는 '齊'로 되어 있으나, 原鈔本에는 '弊'로 되어 있다. 左合氏校本에도 '弊'로 되어 있다.

④ 彭: 양생을 잘하여 수명이 800에 이르렀다는 고대의 선인 팽조를 가리킨다.

是故怵惕^①思慮者, 流溢而不固,^②

따라서 두려워하거나 사려가 과다하면 신이 흘러넘쳐 견고하지 못하고,

> 怵惕思慮, 多傷於心, 神傷無守, 所爲不固也.
> 두려워하거나 사려가 과다하면 주로 심을 상하니, 신神이 상하여 지키지 못하므로 견고하지 못하게 된다.

[교주] ① 怵惕: '怵惕'은 《孟子集注》에서 '驚動貌'라 하였으니 두려움으로 불안해 하는 모습이다.

② 是故怵惕思慮者, 流溢而不固: 《靈樞 · 本神》에는 "是故怵惕思慮者, 則傷神, 神傷則恐懼, 流淫而不止."로 되어 있다.

悲哀動中者, 竭絶而失生,^①

몹시 슬퍼하여 중심이 요동하면 눈물이 마르고 근이 끊어져 생기를 잃으며,

> 人之悲哀動中, 傷於肝魂, 淚竭筋絶, 故生失也之.^②
> 사람이 몹시 슬퍼하여 중심이 요동하면 간혼肝魂을 상하므로 눈물이 마르고 근이 끊어진다. 그러므로 생기를 잃는다.

[교주] ① 悲哀動中者, 竭絶而失生: 《靈樞 · 本神》에는 '悲哀動中'의 앞에 '因'字가 있어 앞 구를 잇고 있다.

② 之: 衍文으로 보인다.

喜樂者, 撣①散而不藏,

기뻐하고 즐거워하면 기가 흩어져 정을 간직하지 못하고,

喜樂志達氣散, 傷於肺魄, 故精守不守藏也. 撣, 土安反, 牽引也.
기뻐하고 즐거워하면 뜻이 풀어지고 기가 흩어져 폐의 백이 상하므로 정을 지키어
갈무리하지 못한다. '撣'은 음이 '土'와 '安'의 반절이니 당긴다는 뜻이다.

교
주 ① 撣:《靈樞・本神》에는 '神憚'으로 되어 있다.

愁憂者, 閉①塞而不行,

근심하면 기가 막히어 흐르지 못하고,

愁憂氣結, 傷於脾意, 故閉塞不行也.
근심하면 기가 맺혀 비의 의意가 상하므로 막히어 흐르지 못한다.

교
주 ① 閉:《靈樞・本神》에는 이 글자 앞에 '氣'字가 더 있다.

盛怒者, 迷惑而不理,①

심하게 노하면 미혹하여 다스리지 못하고,

盛怒氣聚, 傷於腎志, 故迷惑失理也.
심하게 노하면 기가 몰려 신의 지志가 상하므로 미혹되어 다스리지 못한다.

교
주 ① 迷惑而不理:《靈樞・本神》에는 '理'가 '治'로 되어 있다.

恐懼者蕩①憚而不收.

두려워하면 어수선해서 정기를 추스리지 못합니다.

右腎命門藏精氣, 恐懼驚蕩, 則精氣無守而精自下, 故曰不收. 憚, ▨▨
反, ▨也②.

우신인 명문은 정기를 갈무리하니, 두려워하고 놀라면 정기를 지킬 수 없으므로 정이 저절로 나온다. 그러므로 거두지 못한다고 하였다. '憚'은 [음이 '▨'과 '▨'의] 반절이니 [놀란다는 뜻]이다.

① 蕩: 《靈樞·本神》에는 '蕩'字 앞에 '神'字가 더 있다.
② 憚, ▨▨反, ▨也: '憚' 아래 두 글자가 식별이 어렵고 '也' 앞의 한 글자는 윗부분만 남아 있는데 錢氏校本에서는 '驚'으로 보았다.

心怵惕思慮則傷神,

심이 두려워하거나 사려가 과다하면 신을 상하고,

> 心藏也. 怵惕, 腎來乘心也. 思慮, 脾來乘心. 二邪乘甚, 故傷神也.
> 심장의 경우이다. 두려워하는 것은 신腎이 심을 올라타기 때문이고, 사려하는 것은 비脾가 심을 올라타기 때문이다. 두 사기의 올라탐이 심하므로 신神을 상한다.

神傷則恐懼自失, 破䐃脫肉,

신이 상하면 두려워하고 자신을 통제하지 못하며 알통[䐃肉]이 풀어지고 살이 빠지며,

> 神爲其主, 故神傷則反傷右腎,① 故恐懼自失也. 亦反傷脾, 故破䐃②脫肉也.
> 신神이 주인이므로 신神이 상하면 거꾸로 우신右腎을 상하고, 그러므로 두려워하고 자신을 통제하지 못하게 된다. 또한 거꾸로 비장을 상하므로 알통이 풀어지고 살이 빠진다.

① 右腎: 楊上善은 《難經·第36難》에서 "腎兩者, 非皆腎也. 其左者爲腎, 右者爲命門. 命門者, 諸神精之所舍, 原氣之所繫也, 男子以藏精, 女子以繫胞. 故知腎有一也."라고 한 것에 따라 右腎을 命門으로 보고 있다.
② 䐃: 《太素·人合·十二水》에서는 '臑等塊肉也'라 하여 이두박근 등 기육이 덩이진 곳을 '䐃'으로 보았다. 허벅지, 엉덩이 등이 모두 여기에 해당한다고 볼 수 있다.

毛悴色夭, 死于冬.

피모가 초췌하고 낯빛이 어두워 생기가 없는데 겨울에 죽습니다.

> 毛悴肺傷, 色夭肝傷也, 以神傷則五藏皆傷也. 冬, 火死時也.
> 피모가 초췌한 것은 폐가 상해서이고 낯빛이 어두워 생기가 없는 것은 간이 상해서이다. 신神이 상하면 오장이 모두 상하기 때문이다. 겨울은 화의 병이 죽는 때이다.

肝悲哀動中則傷魂,

간은 슬퍼하여 중심이 동요하면 혼을 상하니,

> 肝藏也, 悲哀大甚傷肝, 故曰動中.
> 간장의 경우이다. 슬픔이 심하면 간을 상하므로 중심이 요동한다.

魂傷則狂忘不精,① **不敢正當人,**②

혼이 상하면 미치거나 잊어버려 정신이 맑지 못하므로 정상적으로 사람을 상대할 수 없으며,

> 肝傷則傷魂. 魂旣傷已, 肝腎亦傷, 故狂及忘不精, 不敢當人也.
> 간이 상하면 혼을 상한다. 폐의 백이 상한 데다 간과 신도 상하므로 미치거나 잊어버려 정신이 맑지 못하므로 사람을 감당하지 못한다.

[교주] ① 魂傷則狂忘不精: 原鈔本에는 '狂忘' 뒤의 두 글자가 보이지 않으나, 楊上善의 注釋에서 '狂及忘不精'이라 한 것을 볼 때 '不精'임이 분명하므로 補入하였다. 《靈樞・本神》에도 '狂忘不精'으로 되어 있다.

② 不敢正當人: 《靈樞・本神》에는 '不精則不正當人'으로 되어 있다. '當人'을 뒷 구로 붙여 "不精則不正, 當人陰縮而攣筋, 兩脇骨不擧."로 구두하는 것이 일반적이다.

縮而攣筋, 兩脇骨擧,①

음경이 위축되고 근이 뒤틀리고 양 옆구리의 뼈가 들리며,

肝足厥陰脈環陰器, 故魂肝傷, 宗筋②縮也. 肝又主諸筋, 故攣也. 肝在兩
脇, 故肝病兩脇骨舉也.

족궐음간경은 생식기 주변을 지나므로 간의 혼을 상하면 종근이 위축된다. 간은 또
한 제반 근육을 주관하므로 뒤틀린다. 간은 옆구리 부위에 있으므로 간이 병들면 양
옆구리의 뼈가 들린다.

교
주
① 縮而攣筋, 兩脇骨舉:《靈樞·本神》에는 "陰縮而攣筋, 兩脇骨不舉."로 되어
있다.
② 宗筋:《太素·經脈·任脈》에서는 "人有去其陰莖仍有髭鬚, 去其陰核鬚必去
者, 則知陰核幷莖爲宗筋也."라고 하여 남자의 음경으로 보았다.

毛悴色夭, 死于秋.
피모가 초췌하고 낯빛이 어두워 생기가 없는데 가을에 죽습니다.

秋, 木死時也.
가을은 목의 병이 죽는 때이다.

肺喜樂無極, 則傷魄,
폐는 기뻐하고 즐기어 끝이 없으면 백魄을 상하니,

肺藏也, 喜樂, 心喜乘肺, 無極傷魄也.
폐장의 경우이다. 기뻐하고 즐거워하면 심의 기쁨이 폐를 올라타므로, 끝이 없이 하
면 백을 상한다.

魄傷則狂, 狂者意不存人, 皮革燋,①
백이 상하면 미치니, 미치면 다른 사람이 의중에 있지 않고 피부가 바
싹 마르며,

魄傷則傷藏, 故發狂病也. 以樂蕩神, 故狂病意不當人. 以肺病, 皮革燋也.
백魄이 상하면 장을 상하므로 광병이 발작한다. 쾌락으로 신神이 흐려지므로 광병을
앓게 되어 생각이 타인에 미치지 않는다. 폐의 병이므로 피부가 바싹 마른다.

① 狂者意不存人, 皮革燋: 일반적으로 "狂者意不存, 人皮革焦."로 구두한다. '燋'와 '焦'는 통하는 글자이다.

毛悴色夭死于夏.

피모가 초췌하고 낯빛이 어두워 생기가 없는데 여름에 죽습니다.

> 夏, 金死時.
> 여름은 금의 병이 죽는 때이다.

脾愁憂而不解則傷意, 意傷則悗亂, 四支不擧,

비는 근심하고 풀지 못하면 의意를 상하니, 의가 상하면 정신이 답답하며 혼란스럽고, 팔다리를 들지 못하며,

> 肺來乘脾, 故愁憂不已傷意, 發狂悗亂, 幷脾病四支不擧也.
> 폐가 와서 비를 올라타므로 근심하고 걱정하기를 그치지 아니하면 의를 상하여 발광하여 정신이 답답하며 혼란스럽다. 아울러 비가 병들므로 팔다리를 들지 못한다.

毛悴色夭, 死于春.①

피모가 초췌하고 낯빛이 어두워 생기가 없는데 봄에 죽습니다.

> 春, 土死時也. 問曰, 脾主愁憂, 又云, 精氣幷於肝則憂, 卽肝爲憂也. 素問云, 心, 在變動爲憂,② 卽心爲憂也, 肺, 在志爲憂③也, 卽肺爲憂. 其義何也. 答曰脾爲四藏之本, 意主愁憂. 故心在變動爲憂, 卽意之憂也. 或在肺志爲憂, 亦意之憂也. 若在腎志爲憂, 亦是意之憂也. 故愁憂所在, 皆屬脾也.
> 봄은 토의 병이 죽는 때이다. 묻기를, 원래는 비脾가 근심하고 걱정하는 감정을 주관한다. 그런데 정기精氣가 간에 몰리면 근심한다[憂]는 말이 있으니, 간에 우憂를 배속한 것이고, 《소문素問》에서 "심장은 변동에 있어서는 우憂가 된다."라고 하였으니, 곧 심이 우憂가 되며, "폐는 지志에 있어서 우憂가 된다."라고 하였으니, 곧 폐가 우憂가 되는 것이다. 그 뜻이 무엇인가? 대답하여 말하기를, 비脾는 여타 네 장의 근본이며 의意는 걱정을 주관한다. 그러므로 심장은 변동에 있어서는 우憂가 된다고 한 것은 의意의 걱정을 말한 것이다. 또한 폐는 지志에 있어서는 우憂가 된다고 한 것도 역시 의

意의 걱정을 말한 것이다. 만약 신腎은 지志에 있어서는 우憂가 된다고 한다면 역시 의意의 걱정을 말한 것이 된다. 그러므로 걱정이 보존되는 곳은 다 비脾에 속한다.

① 死于春:《靈樞·本神》에는 "脾愁憂而不解則傷意 … 死于春."의 내용이 "心怵惕思慮則傷神 … 死于冬." 뒤에 바로 이어서 나온다.
② 在變動爲憂:《素問·陰陽應象大論》에 보인다.
③ 在志爲憂:《素問·陰陽應象大論》에 보인다.

腎盛怒而不止, 則傷志,

신은 심하게 노하여 그치지 않으면 지를 상하니,

肝來乘腎, 故不已傷志也.
간이 신을 올라타므로 그치지 않으면 지를 상한다.

志傷則善忘其前言,^① 腰脊不可以俛仰屈伸,

지가 상하면 앞에 한 말을 잘 잊고 허리를 굽혔다 펴고 굴신하지 못하며,

腎志傷, 故喜忘. 腎在腰脊之中, 故腎病不可俛仰屈伸也.
신지腎志를 상하므로 잘 잊는다. 신은 허리의 속에 있으므로 신이 병들면 굽혔다 펴고 굴신하지 못한다.

① 善忘其前言:《靈樞·本神》에는 '善忘'이 '喜忘'으로 되어 있다.

毛悴色夭, 死于季夏.

피모가 초췌하고 낯빛이 어두워 생기가 없는데 계하에 죽습니다.

季夏, 水死時也.
계하季夏는 수의 병이 죽는 때이다.

恐懼而不解則傷精,

두려워하여 풀리지 않으면 정을 상하니,

> 恐懼起自命門, 故不解傷精也.
> 두려움은 명문에서 일어나므로 풀리지 않으면 정을 상한다.

精傷則骨痠痿厥,^① 精▨▨.^②

정이 상하면 뼈가 시큰거리고 위궐痿厥이 생기며 정이 ….

> 精爲骨髓之液, 故精傷則骨痠疼及骨痿也.
> 정은 골수의 액이므로 정이 상하면 골이 시리고 아프며 골이 무력해진다.

> 교주 ① 骨痠痿厥: '痿'는 原鈔本에는 '痵'로 되어 있으나 楊上善 注釋의 내용과 《靈樞·本神》에 근거하여 고쳤다. 錢氏校本에서도 '痵'를 잘못 쓴 것이라 하였다. 骨痠痿厥은 뼈마디가 시리고 아픈 骨痠과, 다리가 무력해지고 싸늘해지는 痿厥을 말한다. 楊上善의 주석에서 痿厥을 구체적으로 骨痿라고 지적하였다. 骨痿는 《素問·痿論》에서 "腎氣熱, 則腰脊不擧, 骨枯而髓減, 發爲骨痿."라고 하였다.
> ② 精▨▨: 原鈔本에 '精' 뒤의 두 글자를 전혀 식별할 수 없다. 《靈樞·本神》에는 '精'의 뒤에 '時自下' 세 글자가 더 있다.

是故五藏主藏精者也,

따라서 오장은 정의 갈무리를 주관하므로,

> 人腎有二, 左爲腎藏, 右爲命門,^① 命門藏精,^② 精者五藏精液, 故五藏藏精.
> 사람의 신장은 둘로 되어 있으니 좌측은 신장이고 우측은 명문이다. 명문은 정을 갈무리하며 정은 오장의 정액이다. 그러므로 오장은 정을 갈무리한다.

> 교주 ① 左爲腎藏, 右爲命門: 《醫家千字文註》에는 "左者爲腎, 右者爲命門."으로 되어 있다.
> ② 命門藏精: 《醫家千字文註》에는 "命門者, 精之所舍也."로 되어 있다. 《難經·第36難》에서는 전체적으로 "腎兩者, 非皆腎也. 其左者爲腎, 右者爲命門. 命門

者, 諸神精之所舍, 原氣之所繫也, 男子以藏精, 女子以繫胞. 故知腎有一也."라고
하였다.

不可傷, 傷則守失①而陰虛, 陰虛則無氣, 無氣則死矣.

상하게 하면 안 됩니다. 상하면 지킴을 잃어서 음이 허해지고, 음이
허하면 기가 없어지고, 기가 없으면 죽습니다.

五藏之神不可傷也, 傷五神者, 則神去無守, 藏守失也. 六府爲陽, 五藏爲
陰, 藏無神守, 故陰虛也. 陰藏氣無, 遂致死也. 故不死之道者, 養五神也.
人皆怵惕思慮, 則以傷神, 悲哀動中, 日亡魂性, 喜樂無極, 神魄散揚, 愁
憂不解, 志意悗亂, 盛怒無止, 失志多忘, 恐懼驚神, 傷精▨骨.② 其以千端
之禍, 害此一生, 終以萬品欲情, 撩亂眞性, 仍服金石貴寶, 摧③斯易往之
軀, 多求神仙芳草, 日役百年之命. 昔彭聃④以道怡性, 壽命遐長, 秦武採
藥求仙, 早昇霞氣, 故廣成子⑤語黃帝曰, 來, 吾語汝至道, 無視無聽, 抱
神以靜, 形將自正也. 必靜必淸, 無勞汝形, 無搖汝精, 心無所知, 神將守
形, 可以長生, 故我脩身千二百歲, 人皆盡死, 而我獨存. 得吾道者, 上爲
皇下爲王, 失吾道者, 上見光下爲土.⑥⑦ 是知安國安人之道, 莫大怡神, 忙
神亡國之災,⑧ 無出情欲, 故岐伯以斯▨▨,⑨ 上答黃軒, 述千古之遺風, 拯
萬葉之荼苦也.

오장의 신은 상하면 안 된다. 오장의 신이 상하면 신이 떠나 지키지 못하므로 장이 지
킴을 잃게 된다. 육부는 양이고 오장은 음이니, 오장을 신이 지키지 못하므로 음이 허
해지고 음장陰藏에 기가 없어져서 마침내 죽음에 이른다. 그러므로 불사의 도는 오신
을 기르는 것이다. 인간은 모두 두려워하거나 사려가 과다하여 신이 상하고, 슬픔으
로 중심을 요동하여 날로 혼성魂性이 없어지고, 기뻐하고 즐기기를 한없이 하여 신백
神魄이 흩어져 날아가고, 근심하기를 놓지 아니하여 지의志意가 번란하고, 심하게 노
하기를 그치지 아니하여 뜻이 상실되고 잘 잊으며, 과도한 두려움으로 신이 놀라고
정이 상하여 뼈가 [마른다.] 천 가지 재앙이 평생을 위협하거늘 끝내 만 가지 욕정으
로 진성眞性을 어지럽히고, 또 온갖 금은보화로 치장하여 금방 사라질 몸뚱아리를 추
구하며, 많은 신선방초를 구하려 날마다 백 년의 수명에 힘쓴다. 옛적에 팽조와 노담
은 도로 천성을 기쁘게 하여 아득히 오래 살았고, 진시황과 한무제는 선약을 캐고 신
선을 구하다가 빨리 죽었다. 그러므로 광성자가 황제에게 말하기를, "오시오. 내가

당신에게 지극한 도를 말해 주겠소. 보지도 말고 듣지도 말며 신을 안아 고요하게 하면 몸이 자연히 바르게 될 것이오. 반드시 고요히 하고 반드시 맑게 하여 당신의 몸을 수고롭게 하지 말고 당신의 정을 흔들지 마시오. 마음에 지각된 바가 없어져 신이 몸을 지키면 길이 살 수 있을 것이오. 그러므로 나는 몸을 닦기가 1,200년이니, 인간이 예외 없이 다 죽었지만 나는 홀로 보존하였소. 나의 도를 얻은 사람은 위로 올라가 옥황상제가 되고 아래로 내려가 왕이 되며, 나의 도를 잃은 사람은 올라가 빛이 되고 내려가 흙이 될 것이오."라고 하였다. 이상을 통하여, 국가와 인간을 안정시키는 도는 신을 기쁘게 함怡神만 한 것이 없으며 신과 국가를 망하게 하는 재앙은 정욕에서 나오지 않는 것이 없음을 알 수 있다. 그러므로 기백이 이 …로써 황제에게 대답하여 천고의 유풍을 설명하고 만민의 고통을 구제하였다.

① 守失: 《靈樞·本神》에는 '失守'로 되어 있다.

② 傷精▨骨: 原鈔本에는 '骨' 앞의 글자를 식별하기 어렵다. 左合氏校本과 蕭本에서는 모두 '瘻'로 되어 있다.

③ 推 : 원초본에는 이 글자가 식별이 어렵다. 전씨교본과 소본에는 '摧'로 되어 있으나, 의미상 '推'가 더 낫다.

④ 彭聃: 彭은 彭祖, 聃은 老聃, 곧 老子를 말한다.

⑤ 廣成子: 상고의 도인. 《靑鶴集》을 쓴 趙汝籍은 조선 丹學의 계보가 廣成子로부터 비롯된다고 주장하였다. 《桓檀古記》에서는 12세 단군 阿漢 때의 인물로 일명 紫府先生이라 하였는데, 황제의 학문 역시 광성자에서 비롯되었다고 하였다.

⑥ 上見光下爲土: '光'은 原鈔本에는 '炗'으로 되어 있는데, '炗'은 '光'의 本字이다. 여기서는 현재 대표적으로 쓰이는 '光'으로 바꾸었다. '上見光'은 제설이 분분하여 의미가 분명치 못하다. 赤塚忠이 "衆生必死, 死必歸土, 此之謂鬼. 骨肉斃於下, 陰爲野土, 其氣發揚於上, 爲昭明, 焄蒿悽愴, 此百物之精也, 神之著也."라고 한 내용이 참고할 만하다. '上見光下爲土'는 죽음에 임해 '魂飛魄散'하는 陰陽解離의 歸原運動을 말한 것이다.

⑦ 來, 吾語汝至道 …… 上見光下爲土: 《莊子·在宥》 가운데 발췌, 인용한 것이다.

⑧ 灾: '災'와 같은 글자이다.

⑨ 故岐伯以斯▨▨: 原鈔本에는 '斯' 뒤로 두 글자를 식별할 수 없다. 蕭本에서는 '至道'로 보았다.

是故用鍼者, 察觀病人之能,① 以知精神魂魄之存亡得失之意, 五藏已傷,② 鍼不可以治之也.

그러므로 침을 쓸 때에는 환자의 모습을 관찰하여 정신혼백의 존망과 득실의 상태를 알아야 하니, 오장이 이미 상했다면 침으로 치료하면 안 됩니다.

上古但有湯液之爲而不用▨,③④ 至黃帝賊邪傷物, 故用鍼石, 幷藥灸等 雜合行之, 以除疾病. 療病之要, 必本其人五神存亡, 可得可失, 死生之 意, 然後命諸鍼藥, 以行調養. 若其人縱逸, 五神以傷, 愚醫不候神氣存 亡, 更加鍼藥, 必其早夭, 不待時也.

상고에는 탕액을 만들어 두었을 뿐 …을 쓰지 않았다. 황제 시대에 이르러 적사가 사람을 해치므로 침석을 사용하고, 동시에 탕약, 뜸 등을 뒤섞어 시행하여 질병을 제거하였다. 질병을 치료하는 요점은 반드시 환자의 오신의 존망에 근본을 두어야 하니, 얻을 수도 잃을 수도 있는 생사의 문제이다. 그런 후라야 침약鍼藥을 처방하여 조리를 시행할 수 있다. 만일 환자가 방종하여 오신이 상했는데 어리석은 의사가 신기의 존망을 살피지 않고 다시 침과 약을 보태면 반드시 요절할 것이니, 치료할 틈이 없다.

① 能: '能'은 '態'와 통한다. 《靈樞·本神》에는 '態'로 되어 있다.
② 五藏已傷: 《靈樞·本神》에는 '五者以傷'으로 되어 있다.
③ 不用▨: 原鈔本에는 '不用' 뒤의 한 글자를 식별할 수 없다. 左合氏校本과 蕭本 에서 '鍼'으로 보고 있으나 확실치 않다.
④ 上古但有湯液之爲而不用▨: 《素問·湯液醪醴論》에서 "上古聖人, 作湯液醪 醴, 爲而不用."이라고 한 것을 가리킨다. 《太素·設方·知古今》에 보인다.

肝藏血, 血舍①魂, 肝氣虛則恐, 實則怒.

간은 혈을 갈무리하고 혈에는 혼이 머무르므로, 간기가 허하면 두려워하고 실하면 노합니다.

肝心脾肺腎, 謂之五藏, 藏五精氣也.② 血脈營氣精. 謂之五精氣, 舍五神 也. 肝主於筋, 人臥之時, 血歸於肝, 故魂得舍血也. 腎爲水藏, 主於恐懼,肝爲木藏, 主怒也. 水以生木, 故肝子虛者, 腎母乘之, 故肝虛恐也.

간심비폐신肝心脾肺腎을 오장이라 하니 오정기五精氣를 갈무리하기 때문이다. 혈맥영기정血脈營氣精을 오정이라 하니 오신五神이 머물기 때문이다. 간은 근을 주관하는데 사람이 잘 때에는 혈이 간으로 돌아간다. 그러므로 혼은 혈에 머문다. 신은 수水의 장으로서 두려움을 주관하고, 간은 목木의 장으로서 분노를 주관한다. 수는 목을 낳으므로, 자식인 간이 허하면 어미인 신이 올라타게 된다. 그러므로 간이 허하면 두려워한다.

교주 ① 舍: 原鈔本에는 '舍'로 되어 있는데 같은 글자이다. 原鈔本 전체에서 두 글자를 혼용하고 있는데 대표적으로 쓰이는 '舍'로 모두 바꾸었다.

② 謂之五藏, 藏五精氣也: 原鈔本에는 두 '藏'字가 보이지 않으나 문맥상 모두 '藏'이 확실하므로 補入하였다.

心藏脈, 脈舍神, 心氣虛則悲, 實則笑不休.①

심은 맥을 갈무리하고 맥에는 신이 머물므로, 심기가 허하면 슬퍼하고 실하면 웃음이 그치지 않습니다.

肝爲木藏, 主悲哀也, 心爲火藏, 主於笑也. 木以生火, 故火子虛者, 木母乘之, 故心虛悲者也.

간은 목의 장으로 슬픔을 주관하고, 심은 화의 장으로 웃음을 주관한다. 목은 화를 낳으므로, 자식인 화가 허하면 어미인 목이 올라탄다. 그러므로 심이 허하면 슬퍼한다.

교주 ① 實則笑不休: "心藏脈 … 實則笑不休."의 내용은 이 편의 "脾藏營 … 經溲不利." 뒤에 나온다.

脾藏營, 營舍意, 脾氣虛則四支不用, 五藏不安, 實則脹經溲不利.①

비는 영을 갈무리하고 영에는 의가 머무르므로, 비기가 허하면 사지를 쓰지 못하고 오장이 불안하며, 실하면 창만하고 월경과 대소변이 순조롭지 못합니다.

> 溲, 小留反. 營, 血肉也. 脾主水穀, 藏府之主, 虛則陽府四支不用, 陰藏不
> 安, 實則脹滿及女子月經幷大小便不利, 故以他乘致病也.
> '溲'는 음이 '小'와 '留'의 반절이다. '營'은 혈육血肉이다. 비는 수곡을 주관하며 장부의
> 주체이므로, 허하면 양부陽府인 사지를 쓰지 못하고 음장陰藏이 불안하며, 실하면 창
> 만과 여성의 월경 및 대소변이 순조롭지 못한 증상이 나타난다. 다른 장을 올라타 병
> 을 초래하기 때문이다.

> 교주 ① 脹經溲不利:《靈樞·本神》에는 '腹脹經溲不利'로 되어 있다.

肺藏氣, 氣舍魄, 肺氣虛則息利①少氣, 實則喘喝胸憑②仰息.

폐는 기를 갈무리하고 기에는 백이 머물므로, 폐기가 허하면 호흡이
가쁘고 기운이 적으며 실하면 호흡이 곤란하고 가슴이 그득합니다.

> 肺主五藏穀氣, 亦不受他乘, 故虛則喘息利而少氣, 實則胸滿息難也.
> 폐는 오장의 곡기를 주관하는 데다 다른 장의 올라탐을 받지 않는다. 그러므로 허하
> 면 호흡이 가쁘고 기운이 적으며 실하면 가슴이 그득하고 호흡이 곤란하다.

> 교주 ① 息利:《靈樞·本神》에는 '鼻塞不利'로 되어 있다.
> ② 胸憑:《靈樞·本神》에는 '胸盈'으로 되어 있다.

腎藏精, 精舍志, 腎氣虛則厥, 實則脹, 五藏不安.①

신은 정을 갈무리하고 정에는 지志가 머물므로, 신기가 허하면 궐역厥
逆하고 실하면 창만하여 오장이 불안합니다.

> 肺爲金藏, 主於狂厥, 腎爲水藏, 主於水脹五藏不安, 金以生水, 故水子虛
> 者, 金母乘之, 故狂厥逆也.
> 폐는 금의 장으로서 광증狂證과 궐증厥證을 주관하며, 신은 수의 장으로서 수창水脹과
> 오장불안五藏不安을 주관한다. 금은 수를 낳으므로 자식인 수가 허하면 어미인 금이
> 올라탄다. 그러므로 광증이 나타나고 궐역한다.

必審察①五藏之病形, 以知其氣之虛實而謹調之.②

반드시 오장의 병형을 살핌으로써 오장기의 허실을 알아 삼가 조리해야 합니다.

> 醫療之道, 先識五藏氣之虛實, 及知虛實所生之藏, 然後命乎鍼藥, 謹而調之.
>
> 의료의 도리는, 먼저 오장기의 허실을 알고 아울러 허실이 발생한 장을 안 다음에 침과 약을 처방하고 삼가 조리하는 것이다.

① 必審察:《靈樞·本神》에는 '察'字가 없다.
② 而謹調之:《靈樞·本神》에는 '謹而調之也'로 되어 있다.

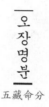

五藏命分

교
주

이 篇의 내용은 《靈樞 · 本藏》에 보인다. 이 篇에서는 선천적으로 사람마다 타고나는
五藏의 虛實이 일정하지 않으며, 그에 따라 사람마다 질병과 수명이 다름을 설명하
였다.

黃帝問於岐伯曰人之血氣精神者, 所以奉於生^①而周於性命
者也,

황제가 기백에게 물어 말하기를, 사람의 혈기정신은 생을 받들어 성
명을 온전케 하는 것이고,

太初^②之無, 謂之道也. 太極未形, 物得以生, 謂之德也. 未形德
者, 有分且然無間, 謂之命也. 此命流動生物, 物成生理, 謂之形
也. 形體保神, 各有所儀, 謂之性也.^③ 是以血氣精神, 奉於一形
之生, 周於形體所儀之性, 亦周有分無間之命, 故命分流動成形
體, 保神爲性, 形性久居爲生者, 皆血氣之所奉也.

태초의 무를 도라 한다. 형이 없는 태극을 물物이 얻어 탄생하니 이를 덕이라 한다. 형
이 없는 덕이 도에서 갈렸으되 또한 간격이 없음을 명이라 한다. 이 명이 유동하여 물
을 낳음에 물마다 생의 결[理]을 이룸을 형이라 한다. 형체가 신을 보존하여 각기 본받
는 바를 가짐을 성性이라 한다. 따라서 혈기정신이 한 몸의 생을 받들어 형체가 본받
는 바의 성을 온전히 하는 동시에 유분무간有分無間의 명을 온전히 한다. 그러므로 명
분命分이 유동하여 형체를 이루고 형체가 신을 보존하여 성이 되니, 형체와 성이 오래
머물러 생을 운영하는 것은 모두 혈기의 봉양에 의지한다.

① 所以奉於生: 《靈樞·本神》에는 '於'字가 없다.
② 太初: 原鈔本에는 '大初'로 되어 있으나 문맥에 따라 고쳤다. 原鈔本에서는 '太'와 '大'를 혼용하고 있다.
③ 大初之無 … 謂之性也: '大初之無' 이하는 《莊子·天地》의 "泰初有無, 無有無 名. 一之所起, 有一而未形, 物得以生, 謂之德. 未形者有分, 且然無間, 謂之命. 留 動而生物, 物成生理, 謂之形. 形體保神, 各有儀則, 謂之性."을 인용한 것이다. 원 문의 '一'을 '太極'으로 고쳤다.

經脈者, 所以行血氣, 而營陰陽, 濡筋骨, 利關節者也,

경맥은 혈기를 운행시켜 삼음삼양경맥을 영양하고 근골을 적시며 관절을 부드럽게 하는 것이며,

十二經脈也. 十二經脈, 行營血氣, 營於三陰三陽, 濡潤筋骨, 利關節也.
십이경맥이다. 십이경맥은 혈기를 운행하여 삼음삼양을 영양하며 근골을 적시고 관절을 부드럽게 한다.

衛氣者, 所以溫分肉,① **充皮膚, 肥腠理,**② **司關闔者也,**

위기는 분육을 따뜻하게 하고 피부를 충만하게 하며 주리를 살지게 하고 개합을 조절하는 것이고,

衛氣慓悍, 行於分肉, 司腠理關闔也.
위기는 성질이 사납고 날래므로 분육으로 운행하고 주리의 개합을 조절한다.

① 分肉: 분육은 곧 肌肉을 말한다. 기육이 白肉과 赤肉 등으로 나누어지기 때문에 분육이라고 한다.
② 腠理: 주리는 피부, 기육, 장부에 난 잘디잔 결, 즉 무늬를 말한다. 皮腠, 肌腠, 粗理, 細理, 小理, 焦理 등으로 나누어지며, 체액을 배설시키고 기혈을 유통시키는 문호 역할을 한다.

志意者, 所以御精神, 收魂魄, 適寒溫, 和喜怒者也.

지의는 정신을 통제하고 혼백을 거두며, 한온을 조절하고 희로를 조절하는 것입니다.

> 脾腎之神志意者, 能精神令之守身, 收於魂魄, 使之不散. 調於寒暑, 得於中和, 和於喜怒, 不過其節者, 皆志意之德也.
> 비신脾腎의 신神인 지志와 의意는 정신이 형체를 지키게 할 수 있고, 혼백을 거두어 흩어지지 않게 할 수 있으며, 한온을 조절하여 중도에 맞게 하고 희로를 조화시켜 한계를 넘지 않게 한다. 이들은 모두 지의志意의 덕德이다.

是故, 血和則經脈流行, 營覆陰陽, 筋骨勁强, 關節滑①利矣,
따라서 혈이 조화로우면 경맥이 잘 흐르고 음양이 고루 영양되며 근골이 굳세고 강해지며 관절이 부드러워지고,

> 營氣和益也. 覆者, 營氣能營覆陰陽也.
> 영기가 조화로워 유익한 것이다. '覆'은 영기가 음양을 고루 영양한다는 의미이다.

교주 ① 滑:《靈樞·本藏》에는 '淸'으로 되어 있다.

衛氣和則分解滑利,① 皮膚調柔, 腠理緻密矣,
위기가 조화로우면 분육이 느슨해지고 매끄러우므로 피부가 부드러워지고 주리가 치밀해지며,

> 衛司腠理, 故緻密也.
> 위기가 주리를 관장하므로 치밀해진다.

교주 ① 分解滑利:《靈樞·本藏》에는 '分肉解利'로 되어 있다.

志意和則精神專直, 魂魄不散, 悔怒不至,① 五藏不受邪氣②矣,
지의가 조화로우면 정신이 통일되어 올곧고 혼백이 흩어지지 않으므로 후회와 분노가 이르지 않아 오장이 사기를 받지 않으며,

志意▨爲必當,^③ 故無悔矣. 志意司腠理, 外邪不入, 故五藏不受也.

지의志意가 행하는 (것이) 반드시 합당하므로 후회가 없다. 지의가 주리腠理를 관장하여 외사가 침입하지 못하므로 오장이 사기를 받지 않는다.

교주 ① 至: 《靈樞·本藏》에는 '起'로 되어 있다.

② 氣: 《靈樞·本藏》에는 이 글자가 없다.

③ 志意▨爲必當: '爲'字 앞의 한 글자가 식별이 어렵다. 蕭本에는 '所'로 되어 있다.

寒溫和則六府化穀, 風痺^①不作,

한온이 조화로우면 육부가 음식을 잘 소화시키므로 풍비가 생기지 않고,

寒暑內適六府, 則中和穀化, 賊風邪痺無由起也.

한온이 안으로 육부에 적합하면 속이 편안해서 음식이 잘 소화되므로 적풍에 의한 비증이 발생할 수 없다.

교주 ① 風痺: 풍사가 침입하여 몸과 팔다리가 마비되고 감각과 동작이 자유롭지 못한 병증을 말한다. 《素問·痺論》에서는 "風寒濕三氣雜至, 合而爲痺也. 其風氣勝者, 爲行痺."라고 하였다.

經脈通利, 支節得矣.^① 此人之常平也.

경맥이 잘 소통되어 사지의 관절이 부드럽습니다. 이러한 사람이 정상이고 화평한 사람입니다.

若爾, 血氣營衛志意調者, 乃是人之平和者.

이렇게 혈기, 영위, 지의志意가 조화로워야 화평한 사람이다.

교주 ① 支節得矣: 《靈樞·本藏》에는 '肢節得安矣'로 되어 있다. '支'는 '肢'의 略字이다.

五藏者, 所以藏精神血氣魂魄者也, 六府者, 所以化穀^①而行津
液者也. 此人之所以具受於天也, 愚智賢不肖,^② 毋^③以相倚也.
오장은 정신, 혈기, 혼백을 갈무리하는 것이고 육부는 수곡을 소화하
여 진액을 운행시키는 것입니다. 이는 사람이 하늘에서 받아 갖춘 것
이므로 우愚와 지智, 현賢과 불초不肖가 서로 의지할 것이 없습니다.

> 五藏藏神, 六府化穀, 此乃天之命分, 愚智雖殊, 得之不相依倚也. 津液,
> 卽泣汗涎涕唾也.
> 오장은 신을 갈무리하고 육부는 수곡을 소화시키는데, 이는 하늘로부터 부여받은 명
> 분으로 어리석고 현명함이 비록 다르더라도 얻어서 서로 의지할 필요가 없다. 진액
> 은 눈물, 땀, 군침[涎], 콧물, 침이다.

교주 ① 所以化穀:《靈樞·本藏》에는 '所以化水穀'으로 되어 있다.
② 愚智賢不肖:《靈樞·本藏》에는 구의 앞에 '毋'字가 더 있다.
③ 毋:《靈樞·本藏》에는 '無'로 되어 있다.

然其有獨盡天壽, 而毋^①邪僻之病, 百年不衰, 雖犯風雨卒寒
大暑, 猶不能害也,^② 有其不離屛蔽^③室內, 毋^①怵惕之恐, 然猶
不免於病者,^④ 何也, 願聞其故.
그런데 홀로 천수를 다하는 사람이 있어 사벽한 병이 없이 백년토록
쇠하지 않고 비록 풍우, 졸한, 대서를 범하더라도 여전히 해를 입지 않
는가 하면, 병풍으로 가린 방 안을 떠나지 않고 움찔케 하는 두려움이
없는데도 오히려 병을 면치 못하는 사람이 있으니 무엇 때문입니까?
그 이유를 듣고 싶습니다.

> 人有勞神怵惕, 無所不爲, 雖犯賊風邪氣, 獨盡天年,^⑤ 復有閑居無思, 不
> 預外邪, 不免於病, 不道傷命. 同稟血氣, 何乃有殊, 願聞其故也.
> 사람 중에는 온갖 근심 걱정으로 정신을 쓰는데도 하지 못하는 것이 없고 비록 적풍
> 이나 사기를 범하고도 홀로 천수를 다 누리는 경우가 있는가 하면, 편안히 거처하고
> 걱정이 없으며 외사의 간여함이 없는 데에도 병을 면치 못하여 이치에 맞지 않게 수

명을 상하는 경우가 있다. 똑같이 혈기를 받았는데 어찌 이런 차이가 있는가? 그 까닭을 듣고 싶다.

① 毋:《靈樞 · 本藏》에는 '無'로 되어 있다.

② 猶不能害也:《靈樞 · 本藏》에는 '猶有弗能害也'로 되어 있다. '弗'과 '不'은 서로 通用한다.

③ 蔽: 原鈔本에는 '蔡'로 되어 있는데 같은 글자이다. 여기서는 대표적으로 쓰이는 '蔽'로 바꾸었다.

④ 者:《靈樞 · 本藏》에는 이 글자가 없다.

⑤ 天年: 인간이 타고난 최대의 수명을 말한다.《素問 · 上古天眞論》에서는 "上古之人, 其知道者, 法於陰陽, 和於術數, 食飮有節, 起居有常, 不妄作勞, 故能形與神俱, 而盡終其天年, 度百歲乃去."라고 하였다.

岐伯對曰窘乎哉問也.

기백이 대답하여 말하기를, 긴요한 질문입니다.

窘, 奇殞反, 急也.
'窘'은 음이 '奇'와 '殞'의 반절이니, 긴요하다는 뜻이다.

五藏者, 所以參天地, 副陰陽, 而連四時,① 化五節者也.②

오장은 천지에 참여하고 음양에 부합하여 사시에 연계되고 오절을 따라 변화하는 것입니다.

肺心居其上, 故參天也. 肝脾腎在下, 故參地也. 肝心爲牡, 副陽也, 脾肺腎等牝, 副陰也. 肝春心夏肺秋腎冬, 卽連四時也. 從五時而變, 卽化五節. 節, 時也.
폐와 심은 상부에 자리하므로 하늘에 참여하고 간, 비, 신은 하부에 자리하므로 땅에 참여한다. 간과 심은 모장牡藏이므로 양에 배합하고 비, 폐, 신은 빈장牝藏이므로 음에 배합한다. 간은 봄, 심은 여름, 폐는 가을, 신은 겨울, 이것이 곧 사시와 연계되는 것이다. 오시에 따라 변화하므로 '化五節'이라 하였다. '節'은 때이다.

교
주 ① 連四時:《靈樞·本藏》에는 '運四時'로 되어 있다.
② 化五節者也: 原鈔本에서 '也'字가 보이지 않는 것을 補入하였다.《靈樞·本藏》에는 '也'로 되어 있다.

五藏者, 固有小大高下堅脆端正偏傾者, 六府者,^① 亦有長短小大,^② 厚薄結直緩急者.^③

오장이 본디 작고 큼, 높고 낮음, 단단하고 무름, 단정하고 한쪽으로 기움이 있고 육부가 또한 길고 짧음, 작고 큼, 두텁고 얇음, 주름지고 곧음, 늘어지고 급함이 있으니,

天地陰陽, 四時八節, 造化不同, 用參五藏, 何得一也. 五藏各有五別, 一一之府, 皆准^④五藏, 亦有五別, 故藏府別言, 各有五別, 五五二十五也. 五藏旣五, 六府亦五, 三焦一府, 屬於膀胱, 故唯有五.

천지음양은 사시팔절에 조화가 같지 않으니 오장이 그에 참여함에 어찌 같을 수 있겠는가. 오장마다 각기 다섯 가지 구별이 있으며 부마다 모두 오장을 따라 또한 다섯 가지 구별이 있다. 그러므로 장과 부를 구별하여 말하면 각기 다섯 가지 구별이 있으므로 5에 5를 곱하여 25가 된다. 오장은 이미 다섯이고 육부 역시 다섯이니, 삼초 한 부는 방광에 부속하므로 부는 오직 다섯이 있다.

교
주 ① 者:《靈樞·本藏》에는 '者'字가 없다.
② 長短小大:《靈樞·本藏》에는 '小大長短'으로 되어 있다.
③ 厚薄結直緩急者:《靈樞·本藏》에는 '者'字가 없다.
④ 准: '準'의 通用字이다.

凡此二十五者, 各各不同,^① 或善或惡, 或吉或凶, 請言其方.

무릇 이 25가지가 각기 같지 아니하여 좋기도 하고 나쁘기도 하며, 길하기도 하고 흉하기도 하니, 그 구체적인 것을 설명 드리겠습니다.

心小則安,^② 此爲善也, 易傷以憂, 卽爲惡也. 心堅則藏安守固, 此爲吉也. 心脆則喜病消癉熱中, 卽爲凶也. 如此藏府隨義皆有善惡吉凶, 請具陳也.

심장이 작으면 안정되니 이것은 좋은 점이고, 쉬이 근심에 상하니 이것은 나쁜 점이다. 심장이 견고하면 장이 안정되어 지킴이 견고해지니 이것이 길한 것이다. 심장이 취약하면 소단, 열중의 병을 잘 앓으니 이것이 흉한 것이다. 이처럼 장부가 상황에 따라 각각이 선악과 길흉이 있으므로 구체적으로 설명하겠다고 청한 것이다.

① 各各不同: 《靈樞·本藏》에는 '各不同'으로 되어 있다.
② 心小則安: 原鈔本에는 '小'字가 보이지 않는데, 아래 經文에서 '心小'라 한 것에 따라 補入하였다.

心小則安, 邪弗能傷, 易傷以憂, 心大則憂不能傷, 易傷於邪.

심장이 작으면 안정되어 사기가 잘 해치지 못하지만 근심에 쉽게 상하며, 심장이 크면 근심이 잘 해치지 못하지만 사기에 쉽게 상합니다.

藏小則神小, 不敢自寬, 故常安, 邪不入也. 藏大則神大▨縱,① 故憂不能傷, 邪入不安也.

심장이 작으면 신이 작아 감히 스스로 넓게 쓰지 못하므로 항시 안정되어 사기가 침입하지 못한다. 심장이 크면 신이 크고 [넓으며] 느슨하므로 근심이 잘 해치지 못하지만 사기가 침입하여 불안해진다.

① 藏大則神大▨縱: 原鈔本에는 '縱' 앞의 한 글자를 식별할 수 없다. 錢超塵은 앞의 注釋에서 '不敢自寬'이라 한 것 때문에 '寬'字가 오는 것이 좋겠다고 하였다. 이를 따라 해석하였다.

心高則滿於肺▨,① 悗而喜忘, 難開以言,

심장이 높으면 폐 [속에] 가득차서 가슴이 갑갑하면서 잘 잊고 말로 타이르기 어려우며,

心藏高者, 則神高也. 心高, 肺逼▨②於心, 故悗喜忘也.③ ▨以其神高,④ 不受他言, 故難開以言也.

심장이 높으면 신이 높다. 심장이 높이 위치하면 폐가 심장의 압박을 받으므로 가슴

이 갑갑하면서 잘 잊어먹는다. [또한] 그 신이 높아 다른 이의 말을 받아들이지 않기 때문에 말로 타이르기 어렵다.

① 心高則滿於肺█: 原鈔本에는 마지막 한 글자가 보이지 않는다. 《靈樞·本藏》에는 '中'으로 되어 있는데 이에 따라 해석하였다.

② 肺逼█: 原鈔本에는 마지막 한 글자가 보이지 않는다. 左合氏校本에는 '小'로 되어 있으며, 錢超塵은 '迫'으로 추단하였다. 뒤에 '悗而喜忘'이 오는 것을 보면 '迫'字가 더욱 좋을 듯하다.

③ 故悗喜忘也: 原鈔本에서 '也忘' 두 글자가 도치되어 있는 것을 바로잡았다.

④ █以其神高: 原鈔本에는 앞의 한 글자가 보이지 않는다. 錢超塵은 문의를 고려하여 '亦'으로 추정하였는데 이를 따라 해석하였다.

心下則藏外, 易傷於寒, 易恐以言.

심장이 낮으면 폐장의 밖에 있게 되므로 한기에 잘 상하고 말로 겁을 주기가 쉽습니다.

心下則在肺藏之外, 神亦居外, 故寒易傷也. 亦以神下, 故易恐以言也.
심장이 낮으면 폐장의 밖에 있게 되어 신 또한 밖에 거처하게 되므로 한기에 쉽게 상한다. 또한 신이 낮으므로 말로 겁을 주기가 쉽다.

心堅則藏安守固,

심장이 단단하면 장이 안정되어 지킴이 단단하며,

藏堅則神守亦堅固, 其心藏安不病, 其神守堅固也.
장이 견고하면 신의 지킴 또한 견고하므로, 심장이 안정되어 병들지 않고 신의 지킴도 견고해진다.

心脆則喜①病消癉熱中.②

심장이 무르면 소단열중의 병을 잘 앓습니다.

五藏柔脆, 神亦柔脆, 故藏柔脆人, 血脈不行, 轉而爲熱消肌膚, 故病③消癉熱中④也. 音丹. 熱中, 胃中熱故也.

오장이 무르면 신 또한 무르다. 그러므로 장이 무른 사람은 혈맥이 잘 운행하지 못하다가 변하여 열이 기육을 소모하게 되므로 소단열중消癉熱中을 앓는다. '癉'은 음이 '丹'이다. 속이 뜨거운 것은 위장 속이 뜨겁기 때문이다.

교주

① 喜: 《靈樞·本藏》에는 '善'으로 되어 있다.

② 熱中: 原鈔本에서 '中'字가 보이지 않는 것을 楊上善의 注釋에서 '熱中'이라 한 것에 따라 補入하였다.

③ 故病: 原鈔本에서 '病'字가 보이지 않는 것을 經文에서 '病消癉熱中'이라 한 것에 따라 補入하였다.

④ 消癉熱中: 消癉은 消渴을 말한다. 소단과 열중을 다른 병으로 보기도 하는데, 楊上善은 소갈의 원인이 열중인 것으로 보고 있다. 楊上善이 말한 '熱消肌膚'는 후대의 관점을 따르면 이른바 中消이다.

心端正則和利難傷,

심장이 가지런하고 바르면 조화롭고 순리로워 잘 상하지 않으며,

五藏端正, 神亦端正也. 神端正, 性亦和柔, 故聲色芳味之利難相傷也. 斯乃賢人君子, 所以得心神也.

오장이 가지런하고 바르면 신 또한 가지런하고 바르다. 신이 가지런하고 바르면 성 또한 조화롭고 부드러워 소리, 색, 냄새, 맛의 감각이 순조로우므로 잘 상하지 않는다. 이는 바로 현인과 군자가 얻는 바의 심신心神이다.

心偏傾, 操持不壹,① 無守司也.

심장이 한쪽으로 기울면 지조가 한결같지 아니하여 직분을 수행하지 못합니다.

心藏偏傾不一, 神亦如之, 故持操百端, 竟無守司之恒, 此爲衆人小人所得心神也. 心藏以神有此八變.② 後之四藏, 但言藏變, 皆不言神變者, 以神爲魂魄意志之主, 言其神變, 則四種皆知, 故略不言也.

심장이 한쪽으로 기울어 한결같지 않으면 신 또한 그러하다. 그러므로 지조가 백 갈
래로 갈리어 필경 떳떳하게 직분을 수행하지 못한다. 이는 중인과 소인이 얻는 바의
심신心神이다. 심장은 신으로 작용하므로 이상과 같은 8가지 변화를 갖는다. 뒤의 네
장은 장의 변화만 말하고 모두 신의 변화는 말하지 않았다. 신은 혼백과 의지의 주체
로서 신의 변화를 말하면 다른 네 가지는 다 알 수 있기 때문이다. 그러므로 생략하고
말하지 않았다.

교주 ① 操持不壹: 《靈樞 · 本藏》에는 앞에 '則'字가 더 있다. '壹'은 '一'의 通用字이다.
② 八變: 여기서 '變'은 변화, 변이의 뜻으로서, 오장의 기능형성에 있어 선천적인
개인차를 뜻한다.

肺小則少飮, 不病喘喝,

폐가 작으면 물을 적게 마시고 천식을 앓지 않으며,

人分所得肺小, 則少飮漿水. 又肺小不受外邪, 故不病喘喝. 喝, 喘聲.
사람이 타고난 폐가 작으면 물을 적게 마신다. 또 폐가 작아 외사를 받지 않으므로 천
식을 앓지 않는다. '喝'은 숨을 헐떡이는 소리이다.

肺大則①喜②病胸痺③喉痺④逆氣. ⑤

폐가 크면 흉비, 후비, 역기를 잘 앓습니다.

肺大喜受外邪, 故喜病痺及逆氣也.
폐가 크면 외부의 사기를 잘 받으므로 비병痺病 및 역기를 잘 앓는다.

교주 ① 肺大則: 《靈樞 · 本藏》에는 '則'의 뒤에 '多飮'이 더 있다. 앞의 經文에 '少飮'이
있는 것을 볼 때 아마도 필사 과정에서 '多飮'이 빠진 것 같다.
② 喜: 《靈樞 · 本藏》에는 이 글자가 없다.
③ 胸痺: 가슴이 막힌 듯이 답답하고 아픈 병증을 말한다. 《金匱要略》에서 "胸痺
之病, 喘息咳唾, 胸背痛, 短氣, 寸口脈沈而遲, 關上小緊數, 栝蔞薤白白酒湯主之."
라고 하였다.
④ 喉痺: 목이 메여 숨을 못 쉬고 삼키지도 못하는 병증을 말한다.

⑤ 逆氣: 氣가 역상하여 위로 솟구치는 느낌이 있는 병증을 말한다.

肺高則上氣, 肩息欲欬,①

폐가 높으면 기가 위로 치밀고 견식하고 기침이 나오며,

> 肺高則上迫缺盆, 故上氣喘息, 兩肩而動,② 故曰肩息. 又肺上迫, 故數欲欬.
> 폐가 높으면 위로 결분을 압박하므로 기가 위로 치밀어 천식하며 양 어깨를 들썩이
> 며 호흡하게 되니 그러므로 견식肩息이라 한다. 또한 폐가 위로 눌리므로 자꾸 기침
> 이 나온다.

교주 ① 肩息欲欬: 《靈樞 · 本藏》에는 '欲'字가 없다.
② 兩肩而動: 《醫心方 · 卷第九 · 治欬嗽方第一》에는 '兩肩動'으로 되어 있다.

肺下則居賁迫肝,① 善脇下痛.

폐가 낮으면 흉격을 눌러 간을 압박하므로 자주 옆구리 아래가 아픕
니다.

> 賁, 當膈也, 補鬒反. ▨▨委膈,② 下迫於肝, 致脇下痛, 以肝居脇下故也.
> '賁'은 흉격에 해당하며 음은 '補'와 '鬒'의 반절이다. … 흉격에 쌓여서 아래로 간을 압
> 박하므로 옆구리 아래로 통증을 일으킨다. 간이 옆구리 아래에 위치하기 때문이다.

교주 ① 居賁迫肝: 《靈樞 · 本藏》에는 '居賁迫肺'로 되어 있다.
② ▨▨委膈: 原鈔本에는 '委膈' 앞의 두 글자를 식별하기 어렵다. 錢超塵은 두 번
째 결자의 하부에 '米'가 보임을 근거로 두 결자를 '肺氣'로 추정하였다. 蕭本에는
'氣來委膈'으로 되어 있다. 한편, 左合氏校本에서는 旁注에서 '或本作垂'라 한 것
을 근거로 '垂'로도 볼 수 있다고 하였다.

肺堅則不病欬上氣,①

폐가 단단하면 해수, 상기의 병을 앓지 않으며,

肺藏堅固, 不爲邪傷, 故無欬與上氣也.
폐장이 견고하면 사기에 상해를 입지 않으므로 해수와 상기의 병이 없다.

교주 ① 上氣: 氣가 거슬러 올라 상부를 막는 병증을 말한다. 후대의 천식에 가깝다.

肺脆則善病①消癉易傷.

폐가 무르면 소단을 잘 앓아 쉽게 상합니다.

以下四藏所生之變, 例同心藏.
이하 네 장기에서 발생하는 변화는 형식이 심장과 일치한다.

교주 ① 善病:《靈樞 · 本藏》에는 '苦病'으로 되어 있다.

肺端正則和利難傷也,① 肺偏傾則胸偏痛也.

폐가 가지런하고 바르면 조화롭고 순조로워 잘 상하지 않으며, 폐가
한쪽으로 기울면 가슴이 한쪽으로 아픕니다.

偏傾者, 隨偏所在, 卽偏處胸痛也.
한쪽으로 기울면 기가 치우친 곳을 따라 머무르므로 기울어진 곳으로 가슴이 아프다.

교주 ① 也:《靈樞 · 本藏》에는 이 글자가 없다.

肝小則安,① 無脇下之病,

간이 작으면 안정되므로 옆구리 아래의 병이 없으며,

肝小不受外邪, 故安, 無兩脇下痛.
간이 작으면 밖에서 사기를 받지 않으므로 안정되어 양쪽 옆구리 아래에 통증이 없다.

교주 ① 肝小則安:《靈樞 · 本藏》에는 '安'의 앞에 '藏'字가 더 있다.

肝大則逼胃迫咽, 迫咽則喜鬲中,^① 且脇下痛.

간이 크면 위를 누르고 식도를 압박하는데, 식도를 압박하면 속이 잘 막히고 또 옆구리 아래가 아픕니다.

胃居肝下, 咽在肝傍, 肝大下逼於胃, 傍迫於咽.^② 迫咽則咽鬲, 不通飮食, 故曰鬲中也. 肺肝大,^③ 受邪, 故兩脇下痛.

위는 간의 아래에 위치하고 식도는 간의 옆에 위치하므로, 간이 크면 아래로 위를 누르고 옆으로 식도를 압박한다. 식도가 압박되면 흉격이 막혀 음식물이 통하지 못하기 때문에 속이 막힌다[鬲中]고 하였다. 간이 크면 사기를 받으므로 양 옆구리 아래가 아프다.

교주 ① 鬲中: 여기서 '鬲'은 '膈'과 통한다. 《靈樞·本藏》에는 '則苦膈中'으로 되어 있다.

② 傍迫於咽: 原鈔本에서 마지막 한 글자가 보이지 않는 것을 楊上善의 注釋에서 '迫咽'이라 한 것에 따라 補入하였다. 蕭本에는 '咽'으로 되어 있다.

③ 肺肝大: '肺'는 衍文인 것 같다. 蕭本은 '肺'를 삭제하였다.

肝高則上支賁, 切脇急,^① 爲息賁,

간이 높으면 위로 흉격을 밀치고 옆구리를 다그쳐 급해지므로 식분이 되고,

肝高上支於膈, 又切於脇, 支膈切脇旣急, 卽喘息於賁, 故曰息賁也.

간이 높으면 위로 흉격을 밀치는 동시에 옆구리를 다그친다. 흉격이 밀리고 옆구리가 압박되어 급해지므로 흉격이 막혀서 숨을 헐떡인다. 그러므로 식분[息賁]이라 하였다.

교주 ① 上支賁, 切脇急: 《靈樞·本藏》에는 "上支賁切, 脇悗."으로 되어 있다.

肝下則安胃,^① 脇下空, 空則易受邪.^②

간이 낮으면 위부위로 쏠려 옆구리 아래가 비는데, 옆구리 아래가 비

면 사기를 잘 받습니다.

胃居肝下, 是以肝下則安於胃上, 脇下無物, 故易受邪氣.
위는 간의 아래에 위치한다. 따라서 간이 낮으면 위의 상부로 쏠리므로 옆구리 아래가 비게 된다. 그래서 쉽게 사기를 받는다.

교주 ① 肝下則安胃: 《靈樞·本藏》에는 '安'이 '逼'으로 되어 있다.
② 空則易受邪: 《靈樞·本藏》에는 이 앞에 '脇下' 두 글자가 있다.

肝堅則藏安難傷也,[①]
간이 단단하면 장이 안정되어 잘 상해를 입지 않으며,

肝堅則外邪不入, 故安難傷也.
간이 단단하면 외사外邪가 들어오지 못하므로 안정되어 잘 상하지 않는다.

교주 ① 藏安難傷也: 《靈樞·本藏》에는 '也'字가 없다.

肝脆則喜病[①]消癉易傷也,[②] 肝端正則和利難傷也,[③] 肝偏傾則脇下偏痛也.[④]
간이 무르면 소단을 잘 앓아 쉽게 상합니다. 간이 가지런하고 바르면 조화롭고 순조로워 잘 상하지 않으며, 간이 한쪽으로 기울면 옆구리 아래가 한쪽으로 아픕니다.

偏近一箱, 則一箱空處偏痛也.
한쪽으로 치우쳐 쏠리면 다른 편의 빈 쪽이 한쪽으로 아프다.

교주 ① 喜病: 《靈樞·本藏》에는 '善病'으로 되어 있다.
② 也: 《靈樞·本藏》에는 이 글자가 없다.
③ 和利難傷也: 《靈樞·本藏》에는 '也'字가 없다.
④ 脇下偏痛也: 《靈樞·本藏》에는 '脇下痛也'로 되어 있다.

脾小則安^①難傷於邪也,

비장이 작으면 안정되어 사기에 쉽게 상하지 않고,

脾小外邪不入, 故安而難傷也.
비장이 작으면 밖에서 사기가 침입하지 못하므로 안정되어 잘 상하지 않는다.

교주 ① 脾小則安:《靈樞·本藏》에는 '脾小則藏安'으로 되어 있다.

脾大則善^①湊胠^②而痛, 不能疾行.

비장이 크면 허구리로 쏠리면서 아파 빨리 걷지 못합니다.

胠,^③ 以沼反, 肤空處也. 脾大湊向空胠^③而痛, 太▨不行,^④ 則▨肤空也.^⑤
'胠'는 음이 '以'와 '沼'의 반절로서, 겨드랑이의 빈 곳을 말한다. 비장이 크면 허구리로 쏠리면서 아프니, 크게 걷지 못하는 것은 겨드랑이 빈 곳으로 [쏠리기 때문이다.]

교주 ① 善:《靈樞·本藏》에는 '善'이 '苦'로 되어 있다.
② 胠: 原鈔本에는 '胠'로 되어 있다. 原鈔本 전체에서는 '胠'와 '胠'를 혼용하고 있는데, 傳寫의 오류에 기인한 것으로 보인다. 전체적으로 '胠'를 '胠'로 바꾸었다.
③ 胠: 原鈔本에는 '胠'로 되어 있는데 傳寫의 오류에 기인한 것으로 보인다.
④ 太▨不行: 原鈔本에는 '太' 뒤의 한 글자를 식별하기 어렵다. 錢超塵은 이를 '而'로 보았다.
⑤ 則▨肤空也: '則' 뒤의 한 글자를 식별하기 어렵다. 文義에 따라 '湊'로 추정된다.

脾高則胠^①引季脇而痛,

비장이 높으면 허구리에서 계협으로 땅기면서 아프며,

脾下則胠^①緩, 高則胠^①牽, 季脇中痛也.
비장이 낮으면 허구리가 풀어지고, 높으면 허구리가 땅기면서 계협 속이 아프다.

교주 ① 胠: 原鈔本에는 '胠'로 되어 있는데 傳寫의 오류에 기인한 것으로 보인다.

脾下則下加於大腸, 加於大腸, 則藏外喜受邪.[①]

비장이 낮으면 아래로 대장으로 붙게 되고 대장에 붙으면 원래 장의 위치를 벗어나므로 사기를 받기 쉽습니다.

> 脾下卽是大腸, 故脾下加, 出於脾藏所居之外, 故喜受邪.
> 비장의 아래는 대장이다. 그러므로 비장이 아래로 붙으면 비장의 원래 자리에서 밖으로 나가게 되므로 사기를 받기 쉽다.

> [교주] ① 加於大腸, 則藏外喜受邪:《靈樞·本藏》에는 "下加於大腸, 則藏苦受邪."로 되어 있다.

脾堅則藏安難傷也,[①]

비장이 단단하면 장이 안정되어 상하기 어렵고,

> 外邪不傷, 故安.
> 밖에서 사기가 상하지 못하므로 안정된다.

> [교주] ① 藏安難傷也:《靈樞·本藏》에는 '也'字가 없다.

脾脆則喜病消癉易傷也.[①] **脾端正則和利難傷也,**[②] **脾偏傾則喜瘈喜脹.**[③]

비장이 무르면 소단을 잘 앓아 쉽게 상합니다. 비장이 가지런하고 바르면 조화롭고 순조로워 잘 상하지 않으며, 비장이 한쪽으로 기울면 계종瘈瘲, 창만脹滿을 잘 앓습니다.

> 瘈, 充曳反, 牽縱也. 脾偏,[④] 形近一箱, 動而多瘈, 又氣聚爲脹也.
> '瘈'는 음이 '充'과 '曳'의 반절이니, 근육이 땅기고 늘어지는 것이다. 비脾가 치우쳐 몸이 한쪽으로 쏠리면 움직일 때마다 잘 땅기고 늘어지며, 또 기가 몰려 창만하게 된다.

> [교주] ① 喜病消癉易傷也:《靈樞·本藏》에는 '善病消癉易傷'으로 되어 있다.

腎小則安,[①] 難傷也,[②]

신장이 작으면 안정되어 잘 상하지 않으며,

> 腎小不受外邪, 故安而難傷也.
> 신장이 작으면 외부에서 사기를 받지 않으므로 안정되어 잘 상하지 않는다.

腎大則喜[①]病腰痛, 不可以俛仰, 易傷以邪也.[②]

신장이 크면 요통을 잘 앓아 구부리고 펴지 못하고 사기에 쉽게 상합니다.

> 腎大在於腰中, 故俛仰皆痛也.
> 신장이 허리 속에 크게 자리를 차지하므로 구부리고 펼 때 모두 아프다.

腎高則善背膂痛,[①] 不可以俛仰,

신장이 높으면 등줄기가 잘 아파 구부리고 펴지 못하며,

> 腎高去腰, 着於脊膂, 故脊膂痛, 不得俛仰也.
> 신장이 높으면 허리를 벗어나 등줄기로 붙기 때문에 등줄기가 아파 굴신하지 못한다.

_교
_주 ① 善背膂痛: 《靈樞·本藏》에는 '善'이 '苦'로 되어 있다.

腎下則腰尻痛, 不可以俛仰, 爲狐疝.

신장이 낮으면 꽁무니가 아파 구부리고 펴지 못하고 호산狐疝을 앓습니다.

> 腎下入於尻中, 下迫膀胱, 故尻痛不可俛仰. 疝, 所姦反, 小腹痛, 大小便難, 曰疝. 疝有多種, 此爲狐疝,^① 謂狐^②夜時不得小便, 少腹處痛, 日出方得, 人亦如此, 因名狐疝也.
>
> 신장이 아래로 꽁무니 속으로 들어가면 아래로 방광을 압박하므로 꽁무니가 아파 구부리고 펴지 못한다. '疝'은 음이 '所'와 '姦'의 반절이니, 아랫배가 아프고 대소변이 곤란한 병을 산이라 한다. 산에는 여러 종류가 있는데 여기서 호산이라 말한 것은, 여우가 밤중에 소변을 보지 못하여 아랫배가 아프다가 해가 뜨고서야 볼 수 있음을 말한 것인데, 이 병을 앓는 사람 또한 이와 같기 때문에 이를 따라 호산狐疝이라 이름하였다.

_교
_주 ① 狐疝: 原鈔本에는 '孤疝'으로 되어 있다. 楊上善은 《太素·診候之三·雜診》의 注釋에서 "狐夜不得尿, 日出方得, 人之所病與狐同, 故回狐疝, 一曰孤疝, 謂三焦孤府爲疝, 故回孤疝也."라고 하여 '狐疝'과 '孤疝'이 의미가 서로 통한다고 보았다. 단, 여기서는 앞뒤 문맥에 따라 '狐疝'으로 바꾸었다. 《醫家千字文註》에도 '狐疝'으로 되어 있다.
② 狐: 原鈔本에는 '孤'로 되어 있는데 문맥에 따라 바꾸었다. 《醫家千字文註》에도 '狐'로 되어 있다.

腎堅則不病腰背痛,

신장이 단단하면 요배통腰背痛을 앓지 않으며,

> 腎在腰背之間, 故腎堅則腰不痛也.
>
> 신장은 허리와 등의 사이에 있으므로 신장이 단단하면 허리가 아프지 않다.

腎脆則喜①病消癉,② 腎端正則和利難傷也,③ 腎偏傾則喜腰尻偏痛.④

신장이 무르면 소단을 잘 앓습니다. 신장이 가지런하고 바르면 조화롭고 순조로워 잘 상하지 않으며, 신장이 한쪽으로 기울면 꽁무니가 한쪽으로 잘 아픕니다.

> 二腎一有偏傾, 則偏處痛也.
> 두 개의 신장 가운데 하나가 치우치면 치우친 쪽으로 아프다.

교주 ① 喜: 《靈樞・本藏》에는 '善'으로 되어 있다.
② 喜病消癉: 《靈樞・本藏》에는 '消癉'의 뒤에 '易傷'이 더 있다.
③ 和利難傷也: 《靈樞・本藏》에는 '也'字가 없다.
④ 喜腰尻偏痛: 《靈樞・本藏》에는 '苦腰尻痛也'로 되어 있다.

凡此二十五變者, 人之所以喜常病也.①

무릇 이러한 25가지 변화가, 사람이 잘 앓는 병이 있게 되는 까닭입니다.

> 人之五藏, 受之天分, 有此二十五變者, 不由人之失養之愆,② 故雖不離屛蔽, 常喜有前病也.③
> 인간의 오장은 하늘로부터 타고 나니, 이러한 25가지 변화가 있는 것은 인간이 양생을 잘못한 과실에 기인하지 않는다. 그러므로 비록 밀실에서 벗어나지 않더라도 항시 앞의 병들을 잘 갖게 된다.

교주 ① 人之所以喜常病也: 《靈樞・本藏》에는 '人之所苦常病'으로 되어 있다.
② 愆: 原鈔本에서는 모두 '愆'로 되어 있는데 俗字이다. 모두 대표자인 '愆'으로 고쳤다.
③ 常喜有前病也: 原鈔本에서 '喜'字가 보이지 않는 것을 經文에서 '喜常病也'라 한 것에 따라 補入하였다. 蕭本에는 '喜'로 되어 있다.

黃帝曰何以知其然也.

황제가 말하기를, 무엇으로 그러한 줄을 알 수 있습니까?

五藏二十五變, 皆在身中, 變生常病亦居其內, 未知因何候知, 以爲調養也.

오장의 25가지 변화가 모두 몸의 속에 있으며 변화가 야기하는 평소의 질병 또한 그 속에 있는데, 어떤 징후를 근거로 파악하여 조양해야 할지 알지 못하겠다.

岐伯曰赤色小理者心小, 粗理者心大.

기백이 말하기를, 피부가 붉은데 주리가 치밀한 사람은 심장이 작고, 주리가 거친 사람은 심장이 큽니다.

理者肉之文理. 粗, 音麤也.

'理'는 살의 무늬를 말한다. '粗'는 음이 '麤'이다.

無髑骬①者, 心高, 髑骬小短擧者, 心下. 髑骬長者, 心堅,② 髑骬弱③以薄者, 心脆. 髑骬直下不擧者, 心端正, 髑骬倚一方者, 心偏傾也.

갈우가 없는 사람은 심장이 높으며, 갈우가 작고 짧고 들린 사람은 심장이 낮습니다. 갈우가 긴 사람은 심장이 단단하며, 갈우가 약하고 얇은 사람은 심장이 무릅니다. 갈우가 곧게 내리뻗어 위로 들리지 않은 사람은 심장이 가지런하고 바르며, 갈우가 한쪽으로 기울어진 사람은 심장이 한쪽으로 기울어 있습니다.

髑骬, 胸前蔽骨, 蔽心神也. 其心上入肺中, 不須蔽骨, 故心高以無蔽骨爲候也. 高者, 志意高遠也. 故短小擧者, 爲心下之候. 下者, 志意卑近也.

갈우는 전흉부의 가림뼈[蔽骨]로서 심장의 신명을 엄폐한다. 심장이 높아 폐 속으로 들어가면 가림뼈가 필요 없으므로 심장이 높은 사람은 가림뼈가 없는 것이 외후이다. 심장이 높으면 뜻이 높고 멀리 생각한다. 따라서 갈우가 짧고 작고 들린 것이 심장이 낮은 사람의 외후이다. 심장이 낮으면 뜻이 낮고 가까이 생각한다.

① 骭: 胸骨의 검상돌기를 말한다. 鳩尾라고도 한다.

② 心堅: 《靈樞·本藏》에는 '心下堅'으로 되어 있다.

③ 髑骭弱: 《靈樞·本藏》에는 '弱'의 뒤에 '小'字가 더 있다.

白色小理者肺小, 粗理者肺大. 巨肩反膺陷喉者, 肺高, 合掖張脇者, 肺下. 好肩背厚①者, 肺堅, 肩背薄者, 肺脆. 好肩膺②者, 肺端正, 脇偏竦③者, 肺偏傾也.

피부가 하얗고 주리가 치밀한 사람은 폐가 작으며, 주리가 거친 사람은 폐가 큽니다. 어깨가 크고 가슴이 튀어나오고 후골이 꺼진 사람은 폐가 높으며 겨드랑이가 좁고 옆구리가 넓은 사람은 폐가 낮습니다. 어깨가 좋고 등이 두꺼운 사람은 폐가 단단하며, 견배가 박약한 사람은 폐가 무릅니다. 어깨와 가슴이 좋은 사람은 폐가 가지런하고 바르며, 흉협이 한쪽으로 들린 사람은 폐가 한쪽으로 기울어 있습니다.

大肩, 胸膺反出, 喉骨陷入, 肺必高上.
어깨가 크고 가슴이 반대로 튀어나오면 후골喉骨이 함입되므로 폐가 반드시 높이 올라 있다.

① 好肩背厚: 《靈樞·本藏》에는 '肩背厚'로 되어 있다.

② 好肩膺: 《靈樞·本藏》에는 '背膺厚'로 되어 있다.

③ 脇偏竦: 《靈樞·本藏》에는 '脇偏疏'로 되어 있으나, 《甲乙經》에는 '膺偏竦'으로 되어 있고 '竦'에 대해서는 '一作欹'라는 주석이 있다. 《千金方》에는 '膺偏欹'로 되어 있다.

靑色小理者肝小, 粗理者肝大. 廣胸反骹者, 肝高, 合脇菟骹①者, 肝下. 胸脇好者, 肝堅, 脇骨弱者, 肝脆. 膺腹好好相得者, ② 肝端正, 脇骨偏擧者, 肝偏傾也.

피부가 푸른데 주리가 치밀한 사람은 간이 작으며, 주리가 거친 사람은 간이 큽니다. 가슴이 넓고 정강이가 앞으로 굽어 나온 사람은 간이 높으며, 옆구리가 토끼 발[兎骹]처럼 좁은 사람은 간이 낮습니다. 흉협이 좋은 사람은 간이 단단하며, 갈비뼈가 약한 사람은 간이 무릅니다. 가슴과 배가 보기 좋게 어울리는 사람은 간이 가지런하고 바르며, 갈비뼈가 한쪽으로 들린 사람은 간이 한쪽으로 기울어 있습니다.

> 骹, 足脛也. 反, 前曲出也.③
> '骹'는 정강이이다. '反'은 앞으로 굽어 나왔다는 뜻이다.

교주

① 菟骹:《靈樞 · 本藏》에는 '兎骹'로 되어 있다. 여기서 '菟'는 '兎'와 通用한다. 原鈔本에서는 '兎' 대신에 모두 '菟'를 쓰고 있다.

② 膺腹好好相得者:《靈樞 · 本藏》에는 '好'字 하나가 없다.

③ 骹, 足脛也. 反, 前曲出也: 楊上善은 '骹'를 정강이로 보았으나, '骹'는 원래 흉골과 늑골이 만나는 부위이니, '廣胸反骹'는 흉곽이 커서 늑골이 넓게 벌어진 것이고, '合脇菟骹'는 토끼처럼 흉곽이 좁아서 늑골의 각도가 작은 것이다.

黃色小理者脾小, 粗理者脾大. 揭脣者, 脾高, 脣下縱者, 脾下. 脣堅者, 脾堅, 脣大而不堅者, 脾脆. 脣上下好者, 脾端正, 脣偏擧者, 脾偏傾也.

피부가 누런데 주리가 치밀한 사람은 비장이 작으며, 주리가 거친 사람은 비장이 큽니다. 입술이 들린 사람은 비장이 높으며, 입술이 아래로 늘어진 사람은 비장이 낮습니다. 입술이 단단한 사람은 비장이 단단하며, 입술이 크고 단단하지 않은 사람은 비장이 무릅니다. 입술이 위아래로 보기 좋은 사람은 비장이 가지런하고 바르며, 입술이 한쪽으로 들린 사람은 비장이 한쪽으로 기울어 있습니다.

> 揭, 擧也, 起軋反.
> '揭'는 들렸다는 뜻이며, 음은 '起'와 '反'의 반절이다.

黑色小理者腎小, 粗理者腎大. 高耳者, 腎高, 耳後陷者, 腎
下. 耳堅者, 腎堅, 耳薄不堅者,① 腎脆. 耳好前居牙車者, 腎
端正, 耳偏高者, 腎偏傾.②

피부가 검은데 주리가 치밀한 사람은 신장이 작으며, 주리가 거친 사
람은 신장이 큽니다. 귀가 높은 사람은 신장이 높으며, 귀가 뒤로 붙
고 꺼진 사람은 신장이 작습니다. 귀가 단단한 사람은 신장이 단단하
며, 귀가 얇고 단단하지 않은 사람은 신장이 무릅니다. 귀가 보기 좋
고 앞쪽으로 아거牙車에 붙어 있는 사람은 신장이 가지런하고 바르며,
귀가 한쪽으로 높은 사람은 신장이 한쪽으로 기울어 있습니다.

> 一箱獨高爲偏.
> 한쪽 귀가 유독 높으면 신장이 기운 것이다.

① 耳薄不堅者:《靈樞·本藏》에는 '耳薄而不堅者'로 되어 있다.
② 腎偏傾:《靈樞·本藏》에는 뒤에 '也'字가 더 있다.

凡此諸變者, 持則安, 咸則病.①

무릇 이러한 오장의 모든 변화에, 지키면 편안하고 손상하면 병이 납
니다.

> 凡此二十五變, 過分以爲不善, 減則爲病, 持平安和, 以爲大則也.
> 무릇 이상의 25가지 변화에, 한계를 초과하면 좋지 않게 되니, 손상하면 병이 되고 평
> 온을 지키면 편안하게 되는 것을 대원칙으로 삼는다.

① 咸則病:《靈樞·本藏》에는 '減則病也'로 되어 있다. 여기서 '咸'은 '減'의 略字
로 쓰였다. 楊上善의 注釋에서 '減則爲病'이라 하였다.

黃帝曰善哉.① 然非余之所問也. 願聞人之有不可病者, 至盡
天壽, 雖有深憂大恐怵惕之志, 猶不能感②也, 甚寒大熱, 弗能

傷也. 其有不離屛蔽室內, 又無怵惕之恐, 然不免於病者, 何也. 願聞其故.

황제가 말하기를, 좋습니다. 그러나 내가 물었던 내용은 아닙니다. 원컨대 듣고 싶습니다. 사람 가운데 병이 들지 않는 이가 있어 천수를 지극히 다하도록, 비록 깊은 근심거리나 크게 두려운 일이 있어 뜻이 움찔하더라도 오히려 병들게 할 수 없으며 심한 추위와 큰 더위도 상하지 못합니다. 그런가 하면 병풍으로 가린 방안을 벗어나지 않는데다 두려워 움찔하는 일이 없는데도 병을 면하지 못하는 이가 있으니, 어째서입니까? 그 까닭을 듣고 싶습니다.

> 子言五藏之變, 所知是要, 然非吾之問本意. 問本意者, 人生盡於天壽, 內則深憂大恐, 外則甚寒極熱, 然無所傷, 不爲病也. 而有外無寒暑之侵, 內去怵惕之懷, 而疾病百端, 其故何也.
>
> 당신은 오장의 변화를 말하였으니 아는 바가 요점이 있다. 그러나 내가 물은 본뜻은 아니다. 질문의 본뜻은, 사람이 나서 천수를 다하도록 안으로 심한 근심과 큰 두려움이 있고 밖으로는 심한 추위와 지극한 더위가 있는데도 상해를 입지 않아 병이 들지 않는 이가 있으며, 밖으로 추위와 더위의 외감이 없고 안으로 두려운 생각에서 떠나 있는데도 갖가지 질병을 앓는 이가 있으니, 그 까닭은 무엇이냐는 것이다.

교주 ① 善哉: 《靈樞·本藏》에는 '哉'字가 없다.
② 感: 《靈樞·本藏》에는 '減'으로 되어 있다.

岐伯曰五藏六府者,[①] 邪之舍也, 請言其故.

기백이 말하기를, 오장육부는 사기가 머무는 장소인데, 청컨대 그 이유를 말씀드리겠습니다.

> 五藏六府堅端正者, 和利得人, 則道之宅也. 藏府脆而偏傾, 則邪氣舍也. 爲道之宅, 則其性和柔, 神明聰利, 人之受附也. 爲邪之舍, 不離病也, 心奸邪也, 喜爲盜也, 乖公正也, 言不恒也. 是知二十五變, 雖得之於天, 調養得中, 縱內外邪侵, 不爲病也. 乖和失理, 雖不離屛蔽, 終爲病也. 前言

一藏各有五變, 未極理也, 今言一變具有五藏, 方得盡理, 故請言其故也.
오장육부가 견고하고 단정한 사람은 조화롭고 순조로워 사람을 얻으므로 도가 머무
르며, 장부가 취약하고 한쪽으로 기울면 사기가 머무른다. 도가 머무르면 성정이 조
화롭고 부드러워 신명이 총명하므로 남의 따름을 받게 되나, 사기가 머무르면 병폐
를 벗어나지 못하여 마음이 사기에 침범되므로 도둑질하기를 좋아하고 공익과 정의
를 어그러뜨리며 말이 일정하지 못하다. 이에 25가지 변화가 비록 선천적으로 얻은
것이지만 조양을 알맞게 잘하면 안팎으로 사기의 침범이 있더라도 병이 들지 않으나,
조화를 어기고 도리를 잃으면 밀실을 벗어나지 않더라도 결국 병이 듦을 알 수 있다.
앞에서 하나의 장藏에 각기 5가지 변화가 있음을 말한 것으로는 이치를 다 밝히지 못
했는데, 이제 한 가지 변화에 오장이 모두 갖추어져 있음을 말하였으니 비로소 이치
를 다 밝힐 수 있게 되었다. 그러므로 청컨대 그 까닭을 말씀드리고자 한다고 하였다.

① 五藏六府者:《靈樞·本藏》에는 '者'字가 없다.

五藏皆小者, 少病, 善燋心愁憂,^①
오장이 모두 작은 사람은 병이 적고 속을 잘 태우고 근심하며,

夫五神以依藏, 故前言心藏之變, 神亦隨之, 次說四藏之變, 不言神變, 今
總論五藏, 初有四變, 唯言於神, 次有二變, 但說於藏, 次有二變, 復但言
神也. 心藏形小, 外邪難入, 故少病, 神亦隨小, 故不自申, 燋心愁憂也.
무릇 오신은 장에 의지한다. 그러므로 앞에서 심장의 변화를 말하면서 신 또한 따라
서 말하고, 이어서 사장의 변화를 말하면서는 신의 변화는 말하지 않았다. 이제 오장
을 종합적으로 논하면서, 처음 4가지 변화에서는 오직 신만을 말하고, 그 다음 2가지
변화에서는 장만을 설명하고 그 다음 2가지 변화에서는 다시 신만을 말하였다. 심장
의 형이 작으면 밖에서 사기가 들어오기 어려우므로 병이 적고, 신 또한 그에 응하여
작으므로 스스로 펴지 못하므로 속을 태우고 근심한다.

① 善燋心愁憂:《靈樞·本藏》에는 '苦燋心大愁憂'로 되어 있다.

五藏皆大者, 緩於事, 難使憂.^① 五藏皆高者, 好高擧措,

오장이 모두 큰 사람은 사무에 느슨하며 근심하게 하기 어렵습니다. 오장이 모두 높은 사람은 거동함에 높이기를 좋아하며,

> 措, 置也, 且故反.
> '措'는 버려둔다[置]는 뜻이니, 음은 '且'와 '故'의 반절이다.

① 難使憂: 《靈樞·本藏》에는 '難使以憂'로 되어 있다.

五藏皆下者, 好出人下.

오장이 모두 낮은 사람은 남의 아래로 나타내기를 좋아합니다.

> 意志卑弱.
> 의지가 낮고 약해서이다.

五藏皆堅者, 無病, 五藏皆脆者, 不離於病. 五藏皆端正者, 和利得人,[①] 五藏皆偏傾者, 邪心喜盜,[②] 不可以爲人平, 反覆言語也.

오장이 모두 견고한 사람은 병이 없으며, 오장이 모두 취약한 사람은 병이 떠나지 않습니다. 오장이 모두 단정한 사람은 조화롭고 순조로워 사람을 얻으며, 오장이 모두 한쪽으로 치우친 사람은 마음이 사특하여 도둑질하기를 좋아하고 남을 공평히 대하지 않고 말을 자꾸 뒤집습니다.

> 喜, 虛意反, 好也. 和, 謂神性和柔, 利, 謂薄於名利, 并爲人所附也.
> '喜'는 음이 '虛'와 '意'의 반절이니 좋아한다는 뜻이다. 조화롭다는 것은 성정이 조화로워 부드러움을 말하고, 순조롭다는 것은 공명심과 물욕이 적음을 말하므로, 결과적으로 남의 따름을 받게 된다.

① 和利得人: 《靈樞·本藏》에는 '和利得人心'으로 되어 있다.
② 邪心喜盜: 《靈樞·本藏》에는 '邪心而善盜'로 되어 있다.

장부응후

藏府應候

교주 이 篇의 내용은 《靈樞·本藏》에 보인다. 이 篇에서는 피부, 맥, 기육, 조갑, 주리 등의 外候를 보아서 장부의 허실을 진단하는 방법을 설명하였다.

黃帝問①曰願聞六府之應.

황제가 물어 말하기를, 원컨대 육부의 응함을 듣고 싶습니다.

> 五藏應候已說於前, 六府之候闕而未論, 故次問之.
> 오장의 응함은 이미 앞에서 말하였으나 육부의 응후應候는 빼놓고 말하지 않았다. 때문에 이어서 이를 물었다.

교주 ① 問:《靈樞·本藏》에는 이 글자가 없다.

岐伯答曰肺合大腸, 大腸者, 皮其應也.① 心合小腸, 小腸者, 脈其應也. 肝合膽, 膽者, 筋其應也. 脾合胃, 胃者, 肉其應也. 腎合三焦膀胱, 三焦膀胱者, 腠理毫②毛其應也.

기백이 대답하여 말하기를, 폐는 대장과 짝하니 대장은 피부가 그 응후應候입니다. 심은 소장과 짝하니 소장은 맥이 그 응후입니다. 간은 담과 짝하니 담은 근이 그 응후입니다. 비脾는 위와 짝하니 위는 육이 그 응후입니다. 신腎은 삼초·방광과 짝하니 삼초·방광은 주리·호모가 그 응후입니다.

腎合三焦膀胱, 故有五府③也. 五藏爲陰, 合於五府. 五府爲陽, 故皮脈筋肉腠理毫毛五府候也.

신腎은 삼초·방광과 짝하므로 오부五府가 있다. 오장은 음으로서 오부와 짝한다. 오부는 양이므로 피부, 혈맥, 근, 기육肌肉, 주리腠理·호모毫毛가 오부의 응후應候이다.

교주 ① 大腸者, 皮其應也:《靈樞·本藏》에는 '也'字가 없다. 아울러 이 절에 보이는 5개의 '也'字 모두 《靈樞·本藏》에는 없다.

② 毫:《靈樞·本藏》에는 '豪'로 되어 있는데, '豪'는 '毫'와 통한다. 原鈔本에서는 '毫'를 모두 '豪'로 썼다.

③ 府:《太素·診候之三·虛實脈診》에서 '五府謂頭背腰膝髓五府者也'라 한 것이 보이나, 여기서 오부는 다섯 腑를 가리킨다.

黃帝曰應之奈何. 岐伯答曰肺應皮. 皮厚者大腸厚, 皮薄者大腸薄, 皮緩腹果, 腹果大者,① 大腸大而長, 皮急者大腸急而短, 皮滑者大腸直, 皮肉不相離者大腸結.

황제가 말하기를, 각각의 응후는 어떻습니까? 기백이 대답하여 말하기를, 폐의 응후는 피부입니다. 피부가 두터운 사람은 대장이 두텁고 피부가 얇은 사람은 대장이 얇으며, 피부가 배 둘레로 늘어져 배 둘레가 큰 사람은 대장이 크면서 길고 피부가 급한 사람은 대장이 급하면서 짧으며, 피부가 매끄러운 사람은 대장이 곧고 피부와 기육이 떨어지지 않는 사람은 대장이 맺혀 있습니다.

應, 候也. 肺以皮爲候, 肺合大腸, 故以其皮候大腸也. 結, 紆屈多.

'應'은 살핀다는 뜻이다. 폐는 피부가 응후이니, 폐는 대장과 짝하기 때문에 피부로 대장을 살핀다. 맺혀 있다는 말은 주름이 많다는 뜻이다.

교주 ① 皮緩腹果, 腹果大者:《靈樞·本藏》에는 '皮緩腹裹大者'로 되어 있다. '果'와 '裹'는 의미가 서로 통한다.

心應脈. 皮厚者脈厚, 脈厚者小腸厚, 皮薄者脈薄, 脈薄者小腸薄, 皮緩者脈緩, 脈緩者小腸大而長, 皮薄而脈沖小者, 小腸小而短.

심의 응후는 맥입니다. 피부가 두꺼운 사람은 맥이 두꺼우니 맥이 두꺼우면 소장이 두텁고, 피부가 얇은 사람은 맥이 얇으니 맥이 얇으면 소장이 얇으며, 피부가 느슨하면 맥이 느슨하니 맥이 느슨하면 소장이 크면서 길고, 피부가 얇으면서 맥이 비고 작으면 소장이 작으면서 짧습니다.

> 心合於脈, 脈在皮中, 故得以皮候脈, 脈候小腸也. 沖, 虛也, 脈虛小也.
> 심은 맥과 짝하는데 맥은 피부의 속에 있으므로 피부로 맥을 살피고 맥으로 소장을 살필 수 있다. '沖'은 비었음을 말하니 맥이 허하고 작다는 뜻이다.

諸陽經脈皆多紆屈者, 小腸結.

모든 양경의 맥에 모두 주름이 많은 사람은 소장이 맺혀 있습니다.

> 諸陽經, 六陽經也. 小腸之脈, 太陽也. 太陽與諸陽爲長, 故諸陽經紆屈多者, 則知小腸亦紆屈也, 紆屈卽名爲結也. 陽經在於膚不見, 候其陽絡, 卽經可知矣.
> 모든 양경이란 육양경六陽經을 말한다. 소장의 맥은 태양경이다. 태양경은 모든 양경의 우두머리이므로 모든 양경에 주름[紆屈]이 많은 사람은 소장에 또한 주름이 많음을 알 수 있다. 주름진 것을 곧 이름하여 結결이라 한다. 양경은 피하에 있어 보이지 않는데 해당 양락陽絡을 살피면 경맥을 알 수 있다.

脾應肉. 肉䐃①堅大者胃厚, 肉䐃麼②者胃薄. 肉䐃小而麼②者胃不堅.

비의 응후는 기육입니다. 알통[肉䐃]이 단단하고 큰 사람은 위가 두껍고 알통이 얇은 사람은 위가 엷으며 알통이 작으면서 얇은 사람은 위가 단단하지 못합니다.

脾以合胃, 故以肉䐃候於胃也. 𪏲, 薄也, 莫可反.
비는 위와 짝하므로 알통으로 위를 살핀다. '𪏲'는 얇다는 뜻이니 음이 '莫'과 '可'의 반절이다.

교주 ① 䐃: '䐃'은 《太素·人合·十二水》에서 楊上善이 '膲等塊肉也'라 하여 이두박근 등의 덩이진 살로 설명하였다.
② 𪏲: 原鈔本에는 '𪏲'로 되어 있는데 '𪏲'는 '𪏲'와 같은 글자이다. 대표적으로 통용되는 '𪏲'로 바꾸었다.

肉䐃不稱其身①者胃下, 下者②下管約不利, 肉䐃不堅者胃緩.
알통이 체구에 걸맞지 않은 사람은 위가 처져 있으니 위가 처지면 유문이 묶여 대소변이 순조롭지 못하며, 알통이 단단하지 않으면 위가 늘어집니다.

謂䐃顆累與身大小不相稱也. 胃下逼於下管, 故便溲不利.
알통의 덩이가 체구와 비교하여 크기가 걸맞지 않음을 말한다. 위가 처지면 유문을 압박하므로 대소변이 순조롭지 못하다.

교주 ① 不稱其身: 《靈樞·本藏》에는 '其'字가 없다.
② 下者: 《靈樞·本藏》에는 '胃下者'로 되어 있다.

肉䐃無小果累者①胃急, 肉䐃多小果累者①胃結, 結者胃上管約不利.②
알통에 작은 덩이가 없는 사람은 위가 급하며, 알통에 작은 덩이가 많은 사람은 위가 맺혀 있으니 위가 맺히면 위의 분문이 순조롭지 못합니다.

果, 音顆, 謂肉䐃無小顆段連累.
'果'는 음이 '顆'이다. 알통 속에 알알이 이어진 작은 덩어리가 없음을 말한다.

① 小果累者:《靈樞·本藏》에는 '果'가 '蜾'로 되어 있는데 의미가 통한다.
② 結者胃上管約不利:《靈樞·本藏》에는 '胃結者上管約不利也'로 되어 있다.

肝應爪. 爪厚色黃者膽厚, 爪薄者①膽薄, 爪堅者②膽急, 爪濡者③膽緩.

간의 응후는 조갑입니다. 조갑의 색이 누런 사람은 담이 두껍고 조갑이 얇은 사람은 담이 얇으며, 조갑이 단단한 사람은 담이 급하고 조갑이 무른 사람은 담이 느슨합니다.

> 肝以合膽, 膽以應筋, 爪爲筋餘, 故以爪候膽也.
> 간은 담을 짝으로 하고 담은 근에 응하는데, 조갑은 근의 나머지[餘]이다. 그러므로 조갑으로 담을 살핀다.

교
주 ① 爪薄者:《靈樞·本藏》에는 '爪薄色紅者'로 되어 있다.
② 爪堅者:《靈樞·本藏》에는 '爪堅色靑者'로 되어 있다.
③ 爪濡者:《靈樞·本藏》에는 '爪濡色赤者'로 되어 있다.

爪無弱者①膽直,

조갑에 약한 곳이 없는 사람은 담이 곧으며,

> 無弱, 强也. 爪强膽直也.
> 약한 곳이 없다는 말은 강하다는 뜻이다. 조갑이 강하면 담이 곧다.

교
주 ① 爪無弱者:《靈樞·本藏》에는 '爪直色白無約者'로 되어 있다.

爪惡色多敗者膽結.①

조갑이 색이 좋지 않고 또 잘 부서지는 사람은 담이 맺혀 있습니다.

> 人之爪甲色不得明淨, 又多好破壞者, 其人膽紆屈結也.
> 조갑의 색이 밝고 깨끗하지 못한 데다 잘 부서지는 사람은 담이 주름져 맺혀 있다.

교주 ① 爪惡色多敗者膽結:《靈樞·本藏》에는 '爪惡色黑多紋者膽結也'로 되어 있다.

腎應骨, 密理厚皮者三焦膀胱厚, 粗理薄皮者三焦膀胱薄, 腠理疏者①三焦膀胱緩, 皮急②而無毫③毛者三焦膀胱急, 毫毛美而粗者三焦膀胱直, 希毫毛者三焦膀胱結.④

신의 응후는 골이니, 주리가 치밀하고 피부가 두터운 사람은 삼초 · 방광이 두껍고 주리가 거칠고 피부가 얇은 사람은 삼초 · 방광이 얇으며, 주리가 성근 사람은 삼초 · 방광이 느슨하고 피부가 급하고 호모가 드문 사람은 삼초 · 방광이 급하며, 호모가 아름답고 성근 사람은 삼초 · 방광이 곧고 호모가 드문 사람은 삼초 · 방광이 맺혀 있습니다.

腎以應骨, 骨應三焦膀胱, 三焦膀胱氣發腠理, 故以腠理候三焦膀胱也. 三焦之氣, 如霧漚溝瀆,⑤ 與膀胱水府是同, 故合爲一府也. 腠理毫毛在皮, 故亦以皮之毫毛爲候也.

신은 골에 응하고 골은 삼초 · 방광에 응하는데 삼초 · 방광은 기가 주리로 나오므로 주리로 삼초 · 방광을 살핀다. 삼초의 기는 안개, 거품, 도랑과 같아서 방광과 함께 수부水府에 속하므로 합하여 한 부가 되며, 주리와 호모는 피부에 있기 때문에 역시 피부의 호모로 살필 수 있다.

교주 ① 腠理疏者:《靈樞·本藏》에는 '疏腠理者'로 되어 있다.
② 皮急: 原鈔本에서 '急皮'로 순서가 바뀌어 있는 것을 바로잡았다.《靈樞·本藏》에는 '皮急'으로 되어 있다.
③ 毫: 原鈔本에는 '豪'로 되어 있는데 '毫'의 通用字이다.
④ 三焦膀胱結:《靈樞·本藏》에는 뒤에 '也'字가 더 있다.
⑤ 三焦之氣, 如霧漚溝瀆:《靈樞·營衛生會》에서 "上焦如霧, 中焦如漚, 下焦如瀆."이라고 한 것을 가리킨다.

黃帝曰薄厚①美惡皆有形, 願聞其所病.

황제가 말하기를, 두껍거나 얇고, 좋거나 나쁜 모습마다 각기 어떻게 병드는지 알고 싶습니다.

> 已聞六府美惡之形, 然未知美惡生病何如.
> 이미 육부의 좋거나 나쁜 모습을 들었으나 좋거나 나쁜 모습에 따르는 질병의 발생은 어떠한지 모르겠다.

교주 ① 薄厚:《靈樞・本藏》에는 '厚薄'으로 되어 있다.

岐伯曰[①]**各視其所外應,**[②] **以知其內藏, 則知其所病矣.**[③]

기백이 말하기를, 각각 밖으로 응하는 외후를 보아 해당하는 장의 상황을 파악하면 어떻게 병드는지 알 수 있습니다.

> 各視外候, 則知所生病矣.
> 각기 드러난 외후를 보면 생기는 병을 알 수 있다.

교주 ① 岐伯曰:《靈樞・本藏》에는 '岐伯答曰'로 되어 있다.
　　 ② 各視其所外應:《靈樞・本藏》에는 '視其外應'으로 되어 있다.
　　 ③ 知其所病矣:《靈樞・本藏》에는 '其'字가 없다.

藏府氣液

처음부터 '不得盡期而死矣'까지는 《靈樞·脈度》에 보인다. "五藏氣, 心主噫."부터 '腎主骨'까지는 《靈樞·九鍼論》에 보이고, 부분적으로 《素問·宣明五氣》에도 보인다. '黃帝問於岐伯曰余聞方士'부터 '實而不滿'까지는 《素問·五藏別論》에 보이고, '問曰太陰陽明'에서 '下先受之'까지는 《素問·太陰陽明論》에 보인다. '問曰見眞藏曰死'부터 '帝曰善'까지는 《素問·玉機眞藏論》에 보이고, '問曰脾病而四肢不用'부터 끝까지는 《素問·太陰陽明論》에 보인다. 이 篇에서는 五臟과 六腑의 생리·병리를 대비시켜 설명하고, 五臟 생리에 있어서 脾胃의 역할 등을 언급하였다.

五藏常內閱於上在七竅.①

오장이 항시 위로 칠규로 상승하여 안에서 검열합니다.

> 閱, 余說反, 簡也. 其和氣上於七竅,② 能知臭味色穀③音等五物, 各有五別也.
> '閱'은 음이 '余'와 '說'의 반절이니 검열한다는 뜻이다. 오장의 화기和氣가 칠규로 상승하면 냄새, 맛, 빛, 곡穀, 소리 등의 오물五物을 지각할 수 있으니, 각기 오별五別을 지닌다.

① 上在七竅:《靈樞·脈度》에는 '上七竅也'로 되어 있다.
② 七竅: 상부의 오규五竅 눈, 코, 입, 귀와 하부의 이규二竅 전음, 후음을 합한 공규의 총칭이다.
③ 穀: '穀'은 아래 문장에서 "脾氣通於口, 脾和則口能知五穀矣."라고 한 것의 '五

味'를 말한다.

肺氣通於鼻, 鼻和①則鼻能知臭香矣.

폐는 기가 코로 통하니 코가 조화로우면 코로 향취香臭를 지각할 수 있으며,

肺脈手太陰正別及絡皆不至於鼻, 而別之入於手陽明脈中, 上透②鼻孔, 故得肺氣通於鼻也. 又氣有不循經者, 積於胸中, 上肺循喉嚨而成呼吸, 故通於鼻也.③ 鼻爲肺竅, 故肺氣▩▩,④ 則鼻得和氣. 故能知臭香.⑤ 素問言有五臭,⑥ 經無五香. 香, 脾之臭也.

수태음폐맥은 정경과 락맥이 모두 코에 이르지 않으나 별도 분지가 수양명맥 속으로 들어가 위로 콧구멍을 통과하므로 폐기가 코로 통할 수 있다. 또한 기 가운데 경맥을 따라가지 않는 기가 흉중에 쌓여 있다가 폐로 상승하여 후롱喉嚨을 따라 호흡을 이루기 때문에 폐기가 코로 통한다. 코는 폐의 규竅이므로 폐기가 (조화로우면) 코가 화기和氣를 얻는다. 그러므로 향취香臭를 지각할 수 있다. 《소문素問》에서 오취五臭를 말하였으나 경문經文에 오향五香은 없다. 향香은 비脾의 취臭이다.

교주 ① 鼻和:《靈樞·脈度》에는 '肺和'로 되어 있다.
② 透:《靈樞·經脈》에는 '挾'으로 되어 있다.
③ 又氣有不循經者, 積於胸中, 上肺循喉嚨而成呼吸, 故通於鼻也:《靈樞·邪客》에서 "宗氣積於胸中, 出於喉嚨, 以貫心脈, 而行呼吸焉."이라고 한 것을 가리킨다.《太素·營衛氣·營衛氣行》에 보인다.
④ 故肺氣▩▩: 原鈔本에는 '肺氣' 뒤의 두 글자가 보이지 않는다. 經文의 '肺和'를 해설한 것이므로 '調和'로 추정된다. 左合氏校本에는 '和名'으로 되어 있고, 蕭本에는 '和者'로 되어 있다.
⑤ 故能知臭香: 原鈔本에는 '故' 뒤의 한 글자가 보이지 않는데, 經文에서 '能知臭香'라 한 것에 따라 補入하였다. 左合氏校本과 蕭本에서는 모두 '鼻'로 되어 있다.
⑥ 素問言有五臭:《素問·金匱眞言論》에서 '臊焦香腥腐' 五臭를 오행에 배속한 것이 보인다.

心氣通於舌, 舌和^①則舌能知五味矣.

심기는 혀로 통하니, 혀가 조화로우면 능히 다섯 맛을 맛볼 수 있습니다.

> 舌雖非竅, 手少陰別脈循經入心中, 上繫舌本, 故得心氣通舌也. 素問赤色入通於心, 開竅於耳者, 腎者水也, 心者火也, 水火相濟, 心氣通耳, 故以竅言之, 卽心以耳爲竅. 又手太陽心之表, 脈入於耳中, 故心開竅在於耳也.
>
> 혀는 비록 구멍[竅]은 아니나 수소음별맥手少陰別脈이 심 속으로 들어가서 위로 혀의 뿌리에 연결되어 있으므로 심기가 혀로 통하게 된다. 《소문素問》에서 붉은 색이 심으로 들어가 통하고, 귀로 구멍을 연다고 한 것은, 신腎은 수장水藏이고 심은 화장火藏으로서 수화가 서로 조화를 이루면 심기心氣가 귀로 통하니 그러므로 구멍으로 말하자면 곧 심이 귀를 자신의 구멍으로 삼는 것이다. 또한 수태양手太陽은 심의 표로서 그 맥이 귓속으로 들어가니, 그러므로 심이 구멍을 여는 것이 귀에 있는 것이다.

① 舌和:《靈樞·脈度》에는 '心和'로 되어 있다.

肝氣通於目, 目和^①則目能辨五色.^②

간기는 눈으로 통하니, 눈이 조화로우면 능히 오색을 판별할 수 있습니다.

> 肝脈足厥陰上頏顙也, 連目系, 故得通於目系.
>
> 족궐음간맥은 항상頏顙으로 올라가는데 목계目系에 연결되므로 목계로 통하게 된다.

① 目和:《靈樞·脈度》에는 '肝和'로 되어 있다.
② 目能辨五色:《靈樞·脈度》에는 뒤에 '矣'字가 더 있다.

脾氣通於口, 口和^①則口能知五穀矣.

비기는 입으로 통하니, 입이 조화로우면 능히 다섯 곡식을 분별할 수 있다.

脾足太陰脈上膈狹咽, 連舌本, 散舌下, 故得氣通口也. 穀有五味, 舌已知之, 五穀之別, 口知之也, 故食麥之者, 不言菽②也.

족태음비맥은 횡격막으로 올라가 인후를 끼고 혀뿌리에 연결되었다가 혀 아래에서 흩어지니, 그러므로 그 기가 입으로 통하게 된다. 곡식에 있는 다섯 가지 맛은 혀가 이미 판별하고 다섯 곡식의 구별은 입이 판별하니, 그러므로 보리를 먹고서 콩이라고 말하지 않는다.

① 口和: 《靈樞·脈度》에는 '脾和'로 되어 있다.
② 菽: 原鈔本에는 모두 '茇'으로 되어 있는데 같은 글자이다. 모두 대표적으로 쓰이는 '菽'으로 바꾸었다.

腎氣通於耳, 耳和①則耳能聞五音矣.

신기는 귀로 통하니, 귀가 조화로우면 다섯 음을 들을 수 있다.

手足少陽, 手足太陽及足陽明絡皆入耳中. 手少陽, 足少陽, 手太陽, 此三正經入於耳中. 足太陽脈在耳上角,② 又入腦中, 即亦絡於耳. 足陽明耳前上行, 亦可絡入耳中. 手陽明絡別入耳中. 計正經及絡手足六陽皆入耳中. 經說五絡入耳中③, 疑足太陽絡不至於耳也.

수족의 소양少陽과 수족의 태양太陽 및 족양명足陽明의 락맥이 모두 귓속으로 들어간다. 수소양手少陽, 족소양足少陽, 수태양手太陽 이 세 가지 정경도 귓속으로 들어간다. 족태양맥은 귀 위쪽 모서리에 있으면서 또한 뇌 속으로 들어가니 곧 역시 락맥이 귀로 들어가는 것이다. 족양명足陽明은 귀 앞에서 위로 올라가는데 역시 락맥이 귓속으로 들어간다. 수양명락맥도 갈라져 귓속으로 들어간다. 정경과 락맥을 합쳐서 수족의 여섯 양경이 모두 귓속으로 들어간다. 《경經》에서 다섯 락맥이 귀로 들어가는 것에 대해 설명하였는데, 족태양락맥足太陽絡脈은 귀에 이르지 않는다고 본 것 같다.

① 耳和: 《靈樞·脈度》에는 '腎和'로 되어 있다.
② 耳上角: 귀의 위쪽 모서리를 말한다.
③ 經說五絡入耳中: 여섯 陽絡 가운데 다섯 絡脈이 귀로 들어가는 것에 대하여, 《太素·邪論·十二邪》의 經文 '耳者宗脈之所聚也'에 대한 楊上善의 注釋에서 "人耳有手足少陽太陽及手陽明等五絡脈皆入耳中, 故曰宗脈所聚也."라고 한 것

으로 보아 관련 편마다 그 구성이 달라짐을 알 수 있다.

五藏不和, 則七竅不通, 六府不和, 則留爲癰疽.①
오장이 조화롭지 못하면 일곱 구멍이 통하지 않고, 육부가 조화롭지 못하면 머물러 옹저癰疽가 된다.

> 五藏主藏精神, 其脈手足六陰, 絡於六府, 屬於五藏. 六府主貯水穀, 其脈手足六陽, 絡於五藏, 屬於六府. 七竅者, 精神戶牖也. 故六陰受邪入藏則五藏不和, 五藏不和則七竅不通利也. 六陽受邪入府則六府不和, 六府不和則陽氣留處處爲癰疽.
>
> 오장은 주로 정신을 갈무리하는데 그 맥인 수족의 육음경六陰經이 육부에 연락하면서 오장에 속하고 있다. 육부는 주로 수곡을 저장하는데 그 맥인 수족의 육양六陽이 오장에 연락하면서 육부에 속하고 있다. 일곱 구멍은 정신의 문호이다. 그러므로 육음六陰이 사기를 받아 장으로 들어가면 오장이 조화를 잃게 되며, 오장이 조화를 잃으면 일곱 구멍이 순조롭게 통하지 못하게 된다. 육양六陽이 사기를 받아서 부로 들어오면 육부가 조화를 잃게 되며, 육부가 조화를 잃으면 양기가 한곳에 머물러 옹저癰疽가 된다.

① 留爲癰疽:《靈樞·脈度》에는 '疽'字가 없다.

故邪在府, 則陽脈不利,① 陽脈不利,① 則氣留之, 氣留之, 則陽氣盛矣.
그러므로 사기가 육부에 있으면 양맥이 순조롭게 통하지 못하고, 양맥이 잘 통하지 못하면 기가 한곳에 머무르게 되고, 기가 한곳에 머무르면 양기가 성하게 된다.

> 故外邪循脈入府, 則府內不調, 流於陽脈, 陽脈澀而不利, 陽氣留停, 不和於陰, 故陽獨盛也.
>
> 그러므로 외부 사기가 맥을 따라서 육부로 들어오면 육부가 안에서 조절하지 못하여 양맥으로 흘러들어가 양맥이 막혀서 순조롭게 통하지 못하니, 양기가 머물러 정체되

면 음과 조화를 잃게 되니, 그러므로 양기가 홀로 성하게 된다.

陽氣太盛, 則陰脈不利, 陰脈不利, 則氣留之,① 氣留之,① 則陰氣盛矣. 陰氣太盛, 則陽氣弗能營也,② 故曰關.③
양기가 크게 성하면 음맥이 순조롭게 통하지 못하게 되니, 음맥이 잘 통하지 못하면 기가 한곳에 머무르게 되고, 기가 한곳에 머무르면 음맥이 성해진다. 음기가 크게 성하면 양기가 운영하지 못하게 되니, 그러므로 관關이라 한다.

陰氣和陽, 故陰氣和利也. 陽氣盛不和於陰則陰氣濇也. 陰氣濇而停留則陰氣獨而盛也. 陰脈別走和陽, 故陽得通也. 陰既獨盛, 不和於陽則陽氣不能營陰, 故陰脈關閉也.
음기는 양기와 조화를 이루기 때문에 음기가 조화롭게 통할 수 있다. 양기가 성하여 음기와 조화를 잃으면 음기가 껄끄러워진다. 음기가 껄끄러워서 정체되어 머무르면 음기만 홀로 성하게 된다. 음맥이 따로 달려가 양과 조화를 이루기 때문에 양기가 통할 수 있다. 음이 이미 성하여 양과 조화를 잃어서 양기가 능히 음을 운영하지 못하니, 그러므로 음맥이 닫히게 된다.

陽氣太盛, 則陰氣弗得營也,① 故曰格. 陰陽俱盛, 弗得相營也,② 故曰關格.
양기가 크게 성하면 음기가 운영하지 못하게 되니, 그러므로 격格이라 한다. 음양이 함께 성하여 서로 운영하지 못하니 그러므로 관격關格이라 한다.

陽氣獨盛, 不和於陰則陰脈不能營陽, 以陽拒格, 故名格.
양기가 홀로 성하여 음과 조화를 잃으면 음맥이 양을 운영하지 못하니, 그러므로 양이 거부하고 치받게 된다. 그러므로 격이라 이름한다.

① 陰氣弗得營也:《靈樞・脈度》에는 '陰氣不能榮也'로 되어 있다.
② 弗得相營也:《靈樞・脈度》에는 '不得相榮'으로 되어 있다. '不'과 '弗'은 通用한다.

關格者, 不得盡期而死矣.①
관격인 자는 수명을 다하지 못하고 죽는다.

陰陽脈有關格, 卽以其時與之短期, 不可極乎天壽者也.
음양맥에 관격이 있으면 곧 시간적으로 기간이 짧아지게 되어 천수를 다하지 못하게 된다.

① 不得盡期而死矣:《靈樞・脈度》에는 '不得盡期而死也'로 되어 있다.

五藏氣, 心主噫, 肺主欬, 肝主語, 脾主呑, 腎主欠.
오장의 기는, 심은 트림을 주관하고 폐는 기침을 주관하고 간은 말을 주관하고 비는 삼키는 것을 주관하고 신은 하품을 주관한다.

噫, 乙惑反, 飽滿出氣也. 五藏從口中所出之氣, 皆是人常氣之變也. 素問主腎嚏①不同也.
'희噫'의 음은 '을乙'과 '혹惑'의 반절이니, 포만하여 나오는 기이다. 오장이 입속으로부터 내는 기들은 모두 인체가 정상일 때의 기가 변한 것이다. 《소문素問》에서는 신腎이 재채기를 주관한다고 하였으니 같지 않다.

① 主腎嚏:《素問・宣明五氣》에서는 "腎爲欠, 爲嚏"라고 되어 있다. '主'와 '腎'의 위치가 뒤바뀐 것 같다. 蕭本에서도 "腎主嚏"라고 되어 있다. 여기서는 이를 따라 해석하였다.

六府氣, 膽爲怒, 胃爲氣逆爲①噦, 小腸大腸②爲洩, 膀胱不約
爲遺溺, 下焦溢爲水.③

육부의 기는, 담은 성내는 것이고 위는 기가 거슬러 오르거나 딸국질
을 하는 것이고, 소장과 대장은 설사를 하는 것이고, 방광이 묶어 주지
못하면 오줌이 새나가고 하초가 흘러넘치면 수병水病이 된다.

> 皆是六府之氣所變之病. 素問胃爲逆氣爲恐, 腸爲洩, 膀胱不利癃遺溺也.
> 모두 육부의 기가 변하여 생긴 병들이다. 《소문素問》에서는 위는 기가 거슬러 오르
> 거나 무서워하고, 장은 설사를 하고, 방광은 잘 통하지 못하여 융병癃病이나 유뇨遺溺
> 가 된다고 하였다.

교주 ① 爲:《靈樞·九鍼論》에는 이 글자가 없다.
② 小腸大腸:《靈樞·九鍼論》에는 '大腸小腸'으로 되어 있다.
③ 水: 津液의 이상으로 나타나는 일체의 浮腫病을 말하며 水腫이라고도 한다.

五幷,① 精氣幷於②肝則憂, 幷於②心則喜, 幷於②肺則悲, 幷於②
腎則恐, 幷於②脾則畏, 是謂精氣幷於藏也.③

다섯 가지 아우름은, 정기가 간을 아우르면 근심을 하게 되고, 심을 아
우르면 지나치게 기뻐하고, 폐를 아우르면 슬퍼하게 되고, 신을 아우
르면 두려워하게 되고, 비를 아우르면 꺼려하게 되니, 이것들을 일러
정기精氣가 오장을 아우른다고 한다.

> 精, 謂命門所藏精也, 五藏之所生也. 五精有所不足, 不足之藏虛而病也.
> 五精有餘, 所幷④之藏亦實而病也. 命門通名爲腎, 肝之母也, 母實幷子,
> 故爲憂也. 心爲火也, 精爲水也, 水尅於火, 遂懷⑤爲喜. 肺爲金也, 水子幷
> 母, 故有悲憐. 精幷左腎, 則腎實生恐. 脾爲土也, 水幷於土, 被尅生畏. 素
> 問精幷於脾, 消食生飢. 如是相幷爲病, 乃有無窮, 斯爲陰陽五行之變也.
> 정은 명문命門에서 갈무리하는 정을 말하니 오장이 만드는 것이다. 오정五精에 부족
> 이 생기면 그 부족한 장이 허해져 병이 생긴다. 오정이 남음이 있으면 아우르는 장이
> 또한 실해져서 병이 생긴다. 명문은 통틀어 신腎이라 부르며 간의 어미이다. 어미가

실하여 자식을 아우르니, 그러므로 근심을 하게 된다. 심은 화에 속하고 정은 수에 속하는데 수가 화를 이기니 마침내 품어서 기뻐하게 된다. 폐는 금金인데 자식인 수水가 어미를 아우르니, 그러므로 슬프고 불쌍히 여기게 된다. 정이 좌신左腎을 아우르면 신이 실해져서 두려움을 낳게 된다. 비脾는 토인데 수가 토에 아우르면 극함을 당하여 꺼려함을 낳는다. 《소문素問》에서 "정精이 비脾에 아우르면 소화가 너무 잘되어 허기가 진다."라고 하였는데 이와 같이 서로 아울러서 병이 생기는 것이 끝이 없으니, 이것이 바로 음양오행의 변화이다.

① 五幷: 《靈樞·九鍼論》에는 이 절의 앞에 '五味, 酸入肝, 辛入肺, 苦入心, 甘入脾, 鹹入腎, 淡入胃, 是謂五味' 24글자가 더 있다.

② 於: 《靈樞·九鍼論》에는 모두 없다.

③ 精氣幷於藏也: 《靈樞·九鍼論》에는 "五精之氣, 幷於藏也."로 되어 있다.

④ 立: '幷'과 通用하며 原鈔本에서는 혼용하였다.

⑤ 懷: 原鈔本에는 '懷'字의 좌측 부수만 남아 있는데, 左合氏校本과 蕭本에는 모두 '壞'字로 되어 있다.

五惡, 肝惡風, 心惡熱, 肺惡寒, 腎惡燥, 脾惡濕, 此五藏氣所惡.[①]
다섯 가지 싫어함은, 간은 풍을 싫어하고, 심은 열을 싫어하고, 폐는 찬 것을 싫어하고, 신은 마른 것을 싫어하고, 비는 습한 것을 싫어하니, 이것이 오장의 기가 싫어하는 것이다.

東方生風, 風生於肝, 肝之盛卽便惡風.[②] 以子從樹生, 子生多盛, 必衰本樹, 相生之物, 理皆然也, 故肝惡風也. 南方生熱, 熱從心生, 故心惡熱也. 素問曰西方生燥, 燥生於肺, 若爾則肺惡於燥. 今此肺惡寒, 腎惡燥者, 燥在於秋, 寒之始也, 寒在於冬, 燥之終也, 肺在於秋, 以肺惡寒之甚, 故言其終, 腎在於冬, 以腎惡燥不甚, 故言其始也. 中央生濕, 濕生於脾, 以其脾盛, 故惡濕也.

동쪽에서 풍이 일어나면 풍이 간에서 생하니, 간이 성해지면 곧 풍을 싫어하게 된다. 열매는 나무로부터 생기는데 열매가 많이 나면 반드시 본래 나무를 쇠하게 하니, 상생하는 것들이 모두 이치가 그러하다. 그러므로 간이 풍을 싫어하는 것이다. 남쪽에서 열이 일어나면 열이 심으로부터 생하니, 그러므로 심은 열을 싫어한다. 《소문素問》

에서 말하기를, "서쪽에서 조燥가 일어나면 조가 폐에서 생한다."라고 하였으니, 만약 그러하다면 폐는 조를 싫어해야 한다. 그런데 지금 여기서는 폐가 찬 것을 싫어하고 신이 마른 것을 싫어한다고 하였다. 조燥는 가을에 해당하지만 한寒의 시작이며 한寒은 겨울에 해당하지만 조燥의 끝이다. 폐는 가을에 해당하는데 폐가 한을 싫어하는 것이 심하기 때문에 그 끝을 말한 것이며, 신이 겨울에 해당하는데 신이 조를 싫어하는 것이 심하지 않기 때문에 그 시작을 말한 것이다. 중앙에서 습이 일어나면 습이 비脾에서 생하니, 그 비脾가 성하기 때문에서 습을 싫어하는 것이다.

교주 ① 此五藏氣所惡: 《靈樞·九鍼論》에는 뒤에 '也'字가 더 있다.
② 肝之盛卽便惡風: 風과 肝은 서로 상생관계이기는 하지만 지나치게 성하였을 경우에는 오히려 기운이 쇠할 우려가 있어서 서로 피하게 된다.

五液, 心主汗, 肝主淚,①肺主涕, 腎主唾, 脾主涎,② 此五液所生.③
오액은, 심은 땀을 주관하고, 간은 눈물을 주관하고, 폐는 콧물을 주관하고, 신은 침을 주관하고, 비는 군침을 주관하니, 이것이 오액이 생하는 것이다.

汗者水也, 遍身腠理之液也, 心者火也, 人因熱飮熱食, 及因時熱蒸於濕氣, 液出腠理, 謂之汗也. 肝通於目, 目中出液, 謂之淚也. 肺通於鼻, 鼻中之液, 謂之涕也. 腎脈足少陰, 上至頏顙, 通出口中, 名之爲唾, 故腎主唾也. 脾足太陰脈, 通於五穀之液, 上出廉泉,④ 故名爲涎.
땀은 수로서 온몸 주리의 액이다. 심은 화로서, 사람이 뜨거운 것을 먹고 마시거나 또는 계절이 더워지면 습기를 쪄서 액이 주리로 나오니 이를 땀이라 한다. 간은 눈으로 통하는데 눈에서 나오는 액을 눈물이라 한다. 폐는 코로 통하는데 콧속의 액을 체涕라 한다. 족소음신맥은 위로 항상에 이르는데 입을 통해 나오는 것을 이름하여 타唾라 하니, 그러므로 신이 침[唾]을 주관한다. 족태음비맥은 오곡의 액을 통행시켜 위로 염천廉泉으로 내보내니, 그러므로 이름하여 연涎이라 한다.

교주 ① 肝主淚: 《靈樞·九鍼論》에는 '淚'가 '泣'으로 되어 있다. 서로 뜻이 통한다.
② 涎: 군침으로 五液의 하나로서 口津이라고도 하며, 唾와 합하여 涎唾 또는 唾液이라고도 한다. 입안을 윤활하게 하고 소화를 돕는 작용이 있으며 소화와 관련

되어 있다.

③ 此五液所生: 《靈樞·九鍼論》에는 '此五液所出也'로 되어 있다.

④ 廉泉: 혀 아래 침이 분비되는 곳으로서 津竅의 하나이다.

五藏,① **心藏神, 肺藏魄, 肝藏魂, 脾藏意,**② **腎藏精志.**③

다섯 가지 갈무리는, 심은 신을 갈무리하고, 폐는 백을 갈무리하고, 간은 혼을 갈무리하고, 비는 의식을 갈무리하고, 신은 정지精志를 갈무리한다.

> 五藏, 財浪反. 腎在二枚, 左箱爲腎藏志也, 在右爲命門藏精.
>
> 오장五藏의 '藏'의 음은 '財'와 '浪'의 반절이다. 신은 두 개가 있으니 왼쪽은 신으로 지志를 갈무리하며 오른쪽에 있는 것은 명문命門으로 정精을 갈무리한다.

교주

① 五藏: 《靈樞·九鍼論》에는 이 앞에 "五勞, 久視傷血, 久臥傷氣, 久坐傷肉, 久立傷骨, 久行傷筋, 此五久勞所病也. 五走, 酸走筋, 辛走氣, 苦走血, 鹹走骨, 甘走肉, 是謂五走也. 五裁, 病在筋, 無食酸, 病在氣, 無食辛, 病在骨, 無食鹹, 病在血, 無食苦, 病在肉, 無食甘, 口嗜而欲食之, 不可多也, 必自裁也, 命曰五裁. 五發, 陰病發於骨, 陽病發於血, 陰病發於肉, 陽病發於冬, 陰病發於夏. 五邪, 邪入於陽, 則爲狂, 邪入於陰, 則爲血痺, 邪入於陽, 轉則爲癲疾, 邪入於陰, 轉則爲瘖, 陽入之於陰, 病靜, 陰出之於陽, 病喜怒."의 내용이 더 있다.

② 脾藏意: 《弘決外典鈔·卷第四·第九》에는 '脾藏意與智'로 되어 있다.

③ 腎藏精志: 《靈樞·九鍼論》에는 뒤에 '也'字가 더 있다. 《弘決外典鈔·卷第四·第九》에는 '腎藏精與志也'로 되어 있다.

五主, 心主脈, 肺主皮, 肝主筋, 脾主肌, 腎主骨. 黃帝問於岐伯曰①**余聞方士, 或以腦髓爲藏, 或以爲府,**② **或以腸胃爲藏, 或以爲府. 敢問更相反, 皆自謂是, 不知其道, 願聞其說.**

오주五主는, 심은 맥을 주관하고, 폐는 피부를 주관하고, 간은 힘줄을 주관하고, 비는 살을 주관하고, 신은 뼈를 주관한다. 황제가 기백에게 물어 말하기를, 내가 듣기로 방사方士들이 어떤 사람은 골수를 장藏이라 여기고 어떤 사람은 부府라고 여기며, 어떤 사람은 장위腸胃를 장이라 여기고 어떤 사람은 부라고 여깁니다. 감히 묻건대 서로 반대인데도 모두 자신이 옳다고 말하니 그 맞는 길을 모르겠습니다. 원컨대 그 설명을 듣고자 합니다.

> 方, 道也. 異道之士, 所說藏府不同. 腦, 髓, 骨, 脈, 膽及女子胞, 此六或有說之爲藏, 或有說之爲府. 胃, 大腸, 小腸, 三焦, 膀胱, 此五或有說之爲藏, 或有說之爲府. 所說藏府相反, 何者爲眞.
>
> '方'은 도道이다. 도道가 다른 방사方士가 장부를 설명하는 것이 동일하지 않다. 뇌, 수, 골, 맥, 담, 여자포, 이 여섯 가지를 어떤 사람은 장이라 설명하고 어떤 사람은 부라고 설명하며, 위, 대장, 소장, 삼초, 방광 이 다섯 가지를 어떤 사람은 장이라 설명하고 어떤 사람은 부라 설명한다. 장부를 설명하는 것이 서로 반대이니 어떤 것이 진실인가?

교주 ① 黃帝問於岐伯曰:《素問·五藏別論》에는 '黃帝問曰'로 되어 있다.
② 或以爲府:《素問·五藏別論》에는 없다.

岐伯曰①腦髓骨脈膽及女子胞,② 此六者,③ 地氣所生也,④ 皆藏於陰而象於地, 故藏而不瀉,⑤ 名曰奇恒之府.

기백이 말하기를, 뇌, 수, 골, 맥, 담과 여자포 이 여섯 가지는 지기地氣가 생한 것으로서 모두 음을 저장하고 땅을 본떴으므로 갈무리하고 쏟아내지 않는데, 이름하여 기항의 부라고 합니다.

> 胞, 豹交反, 生兒裏也. 地主苞納收藏, 腦髓等六, 法地之氣, 陰藏不瀉, 故得名藏, 以其聚, 故亦得名府. 府, 聚也. 此亦非是常府, 乃是奇恒之府. 奇, 異, 恒, 常.
>
> '胞'의 음은 '豹'와 '交'의 반절이니 애를 낳는 주머니이다. 땅은 감싸고 들이고 거두어서 갈무리하는 것을 주관하는데, 뇌, 수 등 여섯 가지는 땅의 기운을 법삼아서 음을 갈무리하여 쏟아내지 않으므로 장藏이라 이름하였다. 모이기 때문에 또한 부府라고 이름하였다. 부는 모이는 것이다. 이 여섯 가지는 일반적인 부가 아니니 곧 기항奇恒의 부이다. 기奇는 특이한 것이고 항恒은 항상된 것이다.

① 岐伯曰: 《素問·五藏別論》에는 '岐伯對曰'로 되어 있다.

② 及女子胞: 《素問·五藏別論》에는 '及'字가 없다.

③ 者: 原鈔本에는 이 글자가 손상되어 보이지 않는데, 錢氏校本을 참조하고 《素問·五藏別論》에 근거하여 補入하였다.

④ 地氣所生也: 《素問·五藏別論》에는 '地氣之所生也'로 되어 있다.

⑤ 故藏而不瀉: 《弘決外典鈔·卷第四·第九》에는 '膽藏而不寫'로 되어 있다.

夫胃大腸小腸三焦膀胱者,① **天氣之所生也, 其氣象於天,**② **故瀉而不藏. 此受五藏濁氣, 故名曰六府.**③

무릇 위, 대장, 소장, 삼초, 방광은 천기가 생한 것으로서 그 기가 하늘을 본떴으니, 그러므로 쏟아내고 갈무리하지 않습니다. 이것은 오장의 탁기를 받으니, 그러므로 육부라고 부릅니다.

> 天主輸洩風氣雨露, 故此五者受於五藏糟粕之濁, 法於天氣, 輸瀉不藏, 故是恒府. 唯有五者, 以膽一種而不瀉, 割入奇府, 是肝之表, 故得名府也.
>
> 하늘은 바람과 비와 이슬 등을 옮기고 내보내는 것을 주관한다. 이 다섯 가지는 오장 조박槽粕의 탁기를 받아서 천기를 본받아 옮기고 쏟아내서 갈무리하지 않으므로 일반적인 부이다. 오로지 다섯 가지만 있는 것은 담膽은 쏟아내지 않아서 별도로 기항奇恒의 부府에 포함되기 때문이다. 간의 표라서 부府라고 부르는 것이다.

① 夫胃大腸小腸三焦膀胱者: 《素問·五藏別論》에는 "夫胃大腸小腸三焦膀胱, 此五者."로 되어 있다. 《醫家千字文註》에는 '六府者'로 되어 있다.

② 其氣象於天: 《素問·五藏別論》에는 '於'字가 없다. 《醫家千字文註》에는 '其氣象天氣'로 되어 있다.

③ 故名曰六府: 《素問·五藏別論》에는 '名曰傳化之府'로 되어 있다.

此不能久留, 輸瀉魄門,①②

이는 오래 머물 수 없고 백문으로 옮겨서 쏟아내는데,

幷精出入之處, 謂之魄門. 此五之中, 三焦亦能輸瀉精氣於魄門也.
정精과 아울러 출입하는 곳을 백문魄門이라 한다. 이 다섯 가지 중에서 또한 삼초가 능히 정기精氣를 백문으로 옮기고 쏟아낼 수 있다.

교주 ① 魄門: 七衝門의 하나로서 肛門의 별칭이다.
② 此不能久留, 輸瀉魄門:《素問·五藏別論》에는 "此不能久留, 輸瀉者也."로 되어 있다. 또한, '魄門'은 일반적으로 다음 구에 연결되어 "魄門亦爲五藏使, 水穀不得久藏."으로 구두한다.

亦爲五藏使, 水穀不得久藏.

또한 오장의 부림이 되어 수곡을 오래 갈무리할 수 없습니다.

五藏在內爲主, 六府在外爲使, 使之行於水穀也.
오장은 안에 있어서 주인이 되고 육부는 밖에 있어서 부림이 되어 수곡을 행하도록 한다.

所謂五藏者, 藏精神而不瀉者也,[1] 故滿而不能實.

이른바 오장이라는 것은 정신을 갈무리하고 쏟아내지 않는 것이니 가득하나 실해질 수 없습니다.

精神適於藏中不離, 故不瀉而滿也. 雖滿常虛, 故不實.
정신精神이 장 속으로 들어가 떨어지지 않으므로 쏟아내지 않고 가득하다고 하였다. 비록 가득하나 항상 허하므로 실해질 수 없다고 하였다.

교주 ① 藏精神而不瀉者也:《素問·五藏別論》에는 '藏精氣而不瀉也'로 되어 있다.

六府者, 實而不能滿.[1] 所以然者, 水穀之[2]入口則胃實而腸虛, 食下則腸實而胃虛, 故曰實而不滿.[3]

육부는 실하나 가득해질 수 없으니 그러한 이유는 수곡이 입으로 들어오면 곧 위胃는 실해지나 장腸은 허하고, 음식이 내려가면 장腸은 실해지나 위胃가 허해지니, 그러므로 실하나 가득 찰 수는 없습니다.

腸胃更滿, 故爲實也, 更虛, 故不滿也. 飽食未消, 腸中未有糟粕, 卽胃實
腸虛也, 食消以下於腸, 胃中未有食入, 卽腸實胃虛也. 以其胃虛, 故氣得
上也, 以其腸虛, 故氣得下也. 氣得上下, 神氣宣通, 長生久視.

장과 위가 번갈아 가득 차므로 실實하다고 하였고, 번갈아 허해지므로 가득해질 수
없다고 하였다. 배불리 먹어 아직 소화되지 않으면 장 속에는 아직 조박이 없으니, 곧
위는 실하고 장은 허하다. 음식이 소화되어 장으로 내려가면 위는 아직 음식이 들어
오지 않았으므로 곧 장은 실하고 위는 허하다. 위가 허하기 때문에 기가 올라갈 수 있
고 장이 허하기 때문에 기가 내려갈 수 있다. 기가 상하로 움직이면 신기神氣가 잘 펴
지고 통하여 오래 살 수 있게 된다.

교주 ① 六府者, 實而不能滿: 《素問・五藏別論》에는 "六府者, 傳化物而不藏, 故實而
不能滿也."로 되어 있다.

② 之: 《素問・五藏別論》에는 이 글자가 없다.

③ 故曰實而不滿: 《素問・五藏別論》에는 "故曰實而不滿, 滿而不實也."로 되어
있다.

問曰①太陰陽明表裏也,② 脾胃脈也, 生病異何也.③

물어 말하기를, 태양과 양명은 표리인데 비위의 맥이 병을 일으키는
것은 서로 다르니 어째서입니까?

足太陰, 足陽明, 脾胃二脈, 諸經之海, 生病受益, 以爲根本, 故別擧爲
問也.

족태음맥足太陰脈과 족양명맥足陽明脈의 비위 두 맥은 모든 맥의 바다가 되니 병을 일
으키고 이로움을 받는 데 근본이 된다. 그러므로 특별히 들어서 질문을 하였다.

교주 ① 問曰: 《素問・太陰陽明論》에는 '黃帝問曰'로 되어 있다.

② 太陰陽明表裏也: 《素問・太陰陽明論》에는 '表裏也'가 '爲表裏'로 되어 있다.

③ 生病異何也: 《素問・太陰陽明論》에는 "生病而異者, 何也."로 되어 있다.

答曰①陰陽異位, 更實更虛,② 更逆更順,③ 或從內, 或從外, 所
從不同, 故病異名.④

대답하여 말하기를, 음양의 자리가 달라서 번갈아 실해지고 허해지며
번갈아 거스르고 따르며 혹은 안을 쫓고 혹은 밖을 쫓아서 쫓는 것이
같지 않으니, 그러므로 병의 이름이 다릅니다.

太陰爲陰, 陽明爲陽, 卽異位也. 春夏陽明爲實, 太陰爲虛, 秋冬太陰爲
實, 陽明爲虛, 卽更虛實也. 春夏太陰爲逆, 陽明爲順, 秋冬陽明爲逆, 太
陰爲順, 卽更順逆也. 手三陰, 從內向外也, 手三陽, 從外向內也. 足之三
陰, 從內向外, 足之三陽, 從外向內也. 十二經脈陰陽六種不同, 生病固亦
多也.

태음은 음이고 양명은 양이니 곧 자리가 다르다. 봄과 여름에는 양명이 실해지고 태
음이 허해지며, 가을과 겨울에는 태음이 실해지고 양명이 허해지니 곧 번갈아 허해지
고 실해지는 것이다. 봄과 여름에는 태음이 거스르고 양명이 따르며, 가을과 겨울에
는 양명이 거스르고 태음이 따른다. 수삼음경은 안으로부터 밖으로 향하고 수삼양경
은 밖으로부터 안으로 향하며, 족의 삼음경은 안으로부터 밖으로 향하고 족의 삼양
경은 밖으로부터 안으로 향하니, 십이경맥의 음양 여섯 종류가 같지 않아 병을 일으
키는 것도 실제로 또한 많다.

교주 ① 答曰: 《素問·太陰陽明論》에는 '岐伯答曰'로 되어 있다.
② 更實更虛: 《素問·太陰陽明論》에는 '更虛更實'로 되어 있다.
③ 順: 《素問·太陰陽明論》에는 '從'으로 되어 있다.
④ 故病異名: 《素問·太陰陽明論》에는 뒤에 '也'字가 더 있다.

黃①帝曰願聞其異狀.②

황제가 말하기를, 그 다른 상황을 듣고자 합니다.

問其病異.
그 병의 다름을 물었다.

교주 ① 黃:《素問·太陰陽明論》에는 이 글자가 없다.
② 願聞其異狀:《素問·太陰陽明論》에는 뒤에 '也'字가 더 있다.

答曰①陽者天氣也, 主外, 陰者地氣也, 主內. 故陽道實, 陰道虛.

대답하여 말하기를, 양은 천기天氣로서 밖을 주관하고 음은 지기地氣로서 안을 주관합니다. 그러므로 양의 길은 실하고 음의 길은 허합니다.

> 陽爲天氣主外, 故陽道實也, 陰爲地氣主內, 故陰道虛也.
> 양은 천기로서 밖을 주관하므로 양의 길[陽道]은 실하다. 음은 지기로서 안을 주관하므로 음의 길[陰道]은 허하다.

교주 ① 答曰:《素問·太陰陽明論》에는 '岐伯曰'로 되어 있다.

故犯賊風虛邪者, 陽受之, 食飮不節, 起居不時者, 陰受之.

그러므로 적풍賊風과 허사虛邪에 범하게 되는 경우는 양이 병을 받고, 음식이 절도가 없거나 기거에 일정한 때가 없는 경우는 음이 병을 받습니다.

> 風寒暑濕虛邪外入腠理, 則六陽之脈受之, 飮食男女①不節, 卽六陰受之.
> 풍, 한, 서, 습 등의 허사가 밖에서 주리로 들어오면 곧 여섯 양의 맥이 그것을 받고, 음식과 남녀의 일이 절도가 없으면 곧 여섯 음의 맥이 그것을 받는다.

교주 ① 男女: 남녀의 일은 房事를 말한다.

陽受之則入六府, 陰受之則入五藏.

양이 받으면 육부로 들어가고, 음이 받으면 오장으로 들어갑니다.

> 六陽受於外邪, 傳入六府, 六陰受於內邪, 傳入五藏也.
> 여섯 양경이 외사를 받으면 전하여 육부로 들어가고, 여섯 음경이 내사를 받으면 전

하여 오장으로 들어간다.

入六府則身熱不時臥, 上爲喘呼,

육부로 들어가면 몸에서 열이 나고 제때 자지 못하며 위로 숨을 헐떡이게 되고,

六府陽氣在外, 故身熱也. 陽盛晝眠不得至夜, 故不時臥也. 陽氣盛於上, 故上爲喘呼也.

육부의 양기가 밖에 있으므로 몸에서 열이 난다. 양기가 성하여 낮에 자고 밤이 되어서는 자지 못하므로 제때 자지 못한다. 양기가 위로 성하므로 위로 숨을 헐떡이게 된다.

入五藏則䐜滿閉塞, 下爲飧洩,^① 久爲腸澼.^②

오장으로 들어가면 배가 부르고 그득하며 막히고 아래로는 손설飧洩을 하고 오래되면 장벽腸澼이 됩니다.

陰邪在中, 實則䐜脹腹滿, 閉塞不通, 虛則下利腸澼.

음사가 속에 있는 경우 실하면 배가 부르고 그득하며 막혀서 통하지 않고, 허하면 설사를 하고 장벽이 된다.

교주
① 飧洩: 《素問·太陰陽明論》에는 '飧泄'로 되어 있다. '飱'은 '飧'의 異體字이다.
② 腸澼: 痢疾을 말하는데 澼은 기름때가 끼어 콧물이나 고름같이 끈적끈적하고 미끌미끌한 액체가 나오는 것이다.

故喉主天氣, 咽主地氣.

그러므로 후두는 천기를 주관하고 인두는 지기를 주관합니다.

肺爲天也, 喉出肺中之氣呼吸, 故主天, 脾爲地也, 咽出脾胃噫氣,^① 故主地.

폐는 하늘로서 후두로 폐 속의 기를 내어 호흡하므로 하늘을 주관한다. 비脾는 땅으로서 목구멍으로 비위의 트림을 내므로 땅을 주관한다.

① 噫氣: 트림을 말한다. 氣가 胃 가운데를 따라 上逆하여 소리가 나는 병증이다.

故陽受風氣, 陰受濕氣.

그러므로 양은 풍기를 받고, 음을 습기를 받습니다.

風從上下, 故陽受之, 濕從下上, 故陰受之.

풍은 위에서부터 아래로 가므로 양이 받고, 습은 아래로부터 위로 가므로 음이 받는다.

故陰氣從足上行至頭, 而下①循臂至指端, 陽氣從手上行至頭, 而下①至足.

그러므로 음기는 발로부터 위로 가서 머리에 이르고 아래로 팔뚝을 따라 내려가 손가락 끝에 이르며, 양기는 손으로부터 위로 가서 머리에 이르고 아래로 내려가 발에 이릅니다.

足三陰脈, 從足至頭, 從頭下胸, 橫出掖下, 循臂至指端, 爲手三陰脈也. 變爲手三陽脈, 從手指端上行至頭, 下行至足, 爲足三陽. 陰陽相注, 如環無端.

족삼음맥足三陰脈은 발로부터 머리에 이르렀다가 머리로부터 가슴으로 내려오고, 횡으로 겨드랑이 아래로 나와 팔뚝을 따라 손끝에 이르는 것은 수삼음맥手三陰脈이다. 반대로 수삼양맥은 손가락 끝에서부터 위로 가서 머리에 이르고, 아래로 가서 발에 이르는 것은 족삼양맥이다. 음양이 서로 기를 대주는 것이 마치 고리가 끝이 없는 것과 같다.

① 而下: 《素問·太陰陽明論》에는 '而下行'으로 되어 있다.

故曰陽病者, 上行極而下行.① 陰病者, 下行極而上行.① 故傷於風者, 上先受之, 傷於濕者, 下先受之.

그러므로 말하기를, 양병陽病의 경우는 위로 올라가다가 다하면 아래로 내려오고, 음병陰病의 경우는 아래로 내려가다가 다하면 위로 올라온다고 합니다. 그러므로 풍에 상한 경우는 위에서 먼저 받고 습에 상한 경우는 아래에서 먼저 받습니다.

> 陽病者, 三陰之脈上行至頭極已爲陽, 受風熱已下行也, 陰病者, 三陽之脈下行至足極已爲陰, 受寒濕已上行, 故傷風上先受之, 傷濕下先受也.
> 양병의 경우는 삼음의 맥이 위로 올라가 머리에 이르러 극極하고 나면 양이 되어 풍열을 받고 나서 아래로 내려온다. 음병의 경우는 삼양의 맥이 아래로 내려가 발끝에 이르러 극極하고 나면 음이 되어 한습의 사기를 받고 나서 위로 올라간다. 그러므로 풍風에 상하면 위에서 먼저 받고, 습濕에 상하면 아래에서 먼저 받게 된다.

> [교주] ① 行:《素問 · 太陰陽明論》에는 이 글자가 없다.

問曰①見眞藏曰死, 何也.
물어 말하기를, 진장眞藏이 드러나면 죽는다고 하니 무엇입니까?

> 無餘物和雜, 故名眞也. 五藏之氣, 皆胃氣和之, 不得獨用. 如至剛不得獨用, 獨用卽折, 和柔用之卽固也. 五藏之氣, 和於胃氣, 卽得長生, 若眞獨見, 無和胃氣, 必死期也. 欲知五藏眞見爲死, 和胃爲生者, ▨於寸口,② 診手太陰, 卽可知之也. 見者如絃是肝脈也, 微絃爲平好也. 微絃, 謂絃之少也, 三分有一分爲微, 二分胃氣與一分絃氣俱動, 爲微絃也. 三分竝是絃氣, 竟無胃氣, 爲見眞藏也. 見眞藏死, 其理至妙, 請陳其理, 故曰何也.
> 다른 것과 뒤섞임이 없으므로 진眞이라 이름하였다. 오장의 기는 모두 위기胃氣와 섞여야 하니 홀로 쓰일 수 없다. 마치 지극히 강한 것을 홀로 쓸 수 없는 것과 같으니, 홀로 쓰면 곧 부러지고 부드러운 것과 섞어 쓰면 곧 견고해진다. 오장의 기가 위기와 섞이면 곧 오래 살 수 있고, 만약 진장眞藏이 홀로 드러나면 위기와 섞임이 없는 것이니 반드시 죽을 것이라 예측한다. 오장의 진장이 드러나서 죽고 위기와 섞여 사는 것을 알고자 한다면 그것은 촌구에서 {드러나니} 수태음手太陰을 진단하면 곧 가히 알 수 있다. 드러나는 것이 현絃과 같으면 간맥인데, 미현未絃한 것이 평안하고 좋은 것이다. 미현微絃은 현기絃氣가 적은 것인데 삼분의 일 정도가 미微이니, 삼분의 이의 위기胃氣가 삼분의 일의 현기와 함께 박동하는 것이 미현微絃이다. 삼분이 모두 현기絃氣이고 위기가 전혀 없으면 진장이 드러난 것이다. 진장이 드러나면 죽는다는 그 이치

가 지극히 묘하므로 그 이치를 설명하기를 청하였으니, 그러므로 무엇입니까라고 하였다.

① 問曰:《素問·玉機眞藏論》에는 '黃帝問曰'로 되어 있다.
② ▓於寸口: 原鈔本에는 '於' 앞의 한 글자가 보이지 않는데, 문맥으로 볼 때 '見'字가 분명하다. 左合氏校本에서도 '見'字로 보았다.

答曰①五藏者皆稟氣於胃, 胃者五藏之本也. 五藏②不能自致於手太陰, 必因於胃氣, 乃能至手太陰.③

대답하여 말하기를, 오장은 모두 위로부터 기를 받으니, 위는 오장의 근본이 됩니다. 오장은 스스로 수태음手太陰에 이를 수 없으니 반드시 위기에 기인하여야 이에 수태음에 이를 수 있습니다.

胃受水穀, 變化精氣而資五藏, 故五藏得至手太陰, 寸口見於微絃也.
위胃는 수곡을 받아들이고 정기로 변화시켜 오장에 대주니, 때문에 오장의 기가 수태음에 이르러 촌구에서 미현微絃이 드러날 수 있다.

① 答曰:《素問·玉機眞藏論》에는 '岐伯曰'로 되어 있다.
② 五藏:《素問·玉機眞藏論》에는 '五氣者'로 되어 있다.
③ 乃能至手太陰:《素問·玉機眞藏論》에는 '乃至於手太陰也'로 되어 있다.

故五藏各以其時, 自爲而至手太陰.①

그러므로 오장은 각각 해당하는 때에는 스스로 행하여 수태음手太陰에 이릅니다.

五藏主於五時, 至其時也, 其藏有病之甚者, 胃氣不與之居, 不因胃氣, 以呼吸之力獨自至於太陰, 寸口見於眞絃也.
오장은 각각 오시五時를 주관하는데 해당하는 때에 이르러 그 장이 심하게 병든 경우는 위기가 함께 있지 못하므로 위기에 의지할 수 없어서 호흡의 힘으로 스스로 태음에 이르러서 촌구에서 진현맥眞絃脈이 드러난다.

① 自爲而至手太陰: 《素問・玉機眞藏論》에는 '自爲而至於手太陰也'로 되어 있다.

故邪氣勝者, 精氣衰.①

그러므로 사기가 승한 경우는 정기가 쇠합니다.

眞▨▨②絃不微, 無胃氣者, 則知肝病勝也, 肝病邪勝, 則胃穀精氣衰.
진(장맥)이 현하나 미미하지 못하면 위기가 없는 것이니, 곧 간이 병들어 성함을 알 수 있다. 간이 병들어 사기가 성하면 위의 수곡의 정기가 쇠한다.

① 精氣衰: 《素問・玉機眞藏論》에는 뒤에 '也'字가 더 있다.
② 眞▨▨: 原鈔本에는 '眞' 뒤의 두 글자를 식별할 수 없다. 문맥을 고려하면 '眞藏脈'임이 분명하므로 이에 따라 해석하였다. 左合氏校本에서도 '眞藏脈'으로 보았다.

故病甚者, 胃氣不能與之俱至於手太陰,① **故眞藏之氣獨見. 獨見者爲病勝藏也,**② **故曰死. 黃**③**帝曰善.**

그러므로 병이 심한 경우는 위기가 능히 함께하여 같이 수태음에 이르지 못하니, 그러므로 진장의 기만 홀로 드러납니다. 홀로 드러나는 경우는 병사病邪가 장기藏氣를 이긴 것이니, 그러므로 죽는다고 하였습니다. 황제가 말하기를, 좋습니다.

眞見病甚, 故致死也.
진장이 드러나면 병이 심한 것이므로 죽음에 이르게 된다.

① 俱至於手太陰: 《素問・玉機眞藏論》에는 뒤에 '也'字가 더 있다.
② 獨見者爲病勝藏也: 《素問・玉機眞藏論》에는 '爲'字가 없다.
③ 黃: 《素問・玉機眞藏論》에는 이 글자가 없다.

問曰①脾病而四支不用, 何也

물어 말하기를, 비가 병들면 사지를 쓸 수 없으니 어째서입니까?

> 五藏皆連四支, 何因脾病獨四支不用也.
>
> 오장이 모두 사지와 연결되어 있는데 무엇 때문에 비가 병들면 유독 사지를 쓸 수 없는가?

교주 ① 問曰:《素問 · 太陰陽明論》에는 '帝曰'로 되어 있다.

答曰①四支皆稟氣於胃, 而不得徑至,② 必因脾乃得稟,③ 今脾病, 不能爲胃行其津液, 四支不得稟水穀氣, 氣日以衰, 脈道不利, 筋骨肌肉皆毋氣生,④ 故不用焉.

대답하여 말하기를, 사지는 모두 위로부터 기를 받는데 곧바로 오지 못하고 반드시 비에 기인하여야 이에 받을 수 있습니다. 지금 비가 병들어 능히 위를 위하여 그 진액을 운행시키지 못하여 사지가 수곡의 기를 받을 수 없으니, 기가 날로 쇠해지고 맥도가 잘 통하지 않아서 근골기육에 모두 기가 돌지 않으므로 쓰지 못하는 것입니다.

> 土王四季, 四季皆有土也, 脾長四藏, 四藏皆有脾也. 何者, 四支百體稟氣於胃, 胃以水穀津液資四支之用,⑤ 資四支之時, 胃氣不能徑到四支, 要因於脾, 得水穀津液營衛之氣, 營於四支, 四支稟承, 方得用也. 若其脾病, 脈道不通, 則筋骨肌肉無氣以生, 故不用也.
>
> 토는 사계절에 왕성하므로 사계절에는 모두 토가 있다. 비가 사장四藏을 기르니 사장에는 모두 비가 있다. 어째서인가. 사지와 온몸이 모두 위에서 기를 받으니 위는 수곡의 진액으로 사지의 작용에 영양을 대 준다. 사지에 대 줄 때에 위기가 사지로 직접 가지 못하고 반드시 비를 통하여야 수곡의 진액과 영위의 기가 사지를 자양하고, 사지는 그것을 잘 받아서 비로소 사지를 쓸 수 있게 된다. 만약 비가 병들면 맥도가 통하지 않아 근골기육에 기가 돌지 않으므로 쓰지 못하는 것이다.

교주 ① 答曰:《素問 · 太陰陽明論》에는 '岐伯答曰'로 되어 있다.

② 不得徑至: 《素問·太陰陽明論》에는 '不得至經'으로 되어 있다.

③ 必因脾乃得稟: 《素問·太陰陽明論》에는 '必因於脾乃得稟也'로 되어 있다.

④ 皆毋氣生: 《素問·太陰陽明論》에는 '皆無氣以生'으로 되어 있다.

⑤ 資四支之用: 原鈔本에는 5글자가 손상되어 알아보기 어렵다. 錢超塵은 《素問考注》에 인용된 《太素》의 문장을 근거로 이와 같이 補入하였는데 이를 따랐다. 蕭本에는 '之'가 '當'으로 되어 있다.

問曰①脾之不主時②何也. 答曰③脾者土也, 治中央, 常以四時長四藏, 各十八日寄治, 不得獨主時,④ 脾藏者常著土之精⑤也.

물어 말하기를, 비가 특정한 계절을 주관하지 않는 것은 어째서입니까? 대답하여 말하기를, 비는 토로서 중앙을 다스리니, 항상 사시와 사장四藏에 각각 18일씩 기대서 다스리고 홀로 한 때를 주관하지 않습니다. 비장은 항상 토의 정기와 붙어 있습니다.

> 四藏之本, 皆爲土也. 十八日用, 故曰寄也. 著, 澄略反, 在也. 脾藏在土之精妙也.
> 사장의 근본은 모두 토이다. 십팔일간만 작용하므로 기댄다[寄]고 한 것이다. '著'은 음이 '澄'과 '略'의 반절이니 머문다는 뜻이다. 비장은 토의 정밀하고 미묘한 곳에 머문다.

① 問曰: 《素問·太陰陽明論》에는 '帝曰'로 되어 있다.

② 脾之不主時: 《素問·太陰陽明論》에는 '脾不主時'로 되어 있다.

③ 答曰: 《素問·太陰陽明論》에는 '岐伯曰'로 되어 있다.

④ 不得獨主時: 《素問·太陰陽明論》에는 '不得獨主於時也'로 되어 있다.

⑤ 土之精: 《素問·太陰陽明論》에는 '胃土之精'으로 되어 있다.

土者, 主萬物①而法天地, 故上下至頭足, 不得主時.②

토는 만물을 주재하여 하늘과 땅을 법 삼으므로 위 아래로 머리와 발에 이르고 특정한 계절을 주관하지 않습니다.

> 土爲萬物之質, 法於天地, 與萬物爲質, 故身與頭, 手, 足爲體, 身不別主時.
> 토는 만물의 바탕으로 하늘과 땅을 법 삼아서 만물과 함께 바탕을 이루므로, 몸체가 머리, 손, 발과 일체가 되어 몸체가 따로 계절을 주관하지 않는다.

교주 ① 主萬物:《素問·太陰陽明論》에는 '生萬物'로 되어 있다.

② 不得主時: 原鈔本에는 '不得' 뒤의 두 글자가 보이지 않으나 《素問·太陰陽明論》에서 '不得主時也'와 楊上善의 注釋에서 '身不別主時'라 한 것을 참고하여 '主時'를 補入하였다.

問曰①脾與胃也,② 以募相逆耳,③ 而能爲之行津液,④ 何也.
물어 말하기를, 비와 위는 막을 경계로 서로 반대로 있을 뿐인데 능히 위를 위하여 진액을 운행시키는 것은 어째서입니까?

> 脾陰胃陽脾內胃外, 其位各別, 故相逆也. 其▨異⑤何能爲胃行津液氣也, 一曰相連, 脾胃表裏陰陽, 募旣相假, 故曰相連也.
> 비는 음이고 위는 양으로, 비는 안에 있고 위는 밖에 있어서 그 위치가 각각 구분되므로 서로 반대가 된다. [나뉘어져] 다른데도 어떻게 위胃를 위하여 능히 진액과 기를 운행시킬 수 있는가. 일설에는 서로 이어져 있다고 하는데, 비와 위는 표리음양 관계로서 막으로 이미 서로 의지하고 있으므로 서로 이어져 있다고 한 것이다.

교주 ① 問曰:《素問·太陰陽明論》에는 '帝曰'로 되어 있다.

② 脾與胃也:《素問·太陰陽明論》에는 '也'字가 없다.

③ 以募相逆耳:《素問·太陰陽明論》에는 '以膜相連耳'로 되어 있다. 楊上善의 注釋에도 '逆'이 '連'으로 된 판본이 있다는 언급이 보인다. '募'와 '膜'은 通用된다.

④ 行津液:《素問·太陰陽明論》에는 '行其津液'으로 되어 있다.

⑤ 其▨異: 原鈔本에는 '異' 앞의 한 글자를 식별할 수 없다. 문맥을 참고로 잔획을 살필 때 '別'字인 것 같으나 확실치 않다. 여기서는 '別'字로 보고 해석하였다.

答曰^①足太陰,^② 三陰也, 其脈貫胃,^③ 屬脾絡嗌. 故太陰爲之行氣於三陰.

대답하여 말하기를, 족태음足太陰은 삼음三陰이니 그 맥이 위를 뚫고 비에 속하며 목구멍에 연결되어 있습니다. 그러므로 태음이 위를 위하여 삼음으로 기를 운행시킵니다.

嗌, 於赤反, 咽也. 足太陰脈貫胃屬脾, 上行絡嗌, 其氣强▨,^④ 能行三陰之脈, 故太陰脈得三陰名也.

'嗌'은 음이 '於'와 '赤'의 반절이니, 목구멍이다. 족태음맥足太陰脈은 위를 뚫고 비에 속하며 위로 올라가 목구멍에 연결되며 그 기가 강하여 능히 삼음의 맥을 운행시킨다. 그러므로 태음맥이 삼음이라는 이름을 얻은 것이다.

① 答曰:《素問·太陰陽明論》에는 '岐伯曰'로 되어 있다.
② 足太陰:《素問·太陰陽明論》에는 '足太陰者'로 되어 있다.
③ 其脈貫胃: 原鈔本에는 구 앞의 한 글자를 식별할 수 없으나《素問·太陰陽明論》의 '其脈貫胃'에 따라 補入하였다.
④ 其氣强▨: '强' 아래에 한 글자가 식별이 어렵다. 蕭本에서는 '盛'이라 하였다.

陽明者表也, 五藏六府之海也, 亦爲之行氣於三陽. 藏府各因其經而受氣於陽明, 故爲胃行其津液. 四支不得稟水穀之氣,^①日以益衰, 陰道不利, 筋骨脈肉皆毋氣以主,^② 故不用焉.

양명은 표로서 오장육부의 바다이니, 또한 그것을 위하여 기를 삼양으로 보냅니다. 장부가 각각 그 경맥을 통하여 양명으로부터 기를 받으니, 그러므로 위를 위하여 그 진액을 행하게 됩니다. 사지가 수곡의 기를 받지 못하면 날로 더욱 쇠해져서 음도가 제대로 통하지 못하고 근골맥육筋骨肌肉에 모두 기가 돌지 않으므로 쓰지 못합니다.

陽明爲陰陽之藏府之海, 五藏六府各因十二經脈受氣於陽明, 故經脈得爲胃行津液之氣, 四支稟承, 四支得氣, 經脈不通陽明, 則陰脈不通, 筋骨脈肉無氣以主也.

양명陽明은 음양 장부의 바다로서 오장육부가 각각 십이경맥을 통하여 양명으로부터 기를 받는다. 그러므로 경맥이 위를 위하여 진액의 기를 운행시킬 수 있다. 사지가 이어 받으면 사지가 기를 얻게 되는데 경맥이 양명으로 통하지 못하면 음맥이 통하지 않아서 근골맥육에 기가 돌지 않는다.

① 水穀之氣: 《素問·太陰陽明論》에는 '水穀氣'로 되어 있다.

② 筋骨脈肉皆毋氣以主: 原鈔本에는 '筋' 뒤의 세 글자가 보이지 않으나, 楊上善의 注釋에서 '筋骨脈肉無氣以主也'라 한 것에 따라 '骨脈肉'의 세 글자를 補入하였다. 《素問·太陰陽明論》에는 '筋骨肌肉皆無氣以生'으로 되어 있다.

黃帝內經太素卷第六^{藏府之一}

仁安二年三月十三日以同本書寫了
       移點校合了   丹波賴基之

本云
  仁平元年二月二十一日以同家本書寫移點校合了 憲基

교주

· 丹波賴基之: 錢氏校本에서는 '之'가 古文의 '乙'로서 古人이 글의 끝에 일단락
의 표시로 쓴 것이라고 하였다.

· 二十一日: 原鈔本에는 '二十'이 '廿'으로 되어 있는데 略字이다.

· 家本: 原鈔本에는 '本' 위의 한 글자를 판별하기 어렵다. 錢氏校本에서는 '家'로
보았고 左合氏校本에서는 '諸'로 보았다. 각 卷末 題記에 근거하여 '家'를 따랐다.

제7권

장부지이藏府之二

卷 전체가 散佚되었다. 제6권의 제목이 '藏府之一'이므로 제7권의 제목을 '藏府之二'로 補入하였다.

저 자

양상선(楊上善)

중국 당나라 초기의 관리이며 의학자로 이름이 上이고 字가 善이다. 수나라 開皇9년(589년)에 태어나 당나라 永隆2년(681년)에 생을 마감하였으며, 675년과 680년 사이에 沛王 李賢의 太子文學을 역임하면서 『黃帝內經太素』30권을 완성하였다. 이외에 『黃帝內經明堂類成』, 『老子道德經』 및 『莊子』의 주석서, 『老子道德指略論』, 『六趣論』, 『三教詮衡』 등을 저술하였다.

역 자

정창현

경희대학교 한의과대학을 졸업하고 동 대학원에서 박사학위를 취득하였다. 경희대학교 한의과대학 원전학교실 주임교수를 역임하고 현재는 한국한의약진흥원장으로 재직 중이다. 역서로 『온병조변』(집문당, 2004) 『한의학의 원류를 찾다』(청홍, 2008), 『유도주상한론강의』(물고기숲, 2014) 등이 있으며 주요 논문으로 「신에 대한 연구」, 「황제내경의 사유체계와 그 특징」 등이 있다.

백유상

경희대학교 한의과대학을 졸업하고 동 대학원에서 박사학위를 취득하였다. 현재 경희대학교 한의과대학 원전학교실 교수로 재직 중이다. 저서로 『아낌과 용기』(염근당, 2021)가 있으며 주요 논문으로 「내경 운기편의 기미 운용에 대한 연구」, 「원전학 연구방법론에 대한 고찰」 등이 있다.

장우창

경희대학교 한의과대학을 졸업하고 동 대학원에서 박사학위를 취득하였다. 현
재 경희대학교 한의과대학 원전학교실 주임교수로 재직 중이며 내경, 상한론 등
을 강의하고 있다. 역서로『한의학입문』(청홍, 2007),『한의학의 원류를 찾다』
(청홍, 2008) 등이 있고, 주요 논문으로「소문 · 맥요정미론의 촌구 육부정위에
대한 고찰」,「찬도방론맥결집성의 장원소 진맥입식해 연구」등이 있다.

조남호

서울대학교 철학과를 졸업하고 동 대학원에서 박사학위를 취득하였다. 현재 국
제뇌교육종합대학원대학교 교수로 재직 중이며 주요 연구 분야는 성리학과 한
의철학이다. 역서로『강설1 · 2 황제내경』(청홍, 2009), 공저로는『동양철학과
한의학』(아카넷, 2003) 등이 있다.